中国禅宗典籍丛刊 第二辑

景德传灯录 下

主编 杨曾文 黄夏年
〔北宋〕释道原 撰
冯国栋 点校

中州古籍出版社
·郑州·

景德传灯录卷第十八

吉州清原山行思禅师第六世①
福州雪峰义存禅师法嗣一十四人见录
  福州玄沙师备禅师
  福州长庆慧稜禅师
  福州大普山玄通禅师
  杭州龙册寺道怤禅师
  福州长生山皎然禅师
  信州鹅湖山智孚禅师
  漳州报恩怀岳禅师
  杭州西兴化度师郁禅师
  福州鼓山神晏国师
  漳州隆寿绍卿禅师
  福州仙宗行瑫禅师
  福州莲华山永福从弇禅师
  杭州龙华寺灵照禅师②

---

① "世"下，大正本有"之二十四人"。
② "灵照"，碛砂本作"照"。

明州翠岩令参禅师

福州雪峰义存禅师法嗣

福州玄沙宗一大师，法名师备，福州闽县人也，姓谢氏。幼好垂钓，泛小艇于南台江，狎诸渔者。唐咸通初，年甫三十，忽慕出尘。乃弃钓舟，投芙蓉山灵训禅师落发，往豫章开元寺道玄律师受具。布衲芒屦，食才接气，常终日宴坐，众皆异之。与雪峰义存本法门昆仲，而亲近若师资。雪峰以其苦行，呼为头陀。一日，雪峰问曰："阿那个是备头陀？"对曰："终不敢诳于人。"异日雪峰召曰："备头陀，何不遍参去？"师曰："达磨不来东土，二祖不往西天。"雪峰然之。暨登象骨山，乃与师同力缔构，玄徒臻萃。师入室咨决，罔替晨昏。又阅《楞严经》发明心地。由是应机敏捷，与修多罗冥契。诸方玄学有所未决，必从之请益。至若与雪峰和尚征诘，亦当仁不让。雪峰曰："备头陀，其再来人也。"一日，雪峰上堂曰："要会此事，犹如古镜当台，胡来胡现，汉来汉现。"师曰："忽遇明镜来时如何？"[①] 雪峰曰："胡汉俱隐。"师曰："老和尚脚跟犹未点地。"

师上堂时久，大众尽谓不说法，一时各归。师乃呵云："看！总是一样底，无一个有智慧。但见我开遮两片皮，尽来簇著，觅言语意度[②]。是我真实为他，却总不知。看，恁么大难，大难。"师有时云："诸禅德，汝诸人尽巡方行脚来，称我参禅学道，为有奇特去处？为当只恁么东问西问？若有，试通来，我为汝证明

[①] "来时"，径山本作"破时"。
[②] "言语"，碛砂本作"语言"。

是非，我尽识得，还有么？若无，当知只是趁谓。古困切。是汝既到遮里来，我今问汝，汝诸人还有眼么？若有，即今便合识得。还识得么？若不识，便被我唤作生盲生聋底人。还是么？肯恁么道么？禅德，亦莫自屈，是汝真实，何曾是恁么人？十方诸佛，把汝向顶上著，不敢错误著一分子。只道此事，唯我能知，会么？如今相绍继，尽道承他释迦，我道释迦与我同参。汝道参阿谁？会么？大不容易知。莫非大悟，始解得知。若是限剂所悟，亦莫能觑。汝还识大悟么？不可是汝向髑髅前认他鉴照，不可是汝说空说无，说遮边那边。有世间法，有一个不是世间法。和尚子，虚空犹从迷妄幻生，如今若是大肯去，何处有遮个称说？尚无虚空消息，何处有三界业次、父母缘生与汝桩立前后？如今道无，尚是诳语，岂况是有？知么？是汝多时行脚，和尚子，称道有觉悟底事。我今问汝：只如巅山岩崖，迥绝人处，还有佛法么？还裁辩得么①？若辩不得，卒未在。我寻常道：亡僧面前，正是触目菩提，万里神光顶后相，若人觑得，不妨出得阴界，脱汝髑髅前意想，都来只是汝真实人体，何处更别有一法解盖覆？汝知么？还信得么？解承当得么？大须努力。"

师又云："我今问汝诸人，且承得个什么事？在何世界安身立命？还辩得么？若辩不得，恰似捏目生花，见事便差。知么？如今现前见有山河大地、色空明暗、种种诸物，皆是狂劳花相，唤作颠倒知见。夫出家人识心达本，故号沙门。汝今既已剃发披衣，为沙门相，即合有自利利他分。如今看著尽黑漫漫地，如黑

---

① "辩"，丛刊本、大正本作"辨"。

汁相似，自救尚不得，争解为得他人？仁者，佛法因缘事大，莫作等闲①，相聚头乱说杂话，趁谩过时。光阴难得，可惜许大丈夫儿，何不自省察，看是什么事？只如从上宗风，是诸佛顶族，汝既承当不得，所以我方便劝汝，但从迦叶门接续顿超去。此一门超汝凡圣因果，超他毗卢妙庄严世界海，超他释迦方便门，直下永劫，不教有一物与汝作眼见。何不急急究取？未必道：我且待三生、两生，久积净业。仁者，汝宗乘是什么事？不可由汝身心用工庄严便得去，不可他心、宿命便得去。会么？只如释迦出头来，作如许多变弄，说十二分教，如瓶灌水，大作一场佛事。向汝此门中用一点不得，用一毛头伎俩不得。知么？如同梦事，亦如癞语。沙门不应得出头来，盖为识得。知么？识得即是大出脱，大出头。所以道：超凡越圣，出生离死，离因离果，超毗卢，越释迦，不被凡圣因果所谩，一切处无人识得汝。知么？莫只长恋生死爱网，被善恶业拘将去，无自由分。饶汝炼得身心同空去，饶汝得到精明湛不摇处，不出他识阴。古人唤作如急流水，流急不觉，妄为澹净。怎么修行，尽不出他轮回际，依前被轮转去。所以道：诸行无常，直是三乘功果。如是可畏，若无道眼，亦不为究竟。何如从今日博地凡夫，不用一毫功夫，便顿超去？解省心力么？还愿乐么？劝汝：我如今立地待汝觑去，不用汝加功练行。如今不怎么，更待何时？还肯么？还肯么？"

师有时上堂，谓众曰："是汝真实如是。"又有时云："达磨如今现在，汝诸人还见么？"师云："是诸人见有险恶，见有大

---

① "作"，丛刊本、大正本作"当"。

虫、刀剑诸事逼汝身命,便生无限怕怖。如似什么?恰似世间画师一般,自画作地狱变相,作大虫、刀剑了,好好地看了,却自生怕怖。汝今诸人,亦复如是。百般见有,是汝自幻出,自生怕怖,亦不是别人与汝为过。汝今欲觉此幻惑么?但识取汝金刚眼睛。若识得,不曾教汝有纤尘可得露现,何处更有虎狼、刀剑解胁吓得汝?直至释迦如是伎俩,亦觅出头处不得。所以我向汝道:沙门眼把定世界,函盖乾坤,不漏丝发,何处更有一物为汝知见?知么?如是出脱,如是奇特,何不究取?"

师云:"汝诸人如似在大海里坐,没头水浸却了,更展手问人乞水吃。还会么?夫学般若菩萨,是大根器,有大智慧始得。若有智慧,即今便得出脱;若是根机迟钝,直须勤苦志①,耐日夜,忘疲失食,如丧考妣相似。恁么急切,尽一生去,更得人荷挟,克骨究实,不妨亦得觏去。且况如今,谁是堪任受学底人?仁者,莫只是记言记语,恰似念陀罗尼相似。踏步向前来,口里哆哆啝啝地,被人把住诘问著,没去处,便嗔道:和尚不为我答话。恁么学,事大苦!知么?有一般坐绳床和尚,称为善知识。问著便动身、动手、点眼、吐舌、瞪视,更有一般便说'昭昭灵灵,灵台智性,能见能闻,向五蕴身田里作主宰'。恁么为善知识,大赚人。知么?我今问汝:汝若认昭昭灵灵是汝真实,为什么瞌睡时又不成昭昭灵灵?若瞌睡时不是,为什么有昭昭时?汝还会么?遮个唤作认贼为子,是生死根本,妄想缘气。汝欲识此根由么?我向汝道:汝昭昭灵灵,只因前尘色声香等法,而有分

---

① "志",碛砂本、大正本作"忍"。

别,便道此是昭昭灵灵。若无前尘,汝此昭昭灵灵同于龟毛兔角。仁者,真实在什么处?汝今欲得出他五蕴身田主宰,但识取汝秘密金刚体。古人向汝道:圆成正遍,遍周沙界。我今少分为汝,智者可以譬喻得解。汝见此南阎浮提日么?世间人所作兴营、养身、活命,种种心行作业,莫非承他日光成立。只如日体还有多般及心行么?还有不周遍处么?欲识此金刚体,亦如是。只如今山河大地,十方国土,色空明暗,及汝身心,莫非尽承汝圆成威光所现。直是天人群生类,所作业次,受生果报,有性无情,莫非承汝威光。乃至诸佛成道成果,接物利生,莫非尽承汝威光。只如金刚体还有凡夫、诸佛么?有汝心行么?不可道无,便得当去也①。知么?汝既有如是奇特当阳出身处,何不发明取?便随他向五蕴身田中、鬼趣里作活计,直下自谩却去。忽然无常杀境到来②,眼目诱张,身见命见,怎么时大难枝荷,如生脱龟筒相似,大苦!仁者,莫把瞌睡见解便当却去,未解盖覆得毛头许。汝还知么?三界无安,犹如火宅,且汝未是得安乐底人。只大作群队,干他人世,遮边那边飞走,野鹿相似,但知求衣为食。若怎么,争行他王道?知么?国王大臣不拘汝,父母放汝出家,十方施主供汝衣食,土地龙神护汝,也须具惭愧,知恩始得,莫孤负人好。长连床上排行著地销将去,道是安乐,未在!皆是粥饭将养得汝烂冬瓜相似,变将去,土里埋将去。业识茫茫,无本可据。沙门因什么到怎么地?只如大地上蠢蠢者,我唤

---

① "得当",碛砂本作"当得"。
② "杀",径山本作"鬼"。

作地狱劫住。如今若不了,明朝后日看变入驴胎马肚里,牵犁拽把①,衔铁负鞍,碓捣磨磨,水火里烧煮去,大不容易受,大须恐惧好!是汝自累。知么?若是了去,直下永劫,不曾教汝有遮个消息;若不了此,烦恼恶业因缘,未是一劫、两劫得休,直与汝金刚齐寿。知么?"

南际长老到雪峰,雪峰令访于师②。师问曰:"古人道'此事唯我能知',长老作么生?"南际曰:"须知有不求知者。"归宗柔别拊掌三下。师曰:"山头和尚吃许多辛苦作么?"雪峰因普请畬田,见一蛇,以杖挑起,召众曰:"看,看。"以刀芟为两段,师以杖抛于背后,更不顾视,众愕然。雪峰曰:"俊哉!"师一日随侍雪峰游山,雪峰指一片地曰:"此处造得一所无缝塔。"师曰:"高多少?"雪峰乃顾视上下,师曰:"人天依报,即不如和尚③,若是灵山受记,大远在。"雪峰曰:"世界阔一尺,古镜阔一尺,世界阔一丈,古镜阔一丈。"师指火炉曰:"火炉阔多少?"雪峰曰:"如古镜阔。"师曰:"老和尚脚跟未点地。"

师初受请,住梅溪场普应院,中间迁止玄沙山。自是天下丛林海众,皆望风而宾之。闽帅王公请演无上乘,待以师礼。学徒余八百,室户不闭。师上堂,良久谓众曰:"我为汝得彻困也,还会么?"僧问:"寂寂无言时如何?"师曰:"寱语作么?"曰:"本分事请师道。"师曰:"瞌睡作么?"④ 曰:"学人即瞌睡,和

---

① "把",丛刊本、东寺本、碛砂本作"杷"。
② "雪峰",碛砂本作"峰"。
③ "即",碛砂本作"只"。
④ "瞌",东寺本作"瞌",下同。

尚如何？"师曰："争得恁么不识痛痒？"又曰："可惜如许大师僧，千道万里行脚到遮里①，不消个瞌睡寱语，便屈却去。"问："如何是学人自己？"师曰："用自己作么？"

僧问："从上宗门中事，师此间如何言论？"师曰："少人听。"僧曰："请和尚直道。"师曰："患聋作么？"又曰："仁者，如今事不获已，教我抑下如是威光，苦口相劝，百千方便，道如此如彼，共汝相知闻，尽成颠倒知见。将此咽喉唇吻，只成得个野狐精业谩汝。我还肯么？只如有过无过，唯我自知，汝争得会？若是恁么人出头来，甘伏呵责。夫为人师匠，大不易，须是善知识始得知。我如今怎么方便助汝，犹尚不能觑得，可中纯举宗乘，是汝向什么处措②？还会么？四十九年是方便，只如灵山会有百万众③，唯有迦叶一人亲闻，余尽不闻。汝道迦叶亲闻事作么生④？不可道'如来无说说，迦叶不闻闻'便得当⑤。不可是汝修因成果，福智庄严底事。知么？且如道'吾有正法眼，付嘱大迦叶'，我道犹如话月。曹溪竖拂子，还如指月。所以道：大唐国内，宗乘中事，未曾见有一人举唱。设有人举唱，尽大地人失却性命，如无孔铁槌相似，一时亡锋结舌去。汝诸人赖遇我不惜身命，共汝颠倒知见，随汝狂意，方有申问处。我若不共汝怎么知闻去⑥，汝向什么处得见我？会么？大难。努力，珍重。"乃有偈曰："万里神光顶后相，没顶之时何处望？事已成，意亦

---

① "千道"，碛砂本作"千里"。
② "措"，东寺本、碛砂本作"安措"。
③ "会"，东寺本作"会上"。
④ "亲闻事"，东寺本作"亲闻底事"。
⑤ "得当"，东寺本作"得当去"，碛砂本、南藏本作"当得"，径山本作"当得去"。
⑥ "知闻"，大正本作"有闻"。

休,此个来踪触处周①。智者撩著便提取,莫待须臾失却头。"又偈曰:"玄沙游径别,时人切须知。三冬阳气盛,六月降霜时。有语非关舌,无言切要词。会我最后句,出世少人知。"

问:"四威仪外,如何奉王?"师曰:"汝是王法罪人,争会问事?"问:"古人拈槌竖拂,还当宗乘中事也无?"师曰:"不当。"曰:"古人意作么生?"师举拂子。僧曰:"宗乘中事如何?"师曰:"待汝悟始得。"问:"如何是金刚力士?"师乃吹之。文桶头下山,师问:"桶头下山几时归?"曰:"三五日。"师曰:"归时有无底桶子将一担归。"文无对。归宗柔代云:"和尚用作什么?"师有时垂语曰:"诸方老宿,尽道接物利生。且问汝:只如盲、聋、哑三种病人,汝作么生接?若拈槌竖拂,他眼且不见;共他说话,耳又不闻,口复哑。若接不得,佛法尽无灵验。"时有僧出曰:"三种病人,和尚还许人商量否?"师曰:"许,汝作么生商量?"其僧珍重出。师曰:"不是,不是。"法眼云:"我当时见罗汉和尚举此僧语,我便会三种病人。"云居锡云:"只如此僧会不会?若道会,玄沙又道不是;若道不会,法眼为什么道:我因此僧语,便会三种病人?上坐,无事上来商量,大家要知。"罗汉云:"桂琛见有眼耳,和尚作么生接?"中塔云:"三种病人即今在什么处?"又一僧云:"非唯谩他,兼亦自谩。"

长庆棱来,师问:"除却药忌,作么生道?"棱曰:"憨作么?"师曰:"雪峰山橡子拾食,来遮里雀儿放粪。"师见僧来礼拜,乃曰:"礼拜著,因我得礼拜汝。"一日,普请往海坑斫柴,

---

① "来踪",东寺本作"元来"。

见一虎。僧曰："和尚虎。"师曰："是汝虎。"归院后，僧问："适来见虎云是汝，未审尊意如何？"师曰："娑婆世界有四重障，若人透得，许汝出阴界。"东禅齐云："上坐，古人见了道：我身心如大地虚空。如今人还透得么？"师问长生然和尚："维摩观佛前际不来，后际不去，今则无住。汝怎么生观？"对曰："放皎然过，有商量。"师曰："放汝过作么生？"长生良久。师曰："教阿谁委？"曰："徒劳侧耳。"师曰："情知汝向山鬼窟里作活计。"崇寿稠别长生云："唤什么作如来？"僧问师："学人为什么道不得？"师曰："冨塞汝口，争解道得？"法眼云："古人恁么道，甚奇特！且问：上坐口是什么？"问："凡有言句，尽落卷楷①。不落卷楷，请和尚商量。"师曰："拗折秤衡来，与汝商量。"问："古人瞬视接人，和尚如何接人？"师曰："我不瞬视接人。"僧问："是什么，得恁么难见？"师曰："只为太近。"法眼云："也无可得近，直下是上坐。"

师在雪峰时，光侍者谓师曰："师叔若学得禅，某甲打铁船下海去。"师住后问曰："光侍者打得铁船也未？"光无对。法眼代云："和尚终不恁么。"法灯代云："请和尚下船。"玄觉代云："贫儿思旧债。"师一日遣僧送书上雪峰和尚，雪峰开缄，唯白纸三幅。问僧："会么？"曰："不会。"雪峰曰："不见道：君子千里同风。"其僧回，举似于师，师曰："遮老和尚，蹉过也不知。"东禅齐云："什么处蹉过？若的蹉过，师岂不会弟子意？若不恁么会，只如玄沙意作么生？若会，便参取玄沙。"师问镜清："教中道：菩萨摩诃萨，不见一法为大过失。且道不见什么法？"镜清指露柱云："莫是不见遮个法么？"同安显别云："也知和尚不造次。"师曰："浙中清水白米从汝吃，佛法

---

① "卷楷"，径山本作"圈楷"，下同。

未会在。"玄觉云:"且道玄沙怎么道,意在什么处? 不见僧问洞山云:'不见一法为大过失,此意如何?'洞山云:'不见一法,好言语,上坐。'一宿觉云:'不见一法即如来,方得名为观自在。'普贤菩萨又云:'不见一法为大过失。'是一个,是两个? 试断看。"僧问:"承和尚有言:尽十方世界是一颗明珠。学人如何得会?"师曰:"尽十方世界是一颗明珠,用会作么?"师来日却问其僧:"尽十方世界是一颗明珠,汝作么生会?"对曰:"尽十方世界是一颗明珠,用会作么?"师曰:"知汝向山鬼窟里作活计。"玄觉云:"一般怎么道,为什么却成山鬼窟去?"

问:"如何是无缝塔?"师曰:"遮一缝大小?"玄觉云:"丛林中道:怎么来,何处得无缝? 还会得著不著?"韦监军来谒,举:"曹山和尚甚奇怪。"师乃问:"抚州取曹山多少?"韦指傍僧云:"上坐曾到曹山否?"曰:"曾到。"韦曰:"抚州取曹山多少?"曰:"一百二十。"① 韦曰:"怎么即上坐不到曹山。"② 韦却起礼拜师,师曰:"监军却须礼此僧,此僧却具惭愧。"云居锡云:"什么处是此僧具惭愧? 若检得出,许上坐有行脚眼。"西天有声明三藏到,闽帅令与师相见。师以火箸敲铜炉,问:"是什么声?"三藏对曰:"铜铁声。"法眼别云:"请大师,为大王。"法灯别云:"听和尚问。"师曰:"大王莫受外国人谩。"三藏无对。法眼代云:"大师久受大王供养。"法灯代云:"却是和尚谩大王。"

师南游,莆田县排百戏迎接。来日,师问小塘长老:"昨日许多喧闹,向什么处去也?"小塘提起衲衣角。师曰:"料掉勿交涉。"法眼别云:"昨日有多少喧闹?"法灯别云:"今日更好笑。"师问僧:

---

① "二十",丛刊本、大正本作"二十里"。
② "不到",碛砂本作"不曾到"。

"乾闼婆城，汝作么生会？"僧曰："如梦如幻。"法眼别敲物示之。师与地藏琛在方丈内说话，夜深，侍者闭却门。师曰："门总闭了，汝作么生得出去？"琛曰："唤什么作门？"法灯别云："和尚莫欲歇去。"师一日以杖拄地，问长生曰："僧见、俗见、男见、女见，汝作么生见？"长生曰："和尚还见皎然见处么？"师曰："相识满天下。"问："承和尚有言：闻性遍周法界。雪峰打鼓，遮里为什么不闻？"师曰："谁知不闻？"问："险恶道中，以何为津梁？"师曰："以汝眼为津梁。"曰："未得者如何？"师曰："快救取。"

师与韦监军吃果子，韦问："如何是日用而不知？"师拈起果子曰："吃。"韦吃果子了，再问之，师曰："只首是日用而不知。"① 普请般柴，师曰："汝诸人尽承吾力。"一僧曰："既承师力，何用普请？"师叱之曰："不普请，争得柴归？"师问明真大师："善财参弥勒，弥勒指归文殊，文殊指归佛处。汝道佛指归什么处？"对曰："不知。"师曰："情知汝不知。"法眼别云："唤什么作佛？"大普玄通到礼觐，师谓曰："汝在彼住，莫诳惑人家男女。"对曰："玄通只是开个供养门，晚来朝去，争敢作怎么事？"师曰："事难。"曰："其情是难。"师曰："什么处是难处？"曰："为伊不肯承当。"师便入方丈，拄却门。问："学人乍入丛林，乞师指个入路。"师曰："还闻堰溪水声否？"② 曰："闻。"师曰："是汝入处。"

泉守王公请师登楼，先语客司曰："待我引大师到楼前，便舁却梯。"客司禀旨，公曰："请大师登楼。"师视楼，复视其人，

---

① "只首"，东寺本作"只守"。
② "堰溪"，大正本作"偃溪"。

乃曰："佛法不是此道理。"法眼云："未昇梯时，一日几度登楼？"师与泉守在室中说话，有一沙弥揭帘入见，却退步而出。师曰："那沙弥，好与二十拄杖。"曰："恁么即某甲罪过。"同安显别云："祖师来也。"师曰："佛法不恁么。"镜清云："不为打水①。"有僧问："不为打水意怎么生？"镜清云："青山碾为尘，敢保勿闲人。"东禅齐云："只如玄沙意作么生？或云：直饶恁么去，也好与拄杖。或云：事在当机。或云：拈破会处。此三说，还会玄沙意也无？"师应机接物仅三十祀，致清原、石头之浚流，迨今不绝，转导来际。所演法要，有大、小录，行于海内。自余语句，各随门弟子章及诸方征举出焉。梁开平二年戊辰十一月二十七日示疾而终，寿七十有四，腊四十有四。闽帅为之树塔。

福州长庆慧稜禅师，杭州盐官人也，姓孙氏。幼岁禀性淳澹，年十三，于苏州通玄寺出家登戒，历参禅肆。唐乾符五年，入闽中谒西院，访灵云，尚有凝滞。后之雪峰，疑情冰释。因问："从上诸圣传受一路，请垂指示。"雪峰默然，师设礼而退，雪峰莞尔而笑。异日，雪峰谓师曰："我寻常向师僧道：南山有一条鳖鼻蛇，汝诸人好看取。"对曰："今日堂中，大有人丧身失命。"雪峰然之。师入方丈参，雪峰曰："是什么？"师曰："今日天晴好普请。"自此酬问，未尝爽于玄旨。乃述悟解颂曰："万象之中独露身，唯人自肯乃方亲。昔时谬向途中觅，今日看如火里冰。"

师在西院，问诜上坐曰："遮里有象骨山，汝曾到么？"曰：

---

① "打水"，原作"打水打水"，据大正本改。

"不曾到。"师曰:"为什不到?"① 曰:"自有本分事。"师曰:"作么生是上坐本分事?"诜乃提起衲衣角。师曰:"为当只遮个,别更有?"曰:"上坐见什么?"师曰:"何得龙头蛇尾?"师在宣州保福,后辞归雪峰。保福问师曰:"山头和尚或问上坐信,作么生祗对?"师曰:"不避腥膻,亦有少许。"曰:"信道什么?"师曰:"教我分付阿谁?"曰:"从展虽有此语,未必有恁么事。"师曰:"若然者,前程全自阇梨。"师与保福游山,保福问:"古人道妙峰山顶,莫即遮个便是也无?"师曰:"是即是,可惜许。"

僧问鼓山:"只如稜和尚怎么道,意作么生?"鼓山云:"孙公若无此语,可谓髑髅遍野,白骨连山。"

师来往雪峰二十九载,至天祐三年,受泉州刺史王延彬请,住招庆。初开堂日,公朝服趋隅曰:"请师说法。"师曰:"还闻么?"公设拜。师曰:"虽然如此,虑恐有人不肯。"于是敷扬祖意,随机与夺,故毳客憧憧②,日资道化。后闽帅请去长乐府之西院,奏额曰"长庆",号"超觉大师"。上堂,良久谓众曰:"还有人相悉么?若不相悉,欺谩兄弟去。只今有什么事?莫有窒塞也无?复是谁家屋里事?不肯当荷,更待何时?若是利根参学,不到遮里来。还会么?如今有一般行脚人,耳里总满也,假饶收拾得底,还当诸人行脚事么?"时有僧问:"行脚事如何学?"师曰:"但知就人索取。"又问:"如何是独脱一路?"师曰:"何烦更问?"又问:"名言妙义,教有所诠,不涉三科,请师直道。"师曰:"珍重。"师乃谓众曰:"明明歌咏汝尚不会,忽被暗来底

---

① "什",丛刊本、东寺本作"什么"。
② "客",东寺本作"旅"。

事，汝作么生？"又僧问："如何是暗来底事？"师曰："吃茶去。"中塔云："便请和尚相伴。"

问："如何是不隔毫端底事？"师曰："当不当？"问："如何得不疑不惑去？"师乃展两手，僧不进语。师曰："汝更问，我与汝道。"僧再问之，师露膊而坐。僧礼拜，师曰："汝作么生会？"僧曰："今日风起。"师曰："恁么道未定人见解。汝于古今中，有什么节要齐得长庆？若举得，许汝作话主。"其僧但立而已。师却问："汝是什么处人？"曰："向北人。"师曰："南北三千里外，学妄语作么？"僧无对。师上堂，良久曰："莫道今夜较些子。"便下坐。问："如何是合圣之言？"师曰："大小长庆，被汝一问，口似匾担。"僧曰："何故如此？"师曰："适来问什么？"师谓众曰："我若纯举唱宗乘，须闭却法堂门，所以尽法无民。"时有僧曰："不怕无民，请师尽法。"师曰："还委落处么？"问："如何是西来意？"师曰："香严道底，一时坐却。"师有时示众曰："总似今夜，老狐有望。"① 保福闻之，乃曰："总似今夜，老狐绝望。"玄觉云："恁么道是相见语，不是相见语？"东禅齐云："此二尊宿语一般，各有道理？众中道总似如此，嫌什么？又道总似今夜，堪作什么？若如此会，欠悟在。"

安国瑫和尚新得师号，师去贺，瑫出接。师问曰："师号来邪？"曰："来也。"师曰："是什么号？"曰："明真。"师乃展手。瑫曰："什么处去来？"师曰："几不问过。"师问僧："什么处来？"曰："鼓山来。"师曰："鼓山有不跨石门底句，有人借问，汝作么生道？"曰："昨夜报慈宿。"师曰："拍脊棒，汝又作

---

① "老狐"，南藏本、径山本、大正本作"老胡"。

么生?"曰:"和尚若行此棒,不虚受人天供养。"师曰:"几放过。"问:"古人有言'相逢不擎出①,举意便知有'时如何?"师曰:"知有也未?"僧将前语问保福,福云:"此是谁语?"僧云:"丹霞语。"福云:"去,莫妨我打睡。"师入僧堂,举起疏头曰:"见即不见,还见么?"众无对。法眼代云:"纵受得,到别处亦不敢呈人。"师到罗山,见新制篦子,师以杖敲之曰:"大煞豫备。"② 罗山曰:"拙布置。"师曰:"还肯入也无?"罗山曰:"吽。"

师上堂,大众集定,师乃拽出一僧曰:"大众,礼拜此僧。"又曰:"此僧有什么长处,便教大众礼拜?"众无对。问:"如何是文彩未生时事?"师曰:"汝先举,我后举。"其僧但立而已。法眼别云:"请和尚举。"师曰:"汝作么生举?"僧曰:"某甲截舌有分。"保福迁化,人问师:"保福抛却壳漏子,向什么处去也?"师曰:"且道保福在那个壳漏子里?"法眼别云:"那个是保福壳漏子?"闽帅夫人崔氏奉道,自称练师。遣使送衣物至,云:"练师令就大师请取回信。"师曰:"传语练师,领取回信。"须臾,使却来师前唱喏便回。师明日入府,练师曰:"昨日谢大师回信。"师曰:"却请昨日回信看。"练师展两手。闽帅问师:"练师适来呈信,还惬大师意否?"师曰:"犹较些子。"法眼别云:"遮一转语,大王自道取。"曰:"未审大师意旨如何?"师良久,帅曰:"不可思议,大师佛法深远。"僧举:"高丽有僧,造一观音像,于明州上船,众力舁不起,因请入开元寺供养。"问师:"无刹不现身,为什么不肯去高丽?"师曰:"现身虽普,睹相生偏。"法眼别云:"汝识得观音

---

① "擎出",南藏本、径山本作"拈出"。
② "煞",东寺本作"眯",大正本作"杀"。

未?"有人问僧:"点什么灯?"曰:"长明灯。"曰:"什么时点?"曰:"去年点。"曰:"长明何在?"僧无语。师代曰:"若不如此,争知公不受人谩。"法眼别云:"利动君子。"师两处开法,徒众一千五百,化行闽越二十七载。后唐长兴三年壬辰五月十七日归寂,寿七十有九,腊六十。王氏建塔。

福州大普山玄通禅师,福州福唐人也,受业于兜率山。师事雪峰,经数稔,受心法,止于大普焉。僧问:"骊龙颔下珠,如何取得?"师乃拊掌瞬视。问:"方便以前事如何?"师托出其僧。问:"如何是祖师西来意?"师曰:"咬骨头汉,出去!"问:"拨尘见佛时如何?"师曰:"脱枷来商量。"问:"急急相投,请师接。"师曰:"钝汉。"

杭州龙册寺顺德大师道怤,永嘉人也,姓陈氏。卯岁不食荤茹,亲党强唉以枯鱼,随即呕乌没。哕乙孕。遂求出家,于本州开元寺受具。游方抵闽川,谒雪峰。峰问:"什么处人?"曰:"温州人。"雪峰曰:"恁么即与一宿觉是乡人也?"曰:"只如一宿觉是什么处人?"雪峰曰:"好吃一顿棒,且放过。"一日师问:"只如古德岂不是以心传心?"雪峰曰:"兼不立文字语句。"曰:"只如不立文字语句,师如何传?"雪峰良久,师礼谢。雪峰曰:"更问我一转,岂不好?"曰:"就和尚请一转问头。"雪峰:"只恁么,为别有商量?"曰:"和尚恁么即得。"雪峰曰:"于汝作么生?"曰:"孤负杀人。"

雪峰有时谓众曰:"堂堂密密地。"师出问曰:"是什么堂堂密密？"雪峰起立曰："道什么？"师退步而立。雪峰垂语曰："此事得怎么尊贵，得怎么绵密？"对曰："道怹自到来数年，不闻和尚怎么示诲。"雪峰曰："我向前虽无，如今已有，莫有所妨么？"曰："不敢，此是和尚不已而已。"雪峰曰："致使我如此。"师从此信入，而且随众，闽中谓之"小怹布衲"。因普请处，雪峰举沩山"见色便见心"语，问师："还有过也无？"曰："古人为什么事？"雪峰曰："虽然如此，要共汝商量。"曰："怎么即不如道怹锄地去。"一日，雪峰问师："何处来？"曰："从外来。"雪峰曰："什么处逢见达磨？"曰："更什么处？"雪峰曰："未信汝在。"曰："和尚莫怎么粘腻好。"雪峰肯之。师后遍历诸方，益资权智。因访曹山，寂和尚问："什么处来？"曰："昨日离明水。"寂曰："什么时到明水？"曰："和尚到时到。"寂曰："汝道我什么时到？"曰："适来犹记得。"寂曰："如是，如是。"

师罢参受请，止越州镜清禅苑，唱雪峰之旨，学者奔凑。副使皮光业者，日休之子也，辞学宏赡，屡击难之。退谓人曰："怹师之高论，人莫窥其极也。"新到僧参，师拈起拂子。僧曰："久向镜清，犹有遮个在。"师曰："今日遇人又不遇人。"问："如何是灵源一直道？"师曰："镜湖水可杀深。"师问僧："什么处来？"曰："应天来。"师曰："还见鳗鱲鱼么？"曰："不见。"师曰："阇梨不见鳗鱲，鳗鱲不见阇梨？"曰："总不怎么。"师曰："阇梨只解慎初护末。"问："学人未达其原，请师方便。"师曰："是什么原？"僧曰："其原。"师曰："若是其原，争受方便？"僧礼拜退后。侍者问曰："和尚适来莫是成他问否？"师曰："无。"曰："莫是不成他问否？"师曰："无。"曰："未审毕竟意作么生？"师曰："一点水墨，两处成龙。"师在帐中坐，有僧问讯，师拨帐开①，曰："当断不断，反招其乱。"僧曰："既是当断，为什么不断？"师曰："我若尽法，直恐无民。"曰："不怕无民，请师尽法。"师曰："维那，拽出此僧著。"又曰："休，休，我在南方识伊和尚来。"

因普请锄草次，浴头请师浴，师不顾。如是三请，师举锹作打势，浴头乃走。师召曰："来，来。"浴头回首，师曰："向后遇作家，分明举似。"其僧后至保福，举前语未了，保福以手掩其僧口②。僧却回，举似师，师曰："饶汝恁么，也未作家。"师问荷玉："什么处来？"曰："天台来。"师曰："我岂是问汝天台？"曰："和尚何得龙头蛇尾？"师曰："镜清今日失利。"师看经，僧问："和尚看什么经？"师曰："我与古人斗百草。"师却问："汝会么？"曰："小年也曾恁么来。"③师曰："如今作么生？"僧举拳，师曰："我输汝也。"僧到参，师问："阇梨从什么处来？"曰："佛国来。"师曰："佛以何为国？"曰："清净庄严为国。"师曰："国以何为佛？"曰："妙净真常为佛。"师曰："阇梨从妙净来，庄严来？"曰："无不答对。"师曰："嘘，嘘，别处有人问汝，不可作遮个语话。"

钱王欲广府中禅会，命居天龙寺。始见师，乃曰："真道人也。"致礼勤厚。由是吴越盛于玄学。其后又创龙册寺，延请居焉。师上堂曰："如今事不得已向汝道，若自验著，实个亲切到

---

① "开"，碛砂本、大正本作"问"。
② "僧口"，碛砂本作"口"。
③ "普"，大正本作"会"。

汝分上，因何特地生疏？只为抛家日久，流浪年深，一向缘尘，致见如此。所以唤作背觉合尘，亦名舍父逃逝。今劝兄弟未歇歇去好，未彻彻去好。大丈夫儿得怎么无气概，还惆怅么？终日茫茫地，何不且觅取个管带路好。也无人问我管带一路。"时有僧问："如何是管带一路？"师曰："嘘，嘘，要棒即道。"曰："恁么即学人罪过也。"师曰："几被汝打破蔡州。"问："无源有路不归时如何？"师曰："遮个师僧，得坐便坐。"问："如何是心？"师曰："是即二头。"曰："不是如何？"师曰："又不成是头。"曰："是不是总不恁么时如何？"师曰："更多饶过。"问："十二时中，以何为验？"师曰："得力即向我道。"僧曰："诺。"师曰："十万八千犹可近。"

问："如何是方便门，速易成就？"师曰："速易成就。"曰："争奈学人领览未的。"师曰："代得也代却。"问："如何是玄中玄？"师曰："不是是什么？"曰："还得当也无？"师曰："木头也解语。"问："如何是人无心合道？"师曰："何不问道无心合人？"曰："如何是道无心合人？"师曰："白云乍可来青嶂，明月那教下碧天？"问："学人问不到处，请师不答。和尚答不到处，学人即不问。"师乃擲住曰："是我道理，是汝道理？"曰："和尚若打学人，学人也即却打也。"师曰："得对相耕去。"僧举①："有僧辞归宗，宗问：'什么处去？'曰：'百丈学五味禅去。'归宗不语。"师乃曰："缘归宗单行底事。"僧问："如何是归宗单行底事？"师曰："棒了，趁出院。"僧礼拜，师曰："作么生会？"

---

① "举"，碛砂本作"举问"。

曰："学人罪过。"师曰："料汝恁么去。"

问："承师有言：诸方若不是走作人①，便是笼人、罩人②。未审和尚如何？"师曰："被汝致此一问，直得当门齿落。"问："如何是亲的密密底事？"师曰："常用及人。"曰："不知者如何？"师曰："好晴好雨。"师问僧："门外什么声？"曰："雨滴声。"师曰："众生颠倒，迷己逐物。"法眼别云："画出。" 僧问："如何是同相？"师将火箸插向炉中。僧又问："如何是别相？"师又将火箸插向一边。法眼别云："问不当理。" 有僧引童子到，曰："此儿子常爱问僧佛法，请和尚验看。"师乃令点茶，童子点茶来，师啜讫，过盏托与童子。童子近前接，师却缩手曰："还道得？"童子曰："问将来。"法眼别云："和尚更吃茶否？"③ 僧问："和尚，此儿子见解如何？"师曰："也只是一两生持戒僧。"师三处开法，语要随门人编录，今但梗概而已。晋天福二年丁酉八月示灭，寿七十四。黑白哀号制服者甚众，荼毗于大慈山，获舍利，就龙母山之阳建塔。

福州长生山皎然禅师，本郡人。入雪峰室，密受心印，执侍经十载。因与僧斫树，雪峰曰："斫到心且住。"师曰："斫却著。"雪峰曰："古人以心传心，汝为什么道斫却？"师掷下斧子曰："传。"雪峰打一拄杖而去。僧问雪峰："如何是第一句？"雪峰良久。僧退，举似于师，师曰："此是第二句。"雪峰再令其僧

---

① "走作人"，原作"走人"，据丛刊本改。大正本作"走作"。
② "笼人、罩人"，丛刊本、大正本作"笼罩人"。
③ "否"，碛砂本作"去"。

来问："如何是第一句？"师曰："苍天，苍天。"雪峰普请般柴，问师曰："古人道：谁知席帽下，元是昔愁人。古人意作么生？"师侧戴笠子曰："遮个是什么人语？"雪峰问师："持经者能荷担如来，作么生是荷担如来？"师乃捧雪峰向禅床上著。雪峰普请归，自将一束藤，路逢一僧①，放下藤叉手立。其僧近前拈，雪峰即踏其僧，归院。后举示于师曰："我今日踏那僧得怎么快？"师对曰："和尚却替那僧入涅槃堂。"法眼住崇寿②，时有二僧各说道理，请师断。法眼云："汝两僧一时入涅槃堂。"玄觉云："什么处是替那僧入涅槃堂处？"崇寿稠云："此一转语，却还老兄。"东禅齐云："只如长生意作么生？"③

师尝访一庵主款话，庵主曰："近有一僧问某甲西来意，遂举拂子示之，不知还得也无？"师曰："争敢道得与不得？有人问庵主：此事有人保任，如虎头带角；有人嫌弃，则不直一文钱。此事为什么毁誉不同？请试拣出看。"曰："适来出自偶然，争拣得出？"师曰："若怎么，此后不得为人。"玄觉云："一等是怎事，为什么有得有失？上坐若无智眼，难辨得失。"雪峰问师："光境俱亡，复是何物？"师曰："放皎然过，敢有商量。"雪峰曰："许汝过④，作么生商量？"曰："皎然亦放和尚过。"雪峰深许之。

寻受记，止于长生山分化焉。僧问："从上宗乘，如何举唱？"师曰："不可为阇梨荒却长生山也。"问："古人有言：无明即佛性，烦恼不须除。如何是无明即佛性？"师忿然作色，举拳呵曰："今日打遮师僧去也。"僧曰："如何是烦恼不须除？"师以

---

① "路"，碛砂本作 "路上"。
② "崇寿"，丛刊本、大正本作 "崇寿寺"。
③ "只如"，碛砂本作 "如"。
④ "许"，南藏本、径山本作 "放"。

手挈头曰①："遮师僧，得恁么发人业。"问："路逢达道人，不将语默对。未审将什么对？"师曰："上纸墨堪作什么？"闽帅署禅主大师，莫知所终。

信州鹅湖智孚禅师，福州人也。始依讲肆，肆业于长安。因思玄极之理，乃造雪峰，师事数年。既领心诀，随缘而止鹅湖，大张法席。僧问："万法归一，一归何所？"师曰："非但阇梨一人忙。"问："虚空讲经，以何为宗？"师曰："阇梨不是听众，出去！"问："五逆之子，还受父约也无？"师曰："虽有自裁，未免伤己。"问："如何是佛向上人？"师曰："情知阇梨不奈何。"曰："为什么不奈何？"师曰："未必小儿，得见君子。"有人报云："径山和尚迁化也。"僧问："径山迁化，向什么处去？"师曰："大有灵利底过于阇梨。"

问："在先一句请师道。"师曰："脚跟下探取什么？"曰："即今见问。"师曰："看阇梨变身不得。"问："雪峰抛下拄杖意作么生？"师以香匙抛下地。僧曰："未审此意如何？"师曰："不是好种，出去！"问："如何是鹅湖第一句？"师曰："道什么？"曰："如何即是？"师曰："妨我打睡。"问："不问不答时如何？"师曰："问人焉知？"问："迷子未归家时如何？"师曰："不在途。"曰："归后如何？"师曰："正迷。"问："如何是源头事？"师曰："途中觅什么？"问："如何是一句？"师曰："会么？"曰："恁么莫便是否？"师曰："苍天，苍天。"镜清问："如何是即今

---

① "挈"，原本作"挈"，据丛刊本改，丛刊本下注"女余切，音如，牵引也"。

底？"师曰："何更即今？"清曰："几就支荷。"师曰："语逆言顺。"

漳州报恩院怀岳禅师，泉州人也，少依本州圣寿院受业。罢参雪峰，止龙溪，玄侣奔凑。僧问："十二时中如何行履？"师曰："动即死。"曰："不动时如何？"师曰："犹是守古冢鬼。"问："如何是学人出身处？"师曰："有什么物缠缚阇梨？"曰："争奈出身不得何？"师曰："过在阿谁？"问："如何是报恩一灵物？"师曰："吃如许多酒糟作么？"曰："还露脚手也无？"师曰："遮里是什么处所？"僧问："牛头未见四祖时如何？"师曰："万里一片云。"曰："见后如何？"师曰："廓落地。"僧问："如何是佛法大意？"师曰："昨夜三更失却火。"问："黑云斗暗①，谁当雨者？"师曰："峻处先倾。"问："宗乘不却，如何举唱？"师曰："山不自称，水无间断。"问："佛未出世时如何？"师曰："汝争得知？"问："拨尘见佛时如何？"师曰："什么年中得见来？"问："师子在窟时如何？"师曰："师子是什么家具？"又问："师子出窟时如何？"师曰："师子在什么处？"问："如何是目前佛？"师曰："快礼拜。"师临迁化，上堂示众曰："山僧十二年来举提宗教②，诸人怪我什么处？若要听三经五论，此去开元寺咫尺。"言讫告寂。

杭州西兴化度悟真大师师郁，泉州人也。自得雪峰心印，化

---

① "斗"，碛砂本作"陟"。
② "举提"，碛砂本作"举唱"。

缘盛于杭越之间。后居西兴镇之化度院，法席大兴。僧问："如何是西来意？"师举拂子。僧曰："学人不会。"师曰："吃茶去。"问："如何是无缝塔？"师曰："五尺、六尺。"问："如何是一尘？"师曰："九世刹那分。"曰："如何含得法界？"师曰："法界在什么处？"问："溪谷各异，师何明一？"师曰："汝喘作么？"问："学人初机，乞和尚指示入路。"师曰："汝怪化度什么处？"问："如何是随色摩尼珠？"师曰："青黄赤白。"曰："如何是不随色摩尼珠？"师曰："青黄赤白。"问："如何是西来意？"师曰："是东来、西来①？"问："牛头未见四祖时如何？"师曰："鸟兽俱迷。"曰："见后如何？"师曰："山深水冷。"问："维摩与文殊对谈何事？"师曰："唯有门前镜湖水，清风不改旧时波。"师自是声闻于遐迩②，钱王钦其道德，奏紫衣、师号。

福州鼓山兴圣国师神晏，大梁人也，姓李氏。幼恶荤膻，乐闻钟梵。年十二时，有白气数道腾于所居屋壁。师即挥毫书其壁曰："白道从兹速改张，休来显现作妖祥。定祛邪行归真见，必得超凡入圣乡。"题罢，气即随灭。年甫志学，遘疾甚亟，梦神人与药，觉而顿愈。明年又梦梵僧告云："出家时至矣。"遂依卫州白鹿山道规禅师披削，嵩岳受具。谓同学曰："古德云：白四羯磨后，全体戒定慧。岂准绳而可拘也？"于是杖锡遍叩禅关，而但记语言，存乎知解。及造雪岭，朗然符契。一日参雪峰，雪峰知其缘熟，忽起搊住曰："是什么？"师释然了悟，亦忘其了

---

① "西来"，碛砂本作"是西来"。
② "师"，碛砂本无。

心,唯举手摇曳而已。雪峰曰:"子作道理邪?"师曰:"何道理之有?"雪峰审其悬解,抚而印之。

暨雪峰归寂,闽帅于府城之左二十里,开鼓山,创禅宫,请扬宗致①。师上堂,众集,良久曰:"南泉在日,亦有人举,要且不识南泉。即今还有识南泉者么?试出来对众验看。"时有僧出礼拜才起,师曰:"作么生?"僧近前曰:"咨和尚。"师曰:"不才,请退。"又曰:"经有经师,论有论师,律有律师。有函有号,有部有帙,各有人传持。且佛法是建立教,禅道乃止啼之说。他诸圣兴来,盖为人心不等,巧开方便,遂有多门,受疾不同,处方还异。在有破有,居空叱空,二患既除,中道须遣。鼓山所以道:句不当机,言非展事,承言者丧,滞句者迷。不唱言前,宁谭句后?直至释迦掩室,净名杜口,大士梁时童子,当日一问二问三问,尽有人了也。诸仁者作么生?"时有僧礼拜,师曰:"高声问。"僧曰:"学人咨和尚。"师乃喝出。问:"己事未明,以何为验?"师抗音:"似未闻。"其僧再问,师曰:"一点随流,食咸不重。"

问:"如何是包尽乾坤底句?"师曰:"近前。"僧近前,师曰:"钝置杀人。"问:"如何绍得?"师曰:"犴狖无风②,徒劳展掌。"曰:"如何即是?"师曰:"错。"问:"学人便承当时如何?"师曰:"汝作么生承当?"法灯别云:"莫费力。"问:"如何是学人正立处?"师曰:"不从诸圣行。"法灯别云:"汝拟乱走?"问:"千山万山,阿那个是正山?"师曰:"用正山作么?"法灯云:"千

---

① "宗致",南藏本、径山本作"宗教"。
② 此下,丛刊本、大正本有音释:"犴寒岸,二音。狖音欲。"

山万山。"师与招庆相遇，招庆曰："家常。"师曰："无厌生。"招庆曰："且款款。"师却云："家常。"招庆曰："今日未有火。"师曰："太鄙吝生。"招庆曰："稳便将取去。"东禅齐拈云："此二尊宿语，还有得失也无？若有，阿那个得，阿那个失？若无得失，诸人未具行脚眼在。"问："如何免得轮回生死？"师曰："把将生死来。"问："如何是宗门中事？"师侧掌曰："吽，吽。"问："如何是向上一关梛子？"师乃打之。

问："如何是鼓山正主？"师曰："瞎作么？"师问保福："古人道'非不非，是不是'，意作么生？"保福拈起茶盏。师曰："莫是非好。"问："如何是真实人体？"师曰："即今是什么体？"曰："究竟如何？"师曰："争得到恁么地？"问："如何是佛法大意？"师曰："金乌一点，万里无云。"师问僧："鼓山有不跨石门句，汝作么生道？"僧曰："请。"师乃打之。问："如何是古人省心力处？"师曰："汝何费力？"问："言满天下无口过。如何是无口过？"师曰："有什么过？"问："如何是省要处？"师曰："还自耻么？"师与闽帅瞻仰佛像，闽帅问："是什么佛？"曰："请大王鉴。"曰："鉴即不是佛。"曰："是什么？"无对。长庆代云："久承大师在众，何得造次？"

问："从上宗乘，如何举唱？"师以拂子蓦口打。问："如何是教外别传底事？"师曰："吃茶去。"又曰："今为诸仁者刺头入他诸圣化门里，斗薮不出①。所以向仁者道：教排不到，祖不西来，三世诸佛不能唱，十二分教载不起，凡圣摄不得，古今传不得。忽尔是个汉，未通个消息，向他怎么道，被他蓦口掴。还怪

---

① "斗薮"，丛刊本、大正本作"抖擞"。

得他么？虽然如此，也不得乱捆。鼓山寻常道：更有一人，不跨石门，须有不跨石门句。作么生是不跨石门句？鼓山自住三十余年，五湖四海来者，向高山顶上看山玩水，未见一人快利通得。如今还有人通得，也不昧兄弟。珍重。"乃有偈示众曰："直下犹难会，寻言转更赊。若论佛与祖，特地隔天涯。"闽帅礼重，常询法要焉。

漳州隆寿兴法大师绍卿，泉州人也，姓陈氏。幼于灵岩寺习经论，讲业既就，而深慕禅那，乃问法于雪峰之室。服勤数载，从缘开悟。因侍经行，见芋叶动，雪峰指动叶视之。师对曰："绍卿甚生怕怖。"雪峰曰："是汝屋里底，怕怖什么？"师于是洗然省悟①，顿息他游。寻受请居龙溪焉。僧问："古人道：摩尼殿有四角，一角常露。如何是常露底角？"师举拂子。问："粮不畜一粒，如何济得万人饥？"师曰："侠客面前如夺剑，看君不是黠儿郎。"问："大拍盲底人来，师还接否？"师曰："前后大应得此便也。"曰："莫便是接否？"师曰："遮汉，来遮里插嘴。"问："耳目不到处如何？"师曰："汝无此作。"曰："恁么即闻也。"师曰："真个聋。"汉漳守王公钦尚祖风，为奏紫衣、师名。

福州仙宗院仁慧大师行瑫，泉州人也，姓王氏。本州开元寺受业，预雪峰禅会，声闻四远。闽帅请转法轮，玄徒奔至。上堂曰："我与释迦同参，汝道参什么人？"时一僧出礼拜②，拟伸问，

---

① "洗然省悟"，大正本作"恍然惺悟"。
② "时"，碛砂本作"时有"。"出"，东寺本作"入"。

师曰："错。"问："如何是西来意？"师曰："熊耳不曾藏。"问："直下事乞师方便。"师曰："不因汝问，我亦不道。"问："如何是西来意？"师曰："白日无闲人。"

福州莲华山永福院超证大师从弇，先住漳州报恩院。僧问："儒门以五常为极则，未审宗门以何为极则？"师良久。僧曰："恁么即学人造次也。"师曰："好与拄杖。"问："教云：唯有一乘法。如何是一乘法？"师曰："汝道我在遮里作什么？"曰："恁么即不知教意也。"师曰："虽然如此，却不孤负汝。"问："不向问处领，犹是学人问处，和尚如何？"师曰："吃茶去。"长庆常云："尽法无民。"师曰："永福即不然，若不尽法，又争得民？"时有僧曰："请师尽法。"师曰："我不要汝纳税。"问："诸余即不问，聊径处乞师垂慈。"师曰："不快礼三拜。"师上堂曰："咄，咄，看箭。"便归方丈。问："请师尽令。"师曰："莫埋没。"问："大众云集，请师说法。"师曰："闻么？"曰："若更伫思，应难得及。"师曰："实即得。"问："摩尼殿有四角，一角常露。如何是常露底角？"师曰："不可更点。"师上堂于坐边立，谓众曰："二尊不并化。"便归方丈。

杭州龙华寺真觉大师灵照，高丽人也。萍游闽越，升雪峰之堂，冥符玄旨。居唯一衲，服勤众务，闽中谓之"照布衲"。一夕，指半月问溥上坐："那一片什么处去也？"溥曰："莫妄想。"师曰："失却一片也。"众虽叹美，而恬澹自持。

初止婺州齐云山，上堂良久，忽舒手视其众曰："乞取些子，乞取些子。"又曰:"一人传虚,万人传实。"僧问:"草童能歌舞,未审今时还有无?"师下坐作舞曰:"沙弥会么?"僧曰:"不会。"师曰:"山僧踏曲子也不会?"问:"灵山会上,法法相传。未审齐云将何付嘱?"师曰:"不可为汝一人,荒却齐云也。"曰:"莫便是亲付嘱也无?"师曰:"莫令大众笑。"问:"还丹一粒,点铁成金。至理一言,点凡成圣。请师一点?"师曰:"还知齐云点金成铁么?"曰:"点金成铁,未之前闻。至理一言,敢希垂示。"师曰:"句下不荐,后悔难追。"

师次居越州镜清院,海众悦随。一日,谓众曰:"尽令去也。"僧曰:"请师尽令。"师曰:"吽,吽。"问:"如何是学人本分事?"师曰:"镜清不惜口。"问:"请师雕琢。"师曰:"八成。"曰:"为什么不十成?"师曰:"还知镜清生修理么?"师问僧:"什么处来?"曰:"五峰来。"师曰:"来作什么?"曰:"礼拜和尚。"师曰:"何不自礼?"曰:"礼了也。"师曰:"镜湖水浅。"问:"如何是第一句?"师曰:"莫错下名言。"曰:"师岂无方便?"师曰:"乌头养雀儿。"问:"向上一路,千圣不传。未审什么人传得?"师曰:"千圣也疑我。"曰:"莫便是传也无?"师曰:"晋帝斩嵇康。"问:"释迦掩室于摩竭,净名杜口于毗邪。此意如何?"师曰:"东廊下两两三三[①]。"师谓众曰:"诸方以毗卢法身为极则,镜清遮里即不然,须知毗卢有师,法身有主。"问:"如何是毗卢师、法身主?"师曰:"二公争敢论?"

问:"古人道:见色便见心,此即是色,阿那个是心?"师

[①] "廊",原作"廓",据东寺本、碛砂本、大正本改。

曰："恁么问，莫欺山僧么？"问："未剖以前请师断。"师曰："落在什么处？"曰："恁么即失口也。"师曰："寒山送沩山。"又曰："住，住，阇梨失口，山僧失口？"曰："恶虎不食子。"师曰："驴头出，马头回。"师蓦问一僧："记得么？"曰："记得。"师曰："道什么？"曰："道什么？"师曰："淮南小儿入寺。"问："是什么即俊鹰、俊鹞趁不及？"师曰："阇梨别问，山僧别答。"曰："请师别答。"师曰："十里行人较一程。"问："金屑虽贵，眼里著不得时如何？"师曰："著不得，还著得么？"僧礼拜。师曰："深沙神。"问："菩提树下度众生，如何是菩提树？"师曰："大似苦练树。"曰："为什么似苦练树？"师曰："素非良马，何劳鞭影？"

后湖守钱公卜杭之西关，创报慈院，延请开法，禅众翕然依附。寻而钱王建龙华寺，迎金华傅大士灵骨道具置焉，命师住持。晋天福十二年丁未闰七月一十六日终于本寺①，寿七十八。塔于大慈山。

明州翠岩永明大师令参，湖州人也。自雪峰受记，止于翠岩，大张法席。问："不借三寸请师道。"师曰："茶堂里贬剥去。"问："国师三唤侍者，意旨如何？"师曰："抑逼人作么？"问："诸余即不问。"师默之。僧曰："如何举似于人？"师唤侍者："点茶来。"师上堂曰："今夏与诸兄弟语论看，翠岩眉毛还在么？"长庆闻举云②："生也。"问："凡有言句，尽是点污。如何是

---

① "一十六"，丛刊本、东寺本、碛砂本、大正本作"二十六"。
② "闻举云"，碛砂本作"闻云"。

向上事?"师曰:"凡有言句,尽是点污。"问:"如何是省要处?"师曰:"大众笑汝。"问:"坦然不滞锋铓时如何?"师云:"大有人作此见解。"曰:"毕竟如何?"师曰:"坦然不滞锋铓。"问:"古人拈槌竖拂,意旨如何?"师曰:"邪法难扶。"问:"僧繇为什么写志公真不得?"师曰:"作么生合杀?"问:"险恶道中,以何为津梁?"师曰:"药山再三叮嘱。"问:"不带凡圣[①],当机何示?"师曰:"莫向人道:翠岩灵利。"问:"妙机言句,尽皆不当宗乘中事如何?"师曰:"礼拜著。"曰:"学人不会。"师曰:"出家行脚,礼拜也不会。"钱王向师道风,请居龙册寺终焉。

[①] "带",径山本作"滞"。

景德传灯录卷第十九

吉州清原山行思禅师第六世①

福州雪峰义存禅师法嗣②四十二人三十一人见录③

  福州安国弘瑫禅师

  襄州云盖山归本禅师

  韶州林泉和尚

  洛京南院和尚

  越州洞岩可休禅师

  定州法海院行周禅师

  杭州龙井通禅师

  漳州保福从展禅师

  泉州睡龙道溥禅师

  杭州龙兴寺宗靖禅师

  福州南禅契璠禅师

  越州越山师鼐禅师

---

① "世"下,大正本有"之三四十二人"。
② "法嗣",大正本作"法嗣下"。
③ "三十一",原作"二十一",据丛刊本改。

南岳金轮可观禅师

泉州福清玄讷禅师

韶州云门文偃禅师

衢州南台仁禅师

泉州东禅和尚

余杭大钱山从袭禅师

福州永泰和尚

池州和龙山守讷禅师

建州梦笔和尚

福州古田极乐元俨禅师

福州芙蓉山如体禅师

洛京憩鹤山和尚

潭州沩山栖禅师

吉州潮山延宗禅师

益州普通山普明大师

随州双泉梁家庵永禅师

漳州保福超悟禅师

太原孚上坐

南岳惟劲禅师

　　台州十相审超禅师、江州庐山讷禅师、新罗国大无为禅师、潞州玄晖禅师、湖州清净和尚、益州永安雪峰和尚、卢仙德明禅师、抚州明水怀忠禅师、益州怀果禅师、杭州耳相行修禅师、嵩山安德禅师　已上一十一人无机缘语句，不录

清原山行思禅师第六世[1]

福州雪峰义存禅师法嗣[2]

福州安国院明真大师弘瑫，泉州人也，姓陈氏。幼绝荤茹，自誓出家。于龙华寺东禅始圆戒体，而造于雪峰。雪峰观其少俊，堪为法器，乃导以本心，信入过量。复遍参禅苑，获诸方三昧，却回雪峰。雪峰问："什么处来？"曰："江西来。"雪峰曰："什么处见达磨？"曰："分明向和尚道。"雪峰曰："道什么？"曰："什么处去来。"一日，雪峰见师，忽搊住曰："尽乾坤是个解脱门，把手教伊入，不肯入。"曰："和尚怪弘瑫不得。"雪峰曰："虽然如此，争奈背后许多师僧何？"

师因举国师碑文云"得之于心，伊兰作栴檀之树；失之于旨，甘露乃蒺藜之园"，拈问僧曰："一语须具得失两意，汝作么生道？"僧举拳曰："不可唤作拳头也。"师不肯，亦举拳，别云："只为唤遮个作拳头。"

师受请止困山，毳徒臻集。后闽帅向师道德，命居安国寺，大阐玄风，徒余八百矣。僧问："如何是西来意？"师曰："是即是，莫错会。"问："如何是第一句？"师曰："问，问。"问："学人上来，未尽其机，请师尽机。"师良久。僧礼拜，师曰："忽到别处人问，汝作么生举？"曰："终不敢错举。"师曰："未出门已见笑具。"问："如何是达磨传底心？"师曰："素非后躅。"问："如何是宗乘中事？"师曰："不可为老兄散却众也。"

---

[1] "世"下，大正本有"之三"。
[2] "法嗣"，大正本作"法嗣下"。

问:"不落有无之机,请师全道。"师曰:"汝试断看。"问:"如何是一毛头事?"师拈起袈裟。僧曰:"乞师指示。"师曰:"抱璞不须频下泪,来朝更献楚王看。"

问:"寂寂无言时如何?"师曰:"更进一步。"问:"凡有言句,皆落因缘方便。不落因缘方便事如何?"师曰:"桔槔之士频逢,抱瓮之流罕遇。"问:"向上一路,千圣不传。未审和尚如何传?"师曰:"且留口吃饭著。"问:"如何是高尚底人?"师曰:"河滨无洗耳之叟,磻溪绝垂钓之人。"问:"十二时中,如何救得生死?"师曰:"执钵不须窥众乐,履冰何得步参差?"① 问:"学人拟问宗乘,师还许也无?"师曰:"但问。"僧拟问,师乃喝出。问:"目前生死,如何免得?"师曰:"把将生死来。"问:"知有底人为什么道不得?"师曰:"汝爷名什么?"

问:"如何是活人之剑?"师曰:"不敢瞒却汝。"曰:"如何是杀人之刀?"② 师曰:"只遮个是。"问:"不犯锋铓,如何知音?"师曰:"驴年去。"问:"苦涩处乞师一言。"师曰:"可杀沈吟。"曰:"为什么如此?"师曰:"也须相悉好。"问:"常居正位底人,还消得人天供养否?"③ 师曰:"消不得。"曰:"为什么消不得?"师曰:"是什么心行?"曰:"什么人消得?"师曰:"著衣吃饭底消得。"师举:"棱和尚住招庆时,在法堂东角立,谓僧曰:'遮里好致一问。'僧便问:'和尚为何不居正位?'棱曰:'为汝怎么来。'曰:'即今作么生?'棱曰:'用汝眼作

---

① "何得",东寺本、碛砂本作"何必"。
② "之刀",东寺本、碛砂本作"刀"。
③ "消得",东寺本、碛砂本作"消"。

么?'"师举毕,乃曰:"他家怎么问,别是个道理。如今作么生道?"后安国曰:"恁么即大众一时散去得也。"师亦自代曰:"恁么即大众一时礼拜。"

襄州云盖山双泉院归本禅师,亦曰"西双泉",以随州有东双泉故也。京兆府人也。幼出家,十六纳戒,念《法华经》。初礼雪峰,雪峰下禅床,跨背而坐,师于是省觉。僧问:"如何是双泉?"师曰:"可惜一双眉。"曰:"学人不会。"师曰:"不曾烦禹力,湍流事不知。"问:"如何是西来的的意?"师乃搊住,其僧变色。师曰:"我遮里无遮个。"师手指纤长,特异于人,号"手相大师"。

韶州林泉和尚,先住鑢山。僧问:"如何是尘?"师曰:"不觉成丘山。"师谒白云慈光大师,辞出,白云门送,扶师下阶曰:"款款,莫教跌倒。"师曰:"忽然跌倒又作么生?"白云曰:"更不用扶也。"师大笑而退。

洛京南院和尚,问:"如何是法法不生?"师曰:"生也。"有儒士博览古今,时人呼为"张百会"。一日来谒师,师曰:"莫是张百会么?"曰:"不敢。"师以手于空画一画曰:"会么?"曰:"不会。"师曰:"一尚不会,什么处得百会来?"

越州洞岩可休禅师,问:"如何是洞岩正主?"师曰:"开著。"问:"如何是和尚亲切为人处?"师曰:"大海不宿尸。"①问:"如何是向上一路?"师举衣领示之。问:"学人远来,请师方便。"师曰:"方便了也。"

定州法海院行周禅师,问:"风恬浪静时如何?"师曰:"吹倒南墙。"问:"如何是道中宝?"师曰:"不露光。"曰:"莫便是否?"师曰:"是即露也。"

杭州龙井通禅师,处栖上坐问:"如何是龙井龙?"师曰:"意气天然别,神笔画不成。"② 曰:"为什么画不成?"师曰:"出群不戴角,不与类中同。"曰:"还解行雨也无?"师曰:"普润无边际,处处皆结粒。"曰:"还有宗门中事也无?"师曰:"有。"曰:"如何是宗门中事?"师曰:"从来无形段,应物不曾亏。"问:"如何是吹毛剑?"师曰:"拽出死尸著。"

漳州保福院从展禅师,福州人也,姓陈氏。年十五,礼雪峰为受业师。十八,本州大中寺具戒,游吴楚间,后归执侍。雪峰一日忽召曰:"还会么?"师欲近前,雪峰以杖拄之,师当下知归,作礼而退。又常以古今方便询于长庆棱和尚,棱深许之。长庆棱和尚有时云:"宁说阿罗汉有三毒,不说如来有二种语。不道如来无语,只是无二种语。"师曰:"作么生是如来语?"曰:"聋人争得闻?"师曰:"情知和尚向第二头道。"长庆却问:"作

---

① "尸",东寺本、碛砂本作"死尸"。
② "神笔",东寺本、碛砂本作"神工"。

么生是如来语?"师曰:"吃茶去。"云居锡云:"什么处是长庆向第二头道处?"因举:"盘山云:'光境俱亡,复是何物?'洞山云:'光境未亡,复是何物?'"师曰:"据此二尊者商量,犹未得剿绝。"乃问长庆,"如今作么生道得剿绝?"长庆良久。师曰:"情知和尚向山鬼窟里作活计。"长庆却问:"作么生?"师曰:"两手将犁水过膝。"① 一日长庆问:"见色便见心,还见船子么?"师曰:"见。"曰:"船子且置,作么生是心?"师却指船子。归宗柔别云:"和尚只解问人。"雪峰谓众曰:"诸上坐,到望州亭与上坐相见了,到乌石岭与上坐相见了,到僧堂前与上坐相见了。"师举问鹅湖曰:"僧堂前相见即且置,只如望州亭、乌石岭,什么处是相见?"鹅湖骤步入方丈,师归僧堂。东禅齐云:"此二尊宿会古是相见②,不相见?试断看。"

梁贞明四年丁丑岁,漳州刺史王公钦承道誉,创保福禅苑,迎请居之。开堂日,王公礼跪三请,躬自扶掖升堂。师曰:"须起个笑端作么?然虽如此,再三不容推免。诸仁者,还识么?若识得,便与古佛齐肩。"时有僧出,方礼拜,师曰:"晴干不肯去,要待雨淋头。"僧乃申问曰:"郡守崇建精舍,大阐真风,便请和尚举扬宗教。"师曰:"还会么?"曰:"恁么即群生有赖也。"师曰:"莫把那不净涂污人好。"僧出礼拜,师曰:"大德好与③,莫覆却船子。"问:"泯默将何为则?"师曰:"落在什么处?"曰:"不会。"师曰:"瞢睡汉④,出去。"师见一僧,乃以

---

① "将犁",东寺本、碛砂本、大正本作"扶犁"。
② "会古",东寺本、碛砂本、大正本作"会处"。
③ "与",东寺本、碛砂本、大正本作"与么"。
④ "瞢",丛刊本、东寺本、碛砂本作"瞌",大正本下注"五合切"。

杖子打露柱,又打其僧头。僧作痛声①,师曰:"那个为什么不痛?"僧无对。玄觉代云:"贪行拄杖。"

问:"摩腾入汉,一藏分明,达磨西来,将何指示?"师曰:"上坐行脚事作么生?"曰:"不会。"师曰:"不会会取好,莫傍家取人处分。若是久在丛林,粗委些子远近,可以随处任真。其有初心后学,未知次序,山僧所以不惜口业向汝道:尘劫来事只在如今。还会么?然佛法付嘱国王、大臣、郡守,昔同佛会,今方如是。若是福禄荣贵,则且不论,只如当时受佛付嘱底事,还记得么?若识得,便与千圣齐肩;傥未识得,直须谛信此事不从人得,自己亦非。言多去道转远,直道言语道断,心行处灭,犹未是在。久立,珍重。"异日上堂,大众云集,师曰:"有人从佛殿后过,见是张三李四,从佛殿前过,为什么不见?且道佛法利害在什么处?"僧曰:"为有一分粗境,所以不见。"师乃叱之。自代曰:"若是佛殿即不见。"僧曰:"不是佛殿,还可见否?"师曰:"不是佛殿见什么?"

问:"十二时中,如何据验?"师曰:"恰好据验。"曰:"学人为什么不见?"师曰:"不可更捏目去也。"问:"主伴重重,极十方而齐唱。如何是极十方而齐唱?"师曰:"汝何不教别人问。"问:"因言辩意时如何?"师曰:"因什么言?"僧低头良久,师曰:"击电之机,徒劳伫思。"问:"欲入无为海,须乘般若船。如何是般若船?"师曰:"便请。"曰:"便怎么进去时如何?"师曰:"也是涅槃堂里汉。"师见僧吃饭,乃托钵曰:"家常。"僧

---

① "痛",东寺本、碛砂本作"忍痛"。

曰："和尚是什么心行？"有尼到参，师曰："阿谁？"侍者报曰："觉师姑。"师曰："既是觉师姑，用来作么？"尼曰："仁义道中即不无。"师自别云："和尚是什么心行？"玄觉因举："法眼见僧担土，乃以一块土放担上云：'吾助汝。'僧云：'谢和尚慈悲。'法眼不肯。有一僧别云：'和尚是什么心行？'法眼便休。"玄觉征云："此三则语一般①，别有道理？什么处是心行处？"

闽帅遣使送朱记到，师上堂曰："去即印住，住即印破。"僧曰："不去不住，用印奚为？"师乃打之。僧曰："恁么即山鬼窟里，全因今日也。"师默而已。玄觉云："什么处是山鬼窟？丛林中道：住在不去不住处，便是山鬼窟，所以打破。如此商量，正是鬼窟。且道：保福打伊，意作么生？"师问僧："什么处来？"曰："江西。"师曰："学得底那？"曰："拈不出。"师曰："作么生？"法眼别云："漫语。"僧无对。师举洞山真赞云："徒观纸与墨，不是山中人。"僧问："如何是山中人？"师曰："汝试邈掠看。"曰："若不黠儿，几成邈掠。"师曰："汝是黠儿？"曰："和尚是什么心行？"师曰："来言不丰。"

师见僧数钱，乃展手曰："乞我一钱。"曰："和尚因何到恁么地？"师曰："我到恁么地。"曰："若到恁么地，将取一文去。"师曰："汝为何到恁么地？"师问僧："什么处来？"曰："江西观音。"师曰："还见观音么？"曰："见。"师曰："左边见，右边见？"曰："见时不历左右。"法眼别云："如和尚见。"问："如何是入火不烧，入水不溺？"师曰："若是水火，即被烧溺。"师问饭头："镬阔多少？"曰："和尚试量看。"师以手作量势，

---

① "三"，径山本作"二"。

曰："和尚莫谩某甲。"师曰："却是汝谩我。"问："欲达无生路，应须识本源。如何是本源？"师良久，却问侍者："适来僧问什么？"其僧再举，师乃喝出，曰："我不患聋。"问："学人近入丛林，乞师全示入路。"师曰："若教全示，我却礼拜汝。"师见一僧，乃曰："汝作什么业来，得恁么长大？"曰："和尚短多少？"师蹲身作短势，僧曰："和尚莫谩人好。"师曰："却是汝谩我。"师令侍者屈隆寿长老云："但独自来，莫将侍者来。"寿曰："不许将来，争解离得？"师曰："大杀恩爱。"寿无对。师自代曰："更谢和尚上足传示。"

师住保福仅一纪，学众常不下七百。其接机利物，不可备录。闽帅礼重，为奏命服。唐天成三年戊子，示有微疾。僧入丈室问讯，师谓之曰："吾与汝相识年深，有何方术相救？"僧曰："方术甚有，闻说和尚不解忌口。"法灯别云："和尚解忌口么？"又谓众曰："吾旬日来气力困劣，别无他，只是时至。"僧问："时既至矣，师去即是，住即是？"师曰："道。"曰："恁么即某甲不敢造次。"师曰："失钱遭罪。"言讫，跏趺告寂，即三月二十一日也。

泉州睡龙山道溥，号**"弘教大师"**，福州福唐人也，姓郑氏。宝林院受业，自雪峰印心，住五峰。上堂曰："莫道空山无祇待。"便归方丈。僧问："凡有言句，不出大千顶。未审顶外事如何？"师曰："凡有言句，不是大千顶。"曰："如何是大千顶？"师曰："摩醯首罗天，犹是小千界。"问："初心后学，近入丛林，方便门中，乞师指示。"师敲门枋。僧曰："向上还有事也无？"

师曰:"有。"曰:"如何是向上事?"师再敲门枋。

杭州龙兴宗靖禅师,台州人也。初参雪峰,密承宗印,乃自誓充饭头,服劳逾十载。尝于众堂中袒一膊钉帘,雪峰睹而记曰:"汝向后住持有千僧,其中无一人衲子也。"师悔过,辞归故乡,住六通院。钱王命居龙兴寺,有众千余,唯三学讲诵之徒,果如雪峰所志。周广顺初,年八十一,钱王请于寺之大殿演无上乘,黑白骈拥。僧问:"如何是六通奇特之唱?"师曰:"天下举去。"问:"如何是六通家风?"师曰:"一条布衲一斤有余。"僧问:"如何是学人进前一路?"师曰:"谁敢谩汝?"曰:"岂无方便?"师曰:"早是屈抑也。"问:"如何是和尚家风?"师曰:"早朝粥,斋时饭。"曰:"更请和尚道。"师曰:"老僧困。"曰:"毕竟作么生?"师大笑而已。钱王特加礼重,屡延入府,以始住院署"六通大师"。显德元年甲寅季冬月示灭,寿八十四。塔于大慈山。

福州南禅契璠禅师,上堂曰:"若是名言妙句,诸方总道了也。今日众中还有超第一义者,致得一句么?若有,即不孤负于人。"时有僧问:"如何是第一义?"师曰:"何不问第一义?"曰:"见问。"① 师曰:"已落第二义也。"问:"古佛曲调请师和。"师曰:"我不和汝杂乱底。"曰:"未审为什么人和?"师曰:"什么处去来?"

---

① "见问",径山本作"现问"。

越州诸暨县越山师鼐，号**"鉴真禅师"**，初参雪峰而染指。后因闽王请于清风楼斋，坐久，举目忽睹日光，豁然顿晓，而有偈曰："清风楼上赴官斋，此日平生眼豁开。方知普通年远事，不从葱岭路将来。"归呈雪峰，雪峰然之。僧问："如何是佛身？"师曰："汝问那个佛身？"曰："释伽佛身。"师曰："舌覆三千界。"师临终时集众，示一偈曰："眼光随色尽，耳识逐声消。还源无别旨，今日与明朝。"偈毕，跏趺而逝。

南岳金轮可观禅师，福州福唐人也，姓薛氏①。依石佛寺齐合禅师披剃，戒度既圆，便参雪峰。雪峰曰："近前。"师方近前作礼，雪峰举足踏之，师忽然冥契，师事十二载。复历丛林，止南岳法轮峰。师上堂谓众曰："我在雪峰遭他一踏，直至如今眼不开，不知是何境界？"僧问："如何是西来意？"师曰："不是。"大众夜参后下堂，师召曰："大众。"众回首，师曰："看月。"大众看月，师曰："月似弯弓，少雨多风。"众无对。问："古人道：毗卢有师，法身有主。如何是毗卢师、法身主？"师曰："不可床上安床。"

问："如何是日用事？"师拊掌三下。僧曰："学人未领此意。"师曰："更待什么？"问："从上宗乘，如何为人？"师曰："我今日未吃茶。"曰："请师指示。"师曰："过也。"问："正则不问，请师傍指。"师曰："抱取猫儿去。"师问僧："什么处来？"曰："华光。"师即托出，闭门②，僧无对。问："路逢达道

---

① "薛"，大正本作"苏"。《五灯会元》亦作"薛"。
② "闭门"，东寺本、碛砂本作"闭却门"。

人，不将语默对，未审将何对？"师曰："咄！出去。"师问僧："作么生是觌面事？"曰："请师鉴。"师曰："恁么道还当么？"曰："故为即不可。"师曰："别是一著。"问："如何是灵源一路？"师曰："踏过作么？"雪峰院主有书来招师曰："山头和尚年尊也，长老何不再入岭一转？"师回书曰："待山头和尚别有见解即入岭。"有僧问："如何是雪峰见解？"师曰："我也惊。"

泉州福清院玄讷禅师，高丽人也。初住福清道场，传象骨之灯，学者归慕。泉守王公问："如何是宗乘中事？"师叱之。僧问："如何是触目菩提？"师曰："阇梨失却半年粮。"曰："为什么失却半年粮？"师曰："只为图他一斗米。"问："如何是清净法身？"师曰："虾蟆曲蟮。"问："教云：唯一坚密身，一切尘中现。如何是坚密身？"师曰："驴马猫儿。"曰："乞师指示。"师曰："驴马也不会。"问："如何是物物上辨明？"师展一足示之。师住福清三十年，大阐玄风，终于本山。

韶州云门山文偃禅师，姑苏嘉兴人也，姓张氏。初参睦州陈尊宿，发明大旨。后造雪峰，而益资玄要。因藏器混众，于韶州灵树敏禅师法席居第一坐。敏将灭度，遗书于广主，请接踵住持。师不忘本，以雪峰为师。开堂日，广主亲临曰："弟子请益。"师曰："目前无异路。"法眼别云："不可无益于人。"师云："莫道今日谩诸人好，扼理不得已①，向诸人道遮里作一场狼籍②。

---

① "扼理"，东寺本、碛砂本、大正本作"抑"。
② "向诸人道遮里"，东寺本、碛砂本作"向诸人前"。

忽遇明眼人见，谓之一场笑具，如今亦不能避得也。且问你诸人：从上来有什么事？欠少什么？向你道无事，亦是谩你也，须到遮田地始得。亦莫趁口头问①，自己心里黑漫漫地，明朝后日大有事在。你若是根性迟回，且向古人建化门庭东觑西觑，看是个什么道理？汝欲得会么？都缘是汝自家无量劫来，妄想浓厚，一期闻人说著，便生疑心，问佛问祖，向上向下，求觅解会，转没交涉。拟心即差，况复有言？莫是不拟心么②？更有什么事？珍重。"

师上堂云："我事不获已，向你诸人道'直下无事'，早是相埋没了也。你诸人更拟进步向前，寻言逐句，求觅解会。千差万巧，广设问难，只是赢得一场口滑，去道转远，有什么休歇时？此个事若在言语上，三乘十二分教岂是无言语，因什么更道教外别传？若从学解机智得，只如十地圣人说法如云如雨，犹被呵责；见性如隔罗縠。以此故，知一切有心，天地悬殊。虽然如此，若是得底人，道火不可烧③，终日说事，不曾挂着唇齿，未曾道著一字。终日著衣吃饭，早晚触一粒米④，挂一缕线。虽然如此，犹是门庭之说，也须实得怎么始得。若约衲僧门下，句里呈机，徒劳伫思。直饶一句下承当得，犹是瞌睡汉。"师云："三乘十二分教，横说竖说，天下老和尚纵横十字说，与我捻针锋说底道理来看⑤，怎么道早是死马医⑥。虽然如此，且有几个到此

---

① "头问"，东寺本、碛砂本、大正本作"乱问"。
② "么"，东寺本、碛砂本作"是么"。
③ "烧"，大正本作"烧口"。
④ "早晚触"，东寺本、碛砂本、大正本作"未尝触著"。
⑤ "针锋"，大正本作"针锋许"。
⑥ "早是"，原无，据东寺本、碛砂本补。

境界？不敢望汝言中有响，句里藏锋，瞬目千差，风恬浪静。伏惟尚飨。珍重。"

师上堂云："诸兄弟尽是诸方参寻知识，决择生死，到处岂无尊宿垂慈方便之词？还有透不得底句么？出来举看，老汉大家共你商量。"时有僧出来礼拜，拟举次，师云："去，去，西天路迢迢十万余。"师问①："学人簇簇地，商量个什么？"云②："大众久立。"师云："举一则语教汝直下承当，早是撒屎著汝头上③。直然捻一毫头④，尽大地一时明得，也是剜肉作疮。虽然如此，汝亦须实到遮个田地始得。若未切，不得掠虚。却退步向自己根脚下推寻⑤，看是个甚么道理？实无丝发与汝作解会，与汝作疑惑。汝等各各且当人一段事，大用现前，更不烦汝一毫头气力，便与祖佛无别。自是诸人信根浅薄，恶业浓厚，突然起得许多头角，担钵囊千乡万里受屈。且汝诸人有什么不足处？大丈夫汉阿谁无分？触目承当得，犹是不著便，不可受人欺谩，取人处分。才见老和尚动口，便好把特石礷口塞⑥，便是屎上青蝇相似，斗竞接将去，三个五个聚头地商量。苦屈！兄弟！他古德一期为你诸人不奈何，所以方便垂一言半句，通汝入路。遮般事捻放一边⑦，独自著些子筋骨，岂不是有少许相亲处？快与，快与，时不待人，出息不保入息，更有什么身心别处闲用？切须在意，在

---

① "师问"，东寺本、碛砂本、大正本作"问"。
② "云"，东寺本、碛砂本作"师云"。
③ "屎"，大正本作"尿"。
④ "直然"，大正本作"直饶"。
⑤ "却"，大正本作"却须"。
⑥ "特"，东寺本、碛砂本作"将"。
⑦ "捻"，碛砂本、大正本作"拈"。

意!珍重。"

师云:"尽乾坤一时把将来著汝眼睫上①,你诸人闻恁么道,不敢望你出来性燥,把老汉打一捆。且缓缓子细看,是有是无?是个什么道理②?直饶向遮里明得,若遇衲僧门下,好槌折两脚。汝若是个人,闻说道恁么处有老宿出世③,便好蓦面唾,污我耳目。汝若不见个脚手④,才闻人举,便当荷得,早落第二机也。汝且看他德山和尚,才见僧上来,拽拄杖便打趁。睦州和尚才见入门来,便云'且放汝三十棒',或时云:'见成公案。'⑤ 自余之辈,合作么生?若是一般掠虚汉,食人涎唾,记得一堆一担骨幢⑥,到处逞驴唇马嘴⑦,夸我解问十转五转⑧。饶你从朝问到夜,论劫恁么,还曾梦见也未?什么处是与人著力处?似遮般底,有人屈衲僧斋,也道我得饭吃,堪什么共语?他日阎罗王面前,不取你口解说⑨。诸兄弟!若是得底人,他家依众遣日。若也未得,切莫容易过时,大须子细⑩。古人大有葛藤相为处,即如雪峰和尚道'尽是汝'⑪,夹山云'百草头识取老僧⑫,市门头

---

① "一时把",原作"把一时",据东寺本、碛砂本改。
② "是个什么道理",原作"什么",据东寺本、碛砂本、大正本改。
③ "恁么",东寺本、碛砂本、大正本作"什么"。
④ "不见",东寺本、碛砂本、大正本作"不是"。
⑤ "'且放汝三十棒',或时云:'见成公案。'"东寺本、碛砂本作"现成公案,放汝三十棒"。
⑥ "骨幢",东寺本、碛砂本作"楂樏",大正本作"骨董"。
⑦ "逞",东寺本、碛砂本作"驰骋"。
⑧ "转"下,东寺本、碛砂本、大正本有"话"。
⑨ "解说",原作"解脱",据东寺本、碛砂本、大正本改。
⑩ "子细",碛砂本作"子细看"。
⑪ "尽是汝",东寺本、碛砂本、大正本作"尽大地是汝"。
⑫ "百草头识",东寺本、碛砂本作"百草头上荐"。

认取天子①'，乐普云'一尘才举，大地全收，一毛师子②，全身总是'。汝把取翻覆思量，日久岁深，自然有个入路。此事无你替代处，莫非各在当人分上，老和尚出世，只是为你证明。汝若有少许来由，且昧你亦不得；你若实未得，方便拨汝则不可。兄弟，一等是踏破草鞋，抛却师僧父母行脚③，直须著些子精彩始得。实若有个人入头处，遇著一个咬猪狗脚手④，不惜性命，入泥入水相为，有可咬嚼。搓上眉毛⑤，高挂钵囊，拗折挂杖，十年二十年拟取彻头⑥，莫愁不成办。直是今生未得彻头，来生亦不失人身，向此个门中，亦乃省力。不虚孤负平生，亦不孤负师僧父母、十方施主。直须在意。莫空游州猎县，横担柱杖，一千二千里走趁，遮边经冬，那边过夏。好山水堪取性，多斋供，易得衣钵。苦屈！图他一粒米，失却半年粮。如此行脚，有什么利益？信心檀越把菜粒米，作么生消得？直须自看，时不待人。忽然一日眼光落地，到来前头将什么抵拟⑦？莫一似落汤螃蟹，手脚忙乱。无你掠虚说大话处，莫将等闲，空过时光。一失人身，万劫不复，不是小事，莫据目前。古人尚道⑧'朝闻⑨，夕死可矣'，况我沙门，日夕合履践个什么事？大须努力，努力！珍重。"

---

① "市门头认"，东寺本、碛砂本作"闹市里识"。
② "一毛"，东寺本、碛砂本作"一毛头"。
③ "师僧"，东寺本、碛砂本作"师长"。
④ "一个"，东寺本、碛砂本无。
⑤ "搓"，大正本作"札"，东寺本、碛砂本作"眨"。
⑥ "拟取"，东寺本、碛砂本作"办取"。
⑦ "到来"，东寺本、碛砂本无。
⑧ "古人"，东寺本、碛砂本作"俗子"。
⑨ "朝闻"，东寺本、碛砂本作"朝闻道"。

师云："汝等没可恁么了①，见人道著祖意，便问个超佛越祖之谈。汝且唤那个为佛，那个为祖？且说个超佛越祖底道理？问个出三界，你把将三界来看，有什么见闻觉知隔碍著②？什么声尘色可与你③？了了什么碗？以阿那个为差殊之见？他古圣不奈何，横身为物，道个举体全真物觌体不可得。我向你道'直下有什么事'，早是相埋没了也。实未有入头处④，且中思量⑤，独自参详。除却著衣吃饭、屙屎送尿，更有什么事？无端起得许多妄想作什么？更有一般底，恰似等闲相似，聚头学得个古人话路，识性记持，妄想卜度，道'我会佛法了也'。只管说葛藤，取性过时。更嫌不称意，千乡万里，抛却老邪娘、师僧和尚，遮般底去就⑥，遮打野菜秃，有什么死急行脚去！"⑦

师上堂云："故知时运浇漓，迨于像季。近日师僧北去礼文殊，南去游衡岳，若恁么行脚，名字比丘，徒消信施。苦哉，苦哉！问著黑似漆相似，只管取性过时。设使有三个两个，枉学多闻，记持话路，到处觅相似言语，印可老宿，轻忽上流，作薄福德业⑧。他日阎罗王钉你之时，莫道无人向你说。若是初心后学，直须著精神，莫空记人说处⑨。多虚不如少实，向后只是自赚。有什么事？近前。"师上堂，大众云集，师以拄杖指面前云："乾

---

① "恁么"，东寺本、碛砂本作"作"。
② "隔碍著"，东寺本作"隔碍著你"，大正本作"隔著尔"。
③ "什么声尘色"，碛砂本、大正本作"你有什么声色"。
④ "实"前，大正本有"尔若"。
⑤ "且中思量"，东寺本、碛砂本、大正本作"且中私"。
⑥ "去就"，原作"去去"，据东寺本、碛砂本、大正本改。
⑦ "去"，东寺本、碛砂本、南藏本、径山本无。
⑧ "德业"，东寺本、碛砂本作"业"。
⑨ "说处"，大正本作"说情"，东寺本作"说"。

坤大地微尘诸佛，总在遮里许争佛法①，各觅胜负。还有人谏得么？若无人谏得，待老汉与你谏。"时有僧出云："便请和尚谏。"师云："遮野狐精。"

师云："汝诸人傍家行脚，皆是河南海北。各各尽有生缘所在，还自知得②？试出来举看，老汉与汝证明。有么，有么？出来！汝若不知，老汉谩你去也。汝欲得知，若生缘在北，北有赵州和尚，五台山有文殊，总在遮里。若生缘在南，南有雪峰、卧龙、西堂、鼓山，总在遮里。汝欲得识么？欲得识③，向遮里识取；若不见，亦莫掠虚。见么，见么？且看老僧骑佛殿出去也。珍重。"师上堂云："天亲菩萨，无端变作一条榡樆木杖。"乃画地一下云："尘沙诸佛，尽向遮里葛藤。"便下堂。

师云："我看你诸人，二三机中不能拘得④，空披衲衣何益？汝还会么？与汝注破。久后诸方若见老宿举一指，竖一拂子，云是禅是道，拄杖打破头便行⑤。若不如此，尽是天魔眷属，坏灭吾宗。汝若不会，且向葛藤社里看。我寻常向汝道：微尘刹土，三世诸佛，西天二十八祖，唐土六祖，尽在拄杖头上说法。神通变现，声应十方，一任纵横。你还会么？若不会，且莫掠虚。然虽据实，实是谛见也未？直说到此田地⑥，未曾梦见衲僧沙弥在⑦。三家村里，不逢一人。"师蓦起，以拄杖划地一下云："总

---

① "遮里许"，东寺本、碛砂本、大正本作"里许"。
② "知得"，大正本作"知得么"。
③ "欲得识"，东寺本、碛砂本无。
④ "拘"，东寺本作"构"，大正本作"觏"。
⑤ "拄杖"，原作"什么"，据东寺本、碛砂本改，大正本作"拽拄杖"。
⑥ "直说"，东寺本、碛砂本作"直饶"。
⑦ "未曾"，原作"未审"，据大正改。

在遮里。"又划一下云："总从遮里出去也,珍重。"师上堂云:"和尚子衲僧直须明取衲僧鼻孔,且作么生是衲僧鼻孔?"众皆无对。师云:"摩诃般若波罗蜜,大普请①,下去。"

师上堂云:"诸和尚子,饶你有什么事②,犹是头上著头,雪上加霜,棺木里枨眼③,灸疮瘢著艾燋④。遮个一场狼籍,不是小事。你合作么生?各自觅取个托生处好。莫空游州打县⑤,只欲捉搦闲话。待和尚口动⑥,便问禅问道,向上向下,如何若何。大卷抄了,塞在皮袋里卜度,到处火炉边,三个五个聚头,口喃喃举,更道遮个是公才悟⑦,遮个是从里道出⑧,遮个是就事上道⑨,遮个是体悟⑩。体你屋里老邪老娘!噇却饭了,只管说梦,便道我会佛法了也。将知你行脚,驴年得个休歇么?更有一般底,才闻人说个休歇处,便向阴界里闭眉合眼,老鼠孔里作活计,黑山下坐,鬼趣里体当,便道得个入头路。梦见么?似遮般底,杀一万个有什么罪过⑪?唤作:打底不遇作家,至竟只是个掠虚汉。你若实有个见处,试捻来看,共你商量。莫空不识好恶⑫,矻矻地聚头说闲葛藤。莫教老汉见,捉来,勘不相当,搥

---

① "大普请",东寺本、碛砂本作"今日大普请"。
② "饶你",东寺本、碛砂本、大正本作"饶你道"。
③ "枨眼",碛砂本、大正本作"瞠眼"。
④ "灸疮瘢",原作"灸疮盘",据碛砂本、大正本改。
⑤ "打县",东寺本、碛砂本、大正本作"猎县"。
⑥ "和尚",东寺本、碛砂本作"老和尚"。
⑦ "悟",东寺本、碛砂本、大正本作"语"。
⑧ "出"下,大正本有"语";"里",径山本作"理"。
⑨ "道"下,大正本有"底语"。
⑩ "体悟",东寺本、大正本作"体语"。
⑪ "杀",东寺本、碛砂本作"打杀"。
⑫ "不识好恶",原作"不谢两恶",据东寺本、碛砂本、大正本改。

折脚。莫道不道,你还皮下有血么?"① 以拄杖一时趁下。

问:"如何是佛法大意?"师曰:"春来草自青。"师问新罗僧:"将什么物过海?"曰:"草贼败也。"师引手曰:"汝为什么在我遮里。"② 曰:"恰是。"师曰:"更蹦跳!"问:"牛头未见四祖时如何?"师曰:"家家观世音。"曰:"见后如何?"师曰:"火里蟭蟟吞大虫。"问:"如何是云门一句?"③ 师曰:"猎月二十五。"问:"如何是雪岭泥牛吼?"师曰:"天地黑。"曰:"如何是云门木马嘶?"师曰:"山河走。"问:"从上来事,请师提纲。"师曰:"朝看东南,暮看西北。"曰:"便怎么领会时如何?"师曰:"东屋里点灯,西屋里暗坐。"问:"十二时中,如何即得不空过?"师曰:"向什么处著此一问?"曰:"学人不会,请师举。"师曰:"将笔砚来。"僧乃取笔砚来,师作一颂曰:"举不顾,即差互。拟思量,何劫悟?"问:"如何是学人自己?"师曰:"游山玩水去。"④ 曰:"如何是和尚自己?"师曰:"赖遇维那不在。"问:"一口吞尽时如何?"师曰:"我在汝肚里。"曰:"和尚为什么在学人肚里?"师曰:"还我话头来。"

问:"如何道?"⑤ 师曰:"去。"曰:"学人不会,请师道。"师曰:"阇梨,公凭分明,何得重判?"问:"生死到来,如何排遣?"师展手曰:"还我生死来。"问:"如何是父母不听,不得出

---

① 此下,东寺本、碛砂本有"到处自受屈作么?者灭胡种,尽是野狐群队,总在这里作么"。
② "遮里",东寺本作"手里"。
③ "一句",东寺本、碛砂本作"一曲"。
④ "去",东寺本、碛砂本、大正本无。
⑤ "如何道",大正本作"如何是道"。

家?"师曰:"浅。"曰:"学人不会。"师曰:"深。"问:"如何是学人自己?"师曰:"汝怕我不知。"问:"万机俱尽时如何?"师曰:"与我拈却佛殿来,与汝商量。"曰:"佛殿岂关他事?"师喝曰:"遮谩语汉!"问:"如何是教外别传一句?"师曰:"对众将来。"① 曰:"直得怎么时如何?"师曰:"照从何立?"问:"如何是和尚家风?"师曰:"门前有人读书。"② 问:"如何是透法身句?"师曰:"北斗里藏身。"问:"如何是西来意?"师曰:"久雨不晴。"又曰:"粥饭气。"问:"古人横说竖说,犹未知向上一关棙子③。如何是向上一关棙子?"师曰:"西山岭青。"④ 问:"如何是西来意?"师曰:"河里失钱河里漉。"师有时坐良久,僧问:"何似释迦当时?"师曰:"大众立久,快礼三拜。"师尝有颂曰:"云门耸峻白云低,水急游鱼不敢栖。入门已知来见解⑤,何烦再举力中泥?"⑥

衢州南台仁禅师,问:"如何是南台境?"师曰:"不知贵。"曰:"毕竟如何?"师曰:"阇梨即今在什么处?"师后迁住本郡镇境寺而终。

泉州东禅和尚,初开堂。僧问:"仁王迎请⑦,法王出世。如

---

① "将来",东寺本作"问将来"。
② "有人读书",东寺本、碛砂本、大正本作"有读书人"。
③ "一",大正本无。
④ "岭青",东寺本、碛砂本、大正本作"东岭青"。
⑤ "入门",东寺本、碛砂本作"入户"。
⑥ "力",东寺本、碛砂本、大正本作"轹"。
⑦ "仁王",丛刊本作"人主",大正本作"人王"。

何提唱宗乘即得不谬于祖风？"师曰："还奈得么？"曰："若不下水，焉知有鱼？"师曰："莫闲言语。"问："如何是佛法最亲切处？"师曰："过也。"问："学人末后来，请师最先句。"师曰："什么处来？"问："如何是学人己分事？"师曰："苦。"问："如何是佛法大意？"师曰："幸自可怜生，刚要异乡邑。"

余杭大钱山从袭禅师，雪峰之上足也。自本师印解，洞晓宗要。常曰："击关南鼓，唱雪峰歌。"后入浙中谒钱王，王钦服道化，命居此山而阐法焉。僧问："不因王请，不因众聚，请师直道西来的的意。"师曰："那边师僧过遮边著。"曰："学人不会，乞师指示。"师曰："争得恁么不识好恶？"问："闭门造车，出门合辙。如何是闭门造车？"师曰："造车即不问，汝作么生是辙？"曰："学人不会，乞师指示。"师曰："巧匠施工，不露斤斧。"

福州永泰和尚，问："承闻和尚见虎是否？"师作虎声，僧作打势。师曰："遮死汉！"问："如何是天真佛？"师乃拊掌曰："不会，不会。"

池州和龙山寿昌院守讷，号**"妙空禅师"**，福州闽县人也，姓林氏。受业于古田寿峰。问："未到龙门，如何凑泊？"师曰："立命难存。"有新到僧参，师问："近离什么处？"曰："不离方寸。"师曰："不易来。"僧亦曰："不易来。"师与一掌。问："如何是传底心？"师曰："再三嘱汝，莫向人说。"问："如何是从上宗乘？"师曰："向阇梨口里著得么？"问："省要处请师一接。"师曰:"甚是省要。"

建州梦笔和尚,问:"如何是佛?"师曰:"不诳汝。"曰:"莫便是否?"师曰:"汝诳他。"闽王请师斋,问:"和尚还将得笔来也无?"师曰:"不是稽山绣管,惭非月里兔毫。大王既垂顾问,山僧敢不通呈。"又问:"如何是法王?"师曰:"不是梦笔家风。"

福州古田极乐元俨禅师,问:"如何是极乐家风?"师曰:"满目看不尽。"问:"万法本无根,未审教学人承当什么?"师曰:"莫䜍语。"问:"久处暗室,未达其源。今日上来,乞师一接。"师曰:"莫闭眼作夜好。"曰:"恁么即优昙华坼①,曲为今时。向上宗风,如何垂示?"师曰:"汝还识也无?"曰:"恁么即息疑去也。"师曰:"莫向大众前䜍语。"② 问:"摩腾入汉即不问,达磨来梁时如何?"师曰:"如今岂谬?"曰:"恁么即理出三乘,华开五叶。"师曰:"说什么三乘五叶?出去。"

福州芙蓉山如体禅师,僧问:"如何是古人曲调?"师良久曰:"闻么?"曰:"不闻。"师示一颂曰:"古曲发声雄,今时韵亦同。若教第一指,祖佛尽迷踪。"

洛京憩鹤山和尚,柏谷长老来访,师曰:"太老去也。"谷

---
① "坼",大正本作"折"。
② "大众前",碛砂本作"大众"。

曰："还我不老底来。"师与一捆。问："骏马不入西秦时如何?"师曰："向什么处去?"

潭州沩山栖禅师,问："正恁么时如何亲近?"师曰："汝拟作么生亲近?"曰："岂无方便门?"师曰："开元龙兴,大藏小藏。"问："如何是速疾神通?"师曰："新衣成弊帛。"问："如何是黄寻桥?"师曰："赚却多少人?"问："不假切切,如何是和尚家风?"师曰："莫作野干声。"

吉州潮山延宗禅师,资福和尚来谒,师下禅床接。资福问曰："和尚住此山得几年也?"师曰："钝鸟栖芦,困鱼止箔。"曰："恁么即真道人也。"师曰："且坐吃茶。"问："如何是潮山?"师曰："不宿尸。"曰："如何是山中人?"师曰："石上种红莲。"问："如何是和尚家风?"师曰："切忌犯朝仪。"

益州普通山普明大师,问："如何是佛性?"师曰："汝无佛性。"曰："蠢动含灵,皆有佛性,学人为何却无?"师曰："为汝向外求。"问："如何是玄玄之珠?"师曰："遮个不是。"曰："如何是玄玄珠?"师曰："失却也。"

随州双泉山梁家庵永禅师,问："达磨九年面壁意如何?"师曰："睡不著。"护国长老来,师问："随阳一境,是男是女,各申一问，问问各别。长老将何祗对？"护国以手空中画圆相①。师曰："谢长老慈悲。"曰："不敢。"师低头不顾。问："如何得顿息诸缘去？"师曰："雪上更加霜。"

漳州保福院超悟禅师，第二世住。问："鱼未透龙门时如何？"师曰："养性深潭。"曰："透出时如何？"师曰："才升霄汉，众类难追。"曰："升后如何？"师曰："慈云普覆，润及大千。"曰："还有不受润者无？"师曰："有。"曰："如何是不受润者？"师曰："直杌撑太阳。"

太原孚上坐，遍历诸方，名闻宇内。尝游浙中，登径山法会。一日于大佛殿前，有僧问："上坐曾到五台否？"师曰："曾到。"曰："还见文殊么？"师曰："见。"曰："什么处见？"师曰："径山佛殿前见。"其僧后适闽川，举似雪峰，曰："何不教伊入岭来。"师闻，乃趋装而迈。初上雪峰廨院憩锡，因分甘子与僧。长庆稜和尚问："什么处将来？"师曰："岭外将来。"曰："远涉不易，担负得来。"师曰："甘子，甘子。"方上参雪峰，礼拜讫，立于坐右，雪峰才顾视，师便下看主事。

异日雪峰见师，乃指日示之，师摇手而出。雪峰曰："汝不肯我。"师曰："和尚摇头，某甲摆尾。什么处不肯和尚？"②曰："到处也须讳却。"一日众僧晚参，雪峰在中庭卧，师曰："五州管内，只有遮和尚较些子。"雪峰便起去。雪峰尝问师曰："见说

---

① "圆相"，碛砂本作"一圆相"。
② "处"，碛砂本、南藏本、径山本无。

临济有三句,是否?"师曰:"是。"曰:"作么生是第一句?"师举目视之。雪峰曰:"此犹是第二句,如何是第一句?"师叉手而退。自此雪峰深器之,室中印解,师资道成。师更不他游,而掌浴室焉。

一日,玄沙上问讯,雪峰曰:"此间有个老鼠子,今在浴室里。"玄沙曰:"待与和尚勘破。"言讫,到浴室,遇师打水。玄沙曰:"相看上坐。"师曰:"已相见了。"玄沙曰:"什么劫中曾相见?"师曰:"瞇睡作么?"玄沙却入方丈,白雪峰曰:"已勘破了。"雪峰曰:"作么生勘伊?"玄沙举前语,雪峰曰:"汝著贼也。"鼓山晏和尚问师:"父母未生时,鼻孔在什么处?"师曰:"老兄先道。"晏曰:"如今生也,汝道在什么处?"师不肯。晏却问:"作么生?"师曰:"将手中扇子来。"晏与扇子,再征之,师默置,晏罔测,乃欧之一拳①。师在库前立,有僧问:"如何是触目菩提?"师踢狗子作声走。僧无对。师曰:"小狗子不消一踢。"师不出世,诸方目为太原孚上坐,终于维扬。

南岳般舟道场宝闻大师惟劲,福州人也。素持苦行,不衣缯纩,惟坏衲以度寒暑,时谓头陀焉。初参雪峰,深入渊奥,复问法玄沙之席,心印符会。一日谓鉴上坐曰:"闻汝注《楞严经》?"鉴曰:"不敢。"师曰:"二文殊汝作么生注?"曰:"请师鉴。"师乃扬袂而去。唐光化中,入南岳住报慈东藏。亦号"三生藏"。藏中有镜灯一坐,即华严第三祖贤首大师之所制也。师睹之,顿喻

---

① "欧",东寺本作"殴",大正本作"驱"。

广大法界,重重帝网之门,佛佛罗光之像。因美之曰:"此先哲之奇功,苟非具不思议善权之智,何以创焉?"乃著"五字颂"五章,览之者悟理事相融。后终于南岳。师于梁开平中,撰《续宝林传》四卷,纪贞元之后禅门继踵之源流也。又制七言《觉地颂》,广明诸教缘起,别著《南岳高僧传》,皆流传于世。

景德传灯录卷第二十

吉州清原山行思禅师第六世①一百六人
洪州云居山道膺禅师法嗣二十八人一十九人见录
　　杭州佛日和尚
　　苏州永光院真禅师
　　洪州同安丕禅师
　　庐山归宗澹权禅师
　　池州广济和尚
　　潭州水西南台和尚
　　歙州朱溪谦禅师
　　扬州丰化和尚
　　云居山道简禅师
　　庐山归宗怀恽禅师
　　洪州大善慧海禅师
　　朗州德山第七世和尚②
　　南岳南台和尚

---

① "世"下，大正本有"之四"。
② "第七世和尚"，东寺本作"和尚第七世"。

云居山昌禅师

池州稽山章禅师

晋州大梵和尚

新罗云住和尚

云居山怀岳禅师

吟珏和尚

①潭州龙兴寺悟空大师、建州白云减禅师②、潭州幕辅山和尚、舒州白水山玮禅师、庐州冶父山和尚③、南岳法志禅师、新罗庆猷禅师、新罗慧禅师、洪州凤栖山慧志禅师　已上九人无机缘语句，不录

抚州曹山本寂禅师法嗣十四人—十三人见录

抚州荷玉光慧禅师

筠州洞山道延禅师

衡州育王山弘通禅师

抚州金峰从志禅师

襄州鹿门处真禅师

抚州曹山慧霞大师

衡州华光范禅师

处州广利容禅师

泉州庐山小溪院行传禅师

西川布水岩和尚

蜀川西禅和尚

---

① "吟"下，大正本释曰 "与岭同"。
② "建州"，碛砂本作 "建昌"。
③ "庐州"，碛砂本、大正本作 "庐山"。

华州草庵法义禅师

韶州华严和尚一人

　　庐山罗汉池隆山主和尚　无机缘语句,不录

潭州龙牙山居遁禅师法嗣五人二人见录

潭州报慈藏屿禅师

襄州含珠山审哲禅师

　　凤翔白马弘寂禅师、抚州崇寿院道钦禅师、楚州观音院斌禅师
已上三人无机缘语句,不录

京兆华严寺休静禅师法嗣三人一人见录

凤翔府紫陵匡一禅师

　　饶州北禅院惟直禅师、潍州化城和尚　已上二人无机缘语句,不录

筠州九峰普满大师法嗣一人见录

洪州同安威禅师

青林师虔禅师法嗣六人五人见录

韶州龙光和尚

襄州石门寺献禅师

襄州广德和尚

郢州芭蕉和尚

定州石藏慧炬禅师

　　襄州延庆通性大师①　一人无机缘语句,不录

洛京白马遁儒禅师法嗣二人一人见录

兴元府青锉山和尚一人

---

① "大师",径山本作"禅师"。

京兆保福和尚　无机缘语句，不录

益州北院通禅师法嗣一人见录

　　京兆香城和尚

高安白水本仁禅师法嗣二人见录

　　京兆重云智晖禅师

　　杭州瑞龙幼璋禅师

抚州疏山匡仁禅师法嗣二十人一十二人见录

　　第二世疏山证禅师

　　洪州百丈安禅师

　　筠州黄檗慧禅师

　　随城山护国守澄禅师

　　洛京灵泉归仁禅师

　　延州延庆奉璘禅师

　　安州大安山省禅师

　　洪州百丈超禅师

　　洪州天王院和尚

　　常州正勤院蕴禅师

　　襄州后洞山和尚

　　京兆三相和尚

　　　　筠州五峰山行继禅师、商州高明和尚、华州西溪道泰禅师、抚州疏山和尚、筠州黄檗山令约禅师、扬州祥光远禅师、安州大安山传性大师、筠州黄檗山赢禅师　已上八人无机缘语句，不录

澧州钦山文邃禅师法嗣二人无机缘语句，不录

　　　　洪州上蓝院自古禅师、澧州太守雷满

乐普山元安禅师法嗣十人六人见录

京兆永安善静禅师

蕲州乌牙山彦宾禅师

凤翔府青峰传楚禅师

邓州中度和尚

嘉州洞溪和尚

京兆卧龙和尚

> 嘉州黑水寺慧通大师、京兆盘龙和尚、单州东禅和尚、鄜州善雅和尚　已上四人无机缘语句，不录

江西逍遥山怀忠禅师法嗣二人见录

泉州福清师巍禅师

京兆白云无休禅师

袁州盘龙山可文禅师法嗣五人 三人见录

江州庐山永安净悟禅师

袁州木平山善道禅师

陕府龙溪和尚①

> 桂阳志通大师、庐山寿昌院净寂禅师　已上二人无机缘语句，不录

抚州黄山月轮禅师法嗣一人见录

郢州桐泉山和尚

洛京韶山寰普禅师法嗣二人 一人见录

潭州文殊和尚

> 一人祥州大岩白和尚②　无机缘语句，不录

---

① "陕府"，碛砂本、大正本作"陕州"。
② "祥州"，大正本作"洋州"。

洪州上蓝院令超禅师法嗣二人无机缘语句，不录

河东北院简禅师、洪州南平王钟传

清原山行思禅师第六世
前洪州云居山道膺禅师法嗣

杭州佛日和尚，初游天台山。尝曰："如有人夺得我机者，即我师矣。"寻抵于江西，谒云居膺和尚。作礼而问曰："二龙争珠，谁是得者？"云居曰："卸却业身来相见。"对曰："业身已卸。"曰："珠在什么处？"师无对。同安代云："回头即勿交涉。"① 师乃投诚入室，便礼云居为师。

后参夹山，才入门见维那，维那曰："此间不著后生。"师曰："某甲暂来礼谒和尚，不宿。"维那白夹山，夹山许见②，未升阶便问："什么处来？"师："云居来。"曰："即今在什么处？"师曰："在夹山顶上。"曰："老僧行年在坎，五鬼临身。"师乃上阶礼拜。夹山又问："阇梨与什么人为同行？"师曰："木上坐。"③ 曰："他何不来相看？"师曰："和尚看他有分。"曰："在什么处？"师曰："在堂中。"夹山便共师下到堂中，师遂去取得拄杖④，掷于夹山面前。夹山曰："莫从天台得来否？"师曰："非五岳之所生。"曰："莫从须弥山得来否？"师曰："月宫亦不逢。"曰："怎么即从他人得也。"师曰："自己尚是怨家⑤，从人

---

① "勿"，碛砂本作"没"。
② "许见"，碛砂本作"许相见"。
③ "木上坐"，丛刊本作"拄上坐"。
④ "拄杖"，大正本作"柱枝"。
⑤ "怨家"，大正本作"冤家"。

得堪作什么?"曰:"冷灰里有一粒豆子爆。"唤维那来,令安排向明灯下著①。师却问:"灯笼还解语也无?"夹山曰:"待灯笼解语,即向汝道。"至明日,夹山入堂问:"昨日新到上坐在什么处?"② 师出应诺,夹山曰:"子未到云居前在什么处?"对曰:"天台国清。"夹山曰:"天台有潺潺之瀑,渌渌之波,谢子远来,子意如何?"师曰:"久居岩谷,不挂松萝。"夹山曰:"此犹是春意,秋意如何?"师良久。夹山曰:"看君只是撑船汉,终归不是弄潮人。"

一日大普请,维那请师送茶。师曰:"某甲为佛法来,不为送茶来。"维那曰:"和尚教上坐送茶。"曰:"和尚尊命即得。"乃将茶去作务处,摇茶碗作声,夹山回顾,师曰:"酽茶三五碗,意在镢头边。"夹山曰:"瓶有倾茶意,篮中几个瓯?"师曰:"瓶有倾茶意,篮中无一瓯。"便倾茶行之。时大众皆举目,师又问曰:"大众鹤望,请师一言。"③ 夹山曰:"路逢死蛇莫打杀,无底篮子盛将归。"师曰:"手执夜明符,几个知天晓?"夹山曰:"大众,有人,归去,归去。"从此住普请,归院,众皆仰叹。师后回浙西,住佛日而终。

苏州永光院真禅师,上堂谓众曰:"言锋若差,乡关万里。直须悬崖撒手,自肯承当,绝后再苏,欺君不得。非常之旨,人焉廋哉?"问:"道无横径,立者皆危,如何得不被横径所侵

---

① "明灯",东寺本、碛砂本、大正本作"明窗"。
② "什么处",碛砂本作"么"。
③ "请",碛砂本作"乞"。

去？"① 师以拄杖蓦口拄。僧曰："此犹是横径。"师曰："合取。"

洪州凤栖山同安丕禅师，问："如何是无缝塔？"师曰："吽，吽。"僧曰："如何是塔中人？"师曰："今日大有人从建昌来。"问："一见便休去时如何？"师曰："是也，更来遮里作么？"问："如何是点额鱼？"师云："不透波澜。"僧曰："惭耻时如何？"师曰："终不仰面。"僧曰："恁么即不变其身也。"师曰："是也，青云事作么生？"问："如何是和尚家风？"师曰："金鸡抱子归霄汉，玉兔怀儿向紫微。"②云："忽遇客来，将何祗待？"师曰："金果朝来猿去摘③，玉花晚后凤衔归。"问："路逢达道人，不将语默对。未审将什么对？"师曰："要踢要拳？"问："不伤王道如何？"师曰："吃粥吃饭。"曰："莫便是不伤王道也无？"师曰："迁流左降。"问："玉印开时何人受信？"师曰："不是恁么人。"曰："亲宫事如何？"师曰："道什么？"

问："如何是毗卢师？"师曰："阇梨在什么处出家？"问："如何是触目菩提？"师曰："面前佛殿。"问："片玉无瑕，请师不触。"师曰："落汝后。"问："玉印开时何人受信？"师云："不是小小。"问："如何是妙旨？"师曰："好。"问："迷头认影如何止？"师曰："告阿谁？"曰："如何即是？"师曰："从人觅即转远也。"曰："不从人觅时如何？"师曰："头在什么处？"问："如何是同安一只箭？"师曰："脑后看。"曰："脑后事如

---

① "所"，碛砂本、大正本作"取"。
② "怀儿"，碛砂本作"怀胎"。
③ "朝来猿去摘"，碛砂本作"早朝猿摘去"。

何?"师曰:"过也。"问:"亡僧衣众人唱,祖师衣什么人唱?"师曰:"打。"问:"将来不相似,不将来时如何?"师曰:"什么处著?"问:"未有遮个时,作么生行李?"① 师曰:"寻常又作么生?"曰:"恁么即不改旧时人也。"师曰:"作何行李?"

庐山归宗寺澹权禅师,第二世住。问:"金鸡未鸣时如何?"师曰:"失却威音王。"曰:"鸣后如何?"师曰:"三界平沈。"问:"尽身供养时如何?"师曰:"将得什么来?"曰:"所有不惜。"师曰:"供养什么人?"僧无语。问:"学人为佛法来,如何是佛法?"师曰:"正闲空。"曰:"便请商量。"师曰:"周匝有余。"问:"大众云集,合谭何事?"师曰:"三三两两。"问:"路逢达道人,不将语默对。未审将什么对?"师曰:"争能肯得人?"又曰:"会么?"曰:"不会。"师曰:"长安路,厕坑子。"问:"学人不问诸余,如何是佛法大意?"师曰:"三枷五棒。"问:"通通会底人如何道?"② 师曰:"只今事作么生?"③ 僧曰:"随流。"师曰:"不随流,争得息?"

池州广济和尚,问:"匹马单枪时如何?"师曰:"头落也。"问:"如何是方外之谭?"师曰:"汝道什么?"问:"如何是广济水?"师曰:"无饥渴。"曰:"恁么即学人不虚设也。"师曰:"情知你受人安排。"问:"远远来投,乞师指示。"师曰:"有口

---

① "行李",大正本作"行履"。
② "通通会",碛砂本作"通会"。
③ "只",径山本作"即"。

只解吃饭。"问:"温伯与仲尼相见时如何?"① 师曰:"此间无恁么人。"问:"不识不见,请师道出。"师曰:"不昧。"曰:"不昧时作么生?"师曰:"汝唤作什么?"

潭州水西南台和尚,僧问:"如何是此间一滴水?"师曰:"入口即攃出。"问:"如何是西来意?"师曰:"靴头线绽。"问:"祖祖相传,未审传个什么?"② 师曰:"不因阇梨问,老僧亦不知。"

歙州朱溪谦禅师,饶州刺史与师造大藏殿,师与一僧同看殿次,师唤:"某甲。"僧应诺。师曰:"此殿著得多少佛?"曰:"著即不无,有人不肯。"师曰:"我不问遮个人。"曰:"恁么即某甲亦未曾祇对③。珍重。"师后住兜率山而终④。

扬州丰化和尚,问:"如何是敌国一著棋?"师曰:"下来。"问:"一棒打破虚空时如何?"师曰:"把一片来。"问:"上无片瓦,下无卓锥。学人向什么处立?"师曰:"莫飘露么?"

云居山昭化禅师道简,第二世住。范阳人也。久入云居之室,密受真印,而分掌寺务,典司樵爨。以腊高,居堂中为第一坐。属膺和尚将临顺寂,主事僧问:"谁堪继嗣?"⑤ 曰:"堂中简。"

---

① "温伯",南藏本、径山本、大正本作"温伯雪"。
② "传个什么",碛砂本作"作什么"。
③ "亦",碛砂本无。
④ "山",径山本无。
⑤ "堪",碛砂本作"当"。

主事僧虽承言，而未晓其旨，谓之"拣选"。乃与众僧佥议，举第二坐为化主。然且备礼，先请第一坐，必若谦让，即坚请第二坐焉。时简师既密承师记，略不辞免，即自持道具，入方丈摄众演法。主事僧等不惬素志，罔循规式，师察其情，乃弃院，潜下山。其夜山神号泣。诘旦，主事大众奔至麦庄，悔过哀请归院，众闻山神连声唱云："和尚来也。"

僧问："如何是和尚家风？"师曰："随处得自在。"问："维摩岂不是金粟如来？"师曰："是。"曰："为什么却预释迦会下听法？"师曰："他不争人我。"问："横身盖覆时如何？"师曰："还盖覆得么？"问："蛇子为什么却吞蛇师？"①师曰："在里不伤。"问："诸圣道不得处，和尚还道得么？"师曰："汝道什么处诸圣道不得？"问："路逢猛虎时如何？"师曰："千人万人不逢，偏汝便逢。"问："孤峰独宿时如何？"师曰："闲著七间僧堂不宿②，阿谁教汝孤峰独宿？"师示灭后，庐州帅张崇施财建石塔于本山，至今存焉。

庐山归宗寺怀恽禅师，第三世住。问："无佛无众生时如何？"师曰："什么人如此？"问："水清鱼现时如何？"师曰："把一个来。"僧无对。同安代云："动即失。"问："如何是五老峰？"师曰："突兀地。"问："截水停轮时如何？"师曰："磨不转。"曰："如何是磨不转？"师曰："不停轮。"问："如何是尘中子？"师曰：

---

① "却吞"，碛砂本作"吞却"。
② "闲著七间僧堂不宿"，东寺本作"七间僧堂不打睡"。碛砂本、南藏本、径山本作"闲却七间僧堂不宿"。

"灰头土面。"同安代云:"不拂拭。"问:"'世尊无说说,迦叶不闻闻'事如何?"师曰:"正怎么时作么生?"曰:"不同无闻说。"师曰:"是什么人?"问:"学人不到处请师说。"师曰:"汝不到什么处来?"

洪州大善慧海禅师,问:"不坐青山时如何?"师曰:"是什么人?"问:"如何是解作客底人?"师曰:"不占上。"问:"灵泉忽逢时如何?"师曰:"从什么处来?"问:"如何道即不违于师?"师曰:"莫惜口。"曰:"道后如何?"师曰:"道什么?"问:"如何道得相亲去?"师曰:"快道。"曰:"恁么即不道也。"① 师曰:"用口作什么?"师后住百丈而终。

朗州德山和尚,第七世住。问:"路逢达道人,不将语默对。未审将什么对?"师曰:"只恁么。"僧良久。师曰:"汝更问。"僧再问,师乃喝出。

衡州南岳南台和尚,问:"直上融峰时如何?"师曰:"见么?"

云居山昌禅师,第三世住。问:"相逢不相识时如何?"师曰:"既相逢为什么不相识?"问:"红炉猛焰时如何?"师曰:"里头是什么?"问:"不受商量时如何?"师曰:"来作什么?"曰:

---

① "也",大正本作"之"。

"来亦不商量。"师曰:"空来何益?"问:"方丈前容身时如何?"师曰:"汝身大小?"

池州嵇山章禅师,曾在投子作柴头,投子吃茶次,谓师曰:"森罗万象,总在遮一碗茶里。"师便覆却茶云:"森罗万象在什么处?"投子曰:"可惜一碗茶。"师后谒雪峰和尚,雪峰问:"莫是章柴头么?"师乃作轮椎势,雪峰肯之。

晋州大梵和尚,僧问:"如何是学人顾望处?"师曰:"井底竖高楼。"曰:"恁么即超然也。"师曰:"何不摆手?"

新罗云住和尚,问:"诸佛道不得,什么人道得?"师曰:"老僧道得。"曰:"诸佛道不得,和尚作么生道?"师曰:"诸佛是我弟子。"曰:"请和尚道。"① 师曰:"不对君王,好与二十棒。"

云居山怀岳,号**"达空禅师"**,第四世住。问:"如何是大圆镜?"师曰:"不鉴照。"曰:"忽遇四方八面来怎生?"师曰:"胡来胡现。"曰:"大好不鉴照。"师便打。问:"如何是一丸疗万病底药?"师曰:"汝患什么?"

阾珏和尚,问:"学人不负师机,还免披毛戴角也无?"师

---

① "和尚",碛砂本作"师"。

曰:"阇梨也可畏,对面不相识。"曰:"怎么即吞尽百川水,方明一点心。"师曰:"虽脱毛衣,犹披鳞甲。"曰:"好来和尚具大慈悲。"师曰:"尽力道,也出老僧格不得。"

前抚州曹山本寂禅师法嗣

抚州荷玉山玄悟大师光慧,初住龙泉,上堂谓众曰:"雪峰和尚为人,如金翅鸟入海取龙相似。"时有僧问:"和尚如何?"师曰:"什么处去来?"问:"如何是西来的的意?"师曰:"不礼拜更待何时?"问:"如何是密传底心?"师良久。僧曰:"怎么即徒劳侧耳。"师唤侍者云:"来烧火著。"问:"古人道'若记一句,论劫作野狐精',未审古人意如何?"师曰:"龙泉僧堂未曾锁。"曰:"和尚如何?"师曰:"风吹耳朵。"问:"路逢猛兽时如何?"师曰:"憨作么?"问:"如何是声前一句?"师曰:"恰似不道。"问:"古人云'如红炉上一点雪',意旨如何?"师曰:"惜取眉毛好。"问:"如何指示,即得不昧于时中?"师曰:"不可雪上更加霜。"曰:"怎么即全因和尚去也。"师曰:"因什么?"问:"如何履践,即得不昧于宗风?"师曰:"须道龙泉好手。"曰:"请和尚好手。"师曰:"却忆钟期。"

问:"古人道'生也不道,死也不道'意如何?"师良久,僧礼拜。师曰:"会么?"曰:"不会。"师曰:"也是厨寒甑足尘。"师有时举拄杖示众曰:"从上皆留此一路,方便接人。"时有僧出曰:"和尚又是从头起也。"师曰:"谢相悉。"问:"机关不转,请师商量。"师曰:"哑得我口么?"问:"如何是文殊?"师曰:"不可有第二月也。"曰:"即今事如何?"师曰:"正是第二月。"

问:"如何是如来语?"师曰:"猛风可绳缚。"问:"如何是妙明真性?"师曰:"宽宽莫�损。"师上堂,良久,有僧出曰:"为众竭力,祸出私门。未审放过不放过?"师默然。问:"如何是和尚为人一句?"师曰:"汝是九色鹿。"问:"抱璞投师时如何?"师曰:"不是自家珍。"曰:"如何是自家珍?"师曰:"不琢不成珍。"

筠州洞山道延禅师,第四世住,时号"鹿头和尚"。始因曹山和尚垂语云:"有一人向万丈崖头腾身掷下,此是什么人?"众皆无对。师出对曰:"不存。"曹山曰:"不存个什么?"曰:"始得扑不碎。"曹山深肯之。僧问:"请和尚密付真心。"师曰:"欺遮里无人作么?"

衡州常宁县育王山弘通禅师,僧问:"混沌未分时如何?"师曰:"混沌。"僧云:"分后如何?"师曰:"混沌。"上堂示众曰:"释迦如来出世四十九年说不到底句,今夜某甲不避羞耻,与诸尊者共谭。"师良久云①:"莫道错,珍重。"僧问:"学人有病请师医。"师曰:"将病来与汝医。"曰:"便请师医。"师曰:"还老僧药价钱来。"问:"曹源一路即不问,衡阳江畔事如何?"师曰:"红炉焰上无根草,碧潭深处不逢鱼。"问:"心法双亡时如何?"②师曰:"三脚虾蟆背大象。"问:"如何是西来意?"师曰:"老僧毛竖。"问:"如何是佛法大意?"师曰:"直待文殊过,即

---

① "师",碛砂本无。
② "亡",碛砂本、大正本作"忘"。

向你道。"曰:"文殊过也,请和尚道。"师便打。问:"如何是和尚家风?"师曰:"浑身不直五分钱。"曰:"太悭贫寒生。"师曰:"古代如是。"曰:"如何施设?"师曰:"随家丰俭。"

抚州金峰从志,号"玄明大师"。有进上坐问:"如何是金峰正主?"师曰:"此去镇县不遥,阇梨莫造次。"进曰:"何不道?"师曰:"口如礔磐。"问:"千峰万峰,如何是金峰?"师乃斫额而已。问:"千山无云①,万里绝霞时如何?"师曰:"飞猿岭那边,何不猛吐却?"问:"如何是西来意?"师曰:"壁边有鼠耳。"问:"如何是和尚家风?"师曰:"金峰门前无五里牌。"师后住金陵报恩院入灭,谥圆广禅师,塔曰归寂。

襄州鹿门山华严院处真禅师,问:"如何是和尚家风?"师曰:"有盐无醋。"问:"如何是道人?"师曰:"有口似鼻孔。"曰:"忽遇客来时②,将何祗对?"师曰:"柴门草户,谢汝经过。"问:"祖祖相传,是什么物?"师曰:"金襕袈裟。"问:"如何是函中般若?"师曰:"佛殿挟头六百卷。"问:"和尚百年后,向什么处去?"师曰:"山下李家使牛去。"③曰:"还许学人相随也无?"师曰:"汝若相随,莫同头角。"曰:"诺。"师曰:"合到什么处?"曰:"佛眼辨不得。"师曰:"若不放过,亦是茫茫。"问:"如何是鹿门高峻处?"师曰:"汝还曾上主山也无?"

---

① "千山",碛砂本作"千峰"。
② "时",碛砂本无。
③ "使",大正本作"作",下注"有本作'使'"。

问:"如何是禅?"师曰:"鸾凤入鸡笼。"曰:"如何是道?"师曰:"藕丝牵大象。"问:"劫坏时,此个还坏也无?"师曰:"临崖觑虎眼,特地一场愁。"问:"如何是和尚转身处?"师曰:"昨夜三更,失却枕子。"问:"一句下豁然时如何?"师曰:"汝是谁家生?"师有一偈示众曰:"一片凝然光灿烂,拟意追寻卒难见。炳然掷著豁人情,大事分明皆总办。是快活,无系绊,万两黄金终不换。任他千圣出头来,从是向渠影中现。"

抚州曹山慧霞了悟大师①,第二世住,先住荷玉山。问:"佛未出世时如何?"师曰:"曹山不如。"曰:"佛出世后如何?"②师曰:"不如曹山。"问:"四山相逼时如何?"师曰:"曹山在里许。"曰:"还求出也无?"师曰:"若在里许即求出。"僧侍立,师曰:"道者可杀炎热。"曰:"是。"师曰:"只如炎热向什么处回避得?"曰:"向镬汤炉炭里回避。"师曰:"只如镬汤炉炭作么生回避得?"曰:"众苦不能到。"师默置。

衡州华光范禅师,问:"如何是无缝塔?"师指僧堂曰:"此间僧堂无门户。"师问僧:"曾到紫陵无?"曰:"曾到。"师曰:"曾到鹿门无?"曰:"曾到。"师曰:"嗣紫陵即是,嗣鹿门即是?"曰:"即今嗣和尚得么?"师曰:"人情不打即不可。"问:"非隐现是学人,阿那个是和尚?"师曰:"尽乾坤。"曰:"此犹是学人,阿那个是和尚?"师曰:"适来道不错。"

---

① "了悟大师",碛砂本作"大师了悟"。
② "佛",碛砂本无。

处州广利容禅师，先住贞溪。有僧新到，师举拂子曰："贞溪老师还具眼么？"曰："某甲不敢见人过。"师曰："死在阇梨手里也。"问："如何是和尚家风？"师曰："谢阇梨道破。"问："西院拍手笑嘘嘘，意作么生？"师曰："卷上帘子著。"问："自己不明，如何明得？"师曰："不明。"曰："为什么不明？"师曰："不见道自己事？"问："鲁祖面壁意作么生？"师良久曰："还会么？"曰："不会。"师曰："鲁祖面壁。"因郡守受代归①，师出送。接话次，郡守问："和尚远出山门，将什么物来？"师曰："无尽之宝呈献。"太守无对。后有人进语曰："便请。"师曰："太守尊严。"问："千途路绝，语思不通时如何？"师曰："犹是阶下汉。"师谓众曰："若来到广利门下②，须道得第一句，即开一线道，与兄弟商量。"时有僧出礼拜，师曰："将谓是异国舶主，元来是此郡商人。"

泉州庐山小溪院行传禅师，清原人也，姓周氏。本州石钟院出家，福州太平寺受戒。自曹山印可，而居小溪。僧问："久向庐山石门，为什么入不得？"师曰："钝汉。"曰："忽逢猛利者，还许也无？"师曰："吃茶去。"

西川布水岩和尚，问："如何是西来意？"师曰："一回思著一伤心。"问："宝剑未磨时如何？"师曰："用不得。"曰："磨

---

① "因"，碛砂本无。
② "来到"，碛砂本作"到来"。

后如何？"师曰："触不得。"

蜀川西禅和尚，问："佛是摩邪降，未审和尚是谁家子？"师曰："水上卓红旗。"① 问："三十六路，阿那个一路最妙？"师曰："不出第一手。"曰："忽被出头时如何？"师曰："脊著地也不难。"

华州草庵法义禅师，问："如何是祖师西来意？"师曰："烂炒浮沤饱满吃。"问："拟心即差，动念即乖。学人如何进道？"师曰："有人常拟，为什么不差？"曰："即今事如何？"师曰："早成差也。"

韶州华严和尚，问："既是华严，还将得来么？"师曰："孤峰顶上千华秀，一句当机对圣明。"问："如何是道？"师曰："灵树无横枝，天机道合同。"

前潭州龙牙山居遁禅师法嗣

潭州报慈藏屿匡化大师，僧问："心眼相见时如何？"师曰："向汝道什么？"问："如何是实见处？"师曰："丝毫不隔。"②曰："恁么即见也。"师曰："南泉甚好去处。"问："如何是西来意？"师曰："昨夜三更送过江。"问："临机便用时如何？"师曰："海东有果树头心。"问："如何是真如佛性？"师曰："阿谁

---

① "卓"，丛刊本作"车"。
② "毫"，原作"豪"，据东寺本改。

无?"问:"如何是向上一路?"师曰:"郴、连、道、永。"问:"和尚年多少?"师曰:"秋来黄叶落,春到便开花。"①

师尝著真赞曰:"日出连山,月圆当户。不是无身,不欲全露。"一日,师在帐内坐,僧问:"承师有言'不是无身,不欲全露',请师全露。"师乃拨开帐。法眼别云:"饱丛林。"问:"如何是湖南境?"师曰:"楼船战棹。"曰:"还许学人游玩也无?"师曰:"一任阇梨打僜。"问:"和尚百年后,有人问,如何祇对?"师曰:"分明记取。"问:"如何是龙牙山?"师曰:"益阳那边。"曰:"如何即是?"师曰:"不拟。"曰:"如何是不拟去?"师曰:"恁么即不是。"问:"古人面壁意如何?"师良久,却唤:"某甲。"学人应诺②。师曰:"你去,别时来。"师垂语曰:"一句遍大地,一句才问便道,一句问亦不道。"问:"如何是遍大地句?"师曰:"无空缺。""如何是才问便道句?"师曰:"低声,低声。""如何是问亦不道句?"师曰:"便合知时。"

襄州含珠山审哲禅师, 僧问:"如何是深深处?"师曰:"寸钉入木,八牛拽不出。"问:"如何是正法眼?"师曰:"三门前神子。"问:"如何是佛法大意?"师曰:"贫女抱子渡,恩爱竞随流。"师问僧曰:"有亦不是,无亦不是,不有不无俱不是,汝本来名个什么?"曰:"学人已具名了。"师曰:"具名即不无,名个什么?"曰:"只遮莫便是否?"师曰:"且喜没交涉。"曰:"如何即是?"师曰:"亲切处更请一问。"曰:"学人道不得,请和尚

---

① "开花",碛砂本作"花开"。
② "学人",碛砂本作"僧"。

道。"师曰:"别日来,与汝道。"曰:"即今为什么不道?"师曰:"觅个领话人不可得。"师又问一僧曰:"姓王、姓张、姓李俱不是,汝本来姓什么?"曰:"与和尚同姓。"师曰:"同姓即且从,本来姓个什么?"曰:"待汉水逆流,即向和尚道。"师曰:"即今为什么不道?"曰:"汉水逆流也未?"师乃休。

前京兆华严寺休静禅师法嗣

凤翔府紫陵匡一定觉大师①,师到盘龙,见僧问盘龙云:"碧潭清似镜,盘龙何处安?"龙曰:"沈沙不见底,浮浪足巉屼。"师不肯,自答曰:"金龙迥透青霄外②,潭中岂晓玉轮机?"盘龙肯之。师住后,僧问曰:"未作人身已前,作个什么来?"师曰:"石牛步步火中行③,返顾休衔日中草。"

前筠州九峰普满大师法嗣

洪州凤栖山同安院威禅师,僧问:"牛头未见四祖时如何?"师曰:"路边神庙子④,见者尽勤拳。"⑤曰:"见后如何?"师曰:"室内无灵床,浑家不著孝。"问:"祖意教意如何?"师曰:"玉兔不曾知晓意,金乌争肯夜头明?"问:"如何是同安一曲?"师曰:"灵琴不引人间韵,知音岂度伯牙门?"⑥曰:"谁人知得?"师曰:"木马嘶时从彼听,石人拊掌阿谁闻?"曰:"知音如何?"

---

① "定觉",碛砂本无。
② "金龙迥透",大正本作"金刚回透"。
③ "火中",大正本作"水中"。
④ "路边",径山本作"路逢"。
⑤ "勤",大正本作"擎"。
⑥ "岂",碛砂本作"肯"。

师曰:"知音不度耳,达者岂同闻?"

前青林师虔禅师洞山第三世住。**法嗣**

韶州龙光和尚,僧问:"人王与法王相见时如何?"师曰:"越国君王不按剑,龙光一句不曾亏。"师上堂,良久云:"不烦,珍重。"问:"如何是西来意?"师曰:"胡风一扇,汉地成机。"问:"拨尘见佛时如何?"师拊掌顾视。问:"如何是龙光一句子?"师曰:"不空罥索。"曰:"学人不会。"师曰:"唵。"问:"如何是极则为人处?"师曰:"殷勤付嘱后人看。"问:"宾头卢一身,为什么赴四天供?"① 师曰:"千江同一月②,万户尽逢春。"师有偈曰:"龙光山顶宝月轮,照耀乾坤烁暗云。尊者不移元一质,千家影现万家春。"③

襄州凤凰山石门寺献禅师,京兆人也。自青林受记,两处开法。凡对机多云"好好大哥",时谓"大哥和尚"。初居衡岳,宴坐岩室。属夹山和尚归寂④,众请师住持,师遂至潭州。时楚王马氏出城延接,王问:"如何是祖师西来大道?"师曰:"好好大哥,御驾六龙千古秀,玉阶排仗出金门。"王仰重,延入天册府,供养数日,方至夹山坐道场⑤。僧问:"今日一会,何异灵山?"师曰:"天垂宝盖重重异,地涌金莲叶叶新。"曰:"未审将何法

---

① "四天",碛砂本作"四天下"。
② "同",碛砂本作"共"。
③ "千家",碛砂本作"千江"。
④ "归寂",碛砂本作"示寂"。
⑤ "坐道场",碛砂本无。

示人？"师曰："无弦琴韵流沙界，清和普应大千机。"问："师唱谁家曲，宗风嗣阿谁？"师曰："一曲宫商看品弄，辨宝须知碧眼胡。"曰："恁么即清流分洞下，满月照青林。"师曰："多子塔前分的意，至今异世度洪音。"

师自夹山迁至石门，开山创寺，再阐玄风。上堂示众曰①："琉璃殿上光辉之日，日无私；七宝山中晃耀之头，头有据。泥牛运步，木马嘶声，野老讴歌，樵人舞袖。太阳路上，古曲玄音，林下相逢，复有何事？"僧问："月生云际时如何？"师曰："三个童儿抱华鼓，好好大哥，莫拦我球门路。"问："如何是和尚家风？"师曰："骑骏马，骤高楼，铁鞭指尽胡人路。"问："如何是石门境？"师曰："遍界黄金无异色，往来游子罢追寻。"曰："如何是境中人？"师曰："无相不居凡圣位，经行鸟道没踪由。"问："众手淘金，谁是得者？"师曰："张三李四出金门，遍握乾坤石人在。"曰："恁么即不从人得也。"师曰："三公九卿排班位，看取金鸡竖也无？"问："道界无穷际，通身绝点痕时如何？"师曰："渺渺白云漫雪岳，转身玄路莫迟迟。"曰："未审转身路在什么处？"师曰："石人举手分明记，万年枯骨笑时看。"问："如如不动时如何？"师曰："有什么了日？"曰："如何即是？"师曰："石户非关锁。"问："如何是石门境？"师曰："乌鸢飞叫频。"曰："如何是境中人？"师曰："风射旧帘笼。"② 因般若寺遭焚，有人问曰："既是般若，为什么被火烧？"师曰："万里一条铁。"

---

① "示众"，碛砂本作"示徒"。
② "笼"，大正本作"栊"。

襄州万铜山广德和尚，第一世住。僧问："如何是和尚家风？"师曰："山前人不住，山后更忙忙。"① 问："如何是透法身句？"师曰："无力登山水，茅户绝知音。"问："如何是佛法大意？"师曰："始嗟黄叶落，又见柳条青。"问："尽大地是一个死尸，向什么处葬？"师曰："北邙山下，千丘万丘。"师因不安，僧问："和尚患个什么，太羸瘦生？"师曰："无思不坠的。"曰："恁么即知和尚病源也。"师曰："你道老僧患什么？"曰："和尚忌口好。"师便打。

郢州芭蕉和尚，问："十二时中，如何用心？"师曰："椴桫一木盆。"

定州石藏慧炬和尚，问："如何是伽蓝？"师曰："只遮个。"曰："如何是伽蓝中人？"师曰："作么，作么？"曰："忽遇客来，将何祗待？"师曰："吃茶去。"

前洛京白马遁儒禅师法嗣

兴元府青锉山和尚，僧问："如何是和尚家风？"师曰："无底篮子拾生菜。"问："如何是白马境？"师曰："三冬华木秀，九夏雪霜飞。"

---

① "忙忙"，碛砂本、大正本作"茫茫"。

前益州北院通禅师法嗣

京兆香城和尚，初参通和尚，问："一似两个时如何？"通曰："一个赚汝。"师乃省悟。僧问："三光景色谢，照烛事如何？"师曰："朝邑峰前卓五彩。"曰："不涉文彩事作么生？"师曰："如今特地过江来。"问："向上路①，请师举唱。"师曰："钓丝钩不出。"问："牛头还得四祖意否？"师曰："沙书下点落千字。"②曰："下点后如何？"师曰："别将一撮俵人天。"曰："恁么即人人有也。"③师曰："汝又作么生？"问："囊无系蚁之丝，厨绝聚蝇之糁时如何？"师曰："日舍不求，思从妄得。"

前高安白水本仁禅师法嗣

京兆重云智晖禅师，咸秦人也，姓高氏。总角之岁，好游佛宇，誓志出家，父不能止。礼圭峰温和尚剃度，后谒高安仁和尚，独领微言，潜通秘键。寻回洛，卜于中滩，创温室院，常施药。有比丘患白癞，众恶之，唯师延迎供养，与摩洗垢秽。斯须有神光异香，既而辞去，遂失所在。所遗疮痂，馨香酷烈，遂聚而塑观音像以藏之。梁开平五年，忽思林泉，乃归终南圭峰旧居。师一日闲步岩岫间，倏睹摩衲、数珠、铜瓶、棕笠，触之即坏。谓侍者曰："此吾前身道具耳。欲就兹建寺，以酬昔因。"当薙草开基，有祥云蔽日，屯于峰顶，久而不散，因目为"重云

---

① "路"，碛砂本、大正本作"一路"。
② "下点"，原作"不点"，据径山本及下文改。
③ "有"，碛砂本、大正本作"有分"。

山"。先是，谷多猛兽，皆自引去。及塞龙潭以通径，潭中龙亦徙他所。后唐明宗赐额曰"长兴"，学侣臻萃。

师上堂，有僧问："如何是归根得旨？"师曰："早是忘却。"问："不意尘生，如何是进身一路？"师曰："足下已生草，前程万丈坑。"问："要路坦然，如何履践？"师曰："我若指汝，则东西南北去也。"① 问："佛未出世时如何？"师曰："一堆泥土。"问："如何是重云称？"师曰："任将天下勘。"问："如何是截铁之言？"师曰："宁死不犯。"问："如何是重云境？"师曰："四时不开华，三冬盛芳草。"师再归故山，创寺聚徒，涉四十五年②。诲人之暇，撰歌颂千余首，度弟子一千五百人。

永兴节度使王彦超，早游师户庭，尝欲披缁。师止之曰："汝后当荣显③，为教门外护则可矣。"厥后果如师言。及镇永兴，与师再会，益加尊礼。周显德三年丙辰夏六月，师诣府辞王公，属以山门事。至七月二十四日，体中无恙。垂诫门人，并示一偈曰："我有一间舍，父母为修盖。住来八十年，近来觉损坏。早拟移住处④，事涉有憎爱。待他摧毁时，彼此无相碍。"趺坐而逝⑤，寿八十有四，腊六十四。塔于本山。

杭州瑞龙院幼璋禅师，唐相国夏侯孜之犹子也。大中初，伯父司空出镇广陵。师方七岁，游慧照寺，闻讽《莲经》⑥，志求出

---

① "东西南北"，碛砂本作"南北东西"。
② "年"，碛砂本作"寒暑"。
③ "后当"，碛砂本作"当后"。
④ "住处"，南藏本、径山本作"他处"。
⑤ "趺坐"，碛砂本作"跏趺"。
⑥ "讽"，碛砂本作"诵"。

家。伯父初不允，因绝不饮食，不得已而许之，礼慧远为师。十七具戒，二十五游诸禅会，薯山、白水咸受心诀，二宗匠深器之。咸通十三年至江陵，会腾腾和尚嘱之曰："汝往天台，寻静而栖，遇安即止。"又值憨憨和尚，抚而记曰："汝却后四十年，有巾子下菩萨王于江南①，当此时吾道昌矣。"二逸士各有密言授之。寻抵天台山，于静安乡创福唐院，乃契腾腾之言，又众请住隐龙院。

中和四年，浙东饥疫，师于温、台、明三郡收瘗遗骸数千，时谓"悲增大士"。乾宁中，雪峰和尚经游，遗师棕榈拂子而去。天祐三年，钱尚父遣使童建赍衣服、香药，入山致请。师领徒至府庭，署"志德大师"，就功臣堂安置，日亲问法②。师请每年于天台山建金光明道场③，诸郡黑白大会，逾月而散。光明大会始于师也。④ 师将辞归山，王加恋慕，于府城建瑞龙院，文穆王改为宝山院。延请开法。时禅门兴盛，斯则憨憨悬记应矣。

师上堂谓众曰："老僧顷年游历江外、岭南、荆湖，但有知识丛林，无不参问来，盖为今日与诸人聚会⑤，各要知个去处。然诸方终无异说，只教当人歇却狂心，休从他觅。但随方任真，亦无真可任；随时受用，亦无时可用。设垂慈苦口，且不可呼昼作夜；更饶善巧，终不能指东为西。脱或能尔，自是神通作怪，非干我事。若是学语之辈，不自省已知非，直欲向空里采华，波

---

① "巾子"，碛砂本作"巾子峰"。
② "亲问法"，碛砂本作"请说法要"。
③ "每年于天台山"，碛砂本作"于每年"。
④ "光明大会"，碛砂本作"天台光明大会"。
⑤ "聚会"，碛砂本作"聚话"。

中取月,还著得心力么?汝今各且退思,忽然肯去,始知瑞龙老汉事不获已,迂回太甚。还肯么?"时有僧问①:"如何是瑞龙境?"师曰:"道汝不见得么?"②曰:"如何是境中人?"师曰:"后生可畏。"问:"廓然无云,如何是中秋月?"师曰:"最好是无云。"曰:"恁么即一轮高挂,万国同观去也。"师曰:"捏目之子,难与言。"

至天成二年丁亥夏四月,师乞坟塔。尚父命陆仁璋于西关选胜地③,建塔刱院,赐名额,令僧守护。仍改天台隐龙为隐迹。修塔毕,师入府庭,辞尚父,嘱以护法恤民之事,克期顺寂。尚父悲悼,遣僧主集在城宿德,迎引入塔。寿八十有七,腊七十。

前抚州疏山匡仁禅师法嗣

疏山证禅师,第二世住。初参仁和尚。得旨后游历诸方,谒投子同禅师。投子问曰:"近离什么处?"④曰:"延平来。"投子曰:"还将得剑来么?"曰:"将得来。"投子曰:"呈似老僧看。"师乃指面前地上,投子便休,师遂去。三日后,投子问主事:"新到僧在什么处?"曰:"当时去也。"投子曰:"三十年学马伎,昨日被驴扑。"师住后,僧问:"如何是就事学?"师曰:"著衣扫地。"曰:"如何是就理学?"师曰:"骑牛去秽。"曰:"向上事如何?"师曰:"溥际不收。"问:"如何是声色中混融一句?"师曰:"不辨消不及。"曰:"如何是声色外别行一句?"师

---

① "时有僧",碛砂本无。
② "道汝",碛砂本、大正本作"汝道"。
③ "胜地",碛砂本作"地"。
④ "什么",碛砂本作"甚"。

曰："难逢不可得。"

洪州百丈安和尚，号"明照禅师"。第十世住。问："一藏圆光，如何是体？"师曰："劳汝远来。"曰："莫是一藏圆光么？"师曰："更吃一碗茶。"问："如何是和尚家风？"师曰："手巾寸半布。"问："万法归一，一归何处？"师曰："未有一个不问。"问："如何是极则事？"师曰："空王殿里登九五①，野老门前不立人。"问："随缘认得时如何？"师曰："未认得时作么生？"师本新罗国人，自百丈统众，所度弟子道亘等凡七人，各从参嗣，金化一方。师灭后，门人写影，法眼赞曰："对目谁写，蟾辉碧池。日面月面，轮圆须弥。须弥一指，月面豪芒。明照禅师，讵曰违方。方尘不指，大悲何起？我谓玄功，胡是非是。"

筠州黄檗山慧禅师，洛阳人也。少出家，业经论学，因增受菩萨戒而叹曰："大士摄律仪，与吾本受声闻戒，俱止持作犯也。然于篇聚增减，支本通别，制意且殊。既微细难防，复于摄善中未尝行于少分，况饶益有情乎？且世间泡幻身命，何可留恋哉？"由是置讲课，欲以身捐于水中，饲鳞甲之类。念已将行，偶二禅者接之款话，谓："南方颇多知识，师何滞于一隅也？"师从此回志参寻②。属关津严紧，乃谓守吏曰："吾非玩山水，誓求祖道，他日必不忘恩也。"守者察其志，遂不苛留。且谓之曰："师既为

---

① "里"，碛砂本作"上"。
② "志"，碛砂本作"意"。

法忘身①,回时愿无吝所闻。"师欣谢,直造疏山。时仁和尚坐法堂受参,师先顾视大众,然后致问曰:"刹那便去时如何?"疏山曰:"塞虚空,汝作么生去?"师曰:"塞虚空,不如不去。"疏山便休。师下堂,参第一坐。第一坐曰②:"适观坐主祇对和尚语甚奇特。"③师曰:"此乃率尔,实自偶然。敢望慈悲,开示愚迷。"第一坐曰:"一刹那间,还有拟议否?"师于言下顿省,礼谢。退于茶堂,悲喜交盈,如是三日。寻住黄檗山,聚众开法,第二世住。终于本山。今塔中全身如生。

随州随城山护国院守澄净果大师,问:"如何是佛?"师曰:"遮驴汉。"问:"尽大地是一只眼底人来,师如何?"师曰:"阶下汉。"问:"诸佛不到处,什么人履践?"师曰:"聊耳髇头。"曰:"何人通得彼中信?"师曰:"驴面兽腮。"问:"随缘认得时如何?"师曰:"错。"问:"如何是西来意?"师曰:"一人传虚,万人传实。"问:"不落于将手,如何是太阿?"师曰:"七星光采耀,六国罢烟尘④。"

洛京长水灵泉归仁禅师,问:"如何是祖师意?"师曰:"仰面独扬眉,回头自拍手。"问:"如何是祖师西来的的意?"师曰:"洛河水逆流。"问:"如何是和尚家风?"师曰:"骑牛戴席帽,

---

① "身",碛砂本作"躯"。
② "第一坐",碛砂本作"坐",下同。
③ "奇特",原作"奇持",据丛刊本、东寺本、碛砂本改。
④ "烟",原作"灯",据东寺本、碛砂本、大正本改。

过水著靴衫。"

延州伏龙山延庆院奉璘禅师，问："如何是和尚家风？"师曰："横身卧海，日里挑灯。"问："如何是伏龙境？"师曰："山峻水流急，三春足异华。"问："和尚还爱财色也无？"师曰："爱。"曰："既是善知识，为什么却爱财爱色？"① 师曰："知恩者少，负恩者多。"师问火头："培火了未？"曰："低声。"师曰："什么处得遮消息来？"曰："不假多言。"师曰："省钱易饱，吃了还饥。"问："如何是和尚家风？"师曰："长斋冷饭。"曰："又太寂寞生。"师曰："僧家合如是。"

安州大安山省禅师，第三世住。问："失路迷人，请师直指。"师曰："三门前去。"问："举步临危，请师指月。"师曰："不指月。"曰："为什么不指月？"师曰："临坑不推人。"问："离四句，绝百非，请和尚道。"师曰："我王库内无如是刀。"问："重重关锁，信息不通时如何？"师曰："争得到遮里？"曰："到后如何？"师曰："彼中事作么生？"问："如何是真中真？"师曰："十字路头泥佛子。"

洪州大雄山百丈超禅师，海东人也。问："祖意与教意同别？"师曰："金鸡玉兔，听绕须弥。"问："日落西山去，林中事若何？"师曰："洞深云出晚，涧曲水流迟。"僧辞，问曰："今日下

---

① "爱财爱色"，碛砂本作"爱财色"。

山,有人问'和尚说什么法',向他道什么?"师曰:"但向他道:大雄山上虎生师子儿。"

洪州天王院和尚,问:"国内按剑者是谁?"师曰:"天王。"问:"百骸俱溃散,一物镇长灵如何?"师曰:"不堕无坏烂。"问:"如何是佛?"师曰:"错。"

常州正勤院蕴禅师,第一世住。魏府人也,姓韩氏。幼而出家,老有童颜,得法于疏山之室。僧问:"师唱谁家曲,宗风事若何?"①师曰:"适然箫韶外,六律不能过。"曰:"不过底事作么生?"师曰:"声前拍不散,句后觅无踪。"僧问:"如何是正勤一条路?"师曰:"泥深三尺。"曰:"如何得到?"师曰:"阇梨从什么处来?"问:"如何是禅?"师曰:"石里莲华火里泉。"曰:"如何是道?"师曰:"楞伽峰顶一茎草。"曰:"禅道相去多少?"师曰:"泥人落水木人捞。"师晋天福中将顺寂,预告大众。及期,阖城士女奔走至院,师嘱付讫,怡然坐化。门人葬于院后,经二稔,发塔,睹全身俨然,发爪俱长。乃于城东阇维,收舍利真骨,重建塔。

襄州后洞山和尚,问:"道有又无时如何?"师曰:"龙头蛇尾,腰间一剑。"

---

① "事若何",碛砂本作"嗣阿谁"。

京兆三相和尚，问："如何是无缝塔？"师曰："觅缝不得。"曰："如何是塔中人？"师曰："对面不得见。"

前乐普元安禅师法嗣

京兆永安院善静禅师，京兆人也，姓王氏。父任牧守，母因梦金像而觉有娠①。师幼习儒学，博通群言②。年二十七，忽厌浮幻，潜诣终南山，礼广度禅师披削受具。唐天复中，南谒乐普安禅师。师器之③，容其入室，仍典园务，力营众事。有僧辞乐普，乐普曰④："四面是山，阇梨向什么处去？"僧无对。乐普曰："限汝十日内下语，得中即从汝发去。"⑤ 其僧冥搜久之，无语。因经行，偶入园中，师怪问曰："上坐岂不是辞去，今何在此？"僧具陈所以，坚请代语。师不得已，代曰："竹密岂妨流水过⑥，山高那阻野云飞？"其僧喜踊，师嘱之曰："祇对和尚⑦，不须言是善静语也。"僧遂白乐普。乐普曰："谁下此语？"曰："某甲。"乐普曰："非汝之语。"僧具言园头所教⑧。乐普至晚上堂，谓众曰："莫轻园头，他日住一城隍，五百人常随也。"

师寻辞乐普，北还故山，结庐而止，道俗归向。复游峨眉，回住兴元，连帅王公礼重。后归故乡，属兵火之后，旧寺荒废，节帅创永安禅苑以居之，徒众五百余。僧问："知有道不得时如

---

① "而觉"，碛砂本、大正本作"觉而"。
② "言"，碛砂本作"书"。
③ "师"，碛砂本作"安"。
④ "乐普"，碛砂本作"普"。
⑤ "发去"，碛砂本作"去"。
⑥ "岂"，碛砂本作"不"。
⑦ "和尚"下，碛砂本有"时"。
⑧ "僧"，大正本作"其僧"。

何?"师曰:"知有个什么?"曰:"不可无也。"师曰:"恁么即合道得。"曰:"道即不无,争奈语偏。"师曰:"水冻鱼难跃,山寒花发迟。"问:"如何是衲衣向上事?"师曰:"龙鱼不出海,水月不吞光。"问:"不可以智知,不可以识识时如何?"师曰:"鹤鹭并头踏雪睡,月明惊起两迟疑。"问:"如何是西来意?"师曰:"壁上画枯松,蜂来不见蕊。"问:"牛头未见四祖时如何?"师曰:"异境灵松,睹者皆羡。"曰:"见后如何?"师曰:"叶落已枝摧,风来不得韵。"问:"如何得生如来家?"师曰:"披衣望晓,论劫不明。"曰:"劫后如何明?"师曰:"一句不可得。"

师往游棘道,避昭宗蒙尘之乱①。以汉开运丙午岁冬②,鸣犍椎集僧嘱累③,入方丈,东向右胁而化。寿八十有九,腊六十。敕谥净悟禅师。

蕲州乌牙山彦宾禅师, 问:"未作人身以前,作什么来?"师曰:"三脚石牛坡上走,一枝瑞气月前分。"问:"匹马单枪直入时如何?"师曰:"饶你雄信解拈枪,犹较秦王一步在。"问:"久战沙场,为什么功名不就?"师曰:"双雕随箭落,李广不当名。"问:"百步穿杨,中的者谁?"师曰:"将军不上便桥,金牙徒劳拈笴。"问:"蠨蛛饮云根时如何?"师曰:"金轮天子下阎浮,铁馒头上金花异。"④

---

① "避",南藏本、径山本作"被"。
② "汉",径山本作"晋"。开运为后晋年号。
③ "犍",原作"稚",据径山本改。
④ "馒",原作"漫",据东寺本、碛砂本、大正本改。

凤翔府青峰山传楚禅师，泾州人也。性淳貌古，眼有三角。承乐普开示心地，俾宰于众事。一日，乐普问曰："院主，汝去什么处来？"师曰："扫雪来。"曰："雪深多少？"师曰："树上总是。"曰："得即也得，汝向后有山，住个雪窟定矣。"自受记，乃访于白水。白水问："乐普有生机一路，是否？"师曰："是。"白水曰："止却生路，向熟路上来。"师曰："生路上死人无数，熟路上不著活汉。"白水曰："此是乐普底，你作么生？"师曰："非但乐普，夹山亦不奈何。"曰："夹山为什么不奈何？"师曰："不见道生机一路？"师住后，有僧问："佛魔未现，向什么处应？"师曰："诸上坐听祗对。"问："如何是临机一句？"师曰："便道将来。"曰："请和尚道。"师曰："穿过髑髅，不知痛处。"问："如何是明了底人一句？"师曰："骏马寸步不移，钝鸟升腾出路。"

邓州中度和尚，问："海内不逢师，如何是寰中主？"师曰："金鸡常报晓，时人不自知。"问："如何是暗中明镜？"师曰："万机昧不得。"曰："未审照何物？"师曰："什么物不照？"问："如何是实际理地，不受一尘？佛事门中，不舍一法？"师曰："真常尘不染，海内百川流。"问："请和尚离声色外答。"师曰："木人常对语，有性不能言。"

嘉州洞溪和尚，初问乐普："月树无根枝覆荫，请师直指妙幽微。"乐普曰："森罗秀处，事不相依，渌水千波，孤峰自异。"师于是领旨承嗣。问："蛇师为什么被蛇吞？"师曰："几度扣问拈不出。"①

　　京兆卧龙和尚，初开堂，有僧问："杲日符天际，珠光照旧都。浦津通法海，今日意如何？"师曰："宝剑挥时②，岂该明暗？"

前江西逍遥山怀忠禅师法嗣

　　泉州福清院师巍和尚，号"通玄禅师"。僧问："枝分夹岭，的绍逍遥，宝座既登，法雷请震。"师曰："逍遥迥物外，物外霞不生。"问："如何是西来的的意？"师曰："立雪未为劳，断臂方为的。"曰："恁么即一华开五叶，芬芳直至今。"师曰："因圆三界外，果满十方知。"

　　京兆白云无休禅师，问："路逢猛虎，如何降伏？"师曰："归依佛，归依法，归依僧。"问："如何是白云境？"师曰："月夜楼边海客愁。"

前袁州盘龙山可文禅师法嗣

　　江州卢山永安净悟禅师，僧问："如何是出家底事？"师曰："万丈悬崖撒手去。"曰："如何是不出家底事？"师曰："迥殊雪岭安巢节，有异许由挂一瓢。"问："六门不通，如何通信？"师曰："阇梨外边与谁相识？"问："脱笼头，卸角驮来时如何？"师

---

① "扣问"，大正本作"扣门"。
② "挥"，大正本作"晖"。

曰："换骨洗肠投紫塞，洪门切忌更衔芦。"问："从上诸圣，将何示人？"师曰："有异祖龙行化节，迥超栖凤越扬尘。"问："如何是解作客底人？"师曰："宝御珍床犹尚弃，谁能历劫傍他门？"问："众手淘金，谁是得者？"师曰："黄帝不曾游赤水，珠承罔象也虚然。"问："雪覆芦华时如何？"师曰："虽则沍凝呈瑞色，太阳晖后却迷人。"

袁州木平山善道禅师，初谒乐普，问："一沤未发已前，如何辨其水脉？"乐普曰："移舟谙水势，举棹别波澜。"师不惬意，乃参盘龙，语同前问，盘龙曰："移舟不辨水，举棹即迷源。"师从此悟入。

僧问："如何是西来意？"师曰："石羊头子向东看。"问："如何是正法眼？"师曰："拄杖孔。"问："如何是不动尊？"师曰："浪浪宕宕。"问："如何是木平一句？"师曰："甾塞虚空。"曰："甾塞虚空即不问，如何是一句？"师乃打之。师凡有新到僧，未许参礼，先令运土三担，而示偈曰："南山路仄东山低，新到莫辞三转泥①。嗟汝在途经日久，明明不晓却成迷。"

师肉髻螺纹②，金陵李氏向其道誉，迎请供养，待以师礼。尝问："如何是木平？"师曰："不动斤斧。"曰："如何不动斤斧？"师曰："木平。"时大法眼禅师有偈赠曰："木平山里人，貌古言复少③。相看陌路同，论心秋月皎。坏衲线非蚕，助歌声有

---

① "转"，碛砂本作"担"。
② "螺纹"，碛砂本作"罗纹"。
③ "言"，碛砂本作"年"。

鸟。城阙今日来，一沤曾已晓。"师异迹颇多，此不繁述。灭后门人建塔，刊石影。本国谥真寂禅师，塔曰普慧。

陕府龙溪和尚，上堂谓众曰："直饶说似个无缝塔，也不免老僧下一个橛。怎么生免得下橛？"众无对，师自代曰："下去。"僧问："如何是无缝塔？"师曰："百宝庄严今已了，四门开豁已多时。"

前抚州黄山月轮禅师法嗣

郢州桐泉山和尚，初参，黄山问："天门一合，十方无路。有人道得，摆手出漳江。"师对曰："蛰户不开，龙无龙句。"黄山曰："是你恁么道？"师曰："是即直言是，不是直言不是。"黄山曰："摆手出漳江。"黄山复问："卞和到处荆山秀，玉印从他天子传时如何？"师曰："灵鹤不于林下憩，野老不重太平年。"黄山深肯之。师住后，僧问："如何是相传底事？"师曰："龙吐长生水，鱼吞无尽沤。"问："请师挑挮他狄切。"师曰："擂鼓转船头，棹挑波里月。"

前洛京韶山寰普禅师法嗣

潭州文殊和尚，僧问："如何是祝融峰前事？"师曰："岩前瑞草生。"问："仁王登位，万姓沾恩，和尚出世何如？"师曰："万里长沙驾铁船。"问："如何是本尔庄严？"师曰："菊华原上景，行人去路长。"

景德传灯录卷第二十一

行思和尚第七世①

福州玄沙师备禅师法嗣十三人见录

　　漳州罗汉院桂琛禅师

　　福州安国慧球禅师

　　杭州天龙重机禅师

　　福州仙宗契符禅师

　　婺州国泰瑫禅师

　　衡岳南台诚禅师

　　福州白龙道希禅师

　　福州螺峰冲奥禅师

　　泉州睡龙山和尚

　　天台云峰光绪禅师

　　福州大章山契如庵主

　　福州永兴禄和尚

　　天台国清师静上座

---

① "和尚",大正本作"禅师"。"世"下,径山本、大正本有"上"。

福州长庆慧稜禅师法嗣二十六人见录

　　泉州招庆道匡禅师

　　杭州龙华彦球禅师

　　杭州保安连禅师

　　福州报慈光云禅师

　　庐山开先绍宗禅师

　　婺州报恩宝资禅师

　　杭州倾心法瑫禅师

　　福州水陆洪俨禅师

　　杭州广严咸泽禅师

　　福州报慈慧朗禅师

　　福州长庆常慧禅师

　　福州石佛院静禅师

　　处州翠峰从欣禅师

　　福州枕峰青换禅师

　　福州东禅契讷禅师

　　福州长庆弘辩大师

　　福州东禅可隆大师

　　福州仙宗守玭禅师

　　抚州永安怀烈大师[1]

　　福州闽山令含禅师

---

[1] "大师"，丛刊本作"禅师"。

新罗龟山和尚

吉州龙须山道殷禅师

福州祥光澄静禅师

襄州鹫岭明远禅师

杭州报慈从瑰禅师

杭州龙华契盈禅师

杭州龙册寺道怤禅师法嗣五人三人见录

越州清化山师讷禅师

衢州南禅遇缘禅师

复州资福智远禅师①

筠州洞山龟端禅师、温州景丰禅师　已上二人无机缘语句,不录

信州鹅湖智孚禅师法嗣

法进禅师一人　无机缘语句,不录

漳州报恩怀岳禅师法嗣一人见录

潭州妙济师浩禅师

福州鼓山神晏禅师法嗣一十一人见录

杭州天竺山子仪禅师

建州白云智作禅师

福州鼓山智严禅师

福州龙山智嵩禅师

泉州凤凰山强禅师

福州龙山文义禅师

福州鼓山智岳禅师

---

① "福",碛砂本作"启"。

襄州定慧和尚
福州鼓山清谔禅师
金陵净德冲煦禅师
金陵报恩院清护禅师

行思和尚第七世
前福州玄沙师备禅师法嗣

漳州罗汉院桂琛禅师，常山人也，姓李氏。为童儿时，日一素食，出言有异。既冠，辞亲，事本府万岁寺无相大师披削，登戒学毗尼。一日，为众升台宣戒本布萨已，乃曰："持犯但律身而已，非真解脱也。依文作解，岂发圣乎？"于是访南宗。初谒云居、雪峰，参讯勤恪，然犹未有所见。后造玄沙宗一大师，一言启发，廓尔无惑。玄沙尝问曰①："三界唯心，汝作么生会？"师指倚子曰："和尚唤这个作什么？"② 玄沙曰："倚子。"曰："和尚不会三界唯心。"玄沙曰："我唤这个作竹木，汝唤作什么？"曰③："桂琛亦唤作竹木。"玄沙曰："尽大地觅一个会佛法底人不可得。"师自尔愈加激励。玄沙每因诱迪学者，流出诸三昧，皆命师为助发。师虽处众韬晦，然声誉甚远。

时漳牧王公请于闽城西之石山，建精舍曰"地藏"，请师驻锡焉，仅逾一纪。后迁止漳州罗汉院，大阐玄要，学徒臻凑。师上堂曰："宗门玄妙，为当只恁么也，更别有奇特？若别有奇特，

---

① "问"，原作"闻"，据大正本改。
② "这"，丛刊本、大正本作"遮"，下同。
③ "曰"，原作"问曰"，据大正本改。

汝且举个什么？若无去，不可将三个字便当却宗乘也。何者三个字？谓宗、教、乘也。汝才道著宗乘便是宗乘，道著教乘便是教乘。禅德，佛法宗乘，元来由汝口里安立名字，作取说取便是也，斯须向这里说平、说实、说圆、说常。禅德，汝唤什么作平实？把什么作圆常？傍家行脚，理须甄别，莫相埋没。得些声色名字，贮在心头，道我会解，善能拣辨。汝且会个什么？拣个什么？记持得底是名字，拣辨得底是声色。若不是声色名字，汝又作么生记持拣辨？风吹松树也是声，虾蟆老鸦也是声，何不那里听取拣择去？若那里有个意度模样，只如老师口里，又有多少意度与上坐？莫错！即今声色拟拟地，为当相及，不相及？若相及，即汝灵性金刚秘密应有坏灭去也。何以如此？为声贯破汝耳，色穿破汝眼，缘即塞却汝，幻妄走杀汝，声色体尔不容也。若不相及，又什么处得声色来？会么？相及不相及，试裁辨看。"少间又道："是圆常平实，什么人恁么道？未是黄夷村里汉解恁么说，是他古圣，垂些子相助显发。今时不识好恶，便安圆实，道我别有宗风玄妙。释迦佛无舌头，不如汝些子，便恁么点胸？若论杀盗淫罪，虽重犹轻，尚有歇时。此个谤般若，瞎却众生眼，入阿鼻地狱，吞铁丸，莫将为等闲。所以古人道：过在化主，不干汝事。珍重。"

僧问："如何是罗汉一句？"师曰："我若向你道①，成两句也。"问："不会底人来，师还接否？"师曰："谁是不会者？"曰："适来道了也。"师曰："莫自屈。"问："八字不成，以字不

---

① "你"，大正本作"尔"，下同。

是时如何?"师曰:"汝实不会?"曰:"学人实不会。"师曰:"看取下头注脚。"问:"如何是沙门正命食?"师曰:"吃得么?"曰:"欲吃此食,作何方便?"师曰:"塞却你口。"问:"如何是罗汉家风?"师曰:"不向你道。"曰:"为什么不道?"师曰:"是我家风。"问:"如何是法王身?"师曰:"汝今是什么身?"曰:"恁么即无身也。"师曰:"苦痛深。"师上堂才坐,有二僧一时礼拜,师曰:"俱错。"问:"如何是扑不破底句?"师曰:"扑。"问:"一佛出世普为群生,和尚今日为个什么?"师曰:"什么处遇一佛?"曰:"恁么即学人罪过。"师曰:"谨退。"问:"如何是罗汉家风?"师曰:"表里看取。"问:"如何是诸圣玄旨?"师曰:"四楞塌地。"① 问:"大事未肯时如何?"师曰:"由汝。"问:"如何是十方眼?"师曰:"眨上眉毛著。"

因请保福斋,令人去传语曰:"请和尚慈悲降重。"保福曰:"慈悲为阿谁?"师曰:"和尚怎么道,浑是不慈悲。"师玩月乃曰:"云动有雨去。"有僧曰:"不是云动是风动。"师曰:"我道云亦不动,风亦不动。"僧曰:"和尚适来又道云动。"师曰:"阿谁罪过?"师见僧来,举拂子曰:"还会么?"僧曰:"谢和尚慈悲示学人。"师曰:"见我竖拂子,便道示学人。汝每日见山见水,可不示汝?"师又见僧来,举拂子,其僧赞叹礼拜。师曰:"见我竖拂子便礼拜赞叹,那里扫地竖起扫帚,为什么不赞叹?"玄觉云:"一般竖起拂子,拈一种物,有肯底,有不肯底道理。且道利害在什么处?"僧问:"承教有言:若见诸相非相,则见如来。如何是非相?"师

---

① "塌",丛刊本作"榻"。

曰："灯笼子。"问："如何是出家？"师曰："唤什么作家？"师问僧："什么处来？"曰："秦州来。"师曰："将得什么物来？"曰："不将得物来。"师曰："汝为什么对众漫语？"其僧无语。师却问："秦州岂不是出鹦鹉？"僧曰："鹦鹉出在陇州。"师曰："也不较多。"

师问僧："什么处来？"曰："报恩来。"师曰："何不且在彼中？"僧曰："僧家不定。"师曰："既是僧家，为什么不定？"僧无对。玄觉代云："谢和尚顾问。"师住地藏时，僧报云："保福和尚已迁化也。"师曰："保福迁化，地藏入塔。"僧问法眼："古人意旨如何？"法眼云："苍天，苍天！"后王公上雪峰施众僧衣，时有从弇上座者不在，有师弟代上名受衣。弇归，师弟曰："某甲为师兄上名了。"弇曰："汝道我名什么？"师弟无对。师代云："师兄得恁么贪？"又云："什么处是贪处？"师又代云："两度上名。"云居锡云："什么处是弇上坐两度上名处？"师与长庆、保福入州，见牡丹障子。保福云："好一朵牡丹花。"长庆云："莫眼花。"师曰："可惜许一朵花。"玄觉云："三尊宿语，还有亲疏也无？只如罗汉恁么道，落在什么处？"

师问僧："汝在招庆，有什么异闻底事？试举看。"僧曰："不敢错举。"师曰："真实底事作么生举？"僧曰："和尚因什么如此？"师曰："汝话堕也。"众僧晚参，闻角声，师曰："罗汉三日一度上堂，王太傅二时相助。"僧问："如何是学人本来心？"[①]曰："是汝本来心。"僧问："师居宝座说法度人，未审度什么人？"师曰："汝也居宝座，度什么人？"僧问："镜里看形见不

[①] "心"，大正本作"师"。

难，如何是镜？"师曰："还见形么？"僧问："但得本，莫愁末，如何是末？"师曰："总有也。"师因疾，僧问："和尚尊候较否？"师以杖拄地曰："汝道这个还痛否？"僧曰："和尚问阿谁？"师曰："问汝。"僧曰："还痛否？"师曰："元来共我作道理。"师后唐天成三年戊子秋，复届闽城旧止，遍游近城梵宇已，俄示疾数日，安坐告终。寿六十有二，腊四十。茶毗，收舍利建塔于院之西隅，禀遗教也。清泰二年乙未十二月望日入塔。谥曰真应禅师。

福州卧龙山安国院慧球寂照禅师，第二世住，亦曰"中塔"。泉州莆田人也。龟洋山出家，玄沙室中参讯居首。因问："如何是第一月？"玄沙曰："用汝个月作么？"师从此悟入。梁开平二年，玄沙将示灭，闽帅王氏遣子至问疾，仍请密示："继踵说法者谁乎？"玄沙曰："球子得。"王氏默记遗旨，乃问鼓山国师曰："卧龙法席，孰当其任？"鼓山举城下宿德具道眼者十有二人，皆堪出世，王氏亦默之。至开堂日，官寮与僧侣俱会法筵。王氏忽问众曰："谁是球上座？"于是众人指出师，王氏便请升座。师良久，谓众曰："莫嫌寂寞，莫道不堪，未详涯际，作么生论量？所以寻常用其音响聊拨一两下，助他发机①。道尽十方世界，觅一人为伴侣不可得。"僧问："佛法大意，从何方便顿入？"师曰："人是方便。"问："云自何山起，风从何涧生？"师曰："尽力施为，不离中塔。"

---

① "发机"，大正本作"机发"。

师上堂，谓众曰："我此间粥饭因缘，为兄弟举唱，终是不常。欲得省要，却是山河大地与汝发明。其道既常，亦能究竟。若从文殊门入者，一切无为，土木瓦砾，助汝发机。若从观音门入者，一切音响，虾蟆蚯蚓，助汝发机。若从普贤门入者，不动步而到。我以此三门方便示汝，如将一只折箸搅大海水，令彼鱼龙知水为命。会么？若无智眼而审谛之，任汝百般巧妙，不为究竟。"僧问："学人近入丛林，不明己事，乞师指示。"师以杖指之曰："会么？"曰："不会。"师曰："我恁么为汝，却成抑屈人。还知么？若约当人分上从来底事，不论初入丛林，及过去诸佛，不曾乏少。如大海水，一切鱼龙，初生及至老死，所受用水，悉皆平等。"问："不谬正宗，请师真实。"师曰："汝替我道。"僧曰："或有不辨者作么生？"师曰："待不辨者来。"问："诸佛还有师否？"师曰："有。"僧曰："如何是诸佛师？"师曰："一切人识不得。"

师上堂良久，有僧出礼拜。师曰："莫教髑髅拶损。"问："如何是灵山会上事？"师曰："少得灵利底。"僧曰："忽遇灵利底作么生？"师曰："这憃憧汉。"① 师上堂，示众曰："诸人若要商量，向髑髅后通取消息来相共商量，这里不曾障人光明。"问："从上宗乘事如何？"师良久。僧再问，师便喝出。问："如何是大庾岭头事？"师曰："料汝承当不得。"僧曰："重多少？"师曰："这般底论劫不奈何。"师问了院主："只如先师道：尽十方世界是真实人体。你还见僧堂么？"② 了曰："和尚莫眼花。"师

---

① "汉"，丛刊本、大正本无。
② "你"，大正本作"尔"，下同。

曰："先师迁化，肉犹暖在。"师唐乾化三年癸酉八月十七日①，不疾而逝。

杭州天龙寺重机明真大师，台州黄岩人也。自玄沙得法，回入浙中，钱武肃王请说法住持。上堂示众曰："若直举宗风，独唱本分事，便同于顽石。若言绝凡圣消息，无大地山河，尽十方世界都是一只眼，此乃事不获已恁么道。所以常说：盲聋瘖哑是仙陀，满眼时人不奈何。只向目前须体妙，身心万象与森罗。"僧问："如何是璇机不动？"②师曰："青山数重。"僧曰："如何是寂尔无垠？"③师曰："白云一带。"问："如何是归根得旨？"师曰："兔角生也。"僧曰："如何是随照失宗？"师曰："龟毛落也。"问："莲华未出水时如何？"师曰："谁人不知有？"僧曰："出水后如何？"师曰："馨香目击。"问："朗月辉空时如何？"师曰："正是分光景，何消指玉楼？"

福州仙宗院契符清法大师，初开堂日，有僧问："师登宝座，合谈何事？"师曰："剔开耳孔著。"僧曰："古人为什么道非耳目之所到？"师曰："金樱树上不生梨子。"僧曰："古今不到处请师道。"师曰："汝作么生问？"问："众手淘金，谁是得者？"师曰："举手隔千里，休功任意看。"问："飞岫岩边华子秀，仙境台前事若何？"师曰："无价大宝光中现，暗客惜惜争奈何？"僧

---

① "唐"，大正本作"梁"。乾化为后梁年号。
② "机"，大正本作"玑"。
③ "垠"，丛刊本、大正本作"根"。

曰:"优昙华圻①人皆睹,向上宗乘意若何?"师曰:"阇梨若问宗乘意,不如静处萨婆诃。"问:"如何是大闽国中诸佛境界?"师曰:"造化终难测,春风徒自轻。"问:"如何是道中宝?"师曰:"云孙泪亦垂。"问:"诸圣收光归源后如何?"师曰:"三声猿屡断,万里客愁听。"僧曰:"未审今时人,如何凑得古人机?"师曰:"好心向子道,切忌未生时。"

婺州金华山国泰院瑫禅师,上堂曰:"不离当处,咸是妙明真心。所以玄沙和尚道:会我最后句,出世少人知。争似国泰有末头一句?"僧问:"如何是国泰末头一句?"师曰:"阇梨上太迟生。"问:"如何是毗卢师?"②师曰:"某甲与老兄是弟子。"问:"达磨来唐土即不问,如何是未来时事?"师曰:"亲遇梁王。"问:"古镜未磨时如何?"师曰:"古镜。"僧曰:"磨后如何?"师曰:"古镜。"

衡岳南台诚禅师,僧问:"玄沙宗旨,请师举扬。"师曰:"什么处得此消息?"僧曰:"垂接者何?"师曰:"得人不迷己。"问:"潭清月现,是何人境界?"师曰:"不干你事。"僧曰:"相借问,又何妨?"师曰:"觅潭月不可得。"问:"离地四指,为什么却有鱼纹?"师曰:"有圣量在。"僧曰:"此量为什么人施?"师曰:"不为圣人。"

---

① "圻",丛刊本、大正本作"拆"。
② "师",原脱,据径山本补。

福州升山白龙院道希禅师，福州闽县人也。师上堂曰："不要举足，是谁威光？还会么？若道自家去处本自如是，切喜勿交涉。"① 问："如何是西来意？"师曰："汝从什么处来？"问："如何是佛法大意？"师曰："汝早礼三拜。"问："不责上来，请师直道。"师曰："得。"问："如何是正真道？"师曰："骑驴觅驴。"问："请师答无宾主话。"师曰："昔年曾记得。"僧曰："即今如何？"师曰："非但耳聋，亦兼眼暗。"问："情忘体合时如何？"师曰："别更梦见个什么？"问："学人拟申一问，请师裁。"师曰："不裁。"僧曰："为什么不裁？"师曰："须知好手。"问："大众云集，请师举扬宗教。"师曰："少遇听者。"问："不涉唇锋，乞师指示。"师曰："不涉唇锋问将来。"僧曰："恁么即群生有赖。"师曰："莫闲言语。"问："请和尚生机答话。"师曰："把纸笔来录将去。"问："如何是思大口？"师曰："出来向你道。"僧曰："学人即今见出。"师曰："曾赚几人来？"问："承古人有言：髑髅常干世界，鼻孔毛触家风。如何是髑髅常干世界？"师曰："近前来，向你道。"僧曰："如何是鼻孔毛触家风？"师曰："退后去，别时来。"

福州螺峰冲奥明法大师，先住白龙，师上堂曰："人人具足，人人成见，争怪得山僧？珍重。"僧问："诸法寂灭相，不可以言宣。如何是寂灭相？"师曰："问答俱备。"僧问："怎么即真如法界，无自无他。"师曰："特地令人愁。"问："牛头未见四祖时如

---

① "切"，径山本作"且"。

何?"师曰:"德重鬼神钦。"曰:"见后如何?"师曰:"通身圣莫测。"问:"如何是螺峰一句?"师曰:"苦。"问:"如何是本来人?"师曰:"惆怅松萝境界危。"

泉州睡龙山和尚,僧问:"如何是触目菩提?"师以杖趁之,僧乃走。师曰:"住,住,向后遇作家举看。"师上堂,举拄杖云:"三十年住山,得此拄杖气力。"时有僧问:"和尚得他什么气力?"师曰:"过溪过岭,东拄西拄。"招庆闻云:"我不恁么道。"僧问:"和尚作么生道?"招庆以杖下地拄行。

天台山云峰光绪至德大师,上堂曰:"但以众生日用而不知,譬如三千大千世界、日月星辰、江河淮济、一切含灵,从一毛孔入一毛孔,毛孔不小,世界不大,其中众生不觉不知。若要易会,上坐日用亦复不知?"僧问:"日里僧驮像,夜里像驮僧。未审此意如何?"师曰:"阇梨岂不是从茶堂里来?"

福州大章山契如庵主,福州永泰人也,泉州百丈村兜率院受业。素蕴孤操,志探祖道,预玄沙之室①,颖悟幽旨。玄沙记曰:"子禅已逸格则,他后要一人侍立也无。"师自此不务聚徒,不畜童侍,隐于小界山。刳大朽杉若小庵,但容身而已。凡经游僧至,随叩而应,无定开示。

僧问:"生死到来,如何回避?"师曰:"符到奉行。"曰:

---

① "室",原作"宫",据丛刊本改。

"恁么即被生死拘将去也?"师曰:"阿耶耶!"① 问:"西天持锡意作么生?"师拈锡杖,卓地振之。僧曰:"未审此是什么义?"师曰:"这个是张家打。"僧拟进语,师以锡撺。苍峦切之。清豁、冲煦二长老向师名②,未尝会遇,一旦同访之,值师采粟。豁问曰:"道者,如庵主在何所?"师曰:"从什么处来?"曰:"山下来。"师曰:"因什么得到这里?"曰:"这里是什么处所?"师揖曰:"去那下吃茶去。"二公方省是师,遂诣庵所,颇味高论。晤坐于左右,不觉及夜,睹豺虎奔至庵前,自然驯扰。豁因有诗曰:"行不等闲行,谁知去住情。一餐犹未饱,万户勿聊生。非道应难伏,空拳莫与争。龙吟云起处,闲啸两三声。"二公寻于大章山创庵,请师居之。两处孤坐,垂五十二载而卒。豁虽承指喻,而后于睡龙印可,乃嗣睡龙,住漳州保福。

福州莲华山永兴禄和尚,闽王请师开堂日,未升座,先于座前立云:"大王、大众听,已有真正举扬也。此一会总是得闻,岂有不闻者?若有不闻,彼此相谩去也。"方乃登座。僧问:"国王请师出世,未委今日一会,何似灵山?"师曰:"彻古传今。"问:"如何是和尚家风?"师曰:"毛头显沙界,日月现其中。"

天台山国清寺师静上座,始遇玄沙和尚示众云:"汝诸人但能一生如丧考妣,吾保汝究得彻去。"师乃蹑前语而问曰:"只如教中'不得以所知心,测度如来无上知见',又作么生?"玄沙

---

① "耶耶",丛刊本、大正本作"邪邪"。
② "向",原作"响",据丛刊本、大正本改。

曰："汝道究得彻底所知心，还测度得及否？"师从此信入。后居天台，三十余载不下山。博综三学，操行孤立，禅寂之余，常阅龙藏。遐迩钦重，时谓"大静上座"。

尝有人问曰："弟子每当夜坐，心念纷飞，未明摄伏之方，愿垂示诲。"师答曰："如或夜间安坐，心念纷飞，却将纷飞之心以究纷飞之处，究之无处，则纷飞之念何存？返究究心，则能究之心安在？又能照之智本空，所缘之境亦寂。寂而非寂者，盖无能寂之人也；照而非照者，盖无所照之境也。境智俱寂，心虑安然，外不寻枝，内不住定，二途俱泯，一性怡然。此乃还源之要道也。"师因睹教中幻义，乃述一偈问诸学流，偈曰："若道法皆如幻有，造诸过恶应无咎。云何所作业不亡，而借佛慈兴接诱？"时有小静上座答曰："幻人兴幻幻轮围，幻业能招幻所治。不了幻生诸幻苦，觉知如幻幻无为。"二静上座并终于本山，今国清寺遗踪在焉。

前福州长庆院慧稜禅师法嗣

泉州招庆院道匡禅师，潮州人也。自稜和尚始居招庆，师乃入室参侍。暨稜和尚召入长乐府，盛化于西院，师继踵住于招庆，学众如故。师上堂曰："声前荐得，孤负平生；句后投机，殊乖道体。为什么如此？大众且道：从来合作么生？"又谓众曰："招庆今夜与诸人一时道却，还委落处么？"时有僧出曰："大众一时散去，还称师意也无？"师曰："好与挂杖。"僧礼拜。师曰："虽有盲龟之意，且无晓月之程。"僧曰："如何是晓月之程？"师曰："此是盲龟之意。"问："如何是沙门行？"师曰："非行不行。"问:"如何是西来意?"师曰:"蚊子上铁牛。"问:"如何是在匣剑?"师良久,僧罔措。师曰:"也须感荷招庆始得。"问:"如何是提宗一句?"师曰:"不得昧著招庆。"其僧礼拜起,师又曰:"'不得昧著招庆'嘱汝,作么生是提宗一句?"僧无对。

问:"文殊剑下不承当时如何?"师曰:"未是好手人。"僧曰:"如何是好手人?"师曰:"是汝话堕也。"问:"如何是招庆家风?"师曰:"宁可清贫自乐,不作浊富多忧。"问:"如何是南泉一线道?"师曰:"不辞向汝道,恐较中更较去。"问:"如何是佛法大意?"师曰:"七颠八倒。"问:"学人根思迟回,乞师曲运慈悲,开一线道。"师曰:"这个是老婆心。"僧曰:"悲华剖坼以领尊慈①,从上宗乘事如何?"师曰:"恁么须得汝亲问始得。"师问僧:"什么处去来?"僧曰:"劈柴来。"师曰:"还有劈不破底也无?"僧曰:"有。"师曰:"作么生是劈不破底?"僧无语。师曰:"汝若道不得,问我,我与汝道。"僧曰:"作么生是劈不破底?"师曰:"赚杀人。"

因地动,僧问:"还有不动者无?"师曰:"有。"僧曰:"如何是不动者?"师曰:"动从东来,却归西去。"问:"法雨普沾,还有不润处否?"师曰:"有。"僧曰:"如何是不润处?"师曰:"水洒不著。"问:"如何是招庆深深处?"师曰:"和汝没却。"问:"如何是九重城里人?"师曰:"还共汝知闻么?"师上堂,僧众拥法座,师曰:"这里无物,诸人苦恁么相促相拶作么?拟心早勿交涉,更上门户,千里万里。今既上来,各著精彩,招庆一

---

① "坼",大正本作"拆"。

时抛与诸人好么？"师复问："还接得也未？"众无对。师曰："劳而无功，汝诸人得恁么钝？看他古人一两个得恁么快①，才见便负将去，亦较些子。若有此个人，非但四事供养，便以琉璃为地，白银为壁，亦未为贵。帝释引前，梵王从后，搅长河为酥酪②，变大地为黄金，亦未为足。直得如是，犹更有一级在，还委得么？珍重。"

杭州龙华寺彦球实相得一大师，开堂日，谓众曰："今日既升法座，又争解讳得？只如不讳底事，此众还有人与作证明么？若有，即出来相共作个榜样。"时有僧问："郡尊请师，如何举扬宗指？"师曰："汝到别处③，切忌谬传。"问："此座为从天降下，为从地涌出？"师曰："是什么？"僧曰："此座高广，如何升得？"师曰："今日几被汝安顿著。"问："灵山一会，迦叶亲闻，今日一会，何人得闻？"师曰："同我者击其大节。"僧曰："酌然，俊哉！"师曰："去般水浆，茶堂里用去。"师又曰："从前佛法付嘱国王、大臣，及有力檀越，今日郡尊及诸官寮特垂相请，不胜荷愧。山僧更有末后一句子，贱卖与诸人。"师乃起身立云："还有人买么？若有人买，即出来；若无人买，即贱货自收。久立，珍重。"师有时上堂云："好时好日，速道速道。"又曰："大众近前来，听老汉说第一义。"大众近前，师便打趁。问："如何是学人自己？"师曰："雪上更加霜。"

---

① "一"，碛砂本无。
② "搅"，大正本作"揽"。
③ "汝"，大正本作"法"。

杭州临安县保安连禅师，僧问："如何是保安家风？"师曰："问有什么难？"问："如何是吹毛剑？"师曰："豫章铁柱坚。"僧曰："学人不会。"师曰："漳江亲到来。"问："如何是沙门行？"师曰："师僧头上戴冠子。"问："如何是西来意？"师曰："死虎足人看。"问："一问一答，彼此兴来，如何是保安不惊人之句？"师曰："汝到别处，作么生举？"

福州报慈院光云慧觉大师，上堂云："瘥病之药①，不假驴驮。若据今夜，各自归堂去也。珍重。"僧问："承闻超觉有锁口诀②，如何示人？"师曰："赖我拄杖不在手。"僧曰："恁么即深领尊慈也。"师曰："待我肯汝即得。"师入府，闽王问："报慈与神泉相去近远？"师曰："若说近远，不如亲到。"师却问曰："大王日应千差，是什么心？"王曰："什么处得心来？"师曰："岂有无心者？"王曰："那边事作么生？"师曰："请向那边问。"王曰："道师谩别人即得。"问："大众臻凑，请师举扬。"师曰："更有几人未闻？"曰："恁么即不假上来也。"师曰："不上来且从，汝向什么处会？"曰："若有处所，即孤负和尚。"师曰："即恐不辨精粗。"问："夫说法者，当如法说。此意如何？"师曰："有什么疑讹？"问："古人面壁意如何？"③师打之。问："不假言诠，请师径直。"师曰："何必更待商量？"

---

① "瘥"，丛刊本、大正本作"差"。
② "超"，径山本、大正本作"慧"。
③ "古"，原作"故"，据丛刊本改。

庐山开先寺绍宗圆智禅师，姑苏人也。禀性朴野，不群流俗。少依本郡流水寺出家受具①，入长庆之室，密契真要。初结庵于虔州丫山二十载②，道声遐布。江南国主李氏建寺，请转法轮，玄徒辐凑。暨国主巡达洪井③，躬入山瞻谒，请上堂，令僧出问："如何是开先境？"师曰："最好是一条界破青山色。"僧曰："如何是境中人？"师曰："拾枯柴，煮布水。"国主益加钦重。后终于山寺，灵塔存焉。

婺州金鳞报恩院宝资晓悟大师，上堂，大众立久。师曰："诸兄弟各诣山门来，主人口如匾担相似，莫成相违负也无？久在众兄弟也未要怪讶著，若带参学眼，何烦久立？各自归堂。珍重。"师开方丈基，僧问："丈基已成，如何通信？"师曰："不可昧兄弟此问。"僧曰："不昧底事作么生？"师曰："青天白日。"问："学人初心，请师示个入路。"师遂侧掌示之曰："还会么？"僧曰："不会。"师曰："独掌不浪鸣。"问："如何是报恩家风？"师曰："也知阇梨入众日浅。"问："古人拈槌竖拂意如何？"师曰："报恩截舌有分。"僧曰："为什么如此？"师曰："屈著作么？"

问："如何是文殊剑？"师曰："不知。"僧曰："只如一剑下活得底人作么生？"师曰："山僧只管二时斋粥。"问："如何是触目菩提？"师曰："背后是什么立地？"僧曰："学人不会，乞师再

---

① "郡"，碛砂本作"部"。
② "丫"，丛刊本、大正本作"了"。
③ "达"，丛刊本、径山本、大正本作"幸"。

示。"师提拄杖曰:"汝不会,合吃多少拄杖?"问:"如何是具大惭愧底人?"师曰:"开口取合不得。"僧曰:"此人行履如何?"师曰:"逢茶即茶,遇饭即饭。"问:"如何是金刚一只箭?"师曰:"道什么?"其僧再问,师曰:"过新罗国去也。"问:"波腾鼎沸,起必全真。未审古人意如何?"师乃叱之。僧曰:"恁么即非次也。"师曰:"你话堕也。"① 又曰:"我话亦堕,汝作么生?"僧无对。问:"去却赏罚,如何是吹毛剑?"师曰:"延平属剑州。"僧曰:"恁么即丧身失命去也。"师曰:"钱塘江里潮。"

杭州倾心寺法瑫宗一禅师,上堂云:"大众,不待一句语便归堂去,还有绍继宗风分也无?还有人酬得此问么?若有人酬得去也,这里与诸人为怪笑。若酬不得去也,诸人与这里为怪笑。珍重。"问:"如何揲文甲切。实,免见虚头?"② 师曰:"汝问若当,众人尽鉴。"问:"恁么来皆不丈夫,只如不恁么来,还有绍继宗风分也无?"师曰:"出两头致一问来。"僧曰:"什么人辨得?"师曰:"波斯养儿。"问:"佛法去处,乞师全示。"师曰:"汝但全致一问来。"僧曰:"为什么却拈此问去?"师曰:"汝适来问什么?"僧曰:"若不遇于师,几成走作。"师曰:"贼去后关门。"问:"别传一句,如何分付?"师曰:"可惜许问。"僧曰:"恁么即别酬亦不当去也。"师曰:"也是闲辞。"问:"如何是不朝天子,不羡王侯底人?"师曰:"每日三条线,长年一衲衣。"僧曰:"未审此人还绍宗风也无?"师曰:"鹊来头上语,云向眼

---

① "话",原作"语",据径山本、大正本及下文改。
② "见",径山本作"得"。

前飞。"问："承古人有言：不断烦恼，此意如何？"师曰："又是发人业。"僧曰："如何得不发业？"师曰："你话堕也。"问："请去赏罚，如何是吹毛剑？"师曰："如法礼三拜。"师后住龙册寺归寂。

福州水陆院洪俨禅师，上堂，大众集定，师下座，捧香炉巡行大众前曰："供养十方诸佛。"便归方丈。僧问："离却百非兼四句，请师尽力为提纲。"师曰："落在什么处？"僧曰："恁么即人天有赖也。"① 师曰："莫将恶水浇泼人好。"

杭州灵隐山广严院咸泽禅师，初参保福展和尚。保福问曰："汝名什么？"曰："咸泽。"保福曰："忽遇枯涸者如何？"师云："谁是枯涸者？"保福曰："我是。"师曰："和尚莫谩人好。"保福曰："却是汝谩我。"师后承长庆印记，住广严道场。僧问："如何是觌面相呈事？"师下禅床曰："尊体起居万福。"问："不与万法为侣者是什么人？"师曰："城中青史楼，云外高峰塔。"问："如何是佛法大意？"师曰："幽涧泉清，高峰月白。"问："如何是广严家风？"师曰："一坞白云，三间茅屋。"僧曰："毕竟作么生？"师曰："既无维那，兼无典座。"问："如何是广严家风？"师曰："师子石前灵水响，鸡笼山上白猿啼。"

福州报慈院慧朗禅师，上堂曰："从上诸圣为一大事因缘，

---

① "也"，丛刊本、大正本无。

故出现于世，递相告报。是汝诸人还会么？若不会，大不容易。"僧问："如何是一大事？"师曰："莫错相告报么？"僧曰："恁么即学人不疑也。"师曰："争奈一翳在目何？"问："三世诸佛，尽是传语人。未审传什么人语？"师曰："听。"僧曰："未审是什么语？"师曰："你不是钟期。"问："如何是学人眼？"师曰："不可更撒沙。"

福州怡山长庆常慧禅师，僧问："王侯请命，法嗣怡山，锁口之言，请师不谬。"师曰："得。"僧曰："恁么即深领尊慈。"师曰："好与，莫钝置人！"问："不犯宗风，不伤物议，请师满口道。"师曰："今日岂不是开堂？"问："焰续雪峰，印传超觉，不违于物，不负于人，不在当头，即今何道？"师曰："违负即道。"僧曰："恁么即善副来言，浅深已辨。"师曰："也须识好恶。"

福州石佛院静禅师，上堂曰："若道素面相呈，犹添脂粉①，纵离添过，犹有负怠。诸人且作么生体悉？"僧问："学人欲见和尚本来师时如何？"师曰："洞上有言亲体取。"僧曰："恁么即不得见去也。"师曰："灼然，客路如天远，侯门似海深。"

处州翠峰从欣禅师，上堂曰："更不展席，珍重。"却问僧："还会么？"僧曰："不会。"师曰："将谓阇梨到百丈。"

---

① "粉"，原作"纷"，据丛刊本、碛砂本改。

福州枕峰观音院清换禅师，上堂曰："诸禅德，若要论禅说道，举唱宗风，只如当人分上，以一毛端里有无量诸佛转大法轮，于一尘中现宝王刹。佛说，众生说，山河大地一时说，未尝间断。如毗沙门王，始终未求外宝。既各有如是家风，阿谁欠少？不可更就别人取处分也。"僧问："如何是法界性？"师曰："汝身中有万象。"僧曰："如何体得？"师曰："不可谷里寻声，更求本末。"

福州东禅契讷禅师，上堂曰："未曾暂失，全体现前。恁么道，亦是分外。既恁么道不得，向兄弟前合作么生道？莫无道处不受道么？莫错会好。"僧问："如何是现前三昧？"师曰："何必更待道？"问："己事未明，乞师指示。"师曰："何不礼谢？"问："如何是东禅家风？"师曰："一人传虚，万人传实。"

福州长庆院弘辩妙果大师，一日上堂，于座侧立云："大众各归堂得也未？还会得么？若也未会得，山僧谩诸人去也。"遂乃升座。僧问："海众云臻，请师开方便门，示真实相。"师曰："这个是方便门。"僧曰："恁么即大众侧聆去也。"师曰："空侧聆作么？"问："超觉后焰，妙果传灯，去却语默动静，如何相示？"师曰："还解怪得么？"

福州东禅院可隆了空大师，初开堂，有僧问："远弃九峰丈室，来坐东禅道场，人天瞻仰于尊颜，愿赐一言而演说。"师曰："尧风千载，了空不昧于阇梨。"曰："恁么即人天有赖。"师曰：

"当不当？"问："如何是道？"师曰："正是道。"曰："如何是道中人？"师曰："分明向汝道。"师上堂曰："大好省要，自不仙陀。若是听响之流，不如归堂向火。珍重。"问："如何是普贤第一句？"师曰："落第二句也。"

福州仙宗院守玭禅师，一日不上堂，大众入方丈参。师曰："今夜与大众同请假，未审还给假也无？若未闻给假，即先言者负。珍重。"僧问："十二时中常在底人，还消得人天供养也无？"师曰："消不得。"僧曰："为什么消不得？"师曰："为汝常在。"僧曰："只如常不在底人，还消得也无？"师曰："驴年去。"僧问："请师答无宾主话。"师曰："向无宾主处问将来。"

抚州永安院怀烈净悟禅师，上堂众集，师顾视左右曰："患瘖作么？"便归方丈。又一日，上堂良久曰："幸自可怜生，又被污却也。"又曰："大众，正是著力处，莫容易。"僧问："怡山亲闻一句，请师为学人道。"师曰："向后莫错举似人。"

福州闽山令含禅师，初住永福院，上堂曰："还恩恩满，赛愿愿圆。"便归方丈。僧问："既到妙峰顶，谁人为伴侣？"[①] 师曰："到。"僧曰："什么人为伴侣？"师曰："吃茶去。"问："明明不会，乞师指示。"师曰："指示且置，作么生是你明明底事？"僧曰："学人不会，再乞师指示。"师曰："七棒十三。"

---

① "人为"，原本作"为人"，据丛刊本、大正本乙正。

新罗龟山和尚，有举："相国裴公休启建法会，问看经僧：'是什么经？'僧曰：'《无言童子经》。'公曰：'有几卷？'僧曰：'两卷。'公曰：'既是无言，为什么却有两卷？'僧无对。"师代曰："若论无言，非唯两卷。"

吉州龙须山资国院道殷禅师，僧问："如何是祖师西来意？"师曰："普通八年遭梁怪，直至如今不得雪。"问："千山万山，如何是龙须山？"师曰："千山万山。"僧曰："如何是山中人？"师曰："对面千里。"问："不落有无，请师道。"师曰："汝作么生问？"

福州祥光院澄静禅师，僧问："如何是道？"师曰："长安鼎沸。"僧曰："向上事如何？"师曰："谷声万籁起，松老五云披。"问："如何是和尚家风？"师曰："门下平章事，宫闱较几重。"

襄州鹫岭明远禅师，初参长庆。长庆问曰："汝名什么？"师曰："明远。"庆曰："那边事作么生？"师曰："明远退两步。"庆曰："汝无端退两步作么？"师无语。长庆代云："若不退步，争知明远？"师乃喻旨。师住后，僧问："无一法当前，应用无亏时如何？"师以手卓火，其僧因尔有悟。

杭州报慈院从瑰禅师，福州人也，姓陈氏。少投石梯出家，初住越州称心寺，后住兹院。僧问："古人有言：今人看古教，未免心中闹。欲免心中闹,应须看古教。如何是古教?"师曰:"如是我闻。"僧曰:"如何是心中闹?"师曰:"那畔雀儿声。"师开宝六年癸酉六月十四日辰时,沐浴易衣,告门人,付嘱讫,右胁而逝。

杭州龙华寺契盈广辩周智大师,本福州黄檗山受业,于长庆领旨。住后,僧问:"如何是龙华境?"师曰:"翠竹摇风,寒松锁月。"僧曰:"如何是境中人?"师曰:"切莫唐突。"问:"如何是三世诸佛道场?"师曰:"莫别瞻礼。"僧曰:"恁么则亘古亘今。"师曰:"是什么年中?"问:"如何是黄檗山主?"师曰:"谢仁者相访。"问:"如何是黄檗境?"师曰:"龙吟瀑布水,云起翠微峰。"

前杭州龙册寺道怤禅师法嗣

越州清化山师讷禅师,僧问:"十二时中,如何得不疑不惑去?"师曰:"好。"僧曰:"恁么则得遇于师也。"师曰:"珍重。"有僧来礼拜,师曰:"子亦善问,吾亦善答。"僧曰:"恁么则大众久立。"① 师曰:"抑逼大众作什么?"问:"去却赏罚,如何是吹毛剑?"师曰:"钱塘江里好渡船。"问:"如何是西来意?"师曰:"可杀新鲜。"

衢州南禅遇缘禅师,有俗士,时谓之"铁脚",忽因骑马,

---

① "则",丛刊本、大正本作"即"。

有僧问师："既是铁脚,为什么却骑马?"师曰："腰带不因遮腹痛,幞头岂是御天寒?"有俗官问："和尚恁后生,为什么却为尊宿?"师云："千岁只言朱顶鹤,朝生便是凤凰儿。"师有时云:"此个事得恁难道?"有僧出曰:"请师道。"师曰:"睦州溪苔,锦军石耳。"

复州资福院智远禅师,福州连江人也。童蒙出家,诣峡山观音院法宣禅师落发受具。给侍勤恪,专于诵持。一日,宣禅师谓曰:"观汝上根,堪任大事,何不遍参,而滞于此乎?"师遂礼辞,历诸方。至越州镜清,礼顺德大师,因问曰:"如何是诸佛出身处?"顺德曰:"大家要知。"师曰:"斯则众眼难谩。"顺德曰:"理能缚豹。"师因此发悟玄旨。

周显德三年丙辰,复州刺史率僚吏及缁黄千众,请师于资福院开堂说法时谓"东禅院"。僧问:"师唱谁家曲,宗风嗣阿谁?"师曰:"雪岭峰前月,镜湖波里明。"问:"诸佛出世,天雨四华,地摇六动。和尚今日,有何祯祥?"师曰:"一物不生全体露,目前光彩阿谁知?"问:"如何是直示一句?"师曰:"是什么?"师又曰:"还会么?会去即今便了,不会尘沙算劫。只据诸贤分上,古佛心源,明露现前,匝天遍地,森罗万象,自己家风,佛与众生本无差别,涅槃生死,幻化所为。性地真常,不劳修证。"师又曰:"要知此事,当阳显露,并无寸草盖覆,便承当取,最省心力。"师如是为众,涉于二十二载。太平兴国二年丁丑九月十六日,声钟辞众。至二十七日辰时,恬然坐化。寿八十三,腊六十三。

前漳州报恩院怀岳禅师法嗣

潭州妙济院师浩传心大师，曾住郴州香山。僧问："拟即第二头，不拟即第三首。如何是第一头？"师曰："收。"僧问："古人断臂，当为何事？"师曰："我宁可断臂。"问："如何是学人眼？"师曰："须知我好心。"问："如何是香山剑？"师曰："异。"僧曰："还露也无？"师曰："不忍见。"问："如何是松门第一句？"师曰："切不得错举。"问："如何是妙济家风？"师曰："左右人太多。"问："如何是佛法大意？"师曰："两口无一舌。"问："如何是香山一路？"师曰："滔滔地。"僧曰："到者如何？"师曰："息汝平生。"问："如何是世尊密语？"师曰："阿难亦不知。"僧曰："为什么不知？"师曰："莫非仙陀。"问："如何是香山宝？"师曰："碧眼胡人不敢定。"僧曰："露者如何？"师曰："龙王捧不起。"因僧举"圣僧塑像被虎咬"，乃问师："既是圣僧，为什么被大虫咬？"师曰："疑杀天下人。"问："如何是无惭愧底人？"师曰："阇梨合吃棒。"

前福州鼓山神晏国师法嗣

杭州天竺山子仪心印水月大师，温州乐清县人也，姓陈氏。初游方，谒鼓山，因问曰："子仪三千里外，远投法席，今日非时上来，乞师非时答话。"鼓山曰："不可钝置仁者。"师曰："省力处如何？"鼓山曰："汝何费力？"师自此承言领旨，便往浙中。

钱忠懿王聆其道誉，命开法于罗汉①、光福二道场，海众臻凑。

师上堂示众曰："久立，大众。更待什么？不辞展拓，却恐误于禅德，转迷归路。时寒，珍重。"僧问："如何是从上来事？"师曰："住。"僧曰："如何荐？"师曰："可惜龙头，翻成蛇尾。"有僧礼拜起，将问话，师曰："如何且置？"其僧乃问："只如兴圣之子，还有相亲分也无？"师曰："只待局终，不知柯烂。"问："如何是维摩默？"师曰："谤。"僧曰："文殊因何赞？"师曰："同案领过。"僧曰："维摩又如何？"师曰："头上三尺巾，手里一枝拂。"问："如何是诸佛出身处？"师曰："大洋海里一星火。"僧曰："学人不会。"师曰："烧尽鱼龙。"问："丹霞烧木佛，意旨如何？"师曰："寒即围炉向猛火。"僧曰："还有过也无？"师曰："热即竹林溪畔坐。"

问："如何是法界义宗？"师曰："九月九日浙江潮。"问："诸余即不问，如何是光福门下超毗卢、越释迦底人？"师曰："诸余奉纳。"僧曰："恁么即平生庆幸去也。"师曰："庆幸事作么生？"其僧罔措，师喝之。师将下堂，僧问："下堂一句，乞师分付。"师曰："携履已归西国去，此山空有老猿啼。"问："鼓山有掣鼓夺旗之说，师且如何？"师曰："败将不忍诛。"僧曰："或遇良将又如何？"师曰："念子孤魂，赐汝三奠。"问："世尊入灭，当归何所？"师曰："鹤林空变色，真归无所归。"僧曰："夫子必定何之？"师曰："朱实殒劲风，繁英落素秋。"僧曰："我师将来，复归何所？"师曰："子今欲识吾归处，东西南北柳成丝。"

---

① "于"，原作"宇"，据径山本、大正本改。

问:"如何修行,即得与道相应?"师曰:"高卷吟中箔,浓煎睡后茶。"师回故里,雍熙三年示灭。门人阇维,收舍利建塔。

建州白云智作真寂禅师,永贞人也,姓朱氏。容若梵僧,礼鼓山国师披剃,二十四具戒。一日,鼓山上堂,召大众,众皆回眸。鼓山披襟示之,众罔措。唯师朗悟厥旨,入室印证。又参次,鼓山召令近前,问曰:"南泉唤院主意作么生?"师敛手端容,退立而已,鼓山莞然奇之。自尔游吴楚,却复闽川。初住南峰,次住建州白云院。

师上堂曰:"还有人向宗乘中致得一问么?待山僧向宗乘中答。"时有僧礼拜才起,师便归方丈。问:"如何是枯木里龙吟?"师曰:"火里莲生。"僧曰:"如何是髑髅里眼睛?"师曰:"泥牛入水。"问:"如何是主中主?"师曰:"汝还具眼么?"僧曰:"恁么则学人归堂去也。"①师曰:"猢狲入布袋。"问:"如何是延平津?"师曰:"万古水溶溶。"僧曰:"如何是延平剑?"师曰:"速须退步。"僧曰:"未审津与剑,是同是异?"师曰:"可惜这汉。"②

乾祐二年已酉,江南国主李氏延居奉先,赐紫衣、师名。上堂升坐,众咸侧聆,师曰:"相谩去也,还知得么?可不闻昔日灵山多少士众,只道迦叶亲闻。今日叨奉恩命,俾扬宗教,不可异于灵山也。既不异灵山,诸仁者作么生相体悉?也莫泥他古今,但彼此著些精彩。大家验看,是什么?"僧问:"灵山一会,

---

① "则",丛刊本、大正本作"即"。
② "这汉",丛刊本作"许汉",大正本作"许"。

不异而今。未审亲闻底事如何？"师曰："更举。"曰："恁么即人天有赖。"师曰："阇梨且作么生？"问："贤王请命，大展法筵，祖师西来①，如何指示？"师曰："分明记取。"曰："终不敢辜负和尚。"②师曰："也未在。"僧问："如何是奉先境？"师曰："一任观看。"僧曰："如何是境中人？"师曰："莫无礼。"问："如何是奉先家风？"师曰："即今在什么处？"僧曰："恁么即大众有赖也。"师曰："关汝什么事？"问："如何是为人一句？"师曰："不是奉先道不得。"

鼓山智严了觉大师，第二世住。师上堂曰："多言复多语，由来返相误。珍重。"僧问："石门之句即不敢问，请师方便。"师曰："问取露柱。"问："国王出世三边静，法王出世有何恩？"师曰："还会么？"僧曰："幸遇明朝，辄伸呈献。"师曰："吐却著。"僧曰："若不礼拜，几成无孔铁锤。"师曰："何异无孔铁锤？"

福州龙山智嵩妙空大师，师上堂曰："幸自分明，须作这个节目作么？到这里便成节目，便成增语，便成尘坫。未有如许多时作么生？"僧问："古佛化导，今祖重兴。人天辐凑于禅庭，至理若为于开示？"师曰："亦不敢辜负大众。"僧曰："恁么即人天不谬殷勤请，顿使凡心作佛心。"师曰："仁者作么生？"僧曰："退身礼拜，随众上下。"师曰："我识得汝也。"

---

① "师"，丛刊本、大正本作"嗣"。
② "辜"，丛刊本、大正本作"孤"，下同。

泉州凤凰山疆禅师,①僧问:"灯传鼓峤,道霸温陵。不跨石门,请师通信。"师曰:"若不是今日,拦胸撞出。"僧曰:"恁么即今日亲闻师子吼,他时终作凤凰儿。"师曰:"又向这里涂污人。"问:"白浪滔天境,何人住太虚?"师曰:"静夜思尧鼓,回头闻舜琴。"

福州龙山文义禅师,上堂曰:"若举宗乘,即院寂径荒。若留委问,更待个什么?还有人委么?出来验看。若无人委,莫略虚好。"僧问:"如何是人王?"②师曰:"威风人尽惧。"僧曰:"如何是法王?"师曰:"一句令当行。"僧曰:"二王还分不分?"师曰:"适来道什么?"

福州鼓山智岳了宗大师,福州人也。初游方,至鄂州黄龙。问曰:"久向黄龙,到来只见赤班蛇。"③黄龙曰:"汝只见赤班蛇,且不识黄龙。"师曰:"如何是?"黄龙曰:"滔滔地。"师曰:"忽遇金翅鸟来,又作么生?"曰:"性命难存。"师曰:"恁么即被他吞却也。"曰:"谢阇梨供养。"师当下未省觉。寻回受业山,礼觐国师和尚,启发微旨,而后次补山门,为第三世。上堂曰:"我若全举宗乘,汝向什么处领会?所以向汝道:古今常露,体用无妨。"僧问:"诸余即不问,如何是诞生王种?"师曰:

---

① "疆",丛刊本作"强"。
② "何",原缺,据丛刊本、大正本补。
③ "班",大正本作"斑"。下同。

"金枝玉叶不相似是作么生？"僧曰："恁么即同中不得异。"师曰："不得异事作么生？"僧曰："金枝争能续？"师曰："犹是阃外之辞。"问："虚空还解作用也无？"师拈起拄杖曰："这个师僧，好打。"僧无语。

襄州定慧和尚，僧问："如何是佛向上事？"师曰："无人不惊。"僧曰："学人未委在。"师曰："不妨难向。"问："不借时机用，如何话祖宗？"师曰："阇梨还具惭愧么？"僧便喝，师无语。

福州鼓山清谔宗晓禅师，得法于受业和尚，鼓山第四世住。问："亡僧迁化，向什么处去也？"师曰："时寒不出手。"

金陵净德道场冲煦慧悟禅师，福州人也，姓和氏。幼不染薰血①，自誓出家。登鼓山剃度，得法受记。年二十四，于洪州丰城为众开演，时谓"小长老"。周显德中，江南国主延住光睦。僧问："如何是大道？"师曰："我无小径。"曰："如何是小径？"师曰："我不知有大道。"师次住庐山开先，后居净德，并聚徒说法。开宝八年归寂。

金陵报恩院清护禅师，福州长乐人也，姓陈氏。六岁辞亲，礼鼓山披削，十五纳戒。于国师言下，发明真趣。暨国师圆寂，

---

① "薰"，径山本、大正本作"荤"。

乃之建州白云，闽帅王氏奏赐紫，号"崇因大师"。晋天福八年，金陵兴师入建城，时统军查文徽至院①，师出延接。查问曰："此中相见时如何？"师曰："恼乱将军。"查后请师归金陵，国主命居长庆院摄众。

周显德初，退归建州卓庵。时节度使陈诲创显亲报恩禅苑，坚请住持。开堂日，僧问："诸佛出世，天华乱坠。未审和尚出世，有何祥瑞？"师曰："昨日新雷发，今朝细雨飞。"问："如何是诸佛玄旨？"师曰："草鞋木履。"开宝三年五月，江南后主再请入住报恩、净德二道场，来往说法，改号"妙行禅师"。当年十一月示疾，预辞国主。二十日平旦，声钟召大众，嘱付讫，俨然坐亡。寿五十有五，腊四十。国主厚礼茶毗，收舍利三百余粒，并灵骨归葬于建州鸡足山卧云院，建塔。师风神清洒，操行孤标，二十年不服绵绢，唯衣纸布。辞藻札翰，并皆冠众。五处语要、偈颂，别行于世。

---

① "文"，原作"元"，据大正本改。

景德传灯录卷第二十二

吉州清原山行思禅师第七世①
杭州龙华寺灵照禅师法嗣七人见录
　　台州瑞岩师进禅师
　　台州六通院志球禅师
　　杭州云龙院归禅师
　　杭州余杭功臣院道闲禅师
　　衢州镇境遇缘禅师
　　福州报国院照禅师
　　台州白云逈禅师
明州翠岩令参禅师法嗣二人见录
　　杭州龙册寺子兴禅师
　　温州佛㠗知默禅师
福州安国院弘瑫禅师法嗣九人见录
　　福州白鹿师贵禅师
　　福州罗山义聪禅师

---

① "世"下，径山本、大正本有"中"。

福州安国从贵禅师

福州怡山藏用禅师

福州永隆彦端禅师

福州林阳志端禅师

福州兴圣满禅师

福州仙宗明禅师

福州安国祥和尚

漳州保福院从展禅师法嗣二十五人—十九人见录

泉州招庆省僜禅师①

漳州保福可俦禅师

舒州白水如新禅师

洪州漳江慧廉禅师

福州报慈文钦禅师

泉州万安清运禅师

漳州报恩熙禅师

泉州凤凰山从琛禅师

福州永隆瀛和尚

洪州清泉山守清禅师

漳州报恩院行崇禅师

潭州岳麓和尚

朗州德山德海禅师

泉州后昭庆和尚

---

① "招",大正本作"昭"。

朗州梁山简禅师

洪州建山澄禅师

福州康山契稳禅师

潭州延寿慧轮大师

泉州西明琛禅师

>福州升山柔禅师、福州枕峰和尚、朗州法操禅师、襄州鹫岭和尚、睦州敬连和尚、潭州谷山句禅师 已上六人无机缘语句，不录

南岳金轮观禅师法嗣一人见录

后衡岳金轮和尚

泉州睡龙山道溥禅师法嗣一人见录

漳州保福院清豁禅师

韶州云门山文偃禅师法嗣六十一人二十五人见录，三十五人见第二十三卷

韶州白云祥和尚

朗州德山缘密禅师

潭州南台道遵禅师

韶州双峰山竟钦和尚

韶州资福和尚

广州黄云元禅师

广州龙境伦禅师

韶州云门爽禅师

韶州白云闻和尚

韶州披云智寂禅师

韶州净法章和尚

韶州温门山满禅师

岳州巴陵颢鉴大师

连州地藏慧慈大师

英州大容谭禅师

广州罗山崇禅师

韶州云门宝禅师

郢州临溪竟脱和尚

广州华严慧禅师

韶州舜峰韶和尚

随州双泉师宽禅师①

英州观音和尚

韶州林泉和尚

韶州云门煦和尚

益州香林澄远禅师

行思禅师第七世②
前杭州龙华寺灵照禅师法嗣

台州瑞岩师进禅师，师上堂，大众立久。师曰："愧诸禅德，已省提持。若是徇声听响，不如归堂向火。珍重。"僧问："如何是瑞岩境？"师云："重重迭嶂南来远，北向皇都咫尺间。"僧曰："如何是境中人？"师曰："万里白云朝瑞岳，微微细雨洒帘前。"

---

① "泉"，丛刊本作"峰"。
② "第七世"下，大正本有"中"。

僧曰："未审如何亲近此人？"师曰："将谓阇梨亲入室，元来犹隔万重关。"

台州六通院志球禅师，僧问："全身佩剑时如何？"师曰："落。"僧曰："当者如何？"师曰："熏天炙地。"问："如何是六通境？"师曰："满目江山一任看。"僧曰："如何是境中人？"师曰："古今自去来。"僧曰："离二途，还有向上事也无？"师曰："有。"僧曰："如何是向上事？"师曰："云水千徒与万徒。"问："拥毳玄徒，请师指示。"师曰："红垆不坠雁门关①。"僧曰："如何是红垆不坠雁门关？"师曰："青霄岂恪众人攀？"僧曰："还有不知者也无？"师曰："有。"僧曰："如何是不知者？"师曰："金榜上无名。"问："如何是和尚家风？"师曰："万家明月朗。"问："如何是第二月？"师曰："山河大地。"

杭州云龙院归禅师，僧问："久战沙场，为什么功名不就？"师曰："过在遮边。"僧曰："还有进处也无？"师曰："冰消瓦解。"

杭州余杭功臣院道闲禅师，僧问："如何是功臣家风？"师曰："俗人东畔立，僧众在西边。"问："如何是学人自己？"师曰："如汝与我。"僧曰："恁么即无二去也。"师曰："十万八千。"

---

① "垆"，丛刊本、东寺本作"炉"，下同。

衢州镇境遇缘禅师，僧问："众手淘金，谁是得者？"师曰："溪畔披砂徒自困，家中有宝速须还。"僧曰："恁么即始终不从人得去也。"师曰："饶君便有擎山力，未免肩头有担胝。"

福州报国院照禅师，师上堂曰："我若全机，汝向什么处摸索？盖为根器不等，便成不具惭愧。还委得么？如今与诸仁者作个入底门路。"乃敲绳床两下云："还见么？还闻么？若见便见，若闻便闻。莫向意识里卜度，却成妄想颠倒，无有出期。珍重。"因佛塔被雷霹，有人问："祖佛塔庙，为什么却被雷霹？"师曰："通天作用。"僧曰："既是通天作用，为什么却霹佛？"师曰："作用何处见有佛？"僧曰："争奈狼籍何？"师曰："见什么？"

台州白云遁禅师，僧问："荆山有玉非为宝，囊内真金赐一言。"师曰："我家贫。"僧曰："慈悲何在？"师曰："空惭道者名。"

前明州翠岩令参禅师法嗣[①]

杭州龙册寺子兴明悟大师，僧问："正位中还有人成佛否？"师曰："谁是众生？"僧曰："若恁么即总成佛去也。"师曰："还我正位来。"僧曰："如何是正位？"师曰："汝是众生。"问："如何是无价珍？"师曰："卞和空抱璞。"僧曰："忽遇楚王，还进也无？"师曰："凡圣相继续。"问："古人拈布毛意作么生？"

---

① "参"，原作"傪"，据卷十八、本卷目录改。

师曰："阇梨举不全。"僧曰："如何举得？"师乃拈起袈裟。

温州云山佛嶴院知默禅师，第二世住。师上堂曰："山僧如今看见诸上坐怎么行脚，吃辛吃苦，盘山涉涧，终不为观看州县，参寻名山圣迹，莫非为此一大事。如今且要诸人于本参中通个消息来，云山敢与证明。非但云山证明，乃至禅林、佛刹亦与证明。"僧问："如何是佛嶴家风？"师曰："送客不离三步内，邀宾只在草堂前。"

前福州安国院弘瑫明真大师法嗣

福州白鹿师贵禅师，开堂日，有僧问："西峡一派，不异马头。白鹿千峰，何似鸡足？"师曰："大众一时验看。"问："如何是白鹿家风？"师曰："向汝道什么？"僧曰："恁么即学人知时去也。"师曰："知时底人，合到什么田地？"僧曰："不可更喃喃地。"师曰："放过即不可。"问："牛头未见四祖时，百鸟衔华供养①，见后为什么不来？"师曰："曙色未分人尽望，及乎天晓也如常。"

福州罗山义聪禅师，师上堂，大众立久，师曰："若有分付处，罗山即不具眼；若无分付处，即劳而无功。所以维摩昔日对文殊，且道如今会也无？"僧问："如何是出窟师子？"师曰："什么处不震裂？"僧曰："作何音响？"师曰："聋者不闻。"问：

---

① "华"，东寺本作"花"。

"手指天地,唯我独尊,为什么却被傍者责?"师曰:"谓言胡须赤。"僧曰:"只如傍者有什么长处?"师曰:"路见不平,所以按剑。"

福州安国院从贵禅师,僧问:"禅宫大敞,法众云臻,向上一路,请师决择。"师曰:"素非时流。"师有时上堂示众云:"禅之与道,拈向一边著;佛之与祖,是什么破草鞋?怎么告报,莫屈著诸人么?若道屈著,即且行脚去;若道不屈著,也须合取口始得。珍重。"又有时上堂曰:"直是不遇梁朝,安国也谩不过。珍重。"僧问:"请师举唱宗乘。"师曰:"今日打禾,明日搬柴。"问:"牛头未见四祖时如何?"师曰:"香炉对绳床。"僧曰:"见后如何?"师曰:"门扇对露柱。"问:"如何是和尚家风?"师曰:"若问家风,即答家风。"僧曰:"学人不问家风时作么生?"师曰:"胡来汉去。"问:"诸余即不问,省要处乞师一言。"师曰:"还得省要么?"师下堂曰:"纯陀献供。珍重。"

福州怡山长庆藏用禅师,师上堂,众集,师以扇子抛向地上曰:"愚人谓金是土,智者作么生?后生可畏,不可总守愚去也。还有么?出来道看。"时有僧出礼拜,退后而立。师曰:"别更作么生?"僧曰:"和尚明鉴。"师曰:"千年桃核。"问:"如何是伽蓝?"师曰:"长溪莆田。"僧曰:"如何是伽蓝中人?"师曰:"新罗白水。"问:"如何是灵泉正主?"师曰:"南山北山。"问:

"如何是和尚家风?"师曰:"斋前厨蒸南国饭①,午后垆煎北苑茶。"问:"法身还受苦也无?"师曰:"地狱岂是天堂?"僧曰:"怎么即受苦去也。"师曰:"有什么罪过?"

福州永隆院彦端禅师,师上堂,大众云集,师从座起作舞,谓大众曰:"会么?"众曰:"不会。"师曰:"山僧不舍道法而现凡夫事,作么生不会?"问:"本自圆成,为什么却分明晦?"师曰:"汝自检责看。"

福州林阳山瑞峰院志端禅师,福州人也。依本部南涧寺受业,年二十四,谒明真大师。一日,有僧问:"如何是万象之中独露身?"明真举一指,其僧不荐,师于是冥契玄旨。乃入室白曰:"适来那僧问话,志端今有省处。"明真曰:"汝见什么道理?"师亦举一指曰:"遮个是什么?"明真甚然之。

师上堂,举拂子云:"曹溪用不尽底,时人唤作头角生,山僧拈来拂蚊子,荐得乾坤陷落。"问:"如何是西来意?"师曰:"木马走似烟,石人趁不及。"问:"如何是禅?"师曰:"今年旱去年。"僧曰:"如何是道?"师曰:"冬田半折耗。"问:"如何是学人自己?"师便与一踏,僧作接势,师便与一捆,僧无对。师曰:"赚杀人。"问:"如何是迥绝人烟处佛法?"师曰:"巅山峭峙碧芬芳。"僧曰:"怎么即一真之理,华野不殊。"师曰:"不是遮个道理。"问:"如何是佛法大意?"师曰:"竹箸一文一

---

① "国",原作"白",据南藏本、径山本改。

双。"有僧夜参，师曰："阿谁？"僧曰："某甲。"师曰："泉州沙糖，舶上槟榔。"僧良久，师曰："会么？"僧曰："不会。"师曰："你若会，即廓清五蕴，吞尽十方。"

师开宝元年八月内遗偈曰："年来二月二①，别汝暂相弃。爇灰散四林，勿占檀那地。"此偈因侍者传于外，四众咸写而记之。至明年正月二十八日，州民竞入山瞻礼，师身无恙，参问如常。至二月一日，州主率诸官同至山，侦伺经宵，院中如市。二日，师斋罢，上堂辞众。时有圆应长老出众作礼，问曰："云愁雾惨，大众鸣呼，请赐一言②，未在告别。"师垂一足，应曰："法镜不临于此土，宝月又照于何方？"师曰："非君境界。"应曰："恁么即沤生沤灭还归水，师去师来是本常。"师作嘘声。复有僧问数则语，师皆酬答，然后下座，归方丈。安坐至亥时，问众曰："世尊灭度，是何时节？"众曰："二月十五日子时。"师曰："吾今日子时前。"③言讫长往。

福州兴圣满禅师，师上堂曰："觌面分付，不待文宣，具眼投机，唤作参玄上士。若能如此，所以宗风不坠。"僧问："昔日灵山会里，今朝兴圣筵中④，和尚亲传，如何举唱？"师曰："欠汝一问。"

福州仙宗院明禅师，师上堂曰："幸有如是门风，何不烜赫

---

① "年来"，东寺本作"来年"。
② "赐"，碛砂本、大正本作"师"。
③ "子"，原作"前"，据大正本改。
④ "朝"，碛砂本、南藏本作"日"。

地绍续取去？若也绍得，不在三界。若出三界，即坏三界；若在三界，即碍三界。不碍不坏，是出三界，是不出三界？恁么彻去，堪为佛法种子，人天有赖。"有僧问："拏云不假风雷便，迅浪如何透得身？"师曰："何得弃本逐末？"

福州安国院祥和尚，师上堂，顷间乃失声云："大是无端！虽然如此，事不得已。于中若有未觏者，更开方便。还会么？"僧问："不涉方便，乞师垂慈。"师曰："汝问我答是方便。"问："应物现形如水中月，如何是月？"师提起拂子。僧曰："古人为什么道水月无形？"师曰："见什么？"问："如何是宗乘中事？"师曰："淮军散后。"问："如何是和尚家风？"师曰："众眼难谩。"

前漳州保福院从展禅师法嗣

泉州招庆院省僜净修大师，师初参保福，问答冥符。一日，保福入大殿睹佛像，乃举手问师曰："佛恁么意作么生？"师对曰："和尚也是横身。"曰："一橛我自收取。"师曰："和尚非唯横身。"保福然之。

后住招庆。初开堂升坐，少顷曰："大众，向后到处遇道伴，作么生举似他？若有人举得，试对众举看。若举得，免孤负上祖①，亦免埋没后来。古人道：通心君子，文外相见。还有遮个人么？况是曹溪门下子孙，合作么生理论？合作么生提唱？"僧

---

① "孤"，东寺本作"辜"。

问:"昔日觉城东际,象王回旋;今日闽岭南方,如何提接?"师曰:"会么?"曰:"恁么即一机启处,四句难追。未委从上宗门,成得什么边事?"师曰:"退后礼拜,随众上下。"问:"全提不到,请师商量。"师曰:"拊掌得么?"僧曰:"恁么即领会去也。"师曰:"莫错。"问:"如何得不伤于己,不负于人?"师曰:"莫屈著汝遮问么?"僧曰:"恁么上来,已蒙师指也。"师曰:"汝又屈著我作么?"问:"当锋一句请师道。"师曰:"嗄。"僧再问,师曰:"瞌睡汉。"

师问僧:"离什么处?"曰:"报恩。"师曰:"僧堂大小?"曰:"和尚试道看。"师曰:"何不待问?"问:"学人全身不会,请师指示。"师曰:"还解笑得么?"师又曰:"丛林先达者,不敢相触忤。若是初心后学,未信直须信取,未省直须省取,不受略虚①。诸人本分去处,未有一时不显露,未有一物解盖覆得。如今若要知不用移丝发地,不用少许功夫,但向博地位中承当取,岂不省心力?既能省得,便与诸佛齐肩,依而行之。缘此事是个白净去处,今日须得白净身心合他始得,自然合古合今,脱生离死。古人云:识心达本,解无为法,方号沙门。如今诸官大众,各须体取好,莫全推过师僧分上。佛法平等,上至诸佛,下至一切,共同此事。既然如此,谁有谁无?勤王之外,亦须努力。适来说如许多般,盖不得已而已,莫道从上宗门,合恁么语话。只如从上宗门合作么生?还相悉么?若有人相悉,山僧今日得雪去也。久立大众,珍重。"

---

① "略",大正本作"掠"。

漳州保福院可俦明辩大师，僧问："如何是和尚家风？"师曰："云在青天水在瓶。"问："如何是吹毛剑？"师曰："瞥落也。"僧曰："还用也无？"师曰："莫鬼语。"

舒州白水海会院如新禅师，师上堂，良久乃曰："礼烦即乱。"僧问："从上宗乘，如何举唱？"师曰："转见孤独。"僧曰："亲切处乞师一言。"师曰："不得雪也听他。"问："如何是迦叶顿领底事？"师曰："汝若领得，我即不恅。"僧曰："恁么即不烦于师去也。"师曰："又须著棒，争得不烦？"僧问："古人横说竖说，犹未知向上一关橛子①。如何是向上一关橛子？"师曰："赖遇娘生臂短。"问："如何是祖师意？"师曰："要道何难？"僧曰："便请师道。"师曰："将谓灵利，又不仙陀。"问："羚羊挂角时如何？"师曰："恁么来，又恁么去。"僧曰："为什么如此？"师曰："只见好笑，不知为什么如此。"

洪州漳江慧廉禅师，师初开堂，有僧问："昔日梵王请佛，盖为奉法之心；今日朱紫临筵，未审师如何拯济？"师曰："别不施行。"僧曰："为什么不施行？"师曰："什么处去来？"问："师登宝座，曲为今时，四众攀瞻，请师接引。"师曰："什么处屈汝？"僧曰："恁么即垂慈方便路②，直下不孤人也。"师曰："也须收取好。"问："如何是漳江境？"师曰："地藏皱眉。"曰："如何是境中人？"师曰："普贤掺袂。"问："如何是漳江水？"

---

① "橛"，大正本作"桡"，下同。
② "路"，丛刊本无，"直下"上，丛刊本有"即"。

师曰："苦。"问："如何是漳江第一句？"师曰："到别处不得错举。"

福州报慈院文钦禅师，问："如何是诸佛境？"师曰："雨来云雾暗，晴乾日月明。"问："如何是妙觉明心？"师曰："今冬好晚稻，出自秋雨成。"问："如何是妙用河沙？"① 师曰："云生碧岫，雨降青天。"问："如何是平常心合道？"师曰："吃茶吃饭随时过，看水看山实畅情。"

泉州万安院清运资化禅师，僧问："龙溪一派，晋水分灯，万安临筵，如何指示？"师曰："作么生折合？"僧曰："未审师还许也无？"师曰："更作么生？"僧曰："昔日龙溪密旨，今朝万安显扬。人天侧聆，愿垂开演。"师曰："还闻么？"僧曰："恁么即五众已蒙师指的，不异城东十眼开。"师曰："五众且置，仁者作么生？"问："久处幽冥，全身不会，乞师指示。"师曰："莫屈著汝问么？"曰："恁么即礼拜，随众上下，师还许也无？"② 师曰："静处萨婆诃。"问："诸佛出世，震动乾坤，和尚出世，未审如何？"师曰："向汝恁么道。"僧曰："恁么即不异诸圣去也。"师曰："莫乱道。"问："如何是万安家风？"师曰："苔羹仓米饭。"僧曰："忽遇上客来，将何祗待？"师曰："饭后三巡茶。"问："如何是万安境？"师曰："一塔松萝望海清。"

---

① "妙用河沙"，大正本作"妙觉闻心"。
② "师"下，原有"曰"，据碛砂本、大正本删。

漳州报恩院道熙禅师，初与保福送书往泉州王太尉处，太尉问："漳南和尚近日还为人也无？"师曰："若道为人，即屈著和尚；若道不为人，又屈著太尉来问。"太尉曰："道取一句，待铁牛能啮草，木马解含烟。"师曰："某甲惜口吃饭。"① 太尉良久，又问："驴来马来？"师曰："驴马不同途。"太尉曰："争得到遮里？"师曰："特谢太尉领话。"② 僧问："名言妙句即不问，请师真实。"师曰："不阻来意。"

泉州凤凰山从琛洪忍禅师，问："如何是和尚家风？"师曰："门风相似，即无阻矣。学人不是其人。"僧曰："忽遇恁么人时如何？"师曰："不可预搔而待痒。"问："学人根思迟回，方便门中，乞师傍瞥。"师曰："傍瞥。"僧曰："深领师旨，安敢言乎？"师曰："太多也。"师有时上堂，有僧出来礼拜，退后立。师曰："我不如汝。"僧应诺，师曰："无人处放下著。"问："昔日灵山会上，佛以一音演说。今日请师一音演说。"师良久。僧曰："恁么即大众顿息疑网去也。"师曰："莫涂污大众好。"问："诸佛皆以大事因缘故，出现于世。未审和尚如何拯济？"师曰："大好风凉。"问："如何是学人自己事？"师曰："暗算流年事可知。"问："如何是凤凰境？"师曰："雪夜观明月。"问："如何是西来意？"师曰："作人丑差。"僧曰："为人何在？"师曰："莫屈著汝么？"

---

① "惜"，大正本、碛砂本作"借"。
② "特"，丛刊本无。

福州永隆院瀛和尚明慧禅师, 师上堂曰:"谓言侵早起,更有夜行人。似即似,是即不是。珍重。"问:"无为无事人,为什么却是金锁难?"师曰:"为断粗纤,贵重难留。"曰:"为什么道无为无事人,逍遥实快乐?"师曰:"为闹乱,且要断送。"有僧参,师曰:"不要得许多般数,速道,速道!"僧无对。师有时示众曰:"日出卯,用处不须生善巧。"问:"如何进向,得达本源?"师曰:"依而行之。"

洪州清泉山守清禅师, 福州闽县人也,姓林氏,出家于岩背山。悟心之后,受请居清泉,玄侣臻集。问:"如何是佛?"师曰:"问。"僧曰:"如何是祖?"师曰:"答。"僧问:"和尚见古人得个什么,便住此山?"师曰:"情知汝不肯。"僧曰:"争知某甲不肯?"师曰:"鉴貌辨色。"问:"亲切处乞师一言。"师曰:"莫过此。"问:"古人面壁为何事?"师曰:"屈。"曰:"恁么即省心力。"师曰:"何处有恁么人?"[①] 问:"诸余即不问,如何是向上事?"师曰:"消汝三拜,不消汝三拜?"

漳州报恩院行崇禅师, 问:"如何是佛法大意?"师曰:"碓捣磨磨。"问:"曹溪一路,请师举扬。"师曰:"莫屈著曹溪么?"曰:"恁么即群生有赖。"师曰:"汝也是老鼠吃盐。"问:"不涉公私,如何言论?"师曰:"吃茶去。"问:"丹霞烧木佛,意作么生?"师曰:"时寒烧火向。"曰:"翠微迎罗汉,意作么

---

① "人",丛刊本作"来"。

生?"师曰:"别是一家春。"

潭州岳麓山和尚,师上堂良久,谓众曰:"昔日毗卢,今朝岳麓。珍重。"问:"如何是声色外句?"师曰:"猿啼鸟叫。"问:"师唱谁家曲,宗风嗣阿谁?"师曰:"五音六律。"问:"截舌之句,请师举扬。"师曰:"日能热,月能凉。"

朗州德山德海禅师,僧问:"灵山一会,何人得闻?"师曰:"阇梨得闻。"曰:"未审灵山说个什么?"师曰:"即阇梨会。"问:"如何是该天括地句?"师曰:"千界摇动。"问:"从上宗乘,以何为验?"师曰:"从上且置,即今作么生验?"曰:"大众总见。"师曰:"话堕也。"问:"如何是祖师西来意?"师曰:"擘。"

泉州后招庆和尚,问:"末后一句,请师商量。"师曰:"尘中人自老,天际月常明。"问:"如何是和尚家风?"师曰:"一瓶兼一钵,到处是生涯。"问:"如何是佛法大意?"师曰:"扰扰匆匆,晨鸡暮钟。"

朗州梁山简禅师,师问新到僧:"什么处来?"曰:"药山来。"师曰:"还将得药来么?"僧曰:"和尚住山不错。"

洪州高安县建山澄禅师,开堂日,有僧问:"牧长请命,和尚如何举扬宗教?"师曰:"还闻么?"僧曰:"恁么即大众有赖。"师曰:"还是不闻。"问:"如何是法王剑?"师曰:"可惜许。"曰:"如何是人王剑?"师曰:"尘埋床下履,风动架头巾。"问:"一代时教,接引今时,未审祖宗如何示人?"师曰:"一代时教已有人问了也。"曰:"和尚如何示人?"师曰:"惆怅庭前红苋树,年年生叶不生华。"问:"故岁已去,新岁到来,还有不受岁者无?"师曰:"作么生?"僧曰:"恁么即不受岁也。"师曰:"城上已吹新岁角,窗前犹点旧年灯。"僧曰:"如何是旧年灯?"师曰:"腊月三十日。"

福州康山契稳法宝大师,初开堂,有僧问:"威音王已后,次第相承,未审师今一会,法嗣何方?"师曰:"象骨举手,龙溪点头。"问:"圆明湛寂非师旨,学人因底却不明?"① 师曰:"辨得未?"僧曰:"恁么即识性无根去也。"师曰:"隔靴搔痒。"

潭州延寿寺慧轮大师,僧问:"宝剑未出匣时如何?"师曰:"不在外。"曰:"出匣后如何?"师曰:"不在内。"问:"如何是一色?"师曰:"青黄赤白。"曰:"大好一色。"师曰:"将谓无人,也有一个半个。"

泉州西明院琛禅师,僧问:"如何是和尚家风?"师曰:"竹箸瓦碗。"僧曰:"忽遇上客来时,如何祗待?"师曰:"黄虀仓米饭。"问:"如何是祖师西来意?"师曰:"问取露柱看。"

---

① "因",径山本作"困"。

前南岳金轮可观禅师法嗣

后南岳金轮和尚，僧问："如何是金轮第一句？"师曰："钝汉。"问："如何是金轮一只箭？"师曰："过也。"曰："临机一箭，谁是当者？"师曰："倒也。"

前泉州睡龙山道溥禅师法嗣

漳州保福院清豁禅师，福州永泰人也。少而聪敏，礼鼓山兴圣国师落发禀具。初谒大章山契如庵主，有语句①，如"庵主章"出焉。后参睡龙。睡龙一日问曰："豁阇梨，见何尊宿来？还悟也未？"曰："清豁尝访大章，得个信处。"睡龙于是上堂集大众，召曰："请豁阇梨出，对众烧香说悟处，老僧与汝证明。"师乃拈香曰："香已拈，悟即不悟。"睡龙大悦而许之。

上堂谓众曰："山僧今与诸人作个和头，和者默然，不和者说。"有顷间，又曰："和与不和，切在如今。山僧带些子事，珍重。"僧问："家贫遭劫时如何？"师曰："不能尽底去。"曰："为什么不尽底去？"师曰："贼是家亲。"曰："既是家亲，为什么翻成家贼？"师曰："内既无应，外不能为。"曰："忽然捉败，功归何所？"师曰："赏亦未曾闻。"曰："恁么即劳而无功。"师曰："功即不无，成而不处。"曰："既是成功，为什么不处？"师曰："不见道：太平本是将军致，不使将军见太平。"问："如何是西来意？"师曰："胡人泣，汉人悲。"

---

① "句"，南藏本、径山本、大正本作"具"。

师将顺世，舍众，欲入山待灭。过苎溪石桥，乃遗偈言："世人休说路行难，鸟道羊肠咫尺间。珍重苎溪溪畔水，汝归沧海我归山。"即往贵湖卓庵①。未几，谓门人曰："吾灭后，将遗骸施诸虫蚁，勿置坟塔。"言讫，潜入湖头山，坐磐石，俨然长往。弟子戒因入山寻见，禀遗命延留七日，竟无虫蚁之所侵食。遂就阇维，散于林野。今泉州开元寺净土院影堂存焉。

前韶州云门山文偃禅师法嗣

韶州白云祥和尚实性大师，初住慈光院，广主刘氏召入府说法。时有僧问："觉华才绽，正遇明时。不昧宗风，乞师方便。"师曰："我王有令。"问："教意祖意同别？"师曰："不别。"曰："恁么即同也。"师曰："不妨领话。"问："诸佛未出世，普遍大千，白云一会如何？"师曰："赚却几人来。"曰："恁么即四众何依？"师曰："勿交涉。"问："即心即佛，示诲之辞。不涉前言，如何指教？"师曰："东西且置，南北作么生？"问："如何是和尚家风？"师曰："石桥那畔有，遮边无，会么？"僧曰："不会。"师曰："且作丁公吟。"问："衣到六祖，为什么不传？"师曰："海晏河清。"问："如何是和尚接人一路？"师曰："来朝更献楚王看。"问："从上宗乘，如何举扬？"师曰："今日未吃茶。"

师上堂谓众曰："诸人会么？但街头市尾、屠儿魁脍、地狱镬汤处会取。若恁么会，堪与人为师为匠；若向衲僧门下，天地悬殊。更有一般底，只向长连床上作好人去。汝道此两般人，那

---

① "湖"，径山本作"溪"。

个有长处？无事，珍重。"师问僧："什么处来？"曰："云门来。"师曰："里许有多少水牛？"曰："一个、两个。"师曰："好水牛。"师问僧："不坏假名而谭实相作么生？"僧曰："遮个是椅子。"师以手拨云："将鞋袋来。"僧无对。云门和尚闻之，乃云："须是他始得。"师将示灭，白众曰："某甲虽提祖印，未尽其中。诸仁者，且道其中事作么生？莫是无边、中间、内外已否？如是会解，即大地如铺沙。去此即他方相见。"言讫告寂。

朗州德山第九世缘密圆明大师，师上堂示众曰："僧堂前事，时人知有，佛殿后事作么生？"师又曰："德山有三句语：一句函盖乾坤，一句随波逐浪，一句截断众流。"时有僧问："如何是透法身句？"师曰："三尺杖子搅黄河。"问："百花未发时如何？"师曰："黄河水浑流。"曰："发后如何？"师曰："幡竿头指天。"问："不犯辞锋时如何？"师曰："天台、南岳。"曰："便恁么去如何？"师曰："江西、湖南。"问："佛未出世时如何？"师曰："河里尽是木头船。"曰："出世后如何？"师曰："遮头踏著那头轩。"问："己事未明，如何辨得？"师曰："须弥山顶上。"曰："直恁么去如何？"师曰："脚下水浅深。"问："达磨未来时如何？"师曰："千年松倒挂。"曰："来后如何？"师曰："金刚努起拳。"问："师未出世时如何？"师曰："佛殿正南开。"曰："师出世后如何？"师曰："白云山上起。"曰："出与未出，还分不分？"师曰："静处萨婆诃。"

问："如何是和尚家风？"师曰："南山起云，北山下雨。"问："如何是应用之机？"师喝。僧曰："只遮个，为复别有？"师乃打之。问："大用现前，不存轨则时如何？"师曰："黑地打破瓮。"僧退步，师乃打。问："佛未出世时如何？"师曰："猘狿系露柱。"曰："出世后如何？"师曰："猘狿入布袋。"问："文殊与维摩对谈何事？"师曰："并汝三人，无绳自缚。"问："如何是佛？"师曰："满目荒榛。"曰："学人不会。"师曰："劳而无功。"问："尽大地致一问不得时如何？"师曰："话堕也。"曰："大众总见。"师便打。

潭州水西南台道遵和尚法云大师，师上堂，谓众曰："从上宗乘，合作么生提纲？合作么生言论？将佛法两字当得么？真如解脱当得么？虽然如是，细不通风，大通车马。若约理化门中，一言启口，振动乾坤①，山河大地，海晏河清。三世诸佛，说法现前。若也分明，古佛殿前，同登彼岸。无事，珍重。"问："如何是西来意？"师曰："下坡不走。"问："牛头未见四祖时如何？"师曰："著衣吃饭。"曰："见后如何？"师曰："钵盂壁上挂。"问："如何是真如含一切？"师曰："分明。"曰："为什么有利钝？"师曰："四天打鼓②，楼上击钟。"问："如何是南台境？"师云："金刚手指天。"问："如何是色空？"师曰："道士著真红。"问："十二时中，时时不离如何？"师曰："谛。"

韶州双峰山兴福院竟钦和尚慧真广悟禅师，益州人也。受业于峨眉洞溪山黑水寺，观方慕道，预云门法席，密承指喻。乃开

---

① "振"，大正本作"震"。
② "四"，径山本作"西"。

山创院，渐成丛林。开堂日，云门和尚躬临证明。僧问："如何是佛法大意？"师曰："日出方知天下朗，无油那点佛前灯？"问："如何是双峰境？"师曰："夜听水流庵后竹，昼看云起面前山。"问："如何是法王剑？"师曰："铅刀徒逞，不若龙泉。"曰："用者如何？"师曰："藏锋犹不许，露刃更何堪？"问："宾头卢应供四天下，还得遍也无？"师曰："如月入水。"问："如何是用而不杂？"师曰："明月堂前垂玉露，水精殿里㪍真珠。"① 有行者问："某甲遇贼来时，若杀即违佛教，不杀又违王敕。未审师意如何？"师曰："官不容针，私通车马。"广主刘氏尝亲问法要。至太平兴国二年三月，戒门人曰："吾不久去世，汝可就本山顶预修坟塔。"至五月二十三日功毕，师曰："后日子时行矣。"及期，会云门爽和尚、温门、舜峰长老等七人夜话。侍者报三更，师索香焚之，合掌而逝。

韶州资福和尚，僧问："不问宗乘，请师心印。"师曰："不答遮个话。"曰："为什么不答？"师曰："不副前言。"问："觌面难逢处，如何顾险夷？乞师垂半偈，免使后人疑。"师曰："锋前一句超调御，拟问如何历劫违？"曰："恁么即东山西岭，时人知有。未审资福庭前，谁家风月？"师曰："领取前话。"

广州新会黄云元禅师，初开堂，以手拊绳床云："诸人还识广大须弥之座也无？若不识，看老僧。"乃升座。问："如何是大

---

① "㪍"，大正本作"撒"。

汉国境？"师曰："歌谣满路。"问："教云：龙披一缕，金翅不吞。和尚三事全披如何？"师曰："还免得么？"师上堂拈古人语云："触目未曾无，临机何不道？"又云："触目未曾无，临机道什么？"

广州义宁龙境伦禅师，初开堂，提起拂子曰："还会么？若会，即头上更增头；若不会，即断头取活。"问："如何是大汉国境？"师曰："乱走作么？"曰："恰是雨下天晴。"师便打。问："如何是龙境水？"师曰："腥臊臭秽。"曰："饮者如何？"师曰："七通八达。"问："如何是龙境家风？"师曰："虫狼虎豹。"问："如何是佛？"师曰："勤耕田。"曰："学人不会。"师曰："早收禾。"师问僧："什么处来？"曰："黄云来。"师曰："作么生是黄云郎当媚痴抹跶为人一句？"僧无对。师上堂问众曰："作么生是长连床上取性一句？道将来。"众无对。

韶州云门山爽和尚，师上堂，僧问："如何是佛？"师曰："圣躬万岁。"问："如何是透法身句？"师曰："银香台上生萝卜。"

韶州白云闻和尚，师上堂，良久。僧出曰："白云一路，全因今日。"师曰："不是，不是。"僧曰："和尚如何？"师曰："白云一路，草深一丈。"问："学人拟申一问，未审师还答也无？"师曰："皂荚树头悬，风吹曲不成。"问："受施主供养，将何报答？"师曰："作牛作马。"

韶州披云智寂禅师，僧问："如何是披云境？"师曰："白日没闲人。"问："以字不成，八字不是，未审是什么字？"师说偈答曰："以字不是八不成，森罗万象此中明。直饶巧说千般妙，不是讴歌不是经。"①

韶州净法章和尚禅想大师，广主刘氏问："如何是禅师？"师乃良久，广主罔测，因署其号。僧问："日月重明时如何？"师曰："日月虽明，不鉴覆盆之下。"问："既是金山，为什么凿石？"师曰："金山凿石。"问："如何是道？"师曰："去，去，迢迢十万余。"

韶州温门山满禅师，僧问："如何是佛？"师曰："胸题卍字。"曰："如何是祖？"师曰："不游西土。"有人见壁上画，问："既是千尺松，为什么却在屋下？"师曰："芥子纳须弥作么生？"问："隔墙见角，便知是牛如何？"师便打。师与一老宿在国门坐，老宿曰："紫衣、师号又得也，更要个什么？"师曰："要国师。"老宿曰："佛尚不作，岂况国师？"师乃笑曰："长老。"僧问："如何是和尚家风？"师曰："汝曾读书么？"僧问："太子初生，为什么不识父母？"师曰："迥然尊贵。"

岳州巴陵新开颢鉴大师，初在云门。云门举："雪峰和尚云：

---

① "讴歌"，径山本作"沤和"，大正本作"讴阿"。

'开却门,达磨来也。'"问师:"意作么生?"师曰:"筑著和尚鼻孔。"云门曰:"修罗王发业,打须弥山一捆,踍跳上梵天,报帝释,你为什么却去日本国里藏身?"师曰:"莫恁么心行好。"云门曰:"汝道筑著又作么生?"师住后,僧问:"祖意教意,是同是别?"师曰:"鸡寒上树,鸭寒入水。"① 僧问:"三乘十二分教即不疑,如何是宗门中事?"师曰:"不是衲僧分上事。"曰:"如何是衲僧分上事?"师曰:"贪观白浪,失却手桡。"师将拂子遗人,人问曰:"本来清净,用拂子作什么?"师曰:"既知清净,莫忘却。"梁山别云:"也须拂却。"

连州地藏院慧慈明识大师,僧问:"既是地藏院,为什么塑炽盛光佛?"师曰:"过在什么处?"问:"如何是地藏境?"师曰:"无人不游。"

英州大容諲禅师,师上堂,僧问:"天锡六铢披挂后②,将何报答我皇恩?"师曰:"来披三事衲,归挂六铢衣。"问:"如何是大容水?"师曰:"还我一滴来。"问:"当来弥勒下生时如何?"师曰:"慈氏宫中三春草。"问:"如何是真空?"师曰:"拈却拒阳。"曰:"如何是妙用?"师乃握拳。僧曰:"真空妙用,相去几何?"师以手拨之。问:"长蛇偃月即不问,匹马单枪时如何?"师曰:"麻江桥下,会么?"曰:"不会。"师曰:"圣寿寺前。"

① "入",丛刊本作"下"。
② "锡",东寺本、碛砂本、大正本作"赐"。

问："既是大容,为什么趁出僧?"师曰:"大海不容尘,小豁多搔搔①。上音罨,下音靸。"问:"如何是古佛一路?"师指地,僧曰:"不问遮个。"师曰:"去。"师与一老宿相期去别处,寻却因事不去。老宿曰:"佛无二言。"师曰:"法无一向。"

广州罗山崇禅师,僧问:"如何是大汉国境?"师曰:"玉狗吠时天未晓,金鸡啼后五更初。"问:"丹霞访居士,女子不携篮时如何?"师曰:"也要到遮里一转。"问:"如何是罗山境?"师曰:"布水千寻。"

韶州云门宝和尚,师上堂,示众曰:"至道无难,唯嫌拣择。还有拣择么?珍重。"

鄂州临溪竟脱和尚②,僧问:"如何是透法身句?"师曰:"明眼人笑汝。"问:"如何是法身?"师曰:"四海五湖宾。"问:"如何是本来人?"师曰:"风吹满面尘。"问:"牛头未见四祖时如何?"师曰:"富有多宾客。"曰:"见后如何?"师曰:"贫穷绝往还。"问:"如何是佛?"师曰:"十字路头。"曰:"如何是法?"师曰:"三家村里。"曰:"佛之与法,是一是二?"师曰:"露柱渡三江,犹怀感恨长。"问:"如何是无缝塔?"师曰:"复州城。"曰:"如何是塔中人?"师曰:"龙兴寺。"

---

① "搔"下,大正本有"鸟合切";"搔"下有"私盍切"。
② "临豀",原作"林鸡",据碛砂本、南藏本及目录改。

广州华严慧禅师，僧问："承古人有言：妄心无处即菩提。正当妄时，还有菩提也无？"师曰："来音已照。"僧曰："不会。"师曰："妄心无处即菩提。"

韶州舜峰韶和尚，初问云门和尚："宝月为什么于此分辉？"云门曰："千光同照。"师曰："谢和尚指示。"云门曰："见什么？"僧正入师方丈，乃曰："方丈得恁么黑？"师曰："老鼠窟。"僧正曰："放猫儿入好。"师曰："试放看。"僧正无对，师抚掌笑。师与老宿渡江次，师取钱与渡子。老宿曰："囊中若有青铜片。"师揖曰："长老莫笑。"

随州双泉山师宽明教大师，师上堂，举拂子曰："遮个接中下之人。"时有僧问："上上人来如何？"师曰："打鼓为三军。"问："向上宗乘，如何举唱？"师曰："不敢。"曰："恁么即含生有望。"师曰："脚下水深浅。"问："凡有言句，尽落有无，不落有无如何？"① 师曰："东弗于代。"曰："遮个犹落有无。"师曰："支过雪山西。"僧问洞山："如何是佛？"洞山云："麻三斤。"师闻之，乃曰："向南有竹，向北有木。"

师后住智门。僧问："不可以智知，不可以识识时如何？"师曰："不入遮个野狐群队。"问："如何是定？"师曰："虾蟆跳不出斗。"② 曰："如何出得去？"③ 师曰："南山起云，北山下雨。"

---

① "无"下，东寺本、碛砂本、南藏本有"时"。
② "虾"，大正本作"蝦"。"蟆"，东寺本、碛砂本、南藏本、径山本无。
③ "去"，丛刊本无。

问:"北斗里藏身,意旨如何?"师曰:"鸡寒上树,鸭寒入水。"① 问:"竖起杖子,意旨如何?"师曰:"一叶落知天下秋。"师后终于智门。

英州观音和尚,因穿井,僧问:"井深多少?"师曰:"没汝鼻孔。"问:"牛头未见四祖时如何?"师曰:"英州观音。"曰:"见后如何?"师曰:"英州观音。"问:"如何是观音妙智力?"师曰:"风射破窗。"②

韶州林泉和尚,僧问:"如何是林泉主?"师曰:"岩下白石。"曰:"如何是林泉家风?"师曰:"迎宾待客。"问:"如何是道?"师曰:"迢迢。"曰:"学人便领会时如何?"师曰:"久久忘缘者,宁怀去住情?"

韶州云门煦和尚,僧问:"如何是祖师西来意?"师曰:"今是什么意?"僧曰:"恰是。"师乃喝去。

益州青城香林院澄远禅师,初住西川导江县迎祥寺天王院,时谓"水精宫"。僧问:"美味醍醐,为什么变成毒药?"师曰:"导江纸。"问:"见色便见心时如何?"师曰:"适来什么处去来?"曰:"心境俱亡时如何?"师曰:"开眼坐睡。"

师后住青城香林。僧问:"北斗里藏身意如何?"师曰:"月

---

① "入",丛刊本作"下"。
② "窗"下,东寺本、碛砂本、南藏本、径山本有"鸣"。

似弯弓,少雨多风。"问:"如何是诸佛心?"师曰:"清即始终清。"曰:"如何领会?"师曰:"莫受人谩好。"问:"如何是祖师西来意?"师曰:"踏步者谁?"问:"如何是和尚妙药?"师曰:"不离众味。"曰:"吃者如何?"师曰:"咂啖看。"问:"如何是室内一灯?"师曰:"三人证龟成鳖。"问:"如何是衲衣下事?"师曰:"腊月火烧山。"问:"大众云集,请师施设。"师曰:"三不待两。"问:"如何是学人时中事?"师曰:"恰恰。"问:"如何是玄?"师曰:"今日来,明日去。"曰:"如何是玄中玄?"师曰:"长连床上。"问:"如何是香林一脉泉?"师曰:"念无间断。"曰:"饮者如何?"师曰:"随方斗秤。"

问:"如何是衲僧正眼?"师曰:"不分别。"曰:"照用事如何?"师曰:"行路人失脚。"问:"万机俱泯迹,方识本来人时如何?"师曰:"清机自显。"曰:"恁么即不别人。"师曰:"方见本来人。"问:"鱼游陆地时如何?"师曰:"发言必有后救。"僧曰:"却下碧潭时如何?"师曰:"头重尾轻。"问:"但有言句尽是宾,如何是主?"师曰:"长安城里。"曰:"如何领会?"师曰:"千家万户。"

景德传灯录卷第二十三

吉州清原山行思禅师第七世①

韶州云门山文偃禅师法嗣三十六人②二十六人见录

  南岳般若启柔禅师

  筠州黄檗法济禅师

  襄州洞山守初大师

  信州康国耀和尚

  潭州谷山丰禅师

  颖州罗汉匡果禅师

  朗州沧溪璘和尚

  筠州洞山清禀禅师

  蕲州北禅寂和尚

  洪州泐潭道谦禅师

  庐州南天王永平禅师

  湖南永安朗禅师

  湖南潭明和尚

---

① "世"下，径山本、大正本有"下"。
② "嗣"下，大正本有"下"。

金陵清凉明禅师

金陵奉先深禅师

西川青城乘和尚

潞府妙胜臻禅师

兴元普通封和尚

韶州灯峰和尚

韶州大梵圆和尚

澧州药山圆光禅师

信州鹅湖云震禅师

庐山开先清耀禅师

襄州奉国清海禅师

韶州慈光和尚

潭州保安师密禅师

  洪州云居山融禅师、衡州大圣寺守贤禅师、庐州北天王徽禅师、郢州芭蕉山弘义禅师、眉州福化院光禅师、庐州东天王广慈禅师、信州西禅钦禅师、江州庆云真禅师、筠州洞山凛禅师、韶州双峰慧真大师　已上十人无机缘语句，不录

随州双泉山永禅师法嗣

  广州大通和尚　一人无机缘语句，不录

台州瑞岩师彦禅师法嗣二人见录

南岳横龙和尚

温州瑞峰院神禄禅师

怀州玄泉彦禅师法嗣五人见录

鄂州黄龙诲机大师①

洛京柏谷和尚

池州和龙和尚

怀州玄泉第二世和尚

潞府妙胜玄密禅师

福州罗山道闲禅师法嗣十九人十六人见录

洪州大宁隐微禅师

婺州明招德谦禅师

衡州华光范禅师

福州罗山绍孜禅师

西川慧禅师

建州白云令弇禅师

虔州天竺义证禅师

吉州清平惟旷禅师

婺州金柱义昭和尚

潭州谷山和尚

湖南道吾山从盛禅师

福州罗山义因禅师

灌州灵岩和尚

吉州匡山和尚

福州兴圣重满禅师

潭州宝应清进禅师

---

① "大",径山本作"禅"。

汉州绵竹县定慧禅师①、潭州龙会山鉴禅师、安州穆禅师　已上三人无机缘语句，不录

安州白兆山志圆禅师法嗣十三人八人见录

朗州大龙山智洪禅师

襄州白马山行霭禅师

郢州大阳山行冲禅师

安州白兆山怀楚禅师

蕲州四祖山清皎禅师

蕲州三角山志操禅师

晋州兴教师普禅师

蕲州三角山真鉴禅师

郢州兴阳山和尚、郴州东禅玄偕禅师、新罗国慧云禅师、安州慧日院玄谔禅师、京兆大秦寺彦宾禅师　已上五人无机缘语句，不录

潭州藤霞和尚法嗣二人一人见录

澧州药山第七世和尚

潭州云盖山和尚　一人无机缘语句，不录

洪州凤栖山同安常察禅师法嗣②

袁州仰山良供禅师③　一人无机缘语句，不录

吉州禾山无殷禅师法嗣

庐山永安慧度禅师、抚州曹山义崇禅师、吉州禾山契云禅师、漳州保福和尚、洪州翠严师阴禅师　已上五人无机缘语句，不录

---

① "定"，大正本作"延"。
② "栖"，原作"楼"，据丛刊本改。
③ "供"，丛刊本作"洪"。

潭州云盖山景和尚法嗣三人见录

　　衡岳南台藏禅师

　　幽州潭柘水从实禅师

　　潭州云盖山证觉禅师①

庐山归宗寺淡权禅师法嗣②

　　　　鄂州黄龙蕴和尚、寿州泊山和尚　已上二人无机缘语句，不录

庐山归宗怀恽禅师法嗣二人一人见录

　　归宗第四世弘章禅师

　　　　归宗寺岩密禅师　一人无机缘语句，不录

池州嵇山章禅师法嗣一人

　　随州双泉山道虔禅师

洪州云居山怀岳禅师法嗣五人三人见录

　　扬州风化院令崇禅师

　　澧州药山忠彦禅师

　　梓州龙泉和尚

　　　　云居山住缘和尚、云居山住满和尚　已上二人无机缘语句，不录

抚州荷玉山光慧禅师法嗣

　　　　荷玉山福禅师　一人无机缘语句，不录

筠州洞山道延禅师法嗣二人一人见录

　　筠州上蓝庆禅师

　　　　洞山敏禅师第五世　一人无机缘语句，不录

抚州金峰从志大师法嗣二人

———

① "证"，丛刊本作"澄"。
② "宗"，原作"寂"，据径山本改。

洪州大宁神降禅师、澧州药山彦禅师　已上二人无机缘语句,不录

襄州鹿门山处真禅师法嗣六人　四人见录

益州崇真和尚

鹿门山第二世谭和尚

襄州谷隐智静大师

庐山佛手岩行因禅师

襄州灵溪山明禅师、洪州大安寺真上坐　已上二人无机缘语句,不录

抚州曹山慧霞禅师法嗣三人　一人见录

嘉州东汀和尚

雄州华严正慧大师①、泉州招庆院坚上座　已上二人无机缘语句,不录

华州草庵法义禅师法嗣一人见录

泉州龟洋慧忠禅师

潭州报慈藏屿禅师法嗣

益州圣兴寺存和尚　一人无机缘语句,不录

襄州含珠山审哲禅师法嗣六人　四人见录

洋州龙穴山和尚

唐州大乘山和尚

襄州延庆归晓大师

襄州含珠山真和尚

含珠山璋禅师第二世、含珠山偃和尚　已上二人无机缘语句,

---

① "正",径山本作"止"。

不录

凤翔府紫陵匡一大师法嗣三人见录

　　并州广福道隐禅师

　　紫陵第二世微禅师

　　兴元府大浪和尚

洪州同安威禅师法嗣二人一人见录

　　陈州石境和尚①

　　　　中同安志和尚　一人无机缘语句，不录

襄州石门山献禅师法嗣一人见录

　　石门山第二世慧彻禅师

襄州广德义和尚法嗣三人一人见录

　　襄州广德第二世延和尚

　　　　荆州上泉和尚、广德周和尚　已上二人无机缘语句，不录

京兆香城和尚法嗣

　　　　邓州罗纹和尚　一人无机缘语句，不录

杭州瑞龙院幼璋禅师法嗣

　　　　西川德言禅师　一人无机缘语句，不录

随州护国守澄禅师法嗣八人六人见录

　　随州智门守钦大师

　　护国第二世知远大师

　　安州大安山能和尚

　　颖州荐福院思禅师

　　潭州延寿和尚

---

① "境"，大正本作"镜"。

护国第三世志朗大师

　　舒州香炉峰琼和尚、京兆盘龙山满和尚　已上二人无机缘语句，不录

洛京灵泉归仁禅师法嗣

　　襄州石门寺遵和尚、郢州大阳山坚和尚　已上二人无机缘语句，不录

京兆永安院善静禅师法嗣

　　大明山和尚　一人无机缘语句，不录

蕲州乌牙山彦宾禅师法嗣三人二人见录

　　安州大安山兴古禅师

　　蕲州乌牙山行朗禅师

　　虢州卢氏常禅师①　一人无机缘语句，不录

凤翔府青峰和尚法嗣七人六人见录

　　西川灵龛和尚

　　京兆紫阁山端己禅师

　　房州开山怀昼禅师

　　幽州传法和尚

　　益州净众归信禅师

　　青峰第二世清免禅师

　　凤翔府长平山满禅师②　一人无机缘语句，不录

祥州大岩白和尚法嗣③

　　邛州碧云和尚　一人无机缘语句，不录

---

① "卢氏"，原作"卢山"，据下帙目录、丛刊本改。
② "府"，丛刊本、碛砂本无。
③ "祥"，大正本作"洋"。

吉州清原山行思禅师第七世下①
韶州云门山文偃禅师法嗣

南岳般若寺启柔禅师，僧问："西天以蜡人为验，此土如何？"师曰："新罗人草鞋。"问："如何是千圣同归底道理？"师曰："未达苦空境，无人不叹嗟。"师上堂，闻三下板声，大众始集。师因示一偈曰："妙哉三下板，诸德尽来参。既善分时节，今吾不再三。"师次住荆南延寿，后住京兆广教院示灭。

筠州黄檗山法济禅师，僧问："如何是和尚家风？"师曰："与天下人作榜样。"师上堂，示众曰："空生大觉中，如海一沤发。各各当人无事。"又上堂，良久曰："若识得黄檗帐子，平生行脚事毕。珍重。"

襄州洞山守初宗慧大师②，初参云门。云门问："近离什么处？"师曰："查渡。"③门曰④："夏在什么处？"⑤师曰："湖南报慈。"⑥门曰⑦："甚时离彼？"⑧师曰："去年八月。"⑨门曰⑩：

---

① "下"，径山本无。此句丛刊本作"行思禅师第七世"。
② "宗"，大正本作"崇"。
③ "渡"，丛刊本作"度"。
④ "门曰"，丛刊本作"云门曰"。
⑤ "什么"，大正本作"甚"。
⑥ "报慈"，丛刊本无。
⑦ "门"，丛刊本、大正本无。
⑧ "甚时离彼"，丛刊本作"什么时离湖南"。
⑨ "去年八月"，丛刊本作"去秋"，大正本作"八月二十五"。
⑩ "门"，丛刊本无。

"放汝三顿棒。"师至明日,却上问讯①:"昨日蒙和尚放三顿棒,不知过在什么处?"门曰:"饭袋子,江西、湖南便与么去。"②师于此大悟③。

师住后,僧问:"迢迢一路时如何?"师曰:"天晴不肯去,直待雨淋头。"曰:"诸圣作么生?"师曰:"入泥入水。"问:"心未生时,法在什么处?"师曰:"风吹荷叶动④,决定有鱼行。"问:"师登师子座,请师唱道情。"师曰:"晴干开水道,无事设曹司。"曰:"恁么即谢师指示。"师曰:"卖鞋老婆脚趑趄上郎击切,下七迹切。"问:"如何是三宝?"师曰:"商量不下。"问:"如何是无缝塔?"师曰:"十字街头石师子。"问:"如何是免得生死底法?"师曰:"见之不取,思之三年。"问:"离却心机意识,请师一句。"师曰:"道士著黄瓮里坐。"问:"非时亲觐,请师一句。"师曰:"到处怎生举?"曰:"据现定举。"师曰:"放汝三十棒。"曰:"过在什么处?"师曰:"罪不重科。"

问:"莲华未出水时如何?"师曰:"楚山头倒卓。"曰:"出水后如何?"师曰:"汉水正东流。"问:"如何是吹毛剑?"师曰:"金州客。"尼问:"车住牛不住时如何?"师曰:"用驾车汉作么?"问:"如何是衲僧分上事?"师曰:"云里楚山头,决定多

---

① "讯"下,大正本有"曰"。
② "去",大正本无。
③ "此",大正本作"言下"。"大悟"下,大正本有"遂云:'从今已去向十字街头,不畜一粒米,不种一茎菜,接待十方往来。一个个教伊拈却腻脂帽子,脱却鹘臭布衫,教伊洒洒落落地,作个明眼衲僧,岂不快哉?'云门云:'饭袋子,身如椰子大,开得许大口。'"丛刊本"师至明日"至此作"师曰:'过在什么处?'曰:'江西、湖南便恁么。'师于言下顿首"。
④ "风吹",南藏本、径山本作"无风"。

风雨。"问:"海竭人亡时如何?"师曰:"难得。"曰:"便恁么去时如何?"师曰:"云在青天水在瓶。"问:"有无双泯,权实两忘,究竟如何?"师曰:"楚山头倒卓。"曰:"还许学人领会也无?"师曰:"也有方便。"曰:"请师方便。"师曰:"千里万里。"问:"牛头未见四祖时如何?"师曰:"椰栗木拄杖。"① 曰:"见后如何?"师曰:"窦八布衫。"

问:"如何是佛?"师曰:"灼然谛当。"问:"万缘俱息,意旨如何?"师曰:"瓮里石人卖枣团。"问:"如何是洞山剑?"师曰:"作么?"僧:"学人要知。"师曰:"罪过。"问:"乾坤休著意,宇宙不留心。学人只恁么,师又作么生?"师曰:"岘山亭起雾,滩峻不留船。"问:"大众云臻,请师撮其枢要,略举大纲。"师曰:"水上浮沤呈五色,海底虾蟆叫月明。"问:"正当恁么时,文殊、普贤在什么处?"师曰:"长者八十一,其树不生耳。"曰:"意旨如何?"师曰:"一则不成,二则不是。"

信州康国耀和尚,僧问:"文殊与维摩对谭何事?"师曰:"汝向髑髅后会始得。"曰:"古人道'髑髅里荐取',又如何?"师曰:"汝还荐得么?"曰:"恁么即远人得遇于师去也。"师曰:"莫谩语好。"

潭州谷山丰禅师,亦住兴元府普通院。僧问:"师唱谁家曲,宗风嗣阿谁?"师曰:"雪岭梅华绽,云洞老僧惊。"师上堂,示众

---

① "椰",原作"柳",据丛刊本改。

曰："俊马机前异，游人肘后悬。既参云外客，试为老僧看。"才有僧出，师便打云："何不早出头来？"

颖州罗汉匡果禅师，僧问："如何是吹毛剑？"师曰："了。"问："和尚百年后，忽有人问'和尚向什么处去'，如何酬对？"师曰："久后遇作家，分明举似。"曰："谁是知音者？"师曰："知音者即不恁么问。"问："如何是罗汉境？"师曰："松桧古貌。"问："凿壁偷光时如何？"师曰："错。"曰："争奈苦志专心？"师曰："错，错。"

朗州沧溪璘和尚，僧问："如何是沧溪境？"师曰："面前水，正东流。"问："如何是沧溪家风？"师曰："入来便见。"问："是法住法位，世间相常住。云门和尚向什么处去也？"师曰："见么？"曰："错。"师曰："错，错。"问："如何是西来意？"师曰："不错。"师因事有颂曰："天地指前径，时人莫强移。个中生解会，眉上更安眉。"

筠州洞山普利院第八世住清禀禅师，泉州仙游人也，姓李氏。幼礼中峰院鸿谧为师，年十六，福州太平寺受戒。初诣南岳，参惟劲头陀，未染指。及抵韶阳礼祖塔回，造云门。云门问曰："今日离什么处？"曰："慧林。"云门举拄杖曰："慧林大师恁去，汝见么？"曰："深领此问。"云门顾左右，微笑而已，师自此入室印悟。乃之金陵，国主李氏请居光睦。未几，复命入澄心堂，集诸方语要。经十稔，迎住洞山。开堂日，维那白槌曰："法筵龙象众①，当观第一义。"师曰："也好消息，只恐汝错会。"僧问："云门一曲师亲唱，今日新丰事若何？"师曰："也要道却。"

蕲州北禅寂和尚悟通大师，师问僧："什么处来？"曰："黄州来。"师曰："在什么院？"曰："资福。"师曰："福将何资？"曰："两重公案。"师曰："争奈在北禅手里？"②曰："在手里即收取。"师便打。

洪州泐潭道谦禅师，僧问："如何是泐潭家风？"师曰："阇梨到来几日？"问："但有纤毫即是尘，不有时作么生？"师以手掩两目。问："当阳举唱，谁是闻者？"师曰："老僧不患耳聋。"

庐州南天王永平禅师，僧问："如何是西来意？"师曰："不撒沙。"问："如何是南天王境？"师曰："一任观看。"曰："如何是境中人？"师曰："且领前话。"问："久战沙场，为什么功名不就？"师曰："只为眠霜卧雪深。"曰："恁么即罢息干戈，束手归朝去也。"师曰："指挥使未到，你作？"

湖南永安朗禅师③。僧问："如何是洞阳家风？"师曰："入门便见。"曰："如何是入门便见？"师曰："客是相师。"问：

---
① "众"，原作"象"，据丛刊本改。
② "里"下，丛刊本、南藏本、径山本、大正本有"何"。
③ "湖南"，原作"潮南"，据目录、丛刊本改。

"如何是至极之谭？"师曰："爱别离苦。"

湖南潭明和尚，僧问："如何是湘潭境？"师曰："山连大岳，水接潇湘。"曰："如何是境中人？"师曰："便合知时。"问："如何是佛法大意？"师曰："百惑漫劳神。"

金陵清凉明禅师，江南国主请师上堂，小长老问："凡有言句，尽落方便。不落方便，请师速道。"师曰："国主在此，不敢无礼。"

金陵奉先深禅师，江南国主请开堂日，才升座，维那白槌曰："法筵龙象众，当观第一义。"师便云："果然不识，钝置杀人。"时有僧出礼拜，问："如何是第一义？"师曰："赖遇道了也。"曰："如何领会？"师曰："速礼三拜。"师又拈曰："大众，汝道钝置落阿谁分上？"

西川青城大面山乘和尚，僧问："如何是相轮峰？"师曰："直耸烟岚际。"曰："向上事如何？"师曰："入地三尺五。"问："如何是佛法大意？"师曰："兴义门前冬冬鼓。"曰："学人不会。"师曰："朝打三千，暮打八百。"

潞府妙胜臻禅师，僧问："如何是妙胜境？"师曰："龙藏开时，贝叶分明。"问："金粟如来，为什么却降释迦会里？"师曰："香山南，雪山北。"曰："南赡部洲事又作么生？"师曰："黄河水急浪华粗。"问："心心寂灭即不问，如何是向上一路？"师曰："一条济水贯新罗。"问："远向云门南北纵横，四维上下事作么生？"师曰："今日明日。"

兴元府普通封和尚，僧问："今日一会，何似灵山？"师曰："震动乾坤。"问："如何是普通境？"师曰："庭前有竹三冬秀，户内无灯午夜明。"

韶州灯峰净原和尚，师上堂，谓众曰："古人道：山河大地普真如。大众，若得真如者，即隐却他山河大地；若不得者，即违他古德至言。众中道得者出来。道不得，即各自归堂。珍重。"僧问："如何是和尚为人一句？"师曰："不著力。"

韶州大梵圆和尚，师上堂，示众曰："大众，好个时光，直须努力，时不待人，各自归堂参取本善知识去。"僧问："大众云集，请师举唱。"师曰："有疑请问。"师因见圣僧，便问僧："此个圣僧年多少？"僧曰："恰共和尚同年。"师喝之，曰："这竭斗，不易道得。"

澧州药山圆光禅师，僧问："药峤灯连，师当第几？"师曰："相逢尽道休官去，林下何曾见一人？"问："水陆不涉者，师还接否？"师曰："苏噜，苏噜。"师问新到僧："南来北来？"曰："北来。"师曰："不落言诠，速道！"曰："某甲是福建道人，善会乡谭。"师曰："参众去。"曰："灼然。"师曰："蹄跳。"便打。问:"如何是祖师西来意?"师曰:"道什么?"

信州鹅湖山云震禅师,僧问:"如何是佛?"师曰:"阇梨不是。"师问僧:"近离什么处?"曰:"两浙。"师曰:"还将得吹毛剑来否?"僧展两手。师曰:"将谓是个烂柯仙,元来却是椁蒲汉。"问:"如何是鹅湖家风?"师曰:"客是主人相。"师曰:"恁么即谢师周旋。"师曰:"难下陈蕃之榻。"

庐山开先清耀禅师,僧问:"如何是灯灯不绝?"师曰:"青杨翻递植。"曰:"学人不会。"师曰:"无根树下唱虚名。"问:"披云一句师亲唱,长庆今朝事若何?"师曰:"家家观世音。"问:"如何是披云境?"师曰:"一瓶渌水安窗下,便当生涯度几秋。"问:"如何是长庆境?"师曰:"堂里老僧头雪白。"曰:"二境同归,应当别理?"师曰:"在处得人疑。"问:"古涧寒泉,谁人能到?"师曰:"干。"曰:"恁么即到也。"师曰:"深多少?"

襄州奉国清海禅师,僧问:"青青翠竹,尽是真如。如何是真如?"师曰:"点瓦成金客①,闻名不见形。"曰:"恁么即礼谢下去也。"师曰:"昔时妄想至今存。"问:"承古人云:见月休观指,归家罢问程。如何是家?"师曰:"试举话头看。"问:"放过即东道西说,不放过怎生道?"师曰:"二年同一春。"

---

① "点",径山本作"烧"。

韶州慈光和尚，僧问："即心即佛，诱诲之言。不涉前踪，如何指教？"师曰："东西且置，南北事作么生？"曰："恁么即学人罔测也。"师曰："龙头蛇尾。"

潭州保安师密禅师，僧问："辊芥投锋时如何？"师曰："落在什么处？"梁山云："落在汝眼里。"问："不犯辞锋时如何？"师曰："天台、南岳。"曰："便怎么时如何？"师曰："江西、湖南。"

前台州瑞岩师彦禅师法嗣

南岳横龙和尚，楚王马氏请住金轮，僧问："如何是金轮第一句？"师曰："钝汉。"问："如何是金轮一只箭？"师曰："过也。"问："如何是祖灯？"师曰："八风吹不灭。"曰："恁么即暗冥不生也。"师曰："白日闲人。"①

温州温岭瑞峰院神禄禅师，福州福清人也。本邑天竺寺出家，得法于瑞岩，久为侍者。后开山创院，学侣依附。师有偈曰："萧然独处意沈吟，谁信无弦发妙音？终日法堂唯静坐，更无人问本来心。"时有朋彦上坐，蹑前偈而问曰："如何是本来心？"师召曰："朋彦。"彦应诺。师曰："与老僧点茶来。"彦于是信入。朋彦即广法大师，后嗣天台国师，住苏州长寿。师太平兴国元年示灭，寿百有五岁。

---

① "曰"下，丛刊本、南藏本、径山本、大正本有"没"。

前怀州玄泉彦禅师法嗣

鄂州黄龙山诲机禅师,清河人也,姓张氏。唐天祐中,游化至此山。节帅施俸钱,建法宇,奏赐紫衣,号"超慧大师",大张法席。僧问:"不问祖佛边事,如何是平常之事?"师曰:"我住山得十五年。"问:"如何是和尚家风?"师曰:"琉璃钵盂无底。"问:"如何是君王剑?"师曰:"不伤万类。"曰:"佩者如何?"师曰:"血溅梵天。"曰:"大好不伤万类。"师便打。问:"佛在日,为众生说法,佛灭后,有人说法也无?"师曰:"惭愧佛。"问:"毛吞巨海,芥纳须弥,不是学人本分事。如何是学人本分事?"师曰:"封了合盘市里揭。"问:"切急相投,请师通信。"师曰:"火烧裙带香。"问:"如何是大疑底人?"师曰:"对坐盘中弓落盏。"曰:"如何是不疑底人?"师曰:"再坐盘中弓落盏。"问:"风恬浪静时如何?"师曰:"百丈竿头五两垂。"①师将顺世,有僧问:"百年后,钵囊子什么人将去?"师曰:"一任将去。"曰:"里面事如何?"师曰:"线绽方知。"曰:"什么人得?"师曰:"待海燕雷声,即向汝道。"言讫告寂。

洛京柏谷和尚,僧问:"普滋法雨时如何?"师曰:"有道传天位,不汲凤凰池。"问:"九旬禁足,三月事如何?"师曰:"不坠蜡人机。"

---

① "丈",径山本作"尺"。

池州和龙和尚，僧问："如何是祖祖相传底心？"师曰："再三嘱你。"问："如何是从上宗旨？"师曰："向阇梨口里著到得么？"问："省要处乞师一接。"师曰："甚是省要。"

怀州玄泉第二世和尚，僧问："辞穷理尽时如何？"师曰："不入理，岂同尽？"问："妙有玄珠，如何取得？"师曰："不似摩尼绝影艳，碧眼胡人岂能见？"曰："有口道不得时如何？"师曰："三寸不能齐鼓韵，哑人解唱木人歌。"

潞府妙胜玄密禅师，僧问："四山相向时如何？"师曰："红日不垂影，暗地莫知音。"曰："学人不会。"师曰："鹤透群峰，何伸向背？"问："二龙争珠时如何？"师曰："力士无心献，奋迅却沉光。"问："雪峰一曲千人唱，月里挑灯谁最明？"师曰："无音和不齐，明暗岂能收？"

前福州罗山道闲禅师法嗣

洪州大宁院隐微禅师，豫章新淦人也，姓杨氏。诞夕，有光明贯室。年七岁，依本邑石头院道坚禅师出家。二十，于开元寺智称律师受具，历参宗匠。至罗山，法宝大师导以'师子在窟出窟'之要，因之省悟①，盘桓数稔。寻回江表，会龙泉邑宰李孟俊请居十善道场，始扬宗致②。

师上堂，谓众曰："还有腾空底么？出来。"众无出者，师说

---

① "省"，大正本作"惺"。
② "致"，径山本作"教"。

偈曰:"腾空正是时,应须眨上眉。从兹出伦去,莫待白头儿。"僧问:"如何是十善桥?"师曰:"险。"曰:"过者如何?"师曰:"丧。"问:"资福和尚迁化,向什么处去也?"师曰:"草鞋破。"问:"如何是黄梅一句?"师曰:"即今恁么生?"①曰:"如何是通信?"②师曰:"九江路绝。"问:"初心后学,如何是学?"师曰:"头戴天。"曰:"毕竟如何?"师曰:"脚蹈地。"问:"如何是法王剑?"师曰:"露。"曰:"还杀人也无?"师曰:"作么?"问:"如何是龙泉剑?"师曰:"不出匣。"曰:"便请出之。"师曰:"星辰失位。"问:"国界安宁,为什么珠不现?"师曰:"落在什么处?"周广顺元年辛亥,金陵李氏向德,召入,居龙光禅苑后改名奉先,署"觉寂禅师"。暨建隆二年辛酉,随江南李氏至洪井,住大宁精舍,重敷玄旨。其年十月示疾,二十七日剃发澡身,升堂辞众,安坐而逝。明年二月六日,归葬于吉州吉水县,遵遗诫也。寿七十有六,腊五十六。谥玄寂禅师,塔曰常寂。

婺州明招德谦禅师,受罗山印记,靡滞于一隅。激扬玄旨,诸耆宿皆畏其敏捷,后学鲜敢当其锋者。师在泉州招庆大殿上,以手指壁画问僧曰:"那个是什么神?"③曰:"护法善神。"师曰:"沙汰时向什么处去来?"僧无对。师却令僧去问演侍者,演曰:"汝什么劫中遭此难来?"其僧回,举似师。师曰:"直饶演上座他后聚一千众,有什么用处?"僧乃礼拜,请别语。师曰:

---

① "恁",丛刊本作"怎"。
② "是",大正本无。
③ "什",大正本作"甚"。

"什么处去也？"清上座举"仰山插锹"话问师："古人意在叉手处，意在插锹处？"师曰："清上座。"清应诺，师曰："还曾梦见仰山么？"清曰："不要下语，只要上座商量。"师曰："若要商量，堂头自有一千五百人老师在。"

师到双岩，双岩长老睹师风彩，乃曰："某甲致一问问阇梨，若道得，便舍院；道不得，即不舍。《金刚经》云：一切诸佛及诸佛法，皆从此经出。且道此经是何人说？"师曰："说与不说，一时拈向那边著。只如和尚决定唤什么作此经？"双岩无对。师举："经云：一切贤圣，皆以无为法而有差别。斯则以无为法为极则，凭何而有差别？且如差别，是过不是过？若是过，一切贤圣尽有过；若不是过，决定唤什么作差别？"双岩亦无语。师曰："雪峰道底？"

师在婺州智者寺，居第一座，寻常不受净水。主事僧问曰："因什么不识触净水？"① 师下床，拈起净瓶曰："这个是净。"主事无语，师乃扑破净瓶。师自尔道声遐播，众请居明招山开法②，四来禅者，盈于堂室。师谓众曰："希逢一个，下坡不走，快便难逢。若有同生同死③，何妨一展？"僧问："师子未出窟时如何？"师曰："俊鹞趁不及。"曰："出窟后如何？"师曰："万里正纷纷。"曰："欲出不出时如何？"师曰："崄。"曰："向上事如何？"师曰："眨。"问："如何是透法身外一句子？"师曰："北斗后翻身。"问："十二时中如何趣向？"师曰："抛向金刚地

---

① "水"下，丛刊本、南藏本、径山本、大正本有"不肯受"。
② "居"，丛刊本无。
③ "同死"，丛刊本无。

上著。"问："文殊与维摩对谭何事？"师曰："葛巾纱帽，已拈向那边著也。"问："如何是和尚家风？"师曰："咬得著，是好手。"问："无烟之火，是什么人向得？"师曰："不惜眉毛底。"曰："和尚还向得么？"师曰："汝道我有多少茎眉毛在？"

师见新到僧才上法堂，乃举拂子，却掷下。其僧珍重，便下去。师曰："作家，作家。"问："全身佩剑时如何？"师曰："忽遇正恁么时，又作么生？"僧无对。师问国泰瑫和尚："古人道：俱胝只念三行咒，便得名超一切人。作么生与他拈却三行咒，便得名超一切人？"国泰竖起一指。师曰："不因今日，争识得瓜洲客？"师有师叔在廨院患甚，附书来问曰："某甲有此大病，如今正受疼痛，一切处安置伊不得，还有人救得么？"师乃回信曰："顶门上中此金刚箭，透过那边去也。"有一僧曾在师法席，辞去，住庵一年，后来礼拜曰："古人道：三日不相见，莫作旧时看。"师乃露胸问曰："汝道我有多少茎盖胆毛？"僧无对。师却问："汝什么时离庵？"曰："今朝。"师曰："来时折脚铛子，分付与阿谁？"僧又无语，师乃喝出。

问："承师有言：我住明招顶，兴传古佛心。如何是明招顶？"师曰："换却眼。"曰："如何是古佛心？"师曰："汝还气急？"问："学人拏云攫浪上来，请师展钵。"师曰："拶破汝顶。"曰："也须仙陀去。"师乃棒趁出。师别有颂示众曰："明招一拍和人希，此是真宗上妙机。石火瞥然何处去，朝生凤子合应知。"

师住明招山四十载，语句流布诸方。将欲迁化，上堂告众嘱付。其夜展足，问侍者曰："昔释迦如来展开双足，放百宝光明。

汝道吾今放多少？"侍者曰："昔日鹤林，今日和尚。"师以手拂眉曰："莫孤负么？"又说偈曰："䓍刀丛里逞全威，汝等应当善护持。火里铁牛生犊子，临岐谁解凑吾机？"偈毕，安坐寂然长往。今塔院存焉。

衡州华光范禅师①。僧问："灵台不立，还有出身处也无？"师曰："有。"曰："如何是出身处？"师曰："出。"问："如何是西来意？"师曰："道。"问："如何是佛法大意？"师曰："验。"问："牛头未见四祖时如何？"师曰："自由自在。"曰："见后如何？"师曰："自由自在。"问："如何是佛法中事？"师曰："了。"

福州罗山绍孜禅师，上堂，有数僧争出问话。师曰："但一时出来问，待老僧一时答却。"僧便问："学人一齐问，请师一齐答。"师曰："得。"问："学人乍入丛林，祖师的的意，请师直指。"师曰："好。"

西川慧禅师，初参罗山②，罗山问："什么处来？"师曰："远离西蜀，近发开元。即今事作么生？"罗山揖曰："吃茶去。"师良久无言，罗山曰："秋气稍暖去。"罗山来日上堂，师出问："豁开户牖，当轩者谁？"罗山乃喝，师良久，罗山曰："毛羽未

---

① "华光范"，原作"华范光"，据丛刊本、大正本及目录改。
② "山"下，大正本注"见十七卷'罗山章'"。

备,且去。"① 师因而抠衣,久承印记。后谒台州胜光,光在绳床上坐,师直入到身边,叉手立。光问:"什么处来?"师曰:"犹待答话在。"师便下去。光拈得拄杖、拂子,下僧堂前见师,提起拂子问曰:"阇梨唤遮个作什么?"师曰:"敢死喘气。"光低头归方丈。

建州白云令弇和尚, 师上堂,谓众曰:"遣往先生门,谁云对丧主?珍重。"僧问:"己事未明,以何为验?"师曰:"木镜照素容。"② 曰:"验后如何?"师曰:"不争多。"问:"三台有请,四众临筵,既处当仁,请师一唱。"师曰:"要唱即不难。"曰:"便请师唱。"师曰:"夜静水清鱼不食,满船空载月明归。"

虔州天竺义澄常真禅师, 初参罗山,栖泊数载。后因罗山在疾,师问:"百年后,忽有人问,和尚以何指示?"罗山乃放身便倒,师从此契悟。僧问:"如何是佛法大意?"师曰:"寒暑相催。"问:"圣皇请命,大众临筵,请师举。"师曰:"领,领。"曰:"恁么即人天有赖也。"师曰:"汝作么生?"

---

① "去"下,大正本有"一本云:初参罗山,才礼拜起,山云:'甚处来?'师云:'远离西蜀,近发开元。'却近前云:'即今事作么生?'罗山揖云:'吃茶去。'师拟议间,罗山云:'秋气稍暖出去。'师到法堂,自叹云:'我在西川峨眉山脚下,拾得一只蓬蒿箭,拟拟(《联灯会要》卷二十五作"拟拨",当从)乱天下,今日到福建道陈老师寨里,弓折箭尽去也。休休。'罗山明日升堂,师又出问:'豁开户牖,当轩者谁?'山便喝,师无对。山云:'羽毛未备,翼梢未全,且去。'"
② "木",碛砂本作"水"。

吉州清平惟旷真寂禅师，师上堂云："不动神情，便有输赢之意①。还有么？出来。"时有僧出礼拜，师云："不是作家，出去。"僧问："如何是第一句？"师曰："要头将取去。"问："如何是活人剑？"师曰："会么？"曰："如何是杀人刀？"师叱之。问："如何是师子儿？"师曰："毛头排宇宙。"

婺州金柱义昭和尚，②僧问："如何是和尚家风？"师曰："开门作活。"僧云："忽遇贼来，又怎么生？"师曰："然。"有新到僧参，师揭帘，以手作除帽子势。僧拟欲近前，师云："赚杀人。"师因事而有颂曰："虎头生角人难措，石火电光须密布。假饶烈士也应难，蒙底那能解差互？"

潭州谷山和尚，僧问："省要处乞师一言。"师乃起去。问："羚羊挂角时如何？"师曰："你向什么处觅？"曰："挂角后如何？"师曰："走。"

湖南浏阳道吾山从盛禅师，师初住高安龙回。有僧问："如何是觌面事？"师曰："新罗国去也。"问："如何是龙回家风？"师曰："纵横射直。"问："如何是灵源？"师曰："嫌什么？"曰："近者如何？"师曰："如人饮水。"问："穷子投师，乞师拯济。"师曰："莫是屈著汝么？"曰："争奈穷何？"师曰："大有人见。"

---

① "赢"，原作"羸"，据大正本改。
② "昭"下，原衍一"照"，据大正本及目录改。

福州罗山义因禅师，师上堂，示众曰："若是宗师门下客，必不怪于罗山。珍重。"僧问："承古人有言：自从认得曹溪路，了知生死不相关。曹溪即不问，如何是罗山路？"师展两手。僧曰："恁么即一路得通，诸路亦然。"曰："什么诸路？"僧近前立，师曰："灵鹤烟霄外，钝鸟不离窠。"问："承教中有言：顺法身，万象俱寂；随智用，万象齐生。如何是万象俱寂？"师曰："有什么？"曰："如何是万象齐生？"师曰："绳床椅子。"

灌州灵岩和尚，僧问："如何是道中宝？"师曰："地倾东南，天高西北。"曰："学人不会。"师曰："落照机前异。"师颂"石巩接三平"曰："解擘当胸箭，因何只半人？为从途路晓，所以不全身。"

吉州匡山和尚，师有《示徒颂》曰："匡山路，匡山路，岩崖崄峻人难措。游人拟议隔千山，一句分明超佛祖。"又有《白牛颂》曰："我有古坛真白牛，父子藏来经几秋。出门直透孤峰顶，回来暂跨虎溪头。"

福州兴圣重满禅师，上堂，示众曰："觌面分付，不待文宣，对眼投机，唤作参玄上士。若能如此，所以宗风不坠。"僧问："如何是宗风不坠底句？"师曰："老僧不忍。"问："昔日灵山会里，今朝兴圣筵中，和尚亲传，如何举唱？"师曰："欠汝一问。"

潭州宝应清进禅师，僧问："如何是实相？"师曰："没却汝。"问："至理无言，如何通信？"师曰："千差万别。"曰："得力处乞师指示。"师曰："瞌睡汉。"

前安州白兆山志圆禅师法嗣

朗州大龙山智洪弘济大师，僧问："如何是佛？"师曰："即汝是。"曰："如何领会？"师曰："更嫌钵盂无柄那？"问："如何是微妙？"师曰："风送水声来枕畔，月移山影到床边。"问："如何是极则处？"师曰："懊恼三春月，不及九秋光。"

襄州白马山行霭禅师，僧问："如何是清净法身？"师曰："井底虾蟆吞却月。"问："如何是白马正眼？"师曰："向南看北斗。"

郢州大阳山行冲禅师，第一世住。僧问："如何是无尽藏？"师良久，僧无语。师曰："近前来。"僧才近前，师曰："去。"

安州白兆山竺乾院怀楚禅师，第二世住。僧问："如何是句句须行玄路？"师曰："沿路直到湖南。"问："如何是师子儿？"师曰："德山嗣龙潭。"问："如何是和尚为人一句？"师曰："与汝素无冤雠，一句元在这里。"曰："未审在什么方所？"师曰："这钝汉。"

蕲州四祖山清皎禅师，福州人也，姓王氏。初住郢州大阳山，为第二世。僧问："师唱谁家曲，宗风嗣阿谁？"师曰："楷

师岩畔祥云起,宝寿峰前震法雷。"师次住安州慧日院,后迁止蕲州四祖山,为第一世。年七十时,遗偈云:"吾年八十八,满头垂白发。�颐镇双峰,明明千江月。黄梅扬祖教,白兆承宗诀。日日告儿孙,勿令有断绝。"淳化四年癸巳八月二十三日入灭,年八十八。

蕲州三角山志操禅师①,第三世住。僧问:"教法甚多,宗归一贯。和尚为什么说得许多周游者也?"师曰:"为尔周游者也。"曰:"请和尚即古即今。"师以手敲绳床。

晋州兴教师普禅师,僧问:"盈龙宫、溢海藏真诠即不问,如何是教外别传底法?"师曰:"眼里、耳里、鼻里。"曰:"只此便是否?"师曰:"是什么?"僧咄,师亦咄。问僧:"近离什么处?"曰:"下寨。"师曰:"还逢著贼么?"曰:"今日捉下。"师曰:"放汝三十棒。"

蕲州三角山真鉴禅师,第四世住。僧问:"师唱谁家曲,宗风嗣阿谁?"师曰:"忽然行政令,便见下堂阶。"

前潭州藤霞和尚法嗣

澧州药山和尚,第七世住。师上堂,谓众曰:"夫学般若菩萨,不惧得失,有事近前。"时有僧问:"药山祖裔,请师举唱。"师

---

① "禅",原脱,据大正本及目录补。

曰:"万机挑不出。"曰:"为什么万机挑不出?"师曰:"他缘岸谷。"问:"如何是药山家风?"师曰:"叶落不如初。"问:"法雷哮吼时如何?"师曰:"宇宙不曾震。"曰:"为什么不曾震?"师曰:"遍地娑婆,未尝哮吼。"曰:"不哮吼底事如何?"师曰:"盖国无人知。"①

前潭州云盖山景和尚法嗣

衡岳南台寺藏禅师,问:"远远投师,请师一接。"师曰:"不隔户。"问:"如何是南台境?"师曰:"松韵拂时石不点,孤峰山下垒难齐。"曰:"如何是境中人?"师曰:"岩前栽野果,接待往来宾。"曰:"恁么即谢供养。"师曰:"怎生滋味?"问:"如何是法堂?"师曰:"无壁落。"问:"不顾诸缘时如何?"师良久。

幽州潭柘水从实禅师,僧问:"如何是道?"师曰:"个中无紫皂。"曰:"如何是禅?"师曰:"不与白云连。"师问僧:"作什么来?"曰:"亲近来。"师曰:"任汝白云朝岳顶,争奈青霄不展颜。"

潭州云盖山证觉禅师,僧问:"如何是和尚家风?"师曰:"四海不曾通。"问:"如何是一尘含法界?"师曰:"通身体不圆。"曰:"如何是九世刹那分?"师曰:"繁兴不布彩。"问:"如何是宗门中的的意?"师曰:"万里胡僧,不入波澜。"

---

① "盖",大正本作"阖"。

前庐山归宗怀恽禅师法嗣

归宗寺弘章禅师，第四世住。僧问："学人有疑时如何？"师曰："疑来多少时也？"问："小船渡大海时如何？"师曰："较些子。"① 曰："如何得渡？"师曰："不过来。"问："枯木生华时如何？"师曰："把一朵来。"问："混然觅不得时如何？"师曰："是什么？"

前池州嵇山章禅师法嗣

随州双泉山道虔禅师，僧问："洪钟未扣时如何？"师曰："绝音响。"曰："扣后如何？"师曰："绝音响。"问："如何是在道底人？"师曰："无异念。"问："如何是希有底事？"师曰："白莲华向半天开。"师后住安州法云院示灭。

前洪州云居第四世怀岳禅师法嗣

扬州风化院令崇禅师，第一世住。舒州宿松人。七岁出家，二十登戒。契缘于云居怀岳和尚②，开法于信州鹅湖。庐州节帅周本于维扬西南隅创院③，请师居之。僧问："如何是敌国一著棋？"师曰："下将来。"问："一棒打破虚空时如何？"师曰："把将一片来。"

---

① "较"，丛刊本、碛砂本作"教"。
② "怀"，原作"智"，据南藏本、径山本、大正本改。
③ "本"，原作"来"，据丛刊本、大正本改。

澧州药山忠彦禅师，第八世住。僧问："教云：诸佛放光明，助发实相义。光明即不问，如何是助发实相义？"师曰："会么？"曰："莫便是否？"师曰："是什么？"问："师唱谁家曲，宗风嗣阿谁？"师曰："云岭龙昌月，神风洞上泉。"

梓州龙泉和尚，僧问："如何是祖师西来意？"师曰："不在阇梨分上。"问："学人欲跳万丈洪崖时如何？"师曰："扑杀。"

前筠州洞山道延禅师法嗣

筠州上蓝院庆禅师，初游方，问雪峰："如何是雪峰的的意？"雪峰以杖子敲师头，师应诺，峰大笑。师后承洞山印解，居于上蓝。僧问："如何是上蓝无刃剑？"师曰："无。"僧曰："为什么无？"师曰："阇梨，诸方有。"

前襄州鹿门山处真禅师法嗣

益州崇真和尚，僧问："如何是禅？"师曰："澄潭钓玉兔。"问："如何是大人相？"师曰："泥捏三官土地堂。"

襄州鹿门山第二世谭和尚志行大师，僧问："如何是实际理地？"师曰："南赡部洲，北郁单越。"曰："怎么则事同一家也。"① 师曰："隔须弥在。"问："远远投师，请师接。"师曰："从什么处来？"曰："江北来。"师曰："南堂里安下。"问："如

---

① "则"，丛刊本作"即"。

何是清净法身？"师曰："戌亥年生。"

襄州谷隐智静悟空大师，僧问："如何是和尚转身处？"师曰："卧单子下。"问："如何是道？"师曰："凤林关下。"曰："学人不会。"师曰："直至荆南。"问："如何是指归之路？"师曰："莫用伊。"曰："还使学人到也无？"师曰："什么处著得汝？"问："灵山一会，何异今时？"师曰："不异如今。"曰："不异底事作么生？"师曰："如来密旨，迦叶不传。"

庐山佛手岩行因禅师者，雁门人也，未详姓氏。早习儒学，一旦舍俗出家，志求真谛，乃游方。首谒襄阳鹿门山真禅师，师资道契。寻抵江淮，登庐山。山之北，有岩如五指，下有石窟，深邃可三丈余。师宴处其中，因号"佛手岩和尚"，不度弟子，有邻庵僧为之供侍。常有异鹿、锦囊鸟，驯绕其侧。江南国主李氏向仰，三遣使征召，不起。坚请就栖贤寺开法，不逾月，潜归岩室。僧问："如何是对现色身？"师竖起一指。法眼别云："还有也未？"一日，示有微疾，谓侍僧曰："日将午，吾去矣。"侍僧方对，师下床，行数步，屹立而化。岩顶上有松一株，同日枯瘁。寿七十余。国主命画工写影，备香薪焚蓺，收遗骨，塔于岩之阴。

前抚州曹山第二世慧霞禅师法嗣

嘉州东汀和尚，僧问："如何是却去底人？"师曰："石女纺麻垆。"曰:"如何是却来底人?"师曰:"扇车关㮘良计。断①。"

前华州草庵法义禅师法嗣

泉州龟洋慧忠禅师,本州仙游县人也,姓陈氏。九岁依本山出家,既具戒,杖锡观方。谒草庵和尚,草庵问曰:"何方而来?"师曰:"六眸峰来。"草庵曰:"还具六通否?"师曰:"患非重瞳。"草庵然之。师回故山,属唐武宗废教,例为白衣。暨宣宗中兴,师曰:"古人有言:上升道士不受箓,成佛沙弥不具戒法。"遂过中不食,不宇而禅。乃述偈三首曰:"雪后始谙松桂别,云收方见济河分。不因世主教还俗,那辨鸡群与鹤群?""多年尘事谩腾腾,虽著方袍未是僧。今日修行依善慧,满头留发后然灯。"②"形容虽变道常存,混俗心源亦不昏。更读善财巡礼偈,当时何处作沙门?"

师始从参礼,以至返初、示灭,未尝下山。葬于无了和尚塔之东隅二百步,目为东塔③。经数载,其塔忽坼裂,连阶丈余。时主塔僧将发之,于夜宴寂中,见西塔定身言曰:"吾之遗质,既劳汝重瘗,今东塔不烦更出也。"塔主禀乎灵感,召檀信重修补严饰,逮今香灯不绝,时谓陈、沈二真身是也。其无了禅师,嗣马祖,事迹广如别章。

---

① "良计",原作正文,据《五灯会元》卷十四此句作"扇车关㮘断",知"良计"二字乃㮘之音注。
② "后",南藏本、径山本、大正本作"候"。
③ "目",碛砂本作"起"。

前襄州含珠山审哲禅师法嗣

洋州龙穴山和尚，僧问："如何是祖师西来意？"师曰："骑虎唱巴歌。"问："大善知识为什么却与土地烧钱？"师曰："彼上人者，难为酬对。"

唐州大乘山和尚，问："枯树逢春时如何？"师曰："世间希有。"问："如何是四面上事？"师曰："升子里踔跳，斗子内转身。"

襄州凤山延庆院归晓慧广大师，僧问："言语道断时如何？"师曰："两重公案。"曰："如何领会？"师曰："分明举似洞山。"问："如何是凤山境？"师曰："好生看取。"曰："如何是境中人？"师曰："识么？"

襄州含珠山真和尚，第三世住。僧问："师唱谁家曲，宗风嗣阿谁？"师曰："含珠密意，同道者知。"曰："恁么即不假羽翼，便登翠岭也。"师曰："钝。"问："古镜未磨时如何？"师曰："昧不得。"曰："磨后如何？"师曰："黑似漆。"①

前凤翔府紫陵匡一大师法嗣

并州广福道隐禅师，僧问："如何是指南一路？"师曰："妙

---

① "似"，丛刊本、大正本作"如"。

引灵机事,澄波显异轮。"问:"三家同到请,未审赴谁家?"师曰:"月应千家水,门门尽有僧。"

紫陵微禅师,第二世住。僧问:"如何是紫陵境?"师曰:"寂照灯光夜已深。"曰:"如何是境中人?"师曰:"猿啼虎啸。"问:"宝剑未出匣时如何?"师曰:"盘陀石上栽松柏。"

兴元府大浪和尚,僧问:"既是喝河神,为什么却被水推却?"师曰:"随流始得妙,倚岸却成迷。"

前洪州凤栖山同安威禅师法嗣

陈州石镜和尚,僧问:"石镜不磨,还照也无?"师曰:"前生是因,今生是果。"

前襄州石门山献禅师法嗣

石门山乾明寺慧彻禅师,第二世住。问:"金乌出海光天地,与此光阴事若何?"师曰:"龙出洞兮风雨至,海岳倾时日月明。"问:"从上诸圣,向什么处去也?"师曰:"露柱挂灯笼。"问:"师唱谁家曲,宗风嗣阿谁?"师曰:"片云生凤岭,樵子处处明。"问:"如何是和尚家风?"师曰:"解接无根树,能挑海底灯。"①问:"如何是祖师西来意?"师曰:"少林澄九鼎,动浪百华新。"问:"如何是佛法大意?"师曰:"三门外松树子,见生见

---

① "挑",丛刊本作"烧"。

长。"问:"一毫未发时如何?"师曰:"羿善不调弓,箭透三江口。"问:"如何是佛?"师曰:"樵子度荒郊,骑牛草不露。"

前襄州万铜山广德义和尚法嗣

襄州广德延和尚,第二世住。初谒广德义和尚,作礼而问曰:"如何是和尚深深处?"曰:"隐身不必须岩谷,阛阓堆堆睹者希。"师曰:"恁么即酌水献华也。"曰:"忽然云雾霭,阇梨作么生?"师曰:"采汲不虚施。"① 曰:"大众,看取第二代广德。"师次踵山门,聚徒开法。僧问:"如何是祖师西来意?"师曰:"鱼跃无源水,莺啼万古松。"问:"如何是常在底人?"师曰:"腊月死蛇当大路,触著伤人不奈何。"问:"如何是大通智胜佛时?"师曰:"盛夏日轮新霁后,汝莫当辉瞪目观。"曰:"如何是大通智胜佛后?"师曰:"孤轮罢照鹫峰顶,汝报巴猿莫断肠。"问:"如何是作得无间业?"师曰:"猛火然铛煮佛喋。"师因事有颂曰:"才到洪山便垛根,四平八面不言论。他家自有眠云志,芦管横吹宇宙分。"

前随州随城山护国守澄禅师法嗣

随州龙居山智门寺守钦圆照大师,僧问:"两镜相对,为什么中间无像?"师曰:"自己亦须隐。"曰:"镜破台亡时如何?"师竖起拳。问:"如何是和尚家风?"师曰:"额上不帖榜。"

---

① "汲",丛刊本作"及"。

随城山护国知远演化大师，第二世住。僧问："举子入门时如何？"师曰："缘情体物是作么生？"问："乾坤休驻意，宇宙不留心时如何？"师曰："总是战争收拾得，却因歌舞破除休。"问："'直截根源佛所印，摘叶寻枝我不能'，意旨如何？"师曰："罢攀云树三秋果，休恋碧潭孤月轮。"

安州大安山能和尚崇教大师，僧问："师唱谁家曲，宗风嗣阿谁？"师曰："打起南山鼓，唱起北山歌。"问："如何是三冬境？"师曰："千山添翠色，万树锁银华。"

颖州荐福院思禅师，曾住唐州天目山①。僧问："古殿无佛时如何？"师曰："梵音何来？"又问："不假修证，如何得成？"师曰："修证即不成。"

潭州延寿和尚，僧问："师唱谁家曲，宗风嗣阿谁？"师曰："炀帝以汴水为荣，老僧以书湖池畔。"

随城山护国志朗圆明大师，第三世住。僧问："师唱谁家曲，宗风嗣阿谁？"师曰："净果嫡子，疏山之孙。"问："如何是万法之根源？"师曰："空中收不得，护国不能该。"

前蕲州乌牙山彦宾禅师法嗣

安州大安山兴古禅师，僧问："亡僧迁化，向什么处去也？"

---

① "住"，丛刊本作"在"。

师曰:"昨夜三更月上峰。"问:"维摩寂默,是说不是说?"师曰:"暗里石牛儿,超然不出户。"

蕲州乌牙山行朗禅师,僧问:"未作人身已前,作什么来?"师曰:"海上石牛歌三拍,一条红线掌间分。"问:"迦叶上行衣,何人合得披?"师曰:"天然无相子,不挂出尘衣。"

前凤翔府青峰和尚法嗣

西川灵龛和尚,僧问:"如何是诸佛出身处?"师曰:"出处非干佛,春来草自青。"问:"碌碌地时如何?"师曰:"试进一步看。"

京兆紫阁山端己禅师,僧问:"四相俱尽,立什么为真?"师曰:"尔什么处去来?"问:"渭水正东流时如何?"师曰:"从来无间断。"

房州开山怀昼禅师,僧问:"作何行业,即得不违千圣?"师曰:"妙行无伦匹,情玄体自殊。"问:"有耳不临清水洗,无心谁为白云幽?"师曰:"无木挂千金。"曰:"挂后如何?"师曰:"杳杳人难辨。"

幽州传法和尚,僧问:"教意与祖意,是同是别?"师曰:"华开金线秀,古洞白云深。"问:"别人为什么徒弟多,师为什么无徒弟?"师曰:"海岛龙多隐,茅茨凤不栖。"

益州净众寺归信禅师，僧问："莲华未出水时如何？"师曰："菡萏满池流。"曰："出水后如何？"师曰："叶落不知秋。"问："不假浮囊便登巨海时如何？"师曰："红嘴飞超三界外①，绿毛也解道煎茶。"

青峰山清免禅师，第二世住。僧问："久酝蒲萄酒，今日为谁开？"师曰："饮者方知。"问："如何是祖师西来意？"师曰："耨池无一滴，四海自滔滔。"

---

① "飞超三界"，碛砂本作"三飞超界"。

景德传灯录卷第二十四

吉州清原山行思禅师第八世七十四人
漳州罗汉院桂琛禅师法嗣七人见录
　　金陵清凉文益禅师
　　襄州清溪洪进禅师
　　金陵清凉休复禅师
　　抚州龙济绍修禅师
　　杭州天龙寺秀禅师
　　潞州延庆传殷禅师
　　衡岳南台守安禅师
福州仙宗契符大师法嗣二人见录
　　福州仙宗洞明大师
　　泉州福清行钦禅师
杭州天龙重机大师法嗣一人见录
　　高丽雪岳令光禅师
婺州国泰瑫禅师法嗣一人见录
　　婺州齐云宝胜禅师
福州升山白龙道希禅师法嗣五人见录

福州广平玄旨禅师

　　福州白龙清慕禅师

　　福州灵峰志恩禅师

　　福州东禅玄亮禅师

　　漳州报劬玄应禅师

泉州招庆法因大师法嗣七人六人见录

　　泉州报恩宗显大师

　　金陵龙光澄忋禅师

　　永兴北院可休禅师

　　郴州太平清海禅师

　　连州慈云慧深大师

　　郢州兴阳道钦禅师

　　　　漳州保福清溪禅师　一人无机缘语句，不录

婺州报恩宝资禅师法嗣一人见录

　　处州福林澄和尚

处州翠峰从欣禅师法嗣一人见录

　　处州报恩守真禅师

襄州鹫岭明远禅师法嗣一人见录

　　襄州鹫岭第二世通和尚

杭州龙华志球禅师法嗣一人见录

　　仁王院俊禅师

漳州保福可俦禅师法嗣一人见录

　　漳州隆寿无逸禅师

潭州延寿寺慧轮禅师法嗣二人见录

　　　　庐山归宗道诠禅师

　　　　潭州龙兴裕禅师

　韶州白云祥和尚法嗣六人见录

　　　　韶州大历和尚

　　　　连州宝华和尚

　　　　韶州月华和尚

　　　　南雄州地藏和尚

　　　　英州乐净含匡禅师

　　　　韶州后白云和尚

　朗州德山缘密大师法嗣二人见录

　　　　潭州鹿苑文袭禅师

　　　　澧州药山可琼禅师

　西川青城香林澄远禅师法嗣一人见录

　　　　灌州罗汉和尚

　襄州洞山守初禅师法嗣

　　　　　　潭州道樅禅师　一人无机缘语句，不录

　鄂州黄龙诲机禅师法嗣九人①七人见录

　　　　洛京紫盖善沼禅师

　　　　眉州黄龙继达禅师

　　　　枣树第二世和尚

　　　　兴元府玄都山澄和尚

　　　　嘉州黑水和尚

　　　　鄂州黄龙智颙禅师

---

① "诲"，径山本、大正本作"晦"。

眉州福昌达和尚
> 常州慧山然和尚、洪州双岭悟海禅师　已上二人无机缘语句，不录

婺州明招德谦禅师法嗣六人五人见录
　　处州报恩契从禅师
　　婺州普照瑜和尚
　　婺州双溪保初禅师
　　处州涌泉究和尚
　　衢州罗汉义和尚
> 福州兴圣调和尚　一人无机缘语句，不录

郎州大龙山智洪禅师法嗣三人见录
　　大龙山景如禅师
　　大龙山楚勖禅师
　　兴元府普通院从善禅师

襄州白马行霭禅师法嗣一人见录
　　白马智伦禅师

安州白兆山怀楚禅师法嗣三人一人见录
　　唐州保寿匡祐禅师
> 蕲州自南禅师、果州永庆院继勖禅师　已上二人无机缘语句，不录

襄州谷隐智静禅师法嗣二人见录
　　谷隐知俨禅师
　　襄州普宁法显禅师

庐山归宗弘章禅师法嗣一人见录
　　东京普净院常觉禅师

凤翔府紫陵微禅师法嗣

　　　　凤翔府大朗和尚、潭州新开和尚　二人无机缘语句，不录

襄州石门山慧彻禅师法嗣二人见录

　　　石门山绍远禅师

　　　鄂州灵竹守珍禅师

洪州同安志和尚法嗣二人一人见录

　　　朗州梁山缘观禅师

　　　　陈州灵通和尚　一人无机缘语句，不录

襄州广德延和尚法嗣一人见录

　　　广德周禅师

益州净众寺归信禅师法嗣

　　　　汉州灵龛山和尚　一人无机缘语句，不录

随州护国知远禅师法嗣

　　　　东京开宝常普大师　一人无机缘语句，不录

行思禅师第八世①

前漳州罗汉桂琛禅师法嗣

升州清凉院文益禅师，余杭人也，姓鲁氏。七岁，依新定智通院全伟禅师落发，弱龄禀具于越州开元寺。属律匠希觉师盛化于明州鄮山育王寺，师往预听习，究其微旨。复傍探儒典，游文雅之场，觉师目为"我门之游、夏也"。师以玄机一发，杂务俱捐，振锡南迈，抵福州长庆法会，虽缘心未息，而海众推之。寻更结侣，拟之湖外。既行，值天雨忽作，溪流暴涨，暂寓城西地

---

① "行"上，径山本有"吉州清原山"。

藏院，因参琛和尚。琛问曰："上坐何往？"师曰："逦迤行脚去。"曰："行脚事作么生？"师曰："不知。"曰："不知最亲切。"师豁然开悟。与同行进山主等四人，因投诚咨决，悉皆契会，次第受记，各镇一方。师独于甘蔗洲卓庵，因议留止。进师等以江表丛林，欲期历览，命师同往。至临川，州牧请住崇寿院。

初开堂日，中坐茶筵未起，四众先围绕法坐。时僧正白师曰："四众已围绕和尚法坐了。"师曰："众人却参真善知识。"少顷升坐，大众礼请讫，师谓众曰[①]："众人既尽在此，山僧不可无言，与大众举一古人方便。珍重。"便下坐。时有僧出礼拜，师曰："好问著。"僧方申问次，师曰："长老未开堂，不答话。"子方上坐自长庆来，师举先长庆稜和尚偈而问曰："作么生是'万象之中独露身'？"子方举拂子。师曰："恁么会又争得？"曰："和尚尊意如何？"师曰："唤什么作万象？"曰："古人不拨万象。"师曰："万象之中独露身，说什么拨不拨？"子方豁然悟解，述偈投诚。自是诸方会下有存知解者，翕然而至。始则行行如也，师微以激发，皆渐而服膺。海参之众，常不减千计。

师上堂，大众立久，乃谓之曰："只恁么便散去，还有佛法也无？试说看。若无，又来遮里作么？若有，大市里人聚处亦有，何须到遮里？诸人各曾看《还源观》《百门义海》[②]《华严论》《涅槃经》诸多策子，阿那个教中有遮个时节？若有，试举看。莫是恁么，经里有恁么语是此时节么？有什么交涉？所以微

---

① "众曰"，东寺本、碛砂本、南藏本、径山本无。
② "百"，丛刊本作"法"。

言滞于心首,尝为缘虑之场①;实际居于目前,翻为名相之境。又作么生得翻去?若也翻去,又作么生得正去?还会么?莫只恁么念策子,有什么用处?"僧问:"如何披露,则得与道相应?"师曰:"汝几时披露,即与道不相应?"问:"六处不知音时如何?"师曰:"汝家眷属一群子。"师又曰:"作么生会?莫道恁么来问,便是不得。汝道六处不知音,眼处不知音?耳处不知音?若也根本是有,争解无得?古人道:离声色著声色,离名字著名字。所以无想天修得,经八万大劫,一朝退堕,诸事俨然,盖为不知根本真实。次第修行,三生六十劫,四生一百劫,如是直到三祇果满。他古人犹道:不如一念缘起无生,超彼三乘权学等见。又道:弹指圆成八万门,刹那灭却三祇劫。也须体究!若如此,用多少气力?"僧问:"指即不问,如何是月?"师曰:"阿那个是汝不问底指?"又僧问:"月即不问,如何是指?"师曰:"月。"曰:"学人问指,和尚为什么对月?"师曰:"为汝问指。"

江南国主重师之道,迎入住报恩禅院,署"净慧禅师"。师上堂,谓众曰:"古人道:我立地待汝觑去。山僧如今坐地待汝觑去,还有道理也无?那个亲,那个疏?试裁断看。"问:"洪钟才击,大众云臻,请师如是。"师曰:"大众会何似汝会?"问:"如何是古佛家风?"师曰:"什么处看不足?"问:"十二时中如何行履,即得与道相应?"师曰:"取舍之心成巧伪。"问:"古人传衣,当记何人?"师曰:"汝什么处见古人传衣?"问:"十方贤圣,皆入此宗。如何是此宗?"师曰:"十方贤圣皆入。"问:"如

---

① "尝",大正本作"常"。

何是佛向上人？"师曰："方便呼为佛。"问："声、色两字，什么人透得？"师却谓众曰："诸上坐，且道遮个僧还透得也未？若会此问处，透声色即不难。"问："求佛知见，何路最径？"师曰："无过此。"问："瑞草不凋时如何？"师曰："谩语。"问："大众云集，请师顿决疑网。"师曰："寮舍内商量，茶堂内商量？"问："云开见日时如何？"师曰："谩语真个。"问："如何是沙门所重处？"师曰："若有纤毫所重，即不名沙门。"

问："千百亿化身，于中如何是清净法身？"师曰："总是。"问："簇簇上来，师意如何？"师曰："是眼不是眼？"问："全身是义，请师一决。"师曰："汝义自破。"问："如何是古佛心？"师曰："流出慈悲喜舍。"问："百年暗室，一灯能破。如何是一灯？"师曰："论什么百年？"问："如何是正真之道？"师曰："一愿也教汝行，二愿也教汝行。"问："如何是一真之地？"师曰："地则无一真。"曰："如何卓立？"师曰："转无交涉。"问："如何是古佛？"师曰："即今也无嫌处。"问："十二时中，如何行履？"师曰："步步踏著。"问："古镜未开，如何显照？"师曰："何必再三？"问："如何是诸佛玄旨？"师曰："是汝也有。"问："承教有言：从无住本，立一切法。如何是无住本？"师曰："形兴未质，名起未名。"问："亡僧衣，众僧唱；祖师衣，什么人唱？"师曰："汝唱得亡僧什么衣？"问："荡子还乡时如何？"师曰："将什么奉献？"曰："无有一物。"师曰："日给作么生？"

师后迁住清凉。上堂，示众曰："出家人但随时及节，便得寒即寒，热即热。欲知佛性义，当观时节因缘。古今方便不少，不见石头和尚因看《肇论》云：会万物为己者，其唯圣人乎？他家便道：圣人无己，靡所不己。有一片言语，唤作《参同契》，末上云，'竺土大仙心'，无过此语也。中间也只随时说话，上坐今欲会万物为己去，盖为大地无一法可见。他又嘱人云：光阴莫虚度。适来向上坐道，但随时及节便得。若也移时失候，即是虚度光阴，于非色中作色解。上坐于非色中作色解，即是移时失候。且道色作非色解，还当不当？上坐若恁么会，便是没交涉，正是痴狂两头走，有什么用处？上坐但守分随时过好，珍重。"

问："如何是清凉家风？"师曰："汝到别处，但道到清凉来。"问："如何得诸法无当去？"师曰："什么法当著上坐？"曰："争奈日夕何？"师曰："闲言语。"问："观身如幻化，观内亦复然时如何？"师曰："还得恁么也无？"问："要急相应，唯言不二。如何是不二之言？"师曰："更添些子，得么？"问："如何是法身？"师曰："遮个是应身。"问："如何是第一义？"师曰："我向汝道，是第二义。"师问修山主："毫厘有差，天地悬隔，兄作么生会？"修曰："毫厘有差，天地悬隔。"师曰："恁么会，又争得？"修曰："和尚如何？"师曰："毫厘有差，天地悬隔。"修便礼拜。东禅齐拈云："山主恁么祇对，为什么不肯？及乎再请益，法眼亦只恁么道便得去。且道疑讹在什么处？若看得透，道上坐有来由。"师与悟空禅师向火，拈起香匙问悟空云："不得唤作香匙，兄唤作什么？"悟空云："香匙。"师不肯。悟空却后二十余日方明此语。东禅齐拈云："丛林中总道：悟空好语，法眼须有此语。若恁么会，还梦见也未？除此外，别作么生会法眼意？上坐，既不唤作香匙，唤作什么？别下一转子看，要知上坐平生眼。"

因僧斋前上参，师以手指帘。时有二僧同去卷帘，师曰：

"一得一失。"东禅齐拈云:"上坐,且作么生会?有云:为伊不明旨,便去卷帘。亦有道指者即会,不指而去者即失。恁么会,还可不可?既不许恁么会,且问上坐,阿那个得,阿那个失?"因云门问僧:"什么处来?"云:"江西来。"云门云:"江西一队老宿,囋语住也未?"僧无对。僧问师:"不知云门意作么生?"师曰:"大小云门,被遮僧勘破。"师问僧:"什么处来?"曰:"道场来。"师曰:"明合暗合?"僧无语。师令僧取土添莲盆,僧取土到。师曰:"桥东取,桥西取?"曰:"桥东取。"师曰:"是真实,是虚妄?"师问僧:"什么处来?"曰:"报恩来。"师曰:"众僧还安否?"曰:"安。"师曰:"吃茶去。"师问僧:"什么处来?"曰:"泗州礼拜大圣来。"师曰:"今年出塔否?"曰:"出。"师却问傍僧曰:"汝道伊到泗州不到?"

师问宝资长老:"古人道:山河无隔碍,光明处处透。作么生是处处透底光?"资曰:"东畔打罗声。"归宗柔别云:"和尚拟隔碍。"师指竹问僧:"还见么?"曰:"见。"师曰:"竹来眼里,眼到竹边?"僧曰:"总不恁么。"法灯别云:"当时但擘眼向师。"归宗别云:"和尚只是不信某甲。"有俗士献师画障子,师看了,问曰:"汝是手巧心巧?"曰:"心巧。"师曰:"那个是汝心?"俗士无对。归宗代云:"某甲今日却成容易。"僧问:"如何是第二月?"师曰:"森罗万象。"曰:"如何是第一月?"师曰:"万象森罗。"

师缘被于金陵,三坐大道场,朝夕演旨。时诸方丛林,咸遵风化,异域有慕其法者,涉远而至。玄沙正宗,中兴于江表。师调机顺物,斥滞磨昏,凡举诸方三昧,或入室呈解,或叩激请益,皆应病与药。随根悟入者,不可胜纪。以周显德五年戊午七月十七日示疾，国主亲加礼问。闰月五日，剃发沐身，告众讫，跏趺而逝，颜貌如生。寿七十有四，腊五十四。城下诸寺院具威仪迎引，公卿李建勋已下素服，奉全身于江宁县丹阳乡起塔。谥大法眼禅师，塔曰"无相"。嗣子天台山德韶、吴越国师。文遂、江南国导师。慧炬高丽国师。等一十四人先出世，并为王侯礼重。次龙光泰钦等四十九人，后开法，各化一方，如本章叙之。后因门人行言署"玄觉导师"，请重谥"大智藏大导师"。三处法集及著偈颂、真赞、铭记、诠注等凡数万言，学者缮写，传布天下。

襄州清溪山洪进禅师，曾住邓州谷口。在地藏时，居第一坐。一日，有二僧礼拜，地藏和尚曰："俱错。"二僧无语。下堂请益修山主，修曰："汝自巍巍堂堂，却礼拜拟问他人，岂不是错？"师闻之不肯。修乃问曰："未审上坐作么生？"师曰："汝自迷暗，焉可为人？"修愤然上法堂，请益地藏。地藏指廊下曰："典坐入库头去也。"修乃省过。又一日，师问修山主曰："明知生不生性①，为什么为生之所留？"修曰："笋毕竟成竹去，如今作篾使，还得么？"师曰："汝向后自悟在。"②曰："绍修所见只如此，上坐意旨如何？"师曰："遮个是监院房，那个是典坐房。"修礼谢。师住后③，有僧问："众盲摸象，各说异端。忽遇明眼人，又作么生？"师曰："汝但举似诸方。"师经行次，众僧随从，乃谓众曰："古人有什么言句，大家商量。"时有从猗上坐④，出众拟问次，

---

① "明知生不生性"，大正本作"明知生是不生之性"。
② "在"，径山本、大正本作"去"。
③ "住后"，丛刊本作"后住"。
④ "猗"，大正本作"漪"，下同。

师曰："遮勿毛驴。"猗涣然省悟，猗后住天平山。

升州清凉院休复悟空禅师，北海人，姓王氏。幼出家，十九纳戒。尝自谓曰："苟尚能诠，则为滞筏；将趣凝寂，复患堕空。既进退莫决，舍二何之？"乃参寻宗匠，缘会地藏和尚，"法眼章"述之。后继法眼，住抚州崇寿。甲辰岁，江南国主创清凉大道场，延请居之。

上堂示众曰："古圣才生下，便周行七步，目顾四方云：天上天下，唯我独尊。他便有遮个方便奇特。只如诸上坐初生下时，有个什么奇特？试举看。若道无，即对面讳却；若道有，又作么生通得个消息？还会么？上坐幸然有奇特事，因什么不知去？珍重。"僧问："如何是佛？"师曰："汝是众生。"曰："还肯也无？"师曰："虚施此问。"问："如何是西来意？"师曰："汝道此土还有么？"问："省要处乞师一言。"师曰："珍重。"问："如何是道？"师曰："本来无一物，何处有尘埃？"僧礼拜，师曰："莫错会。"

问："如何是一尘入正受？"师曰："色即空。"曰："如何是诸尘三昧起？"师曰："空即色。"问："诸余即不问，如何是悟空一句？"师曰："两句也。"问："牛头未见四祖时，为什么百鸟衔华？"师曰："未见四祖。"曰："见后为什么不衔华？"师曰："见四祖。"问："如何是自己事？"师曰："几处问人来？"问："古人得个什么，即便休歇去？"师曰："汝得个什么，即不休歇去？"问："如何是学人出身处？"师曰："千般比不得，万般况不及。"曰："请和尚道。"师曰："古亦有，今亦有。"问："如何是亡僧面前触目菩提？"师曰："问取髑髅后人。"问："如何是诸佛本源？"师曰："汝唤什么作诸佛？"问："雨华动地，始起雷音，未审和尚此日称扬何事？"师曰："向上坐道什么？"曰："恁么即得遇清凉也。"师曰："实即得。"问："毒龙奋迅，万象同然时如何？"师曰："你什么处得遮个问头？"

师平日居方丈，唯毳一袜，每哂同参法眼多为偈颂。晋天福八年癸卯十月朔日，遣僧往报恩院，命法眼禅师至方丈嘱付。又致书辞国主，取三日夜子时入灭。国主屡遣使候问，令本院至时击钟。及期，大众并集，师端坐警众曰："无弃光影。"语绝告寂。时国主闻钟，登高台，遥礼清凉，深加哀慕，仍致祭。茶毗，收舍利建塔。

抚州龙济山主绍修禅师，初与大法眼禅师同参地藏，所得谓已臻极。暨同辞至建阳，途中谭次，法眼忽问曰："古人道：万象之中独露身。是拨万象，不拨万象？"师曰："不拨万象。"法眼曰："说什么拨不拨？"师懵然，却回地藏。地藏问曰："子去未久，何以却来？"① 师曰："有事未决，岂惮跋涉山川？"地藏曰："汝跋涉许多山川，也还不恶。"师未喻旨。乃问曰："古人道：万象之中独露身，意旨如何？"地藏曰："汝道古人拨万象，不拨万象？"师曰："不拨。"地藏曰："两个也。"师骇然沈思，而却问曰："未审古人拨万象，不拨万象？"地藏曰："汝唤什么作万象？"师方省悟。再辞地藏，觐于法眼。法眼语意与地藏开

---

① "来"，大正本作"回"。

示，前后如一。故法眼先住抚州崇寿，大振宗风。师后居龙济山，不务聚徒，而学者奔至。

师上堂，示众曰："具足凡夫法，凡夫不知；具足圣人法，圣人不会。圣人若会，即是凡夫；凡夫若知，即是圣人。此两语，一理二义，若人辨得，不妨于佛法中有个入处。若辨不得，莫道不疑。"问："见色便见心，露柱是色，如何是心？"师曰："幸然未会，且莫诈明头。"问："如何得出三界？"师曰："汝恁问①，不妨出得三界。"问："当阳举唱，谁是委者？"师曰："非汝不委。"问："如何是万法主？"师曰："唤什么作万法？"问："教云：须弥纳芥子，芥子纳须弥。如何是须弥？"师曰："穿破汝心。"曰："如何是芥子？"师曰："塞却汝眼。"曰："如何纳？"师曰："把将须弥与芥子来。"曰："前言何在？"师曰："前有什么言？"师有时示众曰："声色不到，病在见闻；言诠不及，过在唇舌。"僧问："离却声色，请和尚道。"师曰："声色里问将来。"问："如何是学人心？"师曰："阿谁恁么问？"

问："劫火洞然，大千俱坏。未审这个还坏也无？"师曰："不坏。"曰："为什么不坏？"师曰："同于大千。"② 问："如何是触目菩提？"师曰："特地令人愁。"问："如何是西来意？"师曰："待汝问西来意，我即向汝道。"问："巨夜之中，以何为眼？"师曰："暗。"问："纤毫不隔，为什么觑之不见？"师曰："作家弄影汉。"问："古镜未磨时如何？"师曰："照破天地。"曰："磨后如何？"师曰："黑似漆。"问："如何是普眼？"师曰：

---

① "恁"，大正本作"恁么"。
② "同"上，大正本有"为"。

"纤毫觑不见。"曰:"为什么觑不见?"师曰:"为伊眼太大。"问:"如何是大败坏底人?"师曰:"劫坏不曾迁。"曰:"此人还知有佛法也无?"师曰:"若知有佛法,浑成颠倒。"曰:"如何得不颠倒?"师曰:"直须知有佛法。"曰:"如何是佛法?"师曰:"大败坏。"问:"如何是学人常在底心?"师曰:"还曾问荷玉么?"曰:"学人不会。"师曰:"不会,夏末问曹山。"师著偈颂六十余首,及诸铭、论、群经略要等,并行于世。

杭州天龙寺秀禅师,先住岁丰。师上堂,谓众曰:"诸上坐,多少无事。十二时中,在何世界安身立命?且子细点检看。何不觅个歇处?因什么却与别人点检?若恁么去,早落第二头也。"时有僧问:"承师有言:恁么去早落第二头。学人总不恁么上来,师如何辨白?"师曰:"汝却作家。"曰:"恁么即今日得遇于师也。"师曰:"汝且莫诈明头。"问:"承古有言:二人俱错。未审古人意旨如何?"师曰:"汝何不自检责?"① 曰:"恁么即人天有赖也。"师曰:"汝不妨灵利。"本国署清慧大师。

潞州延庆院传殷禅师,僧问:"见色便见心,灯笼是色,那个是心?"师曰:"汝不会古人意。"曰:"如何是古人意?"师曰:"灯笼是心。"问:"若能转物,即同如来。未审转什么物?"师曰:"道什么?"僧拟进语,师曰:"遮漆桶。"

---

① "不",东寺本、碛砂本、南藏本、径山本作"人"。

衡岳南台守安禅师，初住江州悟空院。有僧问："人人尽有长安路，如何得到？"师曰："即今在什么处？"问："如何是西来意？"师曰："是什么意？"问："如何是本来身？"师曰："是什么身？"问："寂寂无依时如何？"师曰："寂寂底聻？"① 师因有颂曰："南台静坐一炉香，旦日凝然万事忘。不是息心除忘想，都缘无事可思量。"

前福州仙宗契符清法大师法嗣

福州仙宗洞明真觉大师，僧问："拏云不假风雷便，浚浪如何透得身？"师曰："何得弃本逐末？"

泉州福清广法大师行钦，初住云台院。师上堂，谓众曰："还有人鉴得出么？若有人鉴得，是什么湖里破草鞋？若也鉴不出，落地作金声。无事，久立。"僧问："如何是佛法大意？"师曰："诸上坐，大家道取。"问："如何是谭真逆俗？"师曰："客作汉，问什么？"曰："如何是顺俗违真？"师曰："吃茶去。"问："如何是然灯前？"师曰："然灯后。"曰："如何是然灯后？"师曰："然灯前。"曰："如何是正然灯？"师曰："吃茶去。"问："如何是第二月？"师曰："汝问我答。"师问僧："汝念什么经？"曰："《法华经》。"师曰："彼此话堕。"

前杭州天龙重机大师法嗣

高丽雪岳令光禅师，僧问："如何是和尚家风？"师曰："分

---

① "聻"，原作"你"，据大正本改。

明记取。"问:"如何是诸法之根源?"师曰:"谢指示。"

前婺州国泰瑫禅师法嗣

婺州齐云宝胜禅师,僧问:"如何是齐云境?"师曰:"龙潭彻底清,乌龟得继名。"曰:"莫即遮个便是么?"师曰:"道高龙虎伏,八仙连太平。"问:"如何是齐云水?"师曰:"龙潭常彻底,拟问即波澜。"曰:"莫只遮个便是么?"师曰:"古殿无香烟,谁人辨清浊?"曰:"未审深深处如何?"师曰:"阇梨欲识深深处,直须脚下绝云生。"

前福州升山白龙院道希禅师法嗣

福州广平玄旨禅师,曾住黄檗。上堂,示众曰:"还有人证明么?若有人证明,亦免孤负上祖,埋没后来。若是寻言数句,大藏分明;若是祖宗门中,怪及什么处?恁么道,亦是傍赘之辞。"僧问:"如何是广平境?"师曰:"地擎名山秀,溪连海水清。"曰:"如何是境中人?"师曰:"汝问我答。"问:"如何是法身体?"师曰:"廓落虚空绝玷瑕。"曰:"如何是体中物?"师曰:"一轮明月散秋江。"曰:"未审体与物分不分?"师曰:"适来道什么?"曰:"恁么即不分也。"师曰:"穿耳胡僧笑点头。"

福州升山白龙清慕禅师,僧问:"如何是白龙密用一机?"师曰:"汝每日用什么?"曰:"恁么即徒劳侧聆。"师便喝出。问:"一切众生,日用而不知。如何是日用底?"师曰:"别祇对你争得?"问:"不责上来,声前一句,请师道。"师曰:"莫是不辨么？"

福州灵峰志恩禅师，僧问："如何是吹毛剑？"师曰："我进前，汝退后。"曰："怎么即学人丧身命去也。"师曰："不打水，鱼自惊。"问："如何是佛？"师曰："更是阿谁？"曰："既然如此，为什么迷妄有差殊？"师曰："但自不亡羊，何须泣歧路？"问："如何是灵峰境？"师曰："万迭青山如钉出，两条绿水若图成。"曰："如何是境中人？"师曰："明明密密，密密明明。"

福州东禅玄亮禅师，僧问："本无迷悟，为什么却有众生？"师曰："话堕。"问："祖祖相传传法印，师今继嗣嗣何方？"师曰："特谢证明。"曰："怎么即白龙当时亲受记，今日应圣度迷津。"师曰："汝莫错认定盘星。"

漳州报劬院玄应定慧禅师，泉州晋江县人也，姓吴氏。幼出家于本州开元寺九佛院，禀具探律乘，阅大藏终帙。乃之福州，谒白龙希和尚，印可心地。却归本州清豁，会清豁长老罢唱保福，庵于贵湖，一见以同道相契。豁命檀信于庵之西青阳山创室，请师宴处，二十余载。

开宝三年，属泉州帅陈洪进仲子文颢任漳州刺史，于水南创大禅苑曰"报劬"，屡请师住持，固辞不往。师之兄仁济为军校，文颢因遣仁济入山，述意勤恳，师不得已出山①。时参学四集，

---

① "山"，丛刊本无。

仅千五百人，随从入院，大启法筵。僧问："如何是第一义？"师曰："如何是第一义？"曰："学人请益，师何以倒问学人？"师曰："汝适来请益什么？"曰："第一义。"师曰："汝谓之倒问邪？"问："如何是古佛道场？"师曰："今夏堂中千五百僧。"陈帅以师之道德闻于太祖皇帝，赐紫衣、师号。开宝八年将顺世，先七日遗书辞陈守，仍示一偈曰："今年六十六，世寿有延促。无生火炽然，有为薪不续。出谷与归源，一时俱备足。"及期日，诫诸门人："吾灭后，不得以丧服哭泣，有乱规矩。"言讫坐化。陈守伤叹，尽礼送终。荼毗，收灵骨，于院之后山建浮图。

前泉州招庆法因大师法嗣

泉州报恩院宗显明慧大师，初住兴国。有僧问："新丰一派，兴国分流。祖嗣西来，请师举唱。"师曰："也在新丰得些子时。"① 曰："恁么即法雨霶霈，群生有赖也。"师曰："莫闲言语。"问："昔日灵山一会，迦叶亲闻。未审今日，谁是闻者？"师曰："却忆七叶岩中尊。"问："昔日觉城东际，象王回旋，五众咸臻。今日太守临筵②，如何提接？"师曰："眨上眉毛著。"曰："恁么即一机显处，万缘丧尽。"师曰："何必繁辞？"问："如何是西来意？"师曰："日里看鹞毛。"

师后住报恩。有僧问："学人都致一问，请师道。"师曰："不是创住，遮个师僧也难容。"问："离四句，绝百非，请师道。"师曰："青红华满庭。"问："不涉思量处，从上宗乘，请师

---

① "时"，南藏本、径山本、大正本作"问"。疑此字为衍文。
② "筵"，大正本作"院"。

直道。"师良久。僧曰:"恁么即听响之流,徒劳侧耳。"师曰:"早是粘腻。"问:"不责上来,声前一句,请师直道。"师曰:"汝自何来?"曰:"恁么即得遇明师也。"① 师曰:"莫闲言语。"问:"如何是人王?"师曰:"奉对不敢造次。"曰:"如何是法王?"师曰:"莫孤负好。"曰:"未审人王与法王对谭何事?"师曰:"非汝所聆。"

金陵龙光院澄忋禅师,广州人也,姓陈氏。幼出家于本州观音院,年满,纳戒于韶州南华寺。寻游方,抵于泉州,参法因大师,印悟心地。后住舒州山谷寺。有僧新到,师问:"什么处来?"曰:"江南来。"师曰:"汝还礼渡江船子么?"曰:"和尚为什么教礼渡江船子?"师曰:"是汝善知识。"又住齐安、龙光,前后三处聚徒说法,终于龙光。

永兴北院可休禅师,第二世住。僧问:"如何是西来意?"师曰:"遍满天下。"僧曰:"莫便是么?"师曰:"是即牢收取。"问:"大作业底人来,师还接否?"师曰:"不接。"曰:"为什么不接?"师曰:"幸是好人家男女。"

郴州太平院清海禅师,僧问:"古人道'不从请益得',祖师为什么道'谁得作佛'?"师曰:"悟了方知。"问:"从上宗乘,次第指授。未审今日,如何举唱?"师曰:"透出白云深洞里②,

---

① "得",丛刊本作"是"。
② "透出白云",大正本作"白云透出"。

名华异草岭头生。"问："如何是句中人?"师曰："好辨。"

连州慈云普广大师慧深，僧问："匡王请佛，既奉法于当时；我后延师，盖兴宗于此日。幸施方便，无吝举扬。"师曰："不烦再问。"问："如何是大圆镜?"师曰："著。"问："如何是向上事?"师曰："分明听取。"

鄂州兴阳山道钦禅师，第二世住。僧问："如何是兴阳境?"师曰："松竹乍栽山影绿，水流穿过院庭中。"问："如何是佛?"师曰："更是什么?"

前婺州报恩宝资禅师法嗣

处州福林澄和尚①，僧问："如何是伽蓝?"师曰："勿幡帧。"曰："如何是伽蓝中人?"师曰："瞻礼即有分。"问："下堂一句，请师不吝。"师曰："闲吟唯忆庞居士，天上人间不可陪。"

前处州翠峰从欣禅师法嗣

处州报恩守真禅师，僧问："诸官已结人天会，报恩今日事如何?"师曰："阇梨到诸方分明举。"问："如何是佛法大意?"师曰："闪烁乌飞急，奔腾兔走频。"

前襄州鹫岭明远禅师法嗣

襄州鹫岭通和尚，第二世住。僧问："世尊得道，地神报虚空

---

① "林"，原脱，据南藏本、径山本、大正本及目录补。

神。和尚得道，未审什么人报？"师曰："谢你报来。"

前杭州龙华寺志球禅师法嗣

杭州仁王院俊禅师，僧问："承古有言：向上一路，千圣不传。如何是向上不传底事？"师曰："向上问将来。"曰："恁么即上来不当去也。"师曰："既知如此，踏步上来作什么？"

前漳州保福院可俦禅师法嗣

漳州隆寿无逸禅师，初开堂，升坐良久，谓众曰："诸上坐，若是上根之士，早已掩耳；中下之流，竞头侧听。虽然如此，犹是不得已而言。诸上坐，他时后日到处，有人问著今日事，且作么生举似他？若也举得，舌头鼓，舌头论。若也举不得，如无三寸，且作么生举？"僧问："绝妙宗风，请师垂示。"师良久。僧曰："恁么即顿决疑情，便契心源。向上宗乘，如何言论？"师曰："待汝自悟始得。"

前潭州延寿寺慧轮禅师法嗣

庐山归宗第十二世道诠禅师，吉州安福人也，姓刘氏。生恶荤血，髫龀礼本州思和尚受业。闻慧轮和尚化被长沙，时马氏僭窃①，与建康接壤。师年二十五，结友冒险，远来参寻。后马氏灭②，刘言有其地，王逵复代刘言③。逵疑师江表谍者，乃令捕

---

① "僭窃"，大正本作"窃据荆楚"。
② "后"，大正本作"会"。
③ "王逵复代刘言"，大正本作"以王逵代刘言领其事"。

执，将沈于江。师怡然无怖，遂异之，且询轮和尚。轮曰："斯皆为法忘躯之人也。闻老僧虚誉，故来决择耳。"遂悦而释之，仍加礼重。师栖泊延寿经十稔，轮和尚归寂，乃回庐山开先驻锡。乾德初，于山东南牛首峰下结茅为室。开宝五年，洪帅林仁肇请居筠阳九峰隆济院，阐扬宗旨，本国赐大沙门号。

僧问："承闻和尚亲见延寿来，是否？"师曰："山前麦熟也未？"问："九峰山中，还有佛法也无？"师曰："有。"曰："如何是九峰山中佛法？"师曰："山中石头，大底大，小底小。"寻属江南国绝，僧徒例试经业，师之徒众，并习禅观，乃述一偈，闻于州牧曰："比拟忘言合太虚，免教和气有亲疏。谁知道德全无用，今日为僧贵识书。"时州牧阅之，与僚佐议曰："旃檀林中必无杂树。"唯师一院，特奏免试经。

太平兴国九年，南康知军张南金先具疏白师，然后集道俗迎请①，坐归宗道场。僧问："如何是归宗境？"师曰："千邪不如一直。"问："如何是佛？"师曰："待得雪消后，自然春到来。"问："如何是学人自己？"师曰："床窄先卧，粥稀后坐。"问："古人道'不是风动，不是幡动'如何？"师曰："来日路口有市。"师雍熙二年十一月二十八日中夜跌坐，白众而顺寂。寿五十六，腊三十七。荼毗，舍利塔于牛首庵所。师颇有歌颂，流传于世。

潭州龙兴裕禅师，僧问："如何是学人自己？"师曰："张三李四。"曰："比来问自己，为什么道张三李四？"师曰："汝且莫

---

① "后"脱，据大正本补。

草草。"问:"诸余即不问,如何是和尚家风?"师曰:"家风即且置,阿那个是汝不问底诸余?"

前韶州白云祥和尚法嗣

韶州大历和尚,初参白云,白云举拳曰:"我近来不怎么也。"师领旨礼拜,自此入室。住后,僧问:"如何是西来意?"师曰:"破草鞋。"问:"如何是无为?"师乃摆手。问:"施主供养,将何报答?"师以手捻髭。僧曰:"有髭即捻,无髭如何?"师曰:"非公境界。"师在暗室坐,有僧来不审,师乃与一掌,僧不测。

连州宝华和尚,师上堂,示众曰:"看天看地,新罗国里。和南不审,日消万两黄金。虽然如是,犹是少分。"又曰:"尽十方世界是个木罗汉,幡竿头上道将一句来。"又曰:"天上龙飞凤走,山间虎啸猿啼,拈向鼻孔①,道将一句来。"僧问:"如何是宝华境?"师曰:"前头渌水②,后面青山。"僧曰:"不会。"师曰:"末后一句。"师问僧:"什么处来?"曰:"大容来。"师曰:"大容近日作么生?"曰:"近来合得一瓮酱。"师曰:"沙弥将一碗水来,与遮僧照影。"因有僧问大容云:"天赐六铢披挂后,将何报答我皇恩?"大容云:"来披三事衲,归挂六铢衣。"师闻之,乃曰:"遮老冻醲!作恁么语话。"大容闻,令人传语云:"何似奴缘不断。"师曰:"比为抛砖,只图引玉。"师见一僧从法堂阶下过,师乃敲绳床。僧曰:"若是遮个,不请拈出。"师喜,下地

---

① "向",东寺本、碛砂本、南藏本、径山本作"却"。
② "渌",大正本作"绿"。

问之,并无说处,师乃打。师有时戴冠子,谓众曰:"若道是俗,且身披袈裟;若道是僧,又头戴冠子。"大众无对。

韶州月华和尚,初谒白云。云问曰:"业个什么?"师对曰:"念《孔雀经》。"白云曰:"好个人家男子,随鸟雀后。"师闻语惊异,遂依附。久之乃契旨,寻住月华。有僧问:"如何是月华家风?"师曰:"若问家风,即答家风。"曰:"学人问家风。"师曰:"金铜罗汉。"师问僧:"什么处来?"曰:"大容来。"师:"东路来,西路来?"曰:"西路来。"师曰:"还见弥陀么?"僧良久,礼拜。师曰:"礼拜月华作么?"师入京上堂,有一官人出,礼拜起,低头良久。师曰:"击电之机①,徒劳伫思。"有老宿入到法堂,顾视东西曰:"好个法堂,且无主。"师在方丈,闻之曰:"且坐。"老宿问曰:"玄中最的,犹是龟毛兔角,不向二谛中修,如何密用?"师曰:"侧。"曰:"恁么则拗折拄杖,割断草鞋去也。"师曰:"细而详之。"

南雄州地藏和尚,上堂,有僧问:"既是地藏,地藏还来否?"师曰:"打开佛殿门,装香换水。"师与大容和尚在白云开火路,大容曰:"三道宝阶,何似个火路?"师曰:"甚么处不是?"

英州乐净含匡禅师,开堂日,谓众曰:"摩竭提国,亲行此令,去却担簦,请截流相见。"僧问:"如何是西来意?"师曰:

---

① "电",丛刊本作"雷"。

"侧耳无功。"问："如何是乐净家风？"师曰："天地养人。"问："如何是乐净境？"师曰："有功贪种竹，无暇不栽松。"曰："忽遇客来，将何供养？"师曰："满园秋果熟，要者近前尝。"问："不坐菩提坐，直过那边如何？"师曰："放过。"问："师唱谁家曲，宗风嗣阿谁？"师曰："斩新世界，特地乾坤。"问："龙门有意透者如何？"师曰："滩下接取。"曰："学人不会。"师曰："唤行头来。"问："但得本，莫愁末，如何是本？"师曰："不要问人。"曰："如何是末？"师乃竖指。问："如何是乐净境？"师曰："满月团圆菩萨面，庭前棕树夜叉头。"有僧辞，师问："什么处去？"曰："大容去。"师曰："大容若问乐净近日有何言教，汝作么生只对？"僧无语。师代曰："但道乐净近日不肯大容。"因普请打篱次，有僧问："古人种种开方便门，和尚为什么却拦截？"师曰："牢下橛著。"

韶州后白云和尚，初开堂登坐，谓众曰："不审！从上宗风，不容伫思。然念诸佛初心敬礼，后代相承事，须有方便。三十年后，不得埋没。若是高贤上士，不在其流，后学初心，示汝个入路：看取大众头上。若也不会，听葛藤去也。"师良久，又曰："上至诸佛，下至含识，共个真心。且阿那个是诸人心？莫是情与无情共一体么？怎么见解，何似三家村里？既如是不得，又作么生会？直下会得，早是自相钝置。若据祖师门下，岂立遮个阶梯？眨上眉毛，早是蹉过，何况声前荐得，句后投机？会中还有知音么①？去却担簦，请截流相见。"时有僧礼拜，师曰："俊哉！龙象蹴踏润无边，三乘五性皆惺悟。"僧拟再伸问，师曰："去。"

问："古琴绝韵请师弹。"师曰："伯牙虽妙手，时人听者稀。"曰："恁么即再遇子期也。"师曰："笑发惊弦断，宁知调不同。"

问："昔日灵山一会，梵王为主，未审白云什么人为主？"师曰："有常侍在。"曰："恁么即法雨霶霈，群生有赖。"师曰："汝莫遮里卖栀子。"

前朗州德山缘密大师法嗣

潭州鹿苑文袭禅师，僧问："远远投师，请师接。"师曰："五门巷里无消息。"僧良久，师曰："会么？"曰："不会。"师曰："长乐坡头信不通。"

澧州药山可琼禅师，第九世住。②后住江陵延寿。僧问："请师答话。"师曰："好。"曰："还当得也无？"③师曰："更问。"僧问曰："巨岳不曾乏寸土，师今苦口为何人？"师曰："延寿也要道过。"曰："不申此问，焉辨我师？"师喝，其僧礼拜，师便打。

前西川青城香林澄远禅师法嗣

灌州罗汉和尚，僧问："如何是佛法大意？"师曰："井中红焰，日里浮沤。"曰："如何领会？"师曰："遥指浮桑日那边。"④

---

① "音"下，碛砂本、南藏本、大正本有"者"。
② "住"，东寺本、碛砂本、南藏本无。
③ "当得"，碛砂本作"得当"。
④ "浮"，南藏本、径山本作"扶"。

问："如何是罗汉境？"师曰："地连香积水，门对圣峰山。"问："既是罗汉，为什么却受人转动？"师曰："换却眼睛，转却髑髅。"

前鄂州黄龙诲机禅师法嗣①

洛京长水紫盖善沼禅师，僧问："死中得活时如何？"师曰："抱镰刮骨熏天地，炮烈棺中求托生。"问："才生便死时如何？"师曰："赖得觉疾。"

眉州黄龙继达禅师，僧问："如何是衲？"师曰："针去线不回。"曰："如何是帔？"师曰："横铺四世界，竖盖一乾坤。"曰："道满到来时如何？"师曰："要羹与羹，要饭与饭。"问："黄龙出世，金翅鸟满空飞时如何？"师曰："问汝金翅鸟②，还得饱也无？"

枣树和尚，第二世住。问僧："发足什么处？"曰："闽中。"师曰："俊哉！"曰："谢师指示。"师曰："屈哉！"僧锄地次，见师乃不审，师曰："见阿谁了，便不审？"曰："见师不问讯，礼式不全。"师曰："却是孤负老僧。"其僧归堂，举似第一坐，第一坐曰："和尚近日可畏为人切。"师闻之，乃打第一坐七棒。第一坐曰："某甲恁么道，未有过，打恁么？"③师曰："枉吃如许

---

① "诲"，大正本作"晦"。
② "鸟"，东寺本、碛砂本、南藏本、径山本作"疾"。
③ "恁么"，丛刊本、东寺本作"怎么"。

多年盐醋。"又打七棒。

兴元府玄都山澄和尚，僧问："喜得趋方丈，家风事若何？"师曰："动风开晓露①，明月正当天。"曰："如何拯济？"师曰："金鸡楼上一下鼓。"问："如何是沙门行？"师曰："一切不如。"

嘉州黑水和尚，初参黄龙，问曰②："雪覆芦华时如何？"黄龙曰："猛烈。"师曰："不猛烈。"黄龙又曰："猛烈。"师又曰："不猛烈。"黄龙便打，师因而省觉。自尔契缘，化行黑水。

鄂州黄龙智颙禅师，第三世住。僧问："如何是黄龙家风？"师曰："待宾钉仙果。"僧问："如何是诸佛之本源？"师曰："即此一问是何源？"曰："恁么即诸佛无异路去也。"师曰："延平剑已成龙去，犹有刻舟求剑人。"

眉州昌福达和尚，僧问："学人来问师则对，不问时师意如何？"师曰："谢师兄指示。"问："本来则不问，如何是今日事？"师曰："师兄，遮问大好。"曰："学人不会时如何？"师曰："谩得即得。"问："国有宝刀，谁人得见？"师曰："师兄，远来不易。"曰："此刀作何形状？"师曰："要也道，不要也道。"曰："请师道。"师曰："难逢难遇。"问："石牛水上卧时

---

① "动"，东寺本、碛砂本作"熏"。
② "问"上，原衍"黄龙"，据东寺本、碛砂本改。

如何？"师曰："异中异①，妄计不浮沈。"曰："便恁么去时如何？"师曰："翅天日落，把土成金。"

前婺州明招德谦禅师法嗣

处州报恩契从禅师，初开堂，升坐欲坐，乃曰："烈士锋前，还有俊鹰、俊鹞儿么？放一个出来看。所以道：烈士锋前少人陪，云雷击鼓剑轮开。谁是大雄狮子种，满身锋刃但出来。"时有僧始出，师曰："看，好精彩。"僧拟申问，师曰："什么处去也？"问："狮子未出窟时如何？"师曰："锋铓难击。"曰："出窟后如何？"师曰："藏身无路。"曰："欲出不出时如何？"师曰："命似悬丝。"曰："向去事如何？"师曰："拶。"师后住南明，有僧问："如何是和尚家风？"师曰："还奈何么？"问："十二时中，如何即是？"师曰："金刚顶上看。"曰："恁么即人天有赖。"师曰："汝又诳谎人天作么？"

婺州普照瑜和尚，上堂未坐，谓众曰："三十年后，大有人向遮里亡锋结舌去在。还会么？的然②，若不是真师子儿，争识得上来机？"僧问："师子未出窟时如何？"师曰："众兽徒然。"曰："出窟后如何？"师曰："狐绝万里。"曰："欲出不出时如何？"曰："当衙者丧。"③ 问："向去事如何？"师曰："决在临锋。"师乃颂曰："决在临锋处，天然狮子机。嚬呻出三界，非祖

---

① "异中异"，《五灯会元》卷八作"异中还有异"。
② "的"，碛砂本、南藏本、径山本、大正本作"灼"。
③ "衙"，东寺本、碛砂本作"冲"。

莫能知。"

婺州双溪保初禅师，示众曰："未透彻，不须呈，十方世界廓然明。孤峰顶上通机照，不用看他北斗星。"僧问："九夏灵峰剑，请师不露锋。"师曰："未拍金锁前何不问？"僧曰："千般徒设用，难出髑髅前。"师曰："背后碍杀人。"

处州涌泉究和尚，师上堂，良久曰："还有虎狼禅客么？有则放出一个来。"时有僧才出，师曰："还知丧命处么？"曰："学人咨和尚。"师曰："什么处去也？"问："狮子未出窟时如何？"师曰："抖擞地。"曰："狮子出窟后如何？"师曰："盖天盖地。"曰："欲出不出时如何？"师曰："一切人辨不得。"问："向去事如何？"师曰："俊鹞亦迷踪。"

衢州罗汉义和尚，上堂，众集，有僧才出礼拜，师曰："不是好底。"僧曰："龙泉宝剑请师挥。"师曰："什么处去也？"曰："恁么即龙溪南面尽锋铓。"师曰："收取。"问："不落古今请师道。"师曰："还怪得么？"曰："犹落古今。"师曰："莫错。"

前朗州大龙山智洪禅师法嗣

大龙山景如禅师，第二世住。僧问："如何是佛法大意？"师喝。僧曰："尊意如何？"师曰："会么？"曰："不会。"师又喝。问："太阳一显人皆羡，鼓声才罢意如何？"师曰："季秋凝后好晴天。"

朗州大龙山楚勋禅师，第四世住。上堂，良久曰："大众，只怎么各自散去，已是重宣此义了也，久立又奚为？然久立有久立底道理。知了，经一小劫如一食顷，不知道理，便见茫然。还知么？有知者出来，大家相共商量。"时有僧出，展坐具曰："展即遍周沙界，缩即丝发不存。展即是，不展即是？"师曰："你从什么处得来？"曰："怎么即展去也。"师曰："勿交涉。"问："如何是大龙境？"师曰："诸方举似人。"曰："如何是境中人？"师曰："你为什么谩我？"问："亡僧迁化，向什么处去也？"师曰："阿弥陀佛。"僧问："善法堂中师子吼，未审法嗣嗣何人？"师曰："犹自怎么问。"

兴元府普通院从善禅师，僧问："法轮再转时如何？"师曰："助上坐喜。"曰："合谭何事？"师曰："异人掩耳。"曰："便怎么领会时如何？"师曰："错。"问："佩剑叩松关时如何？"师曰："莫乱作。"曰："谁不知有？"师曰："出。"

前襄州白马行霭禅师法嗣

襄州白马智伦禅师，僧问："如何是佛？"师曰："真金也须失色。"问："如何是和尚出身处？"师曰："牛抵墙。"曰："学人不会，意旨如何？"师曰："已成八字。"

前安州白兆山第二世怀楚禅师法嗣

唐州保寿匡祐禅师，僧问："如何是佛法大意？"师曰："近前来,近前来。"僧近前,师曰:"会么?"曰:"不会。"师曰:"石火电光,已经尘劫。"僧问:"如何是为人底一句?"师曰:"开口入耳。"① 曰:"如何理会?"师曰:"逢人告人。"

前襄州谷隐智静禅师法嗣

谷隐知俨禅师,登州人也。受业于本州鹊山,得法于前谷隐知静禅师,继踵住持,玄侣臻萃。僧问:"师唱谁家曲,宗风嗣阿谁?"师曰:"白云南,伞盖北。"问:"如何是迦叶亲闻底事?"师曰:"速须作却。"问:"如何是诸佛照不著处?"师曰:"问遮山鬼窟作么?"曰:"照著后如何?"师曰:"咄!精怪。"问:"千山万水,如何登涉?"师曰:"举步便千里万里。"曰:"不举步时如何?"师曰:"亦千里万里。"

襄州普宁院法显禅师,僧问:"曩劫共住,为什么不识亲疏?"师曰:"谁?"曰:"更待某甲道。"师曰:"将谓不领话。"问:"万水千山,如何登涉?"师曰:"青霄无间路,到者不迷机。"

前庐山归宗第四世佛弘章禅师法嗣

东京普净院常觉禅师者,陈留人也,姓李氏。幼习儒学,绝无干禄之意,志乐山水,颇以游览为务。至庐山归宗禅师会下,闻法省悟,遂求出家。未几,归宗将顺寂,命师,抚之曰:"汝

---

① "开口入耳",东寺本作"开耳口入"。

于法有缘，他后济众人，莫测其量也。"仍以披剃事嘱诸门人讫，然后示灭。师至唐乾化二年落发①，明年纳戒于东林寺甘露坛。寻游五台山，还上都，于丽景门外独居②。二载间，有北邻信士张生者，请师供养。张素探玄理，因叩师垂诲，师乃随宜开诱，张生于言下发悟，遂设榻留宿。至深夜，与妻窃窥之，见师体遍一榻，头足俱出。及令婢仆视之，即如常。张生倍加钦慕，曰："弟子夫妇垂老，今愿割宅之前堂，以裨丈室。"师欣然受之。至后唐天成三年，遂成大院，赐额曰"普净"。

师以时机浅昧，难任极旨，苟启之非器，令彼招谤讟之咎，我宁不务开法。每月三八，施浴僧道万计。师常谓诸徒曰："但得慧门无壅，则福何滞哉？"一日，给事中陶谷入院，致礼而问曰："经云：离一切相，则名诸佛。今目前诸相纷然，如何离得？"师曰："给事见个什么？"陶欣然仰重。自是王公大人，屡荐章服、师号，皆却而不受。以开宝四年十二月二日示疾，十一日告众嘱付讫，右胁而化。寿七十有六，腊五十有六。今法嗣继世住持弥盛。

前襄州石门山第三世慧彻禅师法嗣

石门山绍远禅师，第四世住。僧问："师唱谁家曲，宗风嗣阿谁？"师曰："十方无异类，揭觉凤林前。"问："先师归于雁塔，当仁一句，请师垂示。"师曰："修罗掌内擎日月，夜叉足下踏泥

---

① "唐"，径山本、大正本作"梁"。乾化为后梁年号。
② "外"，大正本作"内"。

龙。"问:"金龙不吐凡间雾,请师举唱凤皇机。"① 师曰:"白眉不展手,长安路坦平。"问:"如何是西来意?"师曰:"布袋盛乌龟。"问:"如何是石门境?"师曰:"孤峰对凤岭。"曰:"如何是境中人?"师曰:"岩中残雪,处处分辉。"问:"如何是和尚家风?"师曰:"滴沥非旨趣,千山不露身。"问:"如何是古佛心?"师曰:"白牛露地卧清溪。"问:"生死之河,如何过得?"师曰:"风吹荷叶浮萍草。"② 问:"如何是三乘教外别传一句?"师曰:"羊头车子入长安。"问:"生死浪前,如何话道?"师曰:"毛袋横身绝饮啄,青溪常卧太阳春。"问:"如何是道?"师曰:"山深水冷。"曰:"如何是道中人?"师曰:"金槌击金鼓。"问:"天阴日不出,光辉何处去?"师曰:"铁蛇横大路,通身黑似烟。"

鄂州灵竹守珍禅师,僧问:"如何是西来意?"师曰:"锡带胡中土,瓶添汉地泉。"问:"迷悟不入诸境时如何?"师曰:"境从何来?"曰:"恁么即入诸境去也。"师曰:"龙头蛇尾汉。"

前洪州同安志和尚法嗣

朗州梁山缘观禅师,僧问:"如何是和尚家风?"师曰:"资杨水急鱼行涩,白鹿松高鸟泊难。"问:"大众云集,白鹿一句,请师阐扬。"师曰:"近日居何国土?"又曰:"梁山高挂秦时镜,光寿门风不假灯。"问:"师唱谁家曲,宗风嗣阿谁?"师曰:"龙

---

① "皇",东寺本、碛砂本、大正本作"凰"。
② "荷",原作"河",据南藏本、径山本、大正本改。

生龙子,凤生凤儿。"问:"如何是西来意?"师曰:"葱岭不传唐土信,胡人谩说太平歌。"问:"如何是从上传来底事?"师曰:"渡水胡僧无膝袴,背驼梵夹不持经。"问:"如何是正法眼?"师曰:"南华里。"曰:"为什么在南华里?"师曰:"为汝问正法眼。"问:"如何是衲衣下事?"师曰:"密。"有端长老访师,晤坐谭话,时有僧问:"二尊不并化,为什么两人居方丈?"师曰:"一亦非。"师有颂曰:"梁山一曲歌,格外人难和。十载访知音,未尝逢一个。"又颂曰:"红焰藏吾身,何须塔用新①?有人相肯重,灰里邈全真。"②

前襄州广德第二世延和尚法嗣

襄州广德周禅师,僧问:"见话不学时如何?"师曰:"遍界没聋人,谁是知音者?"曰:"如何是知音者?"师曰:"断弦续不得,历劫响泠泠。"僧问:"承教有言:阿逸多不断烦恼,不修禅定,佛记此人,成佛无疑。此理如何?"师曰:"盐又尽,炭又无。"曰:"盐尽炭无时如何?"师曰:"愁人莫向愁人道,道愁人愁杀人。"③

---

① "用",径山本、大正本作"庙"。
② "邈",大正本作"貌"。
③ "道向",原作"向道",据丛刊本改。

景德传灯录卷第二十五

吉州清原山行思禅师第九世上
金陵清凉文益禅师法嗣①三十人见录
　　天台山德韶国师
　　杭州报恩寺慧明禅师
　　漳州罗汉智依大师
　　金陵章义道钦禅师
　　金陵报恩匡逸禅师
　　金陵报慈文遂导师②
　　漳州罗汉守仁禅师
　　杭州永明寺道潜禅师
　　抚州黄山良匡禅师
　　杭州灵隐清耸禅师
　　金陵报恩玄则禅师
　　金陵报慈行言导师
　　金陵净德智筠禅师

---

① "嗣"下，大正本有"上"。
② "导"，碛砂本、南藏本、径山本作"禅"。

高丽道峰慧炬国师

金陵清凉泰钦禅师

杭州宝塔寺绍岩禅师

金陵报恩法安禅师

抚州崇寿契稠禅师

洪州云居清锡禅师

洪州百丈道常禅师

天台般若敬遵禅师

庐山归宗策真禅师

洪州同安绍显禅师

庐山栖贤慧圆禅师

洪州观音从显禅师

庐州长安延规禅师

常州正勤希奉禅师

洛京兴善栖伦禅师

洪州新兴齐禅师

润州慈云匡达禅师

清原行思禅师第九世上
金陵清凉文益禅师法嗣

天台山德韶国师，处州龙泉人也，俗姓陈氏。母叶氏梦白光触体，因而有娠，及诞，尤多奇异。生十五①，有梵僧勉令出家。

---

① "生"，丛刊本、东寺本、碛砂本、大正本、径山本作"年"。

十七，依本州龙归寺受业。十八，纳戒于信州开元寺。后唐同光中游方①，诣投子山，见大同禅师，乃发心之始。次谒龙牙遁和尚，问："雄雄之尊，为什么近之不得？"龙牙曰："如火与火。"曰："忽遇水来又作么生？"龙牙曰："汝不会。"师又问："天不盖，地不载。此理如何？"龙牙曰："合如是。"师不喻旨，再请垂诲。龙牙曰："道者，汝向后自会去。"次问疏山曰："百匝千重，是何人境界？"疏山曰："左搓芒绳缚鬼子。"师进曰："不落古今请师说。"②曰："不说。"师曰："为什么不说？"曰："个中不辨有无。"师曰："师今善说。"疏山骇之。师如是历参五十四善知识，皆法缘未契。最后至临川谒净慧禅师，净慧一见深器之。师以遍涉丛林，亦倦于参问，但随众而已。一日净慧上堂，有僧问："如何是曹源一滴水？"净慧曰："是曹源一滴水。"僧惘然而退。师于坐侧豁然开悟，平生凝滞③，涣若冰释。遂以所悟闻于净慧，净慧曰："汝向后当为国王所师，致祖道光大，吾不如也。"自是诸方异唱，古今玄键，与之决择，不留微迹。

寻回本道，游天台山，睹智者颛禅师遗踪，有若旧居。师复与智者同姓，时谓之后身也。初止白沙，时吴越忠懿王以国王子刺台州，向师之名，延请问道。师谓曰："他日为霸主，无忘佛恩。"汉乾祐元年戊申，王嗣国位，遣使迎之，申弟子之礼。有传天台智者教羲寂者，屡言于师曰："智者之教，年祀寖远，虑多散落。今新罗国其本甚备，自非和尚慈力，其孰能致之乎？"

---

① "后唐同光"，大正本作"梁开平"。《宋高僧传》"德韶"传作"同光中寻访名山"。
② "今"，丛刊本作"人"。
③ "凝"，大正本作"疑"。

师于是闻于忠懿王，王遣使及赍师之书，往彼国缮写，备足而回，迄今盛行于世矣。

师上堂曰："古圣方便，犹如河沙。祖师道：非风幡动，仁者心动。斯乃无上心印法门，我辈是祖师门下客，合作么生会祖师意？莫道风幡不动，汝心妄动；莫道不拨风幡，就风幡通取；莫道风幡动处是什么？有云'附物明心，不须认物'，有云'色即是空'，有云'非风幡动，应须妙会'，如是解会，与祖师意旨有何交涉？既不许如是会，诸上坐便合知悉。若于遮里彻底悟去，何法门而不明？百千诸佛方便，一时洞了，更有什么疑情？所以古人道：一了千明，一迷万惑。上坐，岂是今日会得一则，明日又不会也？莫是有一分向上事难会，有一分下劣凡夫不会？如此见解，设经尘劫，只自劳神之思①，无有是处。"

僧问："诸法寂灭相，不可以言宣。和尚如何为人？"师曰："汝到诸方更问一遍。"曰："恁么即绝于言句去也。"师曰："梦里惺惺。"问："橹棹俱停，如何得到彼岸？"师曰："庆汝平生。"问："如何是三种病人？"师曰："恰问著。"问："如何是古佛心？"师曰："此问不弱。"问："如何是六相？"师曰："即汝是。"问："如何是方便？"师曰："此问甚当。"问："亡僧迁化，向什么处去也？"师曰："终不向汝道。"曰："为什么不向某甲道？"师曰："恐汝不会。"问："一华开五叶，结果自然成。如何是一华开五叶？"师曰："日出月明。"曰："如何是结果自然成？"师曰："天地皎然。"问："如何是无忧佛？"师曰："愁杀

---

① "之"，丛刊本、东寺本、碛砂本作"乏"。

人。"问:"一切山河大地,从何而起?"师曰:"此问从何而来?"问:"如何是数起底心?"师曰:"争讳得。"问:"如何是第二月?"师曰:"来处甚分明。"曰:"为什么不会?"师曰:"唤什么作第二月?"问:"如何是沙门眼?"师曰:"黑如漆。"问:"绝消息时如何?"师曰:"谢指示。"问:"如何是转物即同如来?"师曰:"汝唤什么作物?"曰:"恁么即同如来也。"师曰:"莫作野干鸣。"

问:"那吒太子析肉还母,析骨还父①,然后于莲华上为父母说法。未审如何是太子身?"师曰:"大家见上坐问。"曰:"恁么即大千同一真如性也。"师曰:"依希似曲才堪听②,又被吹将别调中。"③ 问:"六根俱泯,为什么理事不明?"师曰:"何处不明?"曰:"恁么即理事俱如也?"④ 师曰:"前言何在?"师有时谓众曰:"大凡言句,应须绝渗漏始得。"时有僧问:"如何是绝渗漏底句?"师曰:"汝口似鼻孔。"问:"如何是不证一法?"师曰:"待言语在。"曰:"如何是证诸法?"师曰:"醉作么?"师有时谓众曰:"只如山僧恁么对他,诸上坐作么生体会?莫是真实相为么?莫是正恁么时,无一法可证么?莫是识伊来处么?莫是全体显露么⑤?莫错会好!如此见解,唤作依草附木,与佛法天地悬隔。假饶答话简辩如悬河,只成得个颠倒知见。若只贵答话简辩,有什么难?但恐无益于人,翻成赚误。如上坐从前所学

---

① "析",原作"折",据丛刊本、东寺本、碛砂本、大正本改。
② "希",径山本作"稀",大正本作"俙"。
③ "吹将",东寺本、碛砂本、南藏本、径山本作"风吹",大正本作"风吹将"。
④ "理事",丛刊本作"事理"。
⑤ "全",原作"金",据东寺本、碛砂本改。

简辩、问答、记持，说道理极多，为什么心疑不息？闻古圣方便，特地不会，只为多虚少实。上坐不如从脚跟下一时觑破，看是什么道理？有多少法门与上坐作疑求解？始知从前所学底事，只知生死根源，阴界里活计。所以古人道：见闻不脱①，如水里月。无事，珍重。"师有偈示众曰②："通玄峰顶，不是人间。心外无法，满目青山。"

师后于般若寺开堂说法十二会。第一会，师初开堂日，示众云："一毛吞海，海性无亏，纤芥投锋，锋利无动。见与不见，会与不会，惟我知焉。"乃有颂曰："暂下高峰已显扬，般若圆通遍十方。人天浩浩无差别，法界纵横处处彰。珍重。"师升堂日，有僧问："承古有言：若人见般若，即被般若缚；若人不见般若，亦被般若缚。既见般若，为什么却被缚？"师云："你道般若见什么？"学云："不见般若，为什么却被缚？"师云："你道般若什么处不见？"又云："若见般若，不名般若；不见般若，亦不名般若。般若且作么生说见不见？所以人道③：若欠一法，不成法身；若剩一法，不成法身；若有一法，不成法身；若无一法，不成法身。此是般若之真宗，诸上坐。"又僧问："乍离凝峰丈室，来坐般若道场。今日家风，请师一句。"师云："亏汝什么处？"学云："恁么即雷音震动乾坤地，人人无不尽沾恩。"师云："幸然未会，且莫探头，探头即不中。诸上坐相共证明，令法久住，国土安乐。珍重。"

----

① "脱"，丛刊本作"管"。
② "众"，丛刊本无。
③ "人"上，碛砂本、南藏本、径山本有"古"。

第二会，师上堂，有僧问："承教有言：归源性无二，方便有多门。如何是归源性？"师云："你问我答。"学云："如何是方便门？"师云："你答我问。"学云："如何趣向？"师云："颠倒作么？"又僧问："一身即无量身，无量身即一身。如何是无量身？"师云："一身。"学云："恁么即昔日灵山，今来亲睹。"师云："理当即行。"又云："三世诸佛一时证明上坐，上坐且作么生会？若会时不迁，无丝毫可得移易。何以故？为过去、未来、现在三际是上坐，上坐且非三际。泽霖大海，滴滴皆满。一尘空性，法界全收。珍重。"

第三会，师上堂，有僧问："四众云集，人天恭敬，目睹尊颜，愿宣般若。"师云："分明记取。"学云："师宣妙法，国王万岁，人民安乐。"师云："谁向你道？"学云："法尔如然。"师云："你灵利。"又僧问："三世诸佛不知有，狸奴白牯却知有。既是三世诸佛，为什么却不知有？"师云："却是你知有。"学云："狸奴白牯为什么却知有？"师云："你什么处见三世诸佛？"又僧问："承教有言：眼不见色尘，意不知诸法。如何是眼不见色尘？"师云："却是耳见。"学云："如何是意不知诸法？"师云："眼知。"学云："恁么即见闻路绝，声色喧然。"师云："谁向你道？"又云："夫一切问答，如针锋相投，无纤毫参差相，事无不通，理无不备。良由一切言语，一切三昧，横竖深浅，隐显去来，是诸佛实相门。只据如今，一时验取。珍重。"

第四会，师上堂举："古人云：如何是禅？三界绵绵；如何是道？十方浩浩。因什么道三界绵绵？何处是十方浩浩底道理？要会么？塞却眼，塞却耳，塞却舌、身、意。无空阙处，无转动处，上坐作么会①？横亦不得，竖亦不得，纵亦不得，夺亦不得，无用心处，亦无施设处。若如是会得，始会法门绝择，一切言语绝渗漏。曾有僧问②：'作么生是绝渗漏底语？'③ 向他道：'口似鼻孔甚好。'上坐，如此会，自然不通风去。如识得尽十方世界是金刚眼睛，无事，珍重。"

第五会，师上堂，有僧问云："天下太平，大王长寿，如何是王？"师云："日晓月明。"学云："如何领会？"师云："谁是学人？"又云："天下太平，大王长寿，国土丰乐，无诸患难。此是佛语，古不易今，不迁一言，可以定古定今。会取好，诸上坐。"又僧问："承古有言：有物先天地，无形本寂寥。如何是有物先天地？"师云："非同合。"学云："如何是无形本寂寥？"师云："谁问先天地？"学云："恁么即随静林间独自游。"师云："乱道作么？"又云："佛法不是遮个道理，要会么？言发非声，色前不物，始会天下太平，大王长寿。久立，珍重。"

第六会，师上堂示众云："佛法现成，一切具足。古人道：圆同太虚，无欠无余。若如是，且谁欠谁剩？谁是谁非？谁是会者？谁是不会者？所以道：东去亦是上坐，西去亦是上坐，南去亦是上坐，北去亦是上坐。上坐因什么得成东西南北？若会得，自然见闻觉知路绝，一切诸法现前。何故如此？为法身无相，触目皆形；般若无知，对缘而照。一时彻底会取好。诸上坐，出家儿合作么生？此是本有之理，未为分外。识心达本源，故名为沙

---

① "作么"，东寺本、碛砂本、南藏本作"作么生"。
② "有"下，大正本有"一"。
③ "生"，大正本无。

门①。若识心皎皎地,实无丝毫障碍。上坐,久立,珍重。"

第七会,师上堂,有僧问:"欲入无为海,先乘般若船。如何是般若船?"师云:"常无所住。""如何是无为海?"②师云:"且会般若船。"又僧问:"古德云:登天不借梯,遍地无行路。如何是登天不借梯?"师云:"不遗丝发地。"学云:"如何是遍地无行路?"师云:"适来向你道什么?"师又云:"百千三昧门,百千神通门,百千妙用门,尽不出得般若海中。何以故?为于无住本建立诸法。所以道:生灭、去来、邪正、动静,千变万化,是诸佛大定门,无过于此。诸上坐,大家究取,增于佛法寿命。珍重。"

第八会,师上堂,有僧问:"世尊有正法眼,付嘱摩诃迦叶。只如迦叶在宾钵罗窟,未审付嘱何人?"师云:"教我向谁说?"学云:"恁么即灵山付嘱,不异今日。"师云:"你什么处见灵山?"又僧问:"净慧宝印,和尚亲传。未审今日一会,当付何人?"师云:"冬冬鼓,一头打,两头鸣。"学云:"恁么即千圣同俦,古今不异。"师云:"禅河浪静,寻水迷源。"又僧清遇云:"帝王请命,师赴王恩,般若会中,请师举唱。"师云:"分明记取。"学云:"恁么即云台宝网同演妙音。"师云:"清遇何在?"学云:"法王法如是。"师云:"阿谁证明?"又云:"灵山付嘱分明,诸上坐一时验取。若验得,更无别理,只是如今。譬如太虚,日明云暗,山河大地,一切有为世界,悉皆明现。乃至无为,亦复如是。世尊付嘱,迄至于今,并无丝毫差别,更付阿

---

① "名",大正本作"号"。
② "如"上,东寺本、碛砂本、南藏本、径山本有"曰"。

谁？所以祖师道：心自本来心，本心非有法。法法有本心，非心非本法。此是灵山付嘱榜样，诸上坐，彻底会取好，莫虚度时光。国王恩难报，诸佛恩难报，父母师长恩难报，十方施主恩难报。况建置如是次第，佛法兴隆，若非国王恩力，焉得如此？若要报恩，应须明彻道眼，入般若性海始得。久立，珍重。"

第九会，师上堂，有僧问："承先德云：人空法亦空，二相本来同。如何是二相本来同？"师云："山河大地。"学云："不会，乞师方便。"师云："什么处是不方便处？"又僧问："承教有言：心清净故法界清净。如何是清净心？"师云："迦陵频伽共命之鸟。"学云："心与法界，是一是二？"师云："你自问，别人问？"师又云："大道廓然，讵齐今古？无名无相，是法是修。良由法界无边，心亦无际，无事不彰，无言不显。如是会得，唤作般若现前，理极同真际，一切山河大地，森罗万象，墙壁瓦砾，并无丝毫可得亏阙。无事，久立，珍重。"

第十会，师上堂，有僧问："承师有言：九天擎玉印，七佛兆前心。如何是印？"师云："不露文。""如何是心？"师云："你名安嗣。"又云："法界性海，如函如盖，如钩如锁，如金与金色，位位皆齐，无纤毫参差，不相混滥，非一非异，非同非别。若归实地去，法法皆到底。不是上来问个如何若何便是，不问时便非。在长连床上坐时是有，不坐时是无。只如诸方老宿言教在世，如恒河沙。如来一大藏经，卷卷皆说佛理，句句尽言佛心。因什么得不会去？若一向织络言教，意识解会，饶上坐经尘沙劫，亦不能得彻。此唤作颠倒知见，识心活计，并无得力处，此盖为根脚下不明①。若究尽诸佛法源，河沙大藏，一时现前，不欠丝毫，不剩丝毫。诸佛时常出世，时常说法度人，未曾间歇。乃至猿啼鸟叫、草木、丛林，常助上坐发机，未有一时不为上坐。有如是奇特处，可惜许！诸上坐，大家究取，令法久住世间，增益人天寿命，国王安乐。无事，久立，珍重。"

第十一会，师上堂，举："古人云：吾有一言，天上人间。若人不会，绿水青山。且作么生是一言底道理？古人语须是晓达始得，若是将言而名于言，未有个会处。良由究尽诸法根蒂，始会一言，不是一言半句思量解会唤作一言。若会言语道断，心行处灭，始到古人境界。亦不是闭目藏眼②，暗睹无所见，唤作言语道断。且莫赚会！佛法不是遮个道理。要会么？假饶经尘沙劫说，亦未曾有半句到诸上坐；经尘沙劫不说，亦未曾欠少半句。应须彻底会去始得。若如是斟酌名言，空劳心力，并无用处。与诸上坐相共证明③，后学初心，速须究取。久立，珍重。"

第十二会，师上堂。有僧问："髑髅常干世界，鼻孔摩触家风。如何是髑髅常干世界？"师云："更待答话在。"学云："如何是鼻孔摩触家风？"师云："时复举一遍。"又僧问："一人执炬，自尽其身；一人抱冰，横尸于路。此二人，阿谁辨道？"师云："不遗者。"学云："不会，乞师指示。"师云："你名敬新。"学云："未审还有人证明也无？"师云："有。"学云："什么人证明？"师云："敬新证明。"又僧问："牛头未见四祖时如何？"师

---

① "根脚"，东寺本、碛砂本、南藏本、径山本作"脚根"。
② "眼"，东寺本、碛砂本、南藏本、径山本、大正本作"睛"。
③ "相共"，东寺本、碛砂本、南藏本、径山本作"共相"。

云："异境灵踪，睹者皆羡。"僧又云："见后如何？"师云："适来向你道什么？"又僧问："承古有言：敲打虚空鸣嗀嗀，石人木人齐应诺。六月降雪落纷纷，此是如来大圆觉。如何是敲打虚空底？"师云："昆仑奴著铁袴，打一棒行一步。"学云："恁么即石人木人齐应诺也。"师云："你还闻么？"又云："诸佛法门，时常如是。譬如大海，千波万浪，未曾暂住，未常暂有①，未常暂无，浩浩地光明自在。宗三世于毛端②，圆古今于一念。应须彻底明达始得，不是问一则语，记一转话，巧作道理，风云水月，四六八对，便当佛法。莫自赚，诸上坐！究竟无益。若彻底会去，实无可隐藏，无刹不彰，无尘不现。直下凡夫，位齐诸佛，不用纤毫气力，一时会取好。无事，久立，珍重。"

开宝四年辛未，华顶西峰忽摧，声震一山。师曰："吾非久矣。"明年六月。大星陨于峰顶，林木变白。师乃示疾于莲华峰，参问如常。二十八日，集众言别，跏趺而逝③。寿八十二，腊六十五。

杭州报恩寺慧明禅师，姓蒋氏。幼出家，三学精练，志探玄旨，乃南游于闽越间。历诸禅会，莫契本心。后至临川，谒净慧禅师，师资道合，寻回鄞水大梅山庵居。时吴越部内，禅学者虽盛，而以玄沙正宗置之阃外，师欲整而导之。一日，有二禅客到，师问曰："上坐离什么处？"曰："都城。"师曰："上坐离都

---

① "常"，径山本、大正本作"尝"，下同。
② "于"下，大正本有"一"。
③ "趺"，原作"跌"，据丛刊本、东寺本改。

城到此山,则都城少上坐,此山剩上坐。剩则心外有法,少则心法不周。说得道理即住,不会即去。"其二禅客不能对。新到僧问:"如何是大梅主?"师曰:"阇梨今日离什么处?"僧无对。师寻迁于天台山白沙卓庵。时有朋彦上坐,博学强记,来访师,敌论宗乘。师曰:"言多去道远矣。今有事借问,只如从上诸圣及诸先德,还有不悟者也无?"朋彦曰:"若是诸圣先德,岂有不悟者哉?"① 师曰:"一人发真归源,十方虚空悉皆消殒。今天台山巍然,如何得消殒去?"朋彦不知所措。自是他宗泛学来者,皆服膺矣。

汉乾祐中,吴越忠懿王延入王府问法,命住资崇院。师盛谈玄沙宗一大师及地藏、法眼宗旨臻极,王因命翠岩令参等诸禅匠及城下名公定其胜负。天龙禅师问曰:"一切诸佛及佛法②,皆从此经出。未审此经从何而出?"师曰:"道什么?"天龙方再问,师曰:"过也。"资严长老问:"如何是现前三昧?"③ 师曰:"还闻么?"曰:"某甲不患聋。"师曰:"果然患聋。"师举《雪峰塔铭》问老宿云:"夫从缘有者,始终而成坏;非从缘有者,历劫而长坚。坚之与坏即且置,雪峰只今在什么处?"④ 法眼别云:"只今是成是坏?"众皆无对。设有对者,亦不能当其征诘。时群彦弭伏,王大悦,命师居之,署"圆通普照禅师"。

师上堂谓众曰:"诸人还委得么?莫道语默动静无非佛事好。且莫错会!"僧问:"如何是祖师西来意?"师曰:"汝还见香台

---

① "有不",丛刊本、东寺本作"不有"。
② "佛法",东寺本、碛砂本、南藏本作"诸佛所说法"。
③ "前",碛砂本、南藏本、径山本作"在"。
④ "只",径山本作"即"。

么?"曰:"某甲未会,乞师指示。"师曰:"香台也不识。"问:"离却目前机,如何是西来意?"师曰:"汝何不问?"曰:"怎么即委时去也。"① 师曰:"也是虚施。"问:"如何是佛法大意?"师曰:"我见灯明佛,本光瑞如此。"问:"如何是学人自己?"师曰:"特地申问是什么意?"问:"如何是西来意?"师曰:"十万八千真跋涉,直下西来不到东。"问:"如何是第二月?"师曰:"捏目看花花数朵,见精明树几枝枝。"

漳州罗汉宣法大师智依, 师上堂曰:"尽十方世界,无一微尘许法,与汝作见闻觉知。还信么?然虽如此,也须悟始得,莫将为等闲。不见道:单明自己,不悟目前,此人只具一只眼。还会么?"僧问:"纤尘不立,为什么好丑现前?"师曰:"分明记取,别处问人。"问:"大众云集,谁是得者?"师曰:"还曾失么?"问:"如何是佛?"师曰:"汝是行脚僧。"问:"如何是宝寿家风?"② 师曰:"一任观看。"曰:"怎么即太守有赖。"③ 师曰:"汝作么生?"曰:"终不敢谩大众。"师曰:"嫌少作么?"师问僧:"受业在什么处?"曰:"在佛迹。"师曰:"佛在什么处?"曰:"什么处不是?"师举起拳曰:"作么生?"曰:"和尚收取。"曰:"放阇梨七棒。"

师问僧:"今夏在什么处?"曰:"在无言上坐处。"师曰:"还曾问讯他否?"曰:"也曾问讯。"师曰:"无言作么生问得?"

---

① "时",丛刊本、东寺本作"是"。
② "宝寿",径山本作"和尚"。
③ "太守",南藏本、径山本、大正本作"大众"。

曰："若得无言，什么处不问得？"师喝之曰："恰似问老兄。"师与彦端长老吃饼餤①，端曰："百种千般，其体不二。"师曰："作么生是不二体？"端拈起饼餤。师曰："只首百种千般。"② 端曰："也是和尚见处。"师曰："汝也是罗公咏梳头样。"师将示灭，乃谓众曰："今晚四大不和畅，云腾鸟飞，风动尘起，浩浩地，还有人治得么？若治得，永劫不相识；若治不得，时时常见我。"言讫告寂。

金陵钟山章义禅师道钦，太原人也。初住庐山栖贤，师上堂曰："道远乎哉？触事而真；圣远乎哉？体之则神。我寻常示汝，何不向衣钵下坐地直下参取，要须上来讨个什么③？既上来，我即事不获已，便举古德少许方便，抖数些子龟毛兔角解落④。诸上坐欲得省要么？僧堂里、三门下、寮舍里参取好。还有会处也未？若有会处，试说看，与上坐证明。"僧问："如何是栖贤境？"师曰："栖贤有什么境？"⑤ 问："古人拈椎竖拂，还当宗乘中事也无？"师曰："古人道了也。"问："学人刱入丛林，乞和尚指示。"师曰："一手指天，一手指地。"

江南国主请师居章义道场。示众曰："总来遮里立作什么？善知识如河沙数，常与汝为伴，行住坐卧，不相舍离。但长连床上稳坐地，十方善知识自来参，上坐何不信取，作得如许多难

---

① "餤"，大正本后有注"徒滥切。"
② "首"，东寺本、碛砂本作"守"。
③ "要须"，东寺本、碛砂本、南藏本、径山本作"须要"。
④ "抖"，东寺本作"斗"。"数"，径山本、大正本作"擞"。
⑤ "栖贤"，碛砂本、南藏本、径山本无。

易?他古圣嗟见今时人不奈何了,乃曰:'伤夫人情之惑久矣①。'目对真而不觉②。此乃嗟汝诸人看却不知,且道看却什么不知?何不体察古人方便?只为信之不及,致得如此。诸上坐,但于佛法中留心,无不得者。无事体道去。"僧问:"如何是西来意?"师曰:"不东不西。"问:"百年暗室,一灯能破时如何?"师曰:"莫谩语。"问:"佛法还受变异也无?"师曰:"上坐是僧。"问:"大众云集,请师举扬宗旨。"师曰:"久矣。"问:"如何是玄旨?"师曰:"玄有什么旨?"

金陵报恩匡逸禅师,明州人也。初住润州慈云,江南国主请居上院,署"凝密禅师"。一日,上堂众集,师顾视大众曰:"依而行之,即无累矣。还信么?如太阳赫奕皎然地,更莫思量,思量不及。设尔思量得及,唤作分限智慧。不见先德云:人无心合道,道无心合人。人道既合,是名无事人。且自何而凡,自何而圣?此若未会,也只为迷情所覆,便去不得。迷时即有质碍③,为对为待,种种不同。忽然惺去,亦无所得。譬如演若达多认影为头,岂不是担头觅头。然正迷之时,头且不失;及乎悟去,亦不为得。何以故?人迷谓之失,人悟谓之得。得失在于人,何关于动静?"

僧问:"诸佛设法,普润群机。和尚设法,什么人得闻?"师曰:"只有汝不闻。"问:"如何是报恩一句?"师曰:"道不是得

---

① "惑",大正本作"感"。
② "不",东寺本、碛砂本、南藏本、径山本作"莫"。
③ "质",大正本作"室"。

么？"问："十二时中思量不到处，如何行履？"师曰："汝如今在什么处？"问："祖嗣西来①，如何举唱？"师曰："不违所请。"问："如何是一句？"师曰："我答争似汝举。"问："佛为一大事因缘出世，未审和尚出世如何？"师曰："恰好。"曰："恁么即大众有赖。"师曰："莫错会。"

金陵报慈道场文遂导师，杭州人也，姓陆氏。乳抱中，父母徙家于宣城。才卯岁，挺然好学，乃礼池州僧正落发登戒。年十六观方，禅教俱习。尝究《首楞严经》十轴，甄分真妄缘起，本末精博。于是节科注释，文句交络。厥功既就，谒于净慧禅师，述己所业，深符经旨。净慧问曰："《楞严》岂不是有八还义？"师曰："是。"曰："明还什么？"师曰："明还日轮。"曰："日还什么？"师憮然无对，净慧诫令焚其所注之文。师自此服膺请益，始忘知解。初住吉州止观，乾德二年，国主延入，居长庆。次清凉，次报慈大道场，署"雷音觉海大导师"，礼待异乎他等。

师上堂，谓众曰："天人群生类，皆承此恩力。威权三界，德被四生。共禀灵光，咸称妙义。十方诸佛常顶戴，汝谁敢是非？及乎向遮里唤作开方便门，对根设教，便有如此如彼，流出无穷。若能依而奉行，有何不可？所以清凉先师道：佛即是无事人。且如今觅个无事人也不可得。"僧问："崇寿佛法，付嘱止观，止观佛法，付嘱何人？"师曰："汝试举崇寿佛法看。"问："巅山岩崖，还有佛法也无？"师曰："汝唤什么作巅山岩崖？"

---

① "嗣"，丛刊本、东寺本作"师"。

问:"如何是道?"师曰:"妄想颠倒。"① 师谓众曰:"老僧平生,百无所解,日日一般。虽住此间,随缘任运。今日诸上坐与本无异。"僧问:"如何是无异底事?"师曰:"千差万别。"僧再问,师曰:"止止不须说,且会取千差万别。"

问:"如何是和尚家风?"师曰:"方丈板门扇。"问:"如何是无相道场?"师曰:"四郎五郎庙。"问:"如何是吹毛剑?"师曰:"觳觫杖。"问:"如何是正直一路?"师曰:"远远近近。"曰:"便恁么去时如何?"师曰:"咄哉痴人!此是险路。"师问僧:"从什么处来?"曰:"抚州曹山来。"师曰:"几程到此?"曰:"七程。"师曰:"行却许多山林溪涧,何者是汝自己?"曰:"总是。"师曰:"众生颠倒,认物为己。"曰:"如何是学人自己?"师曰:"总是。"师又曰:"诸上坐,各在止观经冬过夏,还有人悟自己也无?止观与汝证明,令汝真见不被邪魔所惑。"问:"如何是学人自己?"师曰:"好个师僧,眼目甚分明。"

漳州罗汉院守仁禅师,泉州永春人也。初参净慧,后回故郡,止东安兴教寺上方院。示众曰:"只据如今,谁欠谁剩?然虽如此,犹是第二义门。上坐若明达得去也,且是一是二?更须子细看。"僧问:"如何是祖师西来的的意?"师曰:"即今是什么意?"问:"如何是涅槃?"师曰:"生死。"曰:"如何是生死?"师曰:"适来道什么?"僧众晚参,师谓众曰:"物物本来无处所,一轮明月印心池。"便归方丈。

---

① "妄",原作"忘",据丛刊本、东寺本改。

师次住漳州报恩院。谓众曰："报恩遮里不曾与人简话①，今日与诸上坐简一两则话，还愿乐么？诸上坐，鹤胫长，凫胫短，甘草甜，黄檗苦，恁么简辨，还惬雅意么？诸上坐莫道血脉不通，泥水有隔好。且莫错会！珍重。"僧问："如何是西来意？"师曰："唤什么作西来意？"曰："恁么即无西来也？"师曰："由汝口头道。"问："如何是报恩家风？"师曰："无汝著眼处。"问："学人未委禀承，请师方便。"师曰："莫相孤负么？"曰："恁么即有师资之分也。"师曰："丛林见多。"问："如何是佛法大意？"师曰："向汝道什么？"问："如何是无生之相？"师曰："舍身受身。"曰："恁么即生死无过也。"师曰："料汝恁么会。"师又曰："人人皆备理，一一尽圆常。"问："如何是圆常之理？"师曰："无事不参差。"曰："恁么即纵横法界也。"师曰："巧道有何难？"问："如何是不到三寸？"师曰："汝问我答。"师问僧："什么处来？"曰："福州来。"师曰："跋涉如许多山岭，阿那个是上坐自己？"曰："某甲亲离福州。"师曰："恁么商量，别有商量？"曰："更作么生商量？"师曰："汝话堕也。"问："不昧缘尘，请师一接。"师曰："唤什么作缘尘？"僧曰："若不伸问，焉息疑情？"师曰："若不是今日，便作官方。"

杭州永明寺道潜禅师，河中府人也，姓武氏。初诣临川，谒净慧禅师，一见异之，便容入室。一日，净慧问曰："子于参请外，看什么经？"师曰："看《华严经》。"净慧曰："总、别、

---

① "简"，东寺本、大正本作"拣"。

同、异、成、坏六相，是何门摄属？"师对曰："文在《十地品》中。据理，则世出、世间一切法，皆具六相。"曰："空还具六相也无？"师懵然无对。净慧曰："子却问吾。"师乃问曰："空还具六相也无？"净慧曰："空。"师于是开悟，踊跃礼谢。净慧曰："子作么生会？"师曰："空。"净慧然之。异日，因四众士女入院，净慧问师曰："律中道：隔壁闻钗钏声，即名破戒。见睹金银合杂，朱紫骈阗，是破戒，不是破戒？"师曰："好个入路。"净慧曰："子向后有五百毳徒，而为王侯所重在。"

师寻礼辞，驻锡于衢州古寺，阅大藏经而已。后忠懿王钱氏命入府受菩萨戒，署"慈化定慧禅师"。建大伽蓝，号慧日永明，请居之。师曰："欲请塔下罗汉铜像，过新寺供养。"王曰："善矣。予昨夜梦十六尊者乞随禅师入寺，何昭应之若是。"仍于师号加"应真"二字。师坐永明大道场，常五百众。师上堂，谓众曰："佛法显然，因什么却不会去？诸上坐欲会佛法，但问取张三李四；欲会世法，则参取古佛丛林。无事，久立。"僧问："如何是永明的的意？"师曰："今日十五，明朝十六。"曰："览师的的意。"师曰："何处览？"问："如何是永明家风？"师曰："早被上坐答了也。"问："三种病人如何接？"师曰："汝是聋人。"曰："请师方便。"师曰："是方便。"

问："牛头未见四祖时，为什么百鸟衔华？"师曰："见东见西。"曰："见后为什么不衔华？"师曰："见南见北。"曰："昔日作么生？"师曰："且会今日。"问："如何是第二月？"师曰："月。"问："如何是觌面事？"师曰："背后是什么？"问："文殊仗剑，拟杀何人？"师曰："止，止。"曰："如何是剑？"师曰：

"眼是。"问:"诸余即不问,向上宗乘亦且置,请师不答。"师曰:"好个师僧子。"曰:"恁么即礼拜去也。"师曰:"不要三拜,尽汝一生去。"一日,大众参,师指香炉曰:"汝诸人还见么?若见,一时礼拜,各自归堂。"僧问:"至道无言,借言显道。如何是显道之言?"师曰:"切忌拣择。"问:"如何是慧日祥光?"师曰:"此去报慈不远。"曰:"恁么即亲蒙照烛也。"师曰:"且喜没交涉。"

抚州黄山良匡禅师,吉州人也。上堂,谓众曰:"高山顶上空疏饭,无可祗待诸道者,唯有金刚眼睛,凭助汝发明真心。汝若会得,能破无明黑暗;汝若不会,真个不坏。"便起归方丈。僧问:"如何是黄山家风?"师曰:"筑著汝鼻孔。"问:"如何是物不迁义?"师曰:"春夏秋冬。"问:"如何是一路涅槃门?"师曰:"汝问宗乘中一句,岂不是?"曰:"恁么即不哆哆。"师曰:"莫哆哆好。"问:"众星攒月时如何?"师曰:"唤什么作月?"曰:"莫即遮个便是也无?"师曰:"遮个是什么?"问:"明镜当台,森罗为什么不现?"师曰:"那里当台?"曰:"争奈即今何?"师曰:"又道不现。"问:"如何是禅?"师曰:"三界绵绵。"曰:"如何是道?"师曰:"四生浩浩。"

杭州灵隐山清耸禅师,福州福清县人也。初参净慧,一日,净慧指雨谓师曰:"滴滴落上坐眼里。"师初不喻旨,后因阅《华严经》感悟。承净慧印可,回止明州四明山卓庵。节度使钱亿,执师事之礼。忠懿王命于临安两处开法,后居灵隐上寺,署"了悟禅师"。师上堂，示众曰："十方诸佛，常在汝前。还见么？若言见，将心见，将眼见？所以道：一切法不生，一切法不灭。若能如是解，诸佛常现前。"又曰："见色便见心，且唤什么作心？山河大地、万象森罗、青黄赤白、男女等相，是心不是心？若是心，为什么却成物象去？若不是心，又道见色便见心。还会么？只为迷此，而成颠倒，种种不同，于无同异中，强生同异。且如今直下承当，顿豁本心皎然，无一物可作见闻。若离心别求解脱者，古人唤作迷波讨源，卒难晓悟。"

问："根尘俱泯，为什么事理不明？"师曰："事理且从，唤什么作俱泯底根尘？"问："如何是观音第一义？"师曰："错。"问："无明实性即佛性，如何是佛性？"师曰："唤什么作无明？"问："如何是和尚家风？"师曰："亘古亘今。"问："不问不答时如何？"师曰："㘞语作么？"问："如何是巅山岩崖里佛法？"师曰："用巅山岩崖作么？"问："牛头未见四祖时如何？"师曰："青山绿水。"曰："见后如何？"师曰："绿水青山。"师问僧："汝会佛法么？"曰："不会。"师曰："汝端的不会？"曰："是。"师曰："且去，待别时来。"其僧珍重，师曰："不是遮个道理。"问："如何是摩诃般若？"师曰："雪落茫茫。"僧无语，师曰："会么？"曰："不会。"师遂有颂曰："摩诃般若，非取非舍。若人不会，风寒雪下。"

金陵报恩院玄则禅师， 滑州卫南人也。初问青峰①："如何是

---

① "青峰"，大正本有注"有本云：白兆"。

佛？"① 青峰曰："丙丁童子来求火。"师得此语，藏之于心。及谒净慧，净慧诘其悟旨②，师对曰："丙丁是火，而更求火，亦似玄则，将佛问佛。"净慧曰："几放过，元来错会。"师虽蒙开发，颇怀犹豫。复退思既殆，莫晓玄理，乃投诚请益。净慧曰："汝问，我与汝道。"师乃问："如何是佛？"净慧曰："丙丁童子来求火。"师豁然知归。

后住报恩院。师上堂，顾视大众曰："好个话头，只是无人解问得，所以劳他古人三度唤之。诸人即不劳他唤也，此即且从，古人意作么生？还说得么？千佛出世，亦不增一丝毫；六道轮回，也不减一丝毫。皎皎地现，无丝头翳碍。古人道：但有纤毫即是尘。且如今物象巍然地，作么生消遣③？汝若于此消遣不得，便是凡夫境界。然也莫嫌朴实说话，也莫嫌说著祖佛。何以故？见说祖佛，便拟超越去，若恁么会，大没交涉。也须子细详究看。不见他古德究离生死，亦无剃头剪爪工夫。如今看见，大难继续。"

问："了了见佛性，如何是佛性？"师曰："不欲便道。"问："如何是金刚大士？"师曰："见也未？"问："如何是诸圣密密处？"师曰："却须会取自己。"曰："如何是和尚密密处？"师曰："待汝会始得。"师谓众曰："诸上坐尽有常圆之月，各怀无价之珍。所以月在云中，虽明而不照；智隐惑内，虽真而不通。无事，久立。"问："如何是不动尊？"师曰："飞飞扬扬。"问：

---

① "佛"，大正本有注"有本云：自己"。
② "净慧"，大正本无。
③ "遣"下，大正本有"得"。

"如何是了然一句？"师曰："对汝又何难？"曰："恁么道，莫便是也无？"师曰："不对又何难？"曰："深领和尚恁么道。"师曰："汝道我道什么？"问："亡僧迁化，向什么处去也？"师曰："待汝生即道。"曰："宾主历然。"师曰："汝立地见亡僧。"问："如何是学人本来心？"师曰："汝还曾道著也未？"曰："只如道著如何体会？"师曰："待汝问始得。"问："教中有言：树能生果，作颇梨色。未审此果，何人得吃？"师曰："树从何来？"曰："学人有分。"师曰："去果八万四千。"问："如何是不迁？"师曰："江河竞注，日月旋流。"问："宗乘中玄要处，请师一言。"师曰："汝行脚来多少时也？"曰："不曾逢伴侣。"师曰："少瞌睡。"

金陵报慈道场玄觉导师行言，泉州晋江人也，得法于净慧禅师。上堂，示众曰："凡行脚人参善知识，到一丛林，放下瓶钵，可谓行菩萨道之能事毕矣①。何用更来遮里举论真如涅槃？此是非时之说。然古人有言：譬如披沙识宝，沙砾若除，真金自现，便唤作常住世间具足僧宝。亦如一味之雨，一般之地，生长万物，大小不同，甘辛有异。不可道地与雨有大小之名也。所以道：方即现方，圆即现圆。何以故？法尔无偏正②，随相应现，唤作对现色身。还见么？若不见，也莫闲坐地。"问："如何是祖师西来意？"师曰："此问不当。"问："坐却是非，如何合得本来人？"师曰："汝且作么生坐？"

---

① "道之"，丛刊本、东寺本作"之道"。
② "法尔"，原作"尔法"，据东寺本、碛砂本、径山本改。

江南国主新建报慈大道场，命师大阐宗猷，海会二千余众，别署导师之号。师谓众曰："此日英贤共会①，海众同臻，谅惟佛法之趣，无不备矣。若是英鉴之者，不须待言也。然言之本无，何以默矣？是以森罗万象，诸佛洪源。显明则海印光澄，冥昧则情迷自惑。苟非通心上士，逸格高人，则何以于诸尘中发扬妙极，卷舒物象，纵夺森罗？示生非生，应灭非灭，生灭洞已，乃曰真常。言假则影散千途，论真则一空绝迹，岂可以有无生灭而计之者哉？"问："国王再请，盖特荐先朝，和尚今日如何举唱？"师曰："汝不是问再唱人？"曰："恁么即天上人间无过此也。"师曰："勿交涉。"问："远远投师，请垂一接。"师曰："却依旧处去。"

金陵净德道场达观禅师智筠，河中府人也，姓王氏。弱龄迈俗，依普救寺杲大师披削。年满受具，始游方，谒抚州龙济修山主，亲附久之，机缘莫契。后诣金陵报恩道场，参净慧，顿悟玄旨。后住庐山栖贤寺，师上堂，谓众曰："从上诸圣方便门不少，大底只要诸仁者有个见处。然虽未见，且不参差一丝发许，诸仁者亦未尝违背一丝发许。何以故？烜赫地显露。如今便会取，更不费一豪气力。还省要么？设道毗卢有师，法身有主，斯乃抑扬，对机施设。诸仁者作么生会对底道理？若也会，且莫嫌他佛语，莫重祖师，直下是自己眼明始得。"僧问："如何是的的之言？"师曰："道什么？"问："纷然觅不得时如何？"师曰："觅

---

① "日"，原作"目"，据丛刊本、东寺本、径山本、大正本改。

个什么不得？"问："如何是祖师意？"师曰："用祖师意作什么？"问："今朝呈远瑞，正意为谁来？"师曰："大众尽见汝恁么问。"

乾德三年，江南国主仰师道化，于北苑建大道场曰净德，延请居之，署大禅师之号。上堂，谓众曰："夫欲慕道，也须上上根器始得。造次中下，不易承当。何以故？佛法非心意识境界，上坐莫恁么懡㦬地①。他古人道：沙门眼把定世界，函盖乾坤，绵绵不漏丝发。所以诸佛赞叹，赞叹不及；比喻，比喻不及。道上坐威光赫奕，亘古亘今，幸有如是家风，何不绍续取？为什么自生卑劣，枉受辛勤，不能晓悟？只为如此，所以诸佛出兴于世；只为如此，所以诸佛唱入涅槃；只为如此，所以祖师特地西来。"僧问："诸圣皆入不二法门，如何是不二法门？"师曰："但恁么入。"曰："恁么即今古同然去也。"师曰"汝道什么处是同？"问："如何是佛法大意？"师曰："恰问著。"曰："恁么即学人礼拜也。"师曰："汝作么生会？"问："如何是佛？"师曰："如何不是？"师复谓众曰："吾不能投身岩谷，灭迹市廛，而出入禁庭，以重烦世主，吾之过也。"遂屡辞归故山，国主锡以五峰栖玄兰若。开宝二年八月十七日，安坐告寂②。寿六十四，腊四十四。

高丽道峰山慧炬国师，始发机于净慧之室。本国主思慕，遣使来请，遂回故地。国主受心诀，礼待弥厚。一日，请入王府上

---

① "懡㦬"，大正本作"傂偨"，径山本作"攃摋"。
② "安"，东寺本、碛砂本、南藏本作"晏"，径山本作"宴"。

堂。师指威凤楼示众曰："威凤楼为诸上坐举扬了，诸上坐还会么？傥若会，且作么生会？若道不会，威凤楼作么生不会？珍重。"师之言教，未被中华，亦莫知所终。

金陵清凉法灯禅师泰钦，魏府人也。生而知道，辩才无碍。入净慧之室，海众归之，金曰"敏匠"。初受请，住洪州幽谷山双林院。上堂，未升坐乃曰："此山先代一二尊宿曾说法来，此坐高广，不才何升？昔古有言：作礼须弥灯王如来，乃可得坐。且道须弥灯王如来今在何处？大众要见么？一时礼拜。"师便升坐，良久曰："为大众只如此，也还有会处么？"僧问："如何是双林境？"师曰："画也不成。"曰："如何是境中人？"师曰："且去。"又曰："境也未识，且讨人。"问："一佛出世，震动乾坤；和尚出世，震动何方？"师曰："什么处见震动？"曰："争奈即今何？"师曰："今日有什么事？"有僧出礼拜，师曰："道者，前时谢汝请我，将什么与汝好？"僧拟问次，师曰："将谓相悉，却成不委。"问："如何是西来密密意？"师曰："苦。"问："一佛出世，普润群生；和尚出世，当为何人？"师曰："不徒然。"曰："恁么即大众有赖也。"师曰："何必？"师告众曰："且住得也，久立。官人及诸大众，今日相请勤重。此个殊功，比喻何及。所以道：未了之人听一言，只遮如今谁动口？"师便下坐，立倚拄杖而告众曰："还会么？天龙寂听而雨华，莫作须菩提帧子画将去，且恁么信受奉行。"

师次住上蓝护国院。僧问："十方俱击鼓，十处一时闻。如何是闻？"师曰："汝从那方来？"问："善行菩萨道，不染诸法相。如何是菩萨道？"师曰："诸法相。"曰："如何得不染去？"师曰："染著什么处？"问："不久开选场，还许学人选也无？"师曰："汝是点额人。"又曰："汝是什么科目？"问："如何是演大法义？"师曰："我演何似汝演？"

师次住金陵龙光院。上堂升坐，维那白椎云："法筵龙象众，当观第一义。"师曰："维那是第二义，长老只今是第几义？"① 师又举衣袖，谓众曰："会么？大众，此是山呼舞蹈，莫道五百生前曾为乐主来。或有疑情，请垂见示。"时有僧问："如何是诸佛正宗？"师曰："汝是什么宗？"曰："如何？"师曰："如何即不会。"问："上蓝一曲师亲唱，今日龙光事若何？"师曰："汝什么时到上蓝来？"曰："谛当事如何？"师曰："不谛当，即别处觅。"问："如何是佛法大意？"师曰："且问小意，却来与汝大意。"

师后入金陵住清凉大道场。上堂升坐，僧出问次，师曰："遮僧最先出，为大众已了得国主深恩。"② 问："国主请命，祖席重开，学人上来，请师直指心源。"师曰："上来却下去。"问："法眼一灯，分照天下；和尚一灯，分付何人？"师曰："法眼什么处分照来？"江南国主为郑王时，受心法于净慧之室，暨净慧入灭，复尝问于师曰③："先师有什么不了底公案？"师对曰："见分析次。"异日又问："承闻长老于先师有异闻底事？"师作起身势。国主曰："且坐。"师谓众曰："先师法席五百众，今只

---

① "只"，径山本作"即"。
② "得"，丛刊本、东寺本作"答"。
③ "复"，碛砂本、南藏本、径山本作"后"。

有十数人在诸方为导首，尔道莫有错指人路底么？若错指，教他入水入火，落坑落堑。然古人又道：我若向刀山，刀山自摧折；我若向镬汤，镬汤自消灭。且作么生商量？言语即熟，及问著便生疏去，何也？只为隔阔多时。上坐但会我什么处去不得，有去不得者，为眼等诸根，色等诸法。诸法且置，上坐开眼见什么？所以道：不见一法即如来，方得名为观自在。珍重。"

师开宝七年六月示疾，告众曰："老僧卧疾，强牵拖与汝相见。如今随处道场，宛然化城。且道怎么生是化城？不见古导师云：宝所非遥，须且前进①。及至城所，又道：我所化作。今汝诸人试说个道理看：是如来禅，祖师禅？还定得么？汝等虽是晚生，须知侥忝我国主凡所胜地建一道场，所须不阙，只要汝开口。如今不知阿那个是汝口，争答效他四恩三有？欲得会么？但识口，必无咎。纵有咎，因汝有。我今火风相逼，去住是常道。老僧住持将逾一纪，每承国主助发，至于檀越、十方道侣、主事、小师，皆赤心为我，默而难言。或披麻带布，此即顺俗，我道违真。且道顺好违好？然但顺我道，即无颠倒。我之遗骸，必于南山大智藏和尚左右乞一坟冢②，升沈皎然，不沦化也。努力，努力，珍重。"即其月二十四日，安坐而终。

杭州真身宝塔寺绍岩禅师，雍州人也，姓刘氏。七岁，依高安禅师出家，十八，进具于怀晖律师。暨游方，与天台韶国师同受记于临川。寻于浙右水心寺挂锡宴寂，后止越州法华山，续入

---

① "且"，碛砂本、南藏本、径山本作"在"。
② "一"，大正本作"二"。

居塔寺上方净院。吴越王命师开法,署"了空大智常照禅师"。

上堂谓众曰:"山僧素寡知见,本期闲放,念经待死。岂谓今日大王勤重,苦勉山僧、效诸方宿德,施张法筵。然大王致请,也只图诸仁者明心,此外无别道理①。诸仁者还明心也未?莫不是语言谭笑时、凝然杜默时、参寻知识时、道伴商略时、观山玩水时、耳目绝对时,是汝心否?如上所解,尽为魔魅所摄,岂曰明心?更有一类人,离身中妄想外,别认遍十方世界,含日月,包太虚,谓是本来真心。斯亦外道所计,非明心也。诸仁者,要会么?心无是者,亦无不是者。汝拟执认,其可得乎?"问:"六合澄清时如何?"师曰:"大众谁信汝?"问:"见月忘指时如何?"师曰:"非见月。"曰:"岂可认指为月邪?"师曰:"汝参学来多少时也?"师开宝四年七月示疾,谓门弟子曰:"诸行无常,即常住相。"言讫,跏趺而逝。寿七十三,腊五十五。

金陵报恩院法安慧济禅师, 太和人也。印心于法眼之室,初住抚州曹山崇寿院,为第四世。上堂谓众曰:"知幻即离,不作方便;离幻即觉,亦无渐次。诸上坐且作么生会?不作方便,又无渐次,古人意在什么处?若会得,诸佛常见前;若未会,莫向《圆觉经》里讨。夫佛法亘古亘今,未尝不见前,诸上坐一切时中②,咸承此威光。须具大信根,荷担得起始得。不见佛赞猛利底人堪为器用,亦不赏他向善久修净业者,要似他广额凶屠③,

---

① "无别",径山本作"别无"。
② "诸",东寺本、碛砂本、南藏本、径山本无。
③ "凶屠",碛砂本、南藏本、径山本作"屠儿"。

抛下操刀，便证阿罗汉果。直须怎么始得。所以长者道：如将梵位，直授凡庸。"僧问："大众既临于法会，请师不吝句中玄。"师曰："谩得大众么？"曰："怎么即全应此问也。"师曰："不用得。"问："古人有言：一切法以不生为宗。如何是不生宗？"师曰："好个问处。"问："佛法中请师方便？"师曰："方便了也。"问："如何是古佛心？"师曰："何待问？"

江南国主请入居报恩，署号摄众。师上堂谓众曰："此日奉命，令住持当院，为众演法。适来见维那白槌了，多少好令，教当观第一义。且作么生是第一义？若遮里参得，多少省要，如今更别说个什么即得？然承恩旨，不可杜默去也。夫禅宗示要，法尔常规，圆明显露，亘古亘今。至于达磨西来，也只与诸人证明，亦无法可得与人。只道直下是，便教立地觑取。古人虽即道立地觑取，如今坐地还觑得也无？有疑请问。"僧问："三德奥枢从佛演，一音玄路请师明。"师曰："汝道有也未？"问："如何是报恩境？"师曰："大家见汝问。"师开宝中示灭于本院。

抚州崇寿院契稠禅师，泉州人也①。上堂升坐，僧问："四众谛观第一义，如何是第一义？"师曰："何劳更问？"师又曰："大众欲知佛性义，当观时节因缘。作么生是时节因缘？上坐，如今便散去，且道有也未？若无，因什么便散去；若有，作么生是第一义？上坐，第一义现成，何劳更观？怎么显明，得佛性常照，一切法常住。若见有法常住，犹未是法之真源，作么生是法之真

---

① "泉州"，大正本作"西州"。

源？上坐，不见古人道：一人发真归源①，十方虚空悉皆消殒。还有一法为意解么？古人有如是大事因缘，依而行之即是，何劳长老多说？众中有未知者，便请相示。"

僧问："净慧之灯，亲然汝水，今日王侯请命，如何是净慧之灯？"师曰："更请一问。"问："古人见不齐处，请师方便。"师曰："古人见什么处不齐？"问："如何是佛？"师曰："如何是佛。"曰："如何领解？"师曰："领解即不是。"问："的的西来意，师当第几人？"师曰："年年八月半中秋。"问："如何是和尚为人一句？"师曰："观音举，上蓝举？"师淳化三年示灭。

洪州云居山广平院清锡禅师②，泉州人也，初住龙须山广平院。有僧问："如何是广平境？"师曰："识取广平。"曰："如何是境中人？"师曰："验取。"次住云居山。僧问："如何是云居境？"师曰："汝唤什么作境？"曰："如何是境中人？"师曰："适来向汝道什么？"师后住泉州西明院，有廖天使入院，见供养法眼和尚真，乃问曰："真前是什么果子？"师曰："假果子。"天使曰："既是假果子，为什么将供养真？"师曰："也只要天使识假。"问："如何是佛？"师曰："容颜甚奇妙。"

洪州百丈山大智院道常禅师，本山出家，礼照明禅师披剃。寻参净慧，获预函丈。因请益问："外道问佛：不问有言，不问无言……"叙语未终，净慧曰："住，住，汝拟向世尊良久处会

---

① "源"，大正本作"元"。
② "广平院"，南藏本、径山本作"真如院"，大正本无。

去?"师从此悟入。后本山请归住持,当第十一世,学者尤盛。

师上堂示众曰:"乘此宝乘,直至道场,每日劳诸上坐访及,无可祗延。时寒,不用久立,却请回车。珍重。"僧问:"如何是学人行脚事?"师曰:"拗折拄杖得也未?"问:"古人有言:释迦与我同参。未审参何人?"①师曰:"唯有同参方得知。"曰:"未审此人如何亲近?"师曰:"恁么即不解参也。"问:"如何是祖师西来意?"师曰:"往往问不著。"问:"还乡曲子作么生唱?"师曰:"设使唱,落汝后。"

问:"如何是百丈境?"师曰:"何似云居?"问:"如何是百丈为人一句?"师曰:"若到诸方,总须问过。"师又谓众曰:"实是无事,与上坐各各事佛,更有何疑,得到遮里?古人只道:十方同共聚②,个个学无为。此是选佛处③,心空及第归。心空是及第,且作么生会心空?不是那里闭目冷坐是心空,此正是识阴想解。上坐要心空么?但且识心。所以道:过去已过去,未来更莫算。兀然无事坐,何曾有人唤?设有人唤上坐,应他好,不应好?若应,阿谁唤上坐?若不应,不患聋也?三世体空,且不是木头。所以古人道:心空得见法王。还见法王么?也只是老病僧④,又莫是渠自伐么⑤?珍重。"僧问:"如何是佛?"师曰:"汝有多少事不问?"僧举:"人问玄沙曰:'三乘十二分教即不问,如何是祖师西来意?'玄沙曰:'三乘十二分教不要。'其僧

---

① "参",原脱,据东寺本、碛砂本、大正本补。
② "共聚",东寺本、碛砂本、南藏本、径山本作"聚会"。
③ "处",南藏本、径山本、大正本作"场"。
④ "老",碛砂本、南藏本、径山本无。
⑤ "伐",碛砂本、南藏本、径山本作"代"。

不会，请师为说。"师曰："汝实不会？"曰："实不会。"师示偈曰："不要三乘要祖宗，三乘不要与君同。君今欲会通宗旨，后夜猿啼在乱峰。"师淳化二年示灭，塔于本山。

天台山般若寺通慧禅师敬遵，上堂，谓众曰："皎皎炟赫地①，亘古亘今，也未曾有纤毫间断相，无时无节，长时拶定上坐，无通气处。所以道：山河大地是上坐善知识，放光动地，触处露现，实无丝头许法可作隔碍。如今因什么却不会，特地生疑去？无事，不用久立。"僧问："优昙华坼人皆睹，般若家风赐一言。"师曰："不因上坐问，不曾举似人。"曰："怎么即般若雄峰，讵齐今古？"师曰："也莫错会。"问："牛头未见四祖时，为什么百鸟衔华？"师曰："汝什么处见？"曰："见后为什么不衔华？"师曰："且领话好。"问："灵山一会，迦叶亲闻。未审今日一会，何人得闻？"师曰："汝试举迦叶闻底看。"曰："怎么即迦叶亲闻去也。"师曰："乱道作么？"师自述真赞曰："真兮廖廓，郢人图䐉②。岳耸云空，澄潭月跃。"

庐山归宗寺法施禅师策真，曹州人也，姓魏氏，本名慧超。升净慧之堂，问："如何是佛？"净慧曰："汝是慧超。"师从此信入。其语播于诸方，初自庐山余家峰请下住归宗。上堂示众曰："诸上坐，见闻觉知，只可一度。只如会了，是见闻觉知，不是见闻觉知？要会么？与诸上坐说破了也，待汝悟始得。久立，珍

---

① "炟"，径山本、大正本作"烜"。
② "䐉"，原作"腠"，据丛刊本、东寺本改。

重。"僧问:"如何是佛?"师曰:"我向汝道,即别有也。"问:"如何是归宗境?"师曰:"是汝见什么?"① 曰:"如何是境中人?"师曰:"出去。"问:"国王请命,大启法筵,不落见闻,请师速道。"师曰:"闲言语。"曰:"师意如何?"师曰:"又乱说。"问:"承教有言:将此身心奉尘刹,是则名为报佛恩。尘刹即不问,如何是报佛恩?"师曰:"汝若是,即报佛恩。"问:"无情说法,大地得闻,狮子吼时如何?"师曰:"汝还闻么?"曰:"恁么即同无情也。"师曰:"汝不妨会。"问:"古人以不离见闻为宗,未审和尚以何为宗?"师曰:"此问甚好。"曰:"犹是三缘四缘。"师曰:"莫乱道。"

师次住金陵奉先寺,未几复迁止报恩道场,太平兴国四年归寂。

洪州凤栖山同安院绍显禅师,僧问:"王恩降旨师亲受,熊耳家风乞一言。"师曰:"已道了也。"问:"千里投师,请师一接。"师曰:"好入处。"云盖山僧乞瓦造殿,有官人问:"既是云盖,何用乞瓦?"无对。师代曰:"罕遇奇人。"

江州庐山栖贤寺慧圆禅师,上堂,示众曰:"出得僧堂门,见五老峰,一生参学事毕,何用更到遮里来?虽然如此,也劳上坐一转。无事,珍重。"僧问:"不是风动,不是幡动。未审古人意旨如何?"师曰:"大众一时会取。"又上堂,有僧拟问,师乃

---

① "见",大正本作"是"。

指其僧曰："住，住。"其僧进步问①："从上宗乘，请师举唱。"师曰："前言不构，后语难追。"曰："未审今日事如何？"师曰："不会人言语。"问："如何是佛法大意？"师曰："好。"问："如何是栖贤境？"师曰："入得三门便合知。"问："如何是祖师西来意？"师曰："此欠少。"问："祖灯重耀，不吝慈悲，更垂中下。"师曰："委得么？"曰："恁么即方便门已开。"师曰："也赚。"

洪州观音院从显禅师，泉州莆田人也。少依本邑石梯山出家具戒，参法眼受记。初住升州妙果院，后住兹院，参学颇众。师上堂，众集，良久谓曰："文殊深赞居士，未审居士受赞也无？若受赞，何处有居士邪？若不受赞，文殊不可虚发言。大众作么生会？若会，真个衲僧。"时有僧问："居士默然，文殊深赞，此意如何？"师曰："汝问我答。"曰："恁么人出头来又作么生？"师曰："行到水穷处，坐看云起时。"僧问："如何是观音家风？"师曰："眼前看取。"曰："忽遇作者来，作么生见待？"师曰："贫家只如此，未必便言归。"问："久负没弦琴，请师弹一曲。"师曰："作么生听？"其僧侧耳，师曰："赚杀人。"

师谓众曰："卢行者当时大庾岭头为明上坐言：莫思善，莫思恶，还我明上坐本来面目来。观音今日不恁么道，'还我明上坐来'，恁么道，是曹溪子孙，不是曹溪子孙②？若是曹溪子孙，

---

① "进步"，碛砂本、南藏本、径山本无。
② "不是曹溪子孙"，原阙，据东寺本、碛砂本、径山本补。

又争合除却四字？若不是①，又过在什么处？试出来商量看。"良久，师又曰："此一众真行脚人也。珍重。"太平兴国八年九月中，师谓檀那袁长史曰："老僧三两日间归乡去。"袁曰："和尚尊年，何更思乡？"师曰："归乡图得好盐吃。"袁不测其言。翌日，师不疾而坐亡，寿七十有八。袁长史建塔于西山。

卢州长安院延规禅师，僧问："如何是庵中主？"师曰："到诸方，但道从长安来。"师化缘将毕，以住持付门人辩实，接武说法。乃归本院西堂示灭。

常州正勤院希奉禅师，苏州人也，姓谢氏，住本院为第二世。初上堂，示众曰："古圣道：圆同太虚，无欠无余。又云：一一法，一一宗；众多法，一法宗。又道：起唯法起，灭唯法灭。又云：起时不言我起，灭时不言我灭。据此说话，屈滞久在丛林上坐，若是初心兄弟，且须体道。人身难得，正法难闻，莫同等闲。施主衣食，不易消遣，若不明道，个个尽须还他。上坐要会道么？珍重。"僧问："如何是祖师西来意？"师曰："什么处得遮个消息？"问："如何是诸法空相？"师曰："山河大地。"问："僧众云集，请师举唱宗乘。"师曰："举来久矣。"问："佛法付嘱国王大臣，今日正勤将何付嘱？"师曰："万岁，万岁。"

问："古人有言：山河大地是汝真善知识。如何得山河大地为善知识去？"师曰："汝唤什么作山河大地？"问："如何是合道

---

① "不是"，原作"是"，据东寺本、碛砂本、径山本、大正本补。

之言？"师曰："汝问我答。"问："灵山会上，迦叶亲闻，未审今日，谁人得闻？"师曰："迦叶亲闻个什么？"问："古佛道场，学人如何得到？"师曰："汝今在什么处？"问："如何是和尚圆通？"师敲禅床三下。问："如何是脱却根尘？"师曰："莫妄想。"问："人王法王，是一是二？"师曰："人王法王。"问："如何是诸法寂灭相？"师曰："起唯法起，灭唯法灭。"问："如何是未曾生底法？"师曰："汝争得知？"问："无著见文殊，为什么不识？"师曰："汝道文殊还识无著么？"问："得意谁家新曲妙，正勤一句请师宣。"师曰："道什么？"曰："岂无方便也？"师曰："汝不会我语。"

洛京兴善栖伦禅师，僧问："如何是佛？"师曰："向汝恁么道即得。"问："如何是西来意？"师曰："适来犹记得。"因宫师致政李公继勋终世，有僧问："是法住法位，世间相常住。未审宫师李公向什么处去也？"师曰："恰被汝问著。"曰："恁么即虚申一问。"师曰："汝不妨灵利。"

洪州武宁严阳新兴齐禅师，僧问："如何得出三界去？"师曰："汝还信么？"曰："信即深信，乞和尚慈悲。"师曰："只此信心，亘古亘今。快须究取，何必沈吟。要出三界，三界唯心。"师因雪，谓众曰："诸上坐还见雪么？见即有眼，不见无眼。有眼即常，无眼即断。恁么会得，佛身充满。"僧问："学人辞去泐潭，乞和尚示个入路。"师曰："好个入路，道心坚固。随众参请，随众作务。要去即去，要住即住。去之与住，更无他故。若到泐潭,不审马祖。"

润州慈云匡达禅师,僧问:"佛以一大事因缘故,出现于世,未审和尚出世如何?"师曰:"恰好。"曰:"作么生?"师曰:"不好。"

景德传灯录卷第二十六

吉州清原山行思禅师第九世下至第十一世

第九世①

金陵清凉文益禅师法嗣三十三人②—十三人见录

  苏州荐福绍明禅师

  泽州古贤谨禅师

  宣州兴福可勋禅师

  洪州上蓝守讷禅师

  抚州覆船和尚

  杭州奉先法瑰禅师

  庐山化城慧朗禅师

  杭州永明道鸿禅师

  高丽灵鉴禅师

  荆门上泉和尚

  庐山大林僧遁禅师

  池州仁王缘胜禅师

---

① "世"下，大正本有"下"。
② "嗣"下，大正本有"下"。

庐山归宗义柔禅师

泉州上方慧英禅师、荆州护国迈禅师①、饶州芝岭照禅师、庐山归宗师慧禅师、庐山归宗省一禅师、襄州延庆通性大师、庐山归宗梦钦禅师、洪州舍利玄阐禅师、洪州永安明禅师、洪州禅溪可庄禅师、潭州石霜爽禅师、江西灵山和尚、庐山佛手岩因禅师、金陵保安止和尚、升州华严幽禅师、袁州木平道达禅师、洪州大宁道迈禅师、楚州龙兴德宾禅师、鄂州黄龙仁禅师、洪州西山道耸禅师 已上二十人无机缘语句，不录

襄州清溪洪进禅师法嗣二人见录

相州天平山从漪禅师

庐山圆通缘德禅师

金陵清凉休复禅师法嗣二人一人见录

金陵奉先慧同禅师

庐山宝庆庵道习禅师② 一人无机缘语句，不录

抚州龙济山绍修禅师法嗣一人见录

河东广原和尚

衡岳南台守安禅师法嗣二人一人见录

襄州鹫岭善美禅师

安州慧日院明禅师 一人无机缘语句，不录

漳州报劬院玄应禅师法嗣

报劬第二世仁义禅师 一人无机缘语句，不录

漳州隆寿无逸禅师法嗣一人见录

漳州隆寿法骞禅师

---

① "迈"，丛刊本作"遇"。
② "习"，径山本作"旨"。

庐山归宗道诠禅师法嗣一人见录

  筠州九峰义诠禅师

眉州黄龙继达禅师法嗣一人见录

  第二世黄龙和尚

朗州梁山缘观禅师法嗣一人见录

  郢州大阳山警玄禅师

第十世

天台山德韶国师法嗣四十九人_{三十人见录}

  杭州永明寺延寿禅师

  温州大宁可弘禅师

  苏州长寿朋彦大师

  杭州五云山志逢大师

  杭州报恩法端禅师

  杭州报恩绍安禅师

  福州广平守威禅师

  杭州报恩永安禅师

  广州光圣师护禅师

  杭州奉先清昱禅师

  天台普闻智勤禅师

  温州雁荡愿齐禅师

  杭州普门希辩禅师

  杭州光庆遇安禅师

  天台般若友蟾禅师

  婺州智者全肯禅师

福州玉泉义隆禅师

杭州龙册晓荣禅师

杭州功臣庆萧禅师

越州称心敬玭禅师

福州严峰师㐹禅师

潞州华严慧达禅师

越州清泰道圆禅师

杭州九曲庆祥禅师

杭州开化行明大师

越州开善义圆禅师

温州瑞鹿遇安禅师

杭州龙华慧居禅师

婺州齐云遇臻禅师

温州瑞鹿寺本先禅师

　　杭州报恩德谦禅师、杭州灵隐处先禅师、天台善建省义禅师、越州观音安禅师、婺州仁寿泽禅师、越州云门重曜禅师、越州大禹荣禅师、越州地藏琼禅师、杭州灵隐绍光禅师、杭州龙华绍銮师、越州碧泉行新禅师、越州象田默禅师、润州登云从坚禅师、越州观音朗禅师、越州诸暨五峰和尚、越州何山道孜禅师、越州大禹自广禅师①、筠州黄檗师逸禅师、苏州瑞光清表禅师　已上一十九人无机缘语句，不录

杭州报恩寺慧明禅师法嗣一人见录

福州保明道诚大师

---

① "自"，碛砂本作"目"。

金陵报慈道场文遂导师法嗣

　　常州齐云慧禅师、洪州双岭祥禅师、洪州观音真禅师、洪州龙沙茂禅师、洪州大宁奖禅师　五人无机缘语句①，不录

杭州永明道潜禅师法嗣三人见录

　　杭州千光王璨省禅师

　　衡州镇境志澄大师

　　明州崇福庆祥禅师

杭州灵隐清耸禅师法嗣九人②八人见录

　　杭州功臣院道慈禅师

　　秀州罗汉愿昭禅师

　　处州报恩师智禅师

　　衢州瀫宁可先禅师

　　杭州光孝道端禅师

　　杭州保清遇宁禅师

　　福州支提辩隆禅师

　　杭州瑞龙希圆禅师

　　　　杭州国泰德文禅师　一人无机缘语句，不录

金陵报慈行言导师法嗣二人一人见录

　　洪州云居义能禅师

　　　　饶州北禅清皎禅师　一人无机缘语句，不录

金陵清凉泰钦禅师法嗣二人一人见录

　　洪州云居道齐禅师

---

① "五"上，径山本、大正本有"已上"。
② "耸"，原作"峰"，据南藏本、径山本、大正本改。

庐山栖贤慧聪禅师　一人无机缘语句，不录
金陵报恩法安禅师法嗣二人见录
　　　庐山栖贤道坚禅师
　　　庐山归宗第十四世慧诚禅师
庐州长安院延规禅师法嗣①二人见录
　　　庐州长安辩实禅师
　　　潭州云盖用清禅师
第十一世
杭州永明寺延寿禅师法嗣
　　　　杭州富阳子蒙禅师、杭州朝明院津禅师　已上二人无机缘语句，不录
苏州长寿院朋彦大师法嗣一人见录
　　　长寿第二世法齐禅师
杭州普门寺希辩禅师法嗣②
　　　　高丽国慧洪禅师、越州上林胡智禅师　已上二人无机缘语句，不录

行思禅师第九世下③
金陵清凉文益禅师法嗣
　　苏州荐福院绍明禅师，州将钱仁奉请住持，乃问："如何是和尚家风？"师曰："一切处看取。"

---

① "州"，径山本作"山"。
② "门"，原作"明"，据南藏本、径山本、大正本及正文改。
③ "行"上，径山本有"吉州清原山"。

泽州古贤院谨禅师，师勘僧云："如来坚密身，一切尘中现①。如何是坚密身？"僧竖指，师云："现即现，你怎生会？"僧无语。师侍立次，见净慧问一僧云："自离此间，什么处去来？"曰："入岭来。"净慧曰："不易。"曰："虚涉他如许多山水。"净慧曰："如许多山水也不恶。"其僧无语，师于此言下大悟。僧问："如何是佛？"师曰："筑著汝鼻孔。"

宣州兴福院可勋禅师，建州建阳人也，姓朱氏。自净慧印心，遂开法住持。僧问："如何是兴福主？"师曰："阇梨不识。"曰："莫只这便是么？"师曰："纵未歇狂，头亦何失？"问："如何是道？"师曰："勤而行之。"问："何云法空？"师曰："不空。"师有偈示众曰："秋江烟岛晴，鸥鹭行行立。不念观世音，争知普门入？"

洪州上蓝院守讷禅师，上堂，谓众曰："尽令提纲，无人扫地。丛林兄弟，相共证明；晚进之流，有疑请问。"有僧问："愿开甘露门，当观第一义。不落有无中，请师垂指示。"师曰："大众证明。"曰："恁么即屈去也。"师曰："闲言语。"问："如何是佛？"师曰："更问阿谁？"

抚州覆船和尚，僧问："如何是佛？"师曰："不识。"问："如何是祖师西来意？"②师曰："莫谤祖师。"

---

① "切"，大正本误作"功"。
② "意"，丛刊本无。

杭州奉先寺法明普照禅师法瑰，僧问："释迦出世，天雨四华，地摇六动。未审和尚今日有何祥瑞？"师曰："大众尽见。"曰："法王法如是也。"师曰："人王见在。"问："净慧宝印，和尚亲传。今日一会，当付何人？"师曰："谁人无分？"曰："恁么即雷音普震无边刹也。"师曰："也须善听。"

庐山化城寺慧朗禅师，江南相宋齐丘请开堂，师升座曰："今日令公请山僧为众，莫非承佛付嘱，不忘佛恩。众中有问话者出来，为令公结缘。"僧问曰："令公亲降，大众云臻，从上宗乘，请师举唱。"师曰："莫是孤负令公么？"问："师常苦口，为什么学人己事不明？"师曰："阇梨什么处不明？"曰："不明处，请决断①。"师曰："适来向汝道什么？"曰："恁么即全因今日去也。"师曰："退后，礼三拜。"

杭州慧日永明寺通辩禅师道鸿，第三世住。僧问："远离天台境，来登慧日峰。久闻师子吼，今日请师通。"师曰："闻么？"曰："恁么即昔时崇寿，今日永明也。"师曰："幸自灵利，何须乱道？"师谓众曰："大道廓然，古今常尔，真心周遍，如量之智皎然。万象森罗，咸真实相，该天括地，亘古亘今。大众还会么？还辩白得么？"②问："国王嘉命，公贵临筵，未审今日当为何事？"师曰："验取。"曰："此意如何？"师曰："什么处去

---

① "请"下，丛刊本、大正本有"师"。
② "辩"，大正本作"辨"。

来？"曰："恁么即犹成造次也。"师曰："休乱道。"问："诸佛出世，放百宝光明；师登宝座，有何祥瑞？"师曰："可验。"曰："法王法如是。"师曰："也是虚言。"

高丽灵鉴禅师，僧问："如何是清净伽蓝？"师曰："牛栏是。"问："如何是佛？"师曰："拽出癫汉著。"

荆门上泉和尚，僧问："二龙争珠，谁是得者？"师曰："我得。"问："远远投师，如何一接？"师按杖视之，其僧礼拜，师便喝。问："尺璧无瑕时如何？"师曰："我不重。"曰："不重后如何？"师曰："火里蝍蟟飞上天。"

庐山大林寺僧遁禅师，初住圆通。有僧举："僧问玄沙和尚：'向上宗乘，此间如何言论？'玄沙云：'少人听。'今问师：不知玄沙意旨如何？"师曰："待汝移却石耳峰，我即向汝道。"归宗柔别云："且低声。"

池州仁王院缘胜禅师，僧问："农家击壤时如何？"师曰："僧家自有本分事。"曰："不问僧家本分事，农家击壤时如何？"师曰："话头何在？"

庐山归宗寺义柔禅师，第十三世住。师初上堂，升座，维那白槌曰："法筵龙象众，当观第一义。"师曰："若是第一义，且作么生观？恁么道，落在什么处？为是观，为复不许人观？先德上座,共相证明;后学初心,莫唤作返问语、倒靠语,有疑请问。"僧问:"诸佛出世说法度人,感天动地,和尚出世,有何祥瑞?"师曰:"人天大众前䛴语作么?"问:"诸官已集,大众侧聆,如何是出世一言之事?"师曰:"大众证明。"问:"香烟起处师登座,未审宗乘事若何?"师曰:"教乘也怎么会。"问:"优昙华坼人皆睹①,达本无心事若何?"师曰:"谩语。"曰:"恁么即南能别有深深旨,不是心心人不知。"师曰:"事须饱丛林。"问:"昔日余峰,今日归宗,未审是一是二?"师曰:"谢汝证明。"问:"智藏一箭,直射归宗;归宗一箭,当射何人?"师曰:"莫谤我智藏。"

问:"此日知军亲证法,师从何处答深恩?"师曰:"教我道什么即得?"又曰②:"一问一答,也无了期,佛法也不是怎么道理。大众,此日之事,故非本心,实谓:只个住山宁有意,向来成佛亦无心。盖缘是知军请命,寺众诚心,既到这里,且说个什么即得?还相悉么?此若不及,古人便道:相逢欲相唤,脉脉不能语。作么生会?若会,堪报不报之恩,足助无为之化;若也不会,莫道长老开堂,只举古人语。此之盛事,天高海深,况喻不及。更不敢赞祝皇风,回向清列,何以故?古人犹道吾祷久矣,岂况当今圣明者哉?久立,珍重。"僧问:"如何是空王庙?"师曰:"莫少神。"曰:"如何是庙中人?"③师曰:"适来不谩道。"问:"灵龟未兆时如何?"师曰:"是吉是凶?"问:"未达其源,

---

① "坼",径山本、大正本作"拆"。
② "又"上,丛刊本、大正本有"师"。
③ "庙",碛砂本作"妙"。

乞师方便。"师曰："达也。"曰："达后如何？"师曰："终不恁么问。"问："久发大乘，心中忘此意。如何是此意？"师曰："又道中忘。"

前襄州清溪洪进禅师法嗣

相州天平山从漪禅师，有僧问："如何得出三界？"师曰："将三界来，与汝出。"僧问："如何是和尚家风？"师曰："显露地。"问："如何是佛？"师曰："不指天地。"曰："为什么不指天地？"师曰："唯我独尊。"问："如何是天平？"师曰："八凹九凸。"问："洞深杳杳清溪水，饮者如何不升坠？"师曰："更梦见什么？"问："大众云集，合谭何事？"师曰："香烟起处森罗见。"

庐山圆通院缘德禅师，钱塘人也，姓黄氏。初出家于临安朗瞻院，落发，依年往天台山受具。始习禅那于天龙顺德大师，寻往江表问道，值洪进山主印心。时江南国主于庐山建院，请师开法。师上堂，示众曰："诸上座，明取道眼好，是行脚僧本分事。道眼若未明，有什么用处？只是移盘吃饭。道眼若明，有何障碍？若未明得，强说多端也无用处。无事也好寻究。"僧问："如何是四不迁？"师曰："地水火风。"问："如何是古佛心？"师曰："水鸟树林。"曰："学人不会。"师曰："会取学人。"问："久负勿弦琴，请师弹一曲。"师曰："负来得多少时也？"曰："未审作何音调？"师曰："话堕也，珍重。"问："如何是佛法大意？"师云："过去灯明佛本光瑞如是。"① 问："如何是学人自己？"师云："特地申问是什么意？"问："如何是大梅主？"师云："阇梨今日离什么处？"

前升州清凉休复禅师法嗣

升州奉先寺净照禅师慧同，魏府人也，姓张氏。幼岁出家，礼饶州北禅院惟直禅师披削，年满受具于抚州希操律师，于清凉得法。僧问："唯一坚密身，一切尘中见②。又云：佛身充满于法界，普见一切群生前。于此二途，请师说。"师曰："唯一坚密身，一切尘中见。"僧问："如何是古佛心？"师曰："汝疑阿那个不是？"问："如何是常在底人？"师曰："更问阿谁？"

前抚州龙济山绍修禅师法嗣

河东广原和尚，僧问："如何是佛法大意？"师示偈曰："刹刹现形仪，尘尘具觉知。性源常鼓浪，不悟未曾移。"

前衡岳南台守安禅师法嗣

襄州鹫岭善美禅师，第三世住。僧问："如何是鹫岭境？"师曰："岘胡典反③山对碧玉，江水往南流。"曰："如何是境中人？"师曰："有什么事？"问："百川异流，还归大海，未审大海有几滴？"师曰："汝还到海也未？"曰："到海后如何？"师曰："明

---

① "是"，大正本作"此"。
② "见"，大正本作"现"，下同。
③ "胡典反"，丛刊本无。

日来向汝道。"

前漳州隆寿院无逸禅师法嗣

隆寿法骞禅师，泉州晋江县人也，姓施氏。母廖氏始娠，顿恶荤腥。及长，舍于本州开元寺菩提院出家纳戒，诣漳州参逸和尚得旨。刺史陈洪铦请开堂住持，<small>隆寿第三世住</small>。上堂，谓众曰："今日隆寿出世，三世诸佛，森罗万象同时出世，同时转法轮。诸人还见么？"僧问："如何是隆寿境？"师曰："无汝插足处。"曰："如何是境中人？"师曰："未识境在。"有僧到参，至明日，入方丈请师心要。师曰："昨日相逢序起居，今朝相见事还如。如何却觅呈心要，心要如何特地疏。"

前庐山归宗寺道诠禅师法嗣

筠州九峰义诠禅师，僧问："如何是祖师西来意？"师曰："有力者负之而趋。"

前眉州黄龙继达禅师法嗣

眉州黄龙第二世和尚，[①] 僧问："如何是密室？"师曰："斫不开。"曰："如何是密室中人？"师曰："非男女相。"问："国内按剑者是谁？"师曰："昌福。"曰："忽遇尊贵时如何？"师曰："不遗。"

---

① "州"，碛砂本作"山"。

前朗州梁山缘观禅师法嗣

郢州大阳山警玄禅师， 僧问："丛林浩浩，法鼓喧喧，向上宗乘，如何举唱？"师曰："他无个消息，争肯应当？"曰："今日宗乘，已蒙师指示，未审法嗣嗣何人？"师曰："梁山点出秦时镜，长庆峰前一样辉。"问："如何是大阳境？"师曰："孤鹤老猿啼谷韵①，瘦松寒竹锁青烟。"曰："如何是境中人？"师曰："作么，作么？"问："如何是大阳家风？"师曰："满瓶倾不出，大地勿饥人。"问："如何是佛？"师曰："汝何不是佛？"曰："学人不会时如何？"师曰："迢然不挂三秋月，一句当阳岂在灯？"问："如何是祖师西来意？"师曰："解问不当。"曰："学人不会时如何？"师曰："陕府铁牛人皆向，卞和得玉至今传。"问："如何是大阳透法身句？"师曰："大洋海底红尘起，须弥顶上水横流。"问："牛头未见四祖时，为什么百鸟衔华？"师曰："出户乌鸡头戴雪。"曰："见后为什么不衔华？"师曰："杲日当天后，乌鸡出户飞。"

行思禅师第十世

前天台山德韶国师法嗣

杭州慧日永明寺智觉禅师延寿， 余杭人也，姓王氏。总角之岁，归心佛乘。既冠，不茹荤，日唯一食。持《法华经》，七行俱下，才六旬，悉能诵之，感群羊跪听。年二十八，为华亭镇

---

① "老"，径山本作"野"。

将，属翠岩永明大师迁止龙册寺，大阐玄化。时吴越文穆王知师慕道，乃从其志，放令出家。礼翠岩为师，执劳供众，都忘身宰。衣不缯纩，食无重味，野蔬布襦，以遣朝夕。寻往天台山天柱峰，九旬习定，有乌类尺鹦①，巢于衣褶之涉反②。中。暨谒韶国师，一见而深器之，密授玄旨。仍谓师曰："汝与元帅有缘，他日大兴佛事。"密受记。

初住明州雪窦山，学侣臻凑，咸平元年，赐额曰"资圣寺"。师上堂曰："雪窦遮里迅瀑千寻，不停纤粟；奇岩万仞，无立足处。汝等诸人向什么处进步？"时有僧问："雪窦一径，如何履践？"师曰："步步寒华结，言言彻底冰。"建隆元年，忠懿王请入居灵隐山新寺，为第一世。明年，复请住永明大道场，为第二世，众盈二千。僧问："如何是永明妙旨？"师曰："更添香著。"曰："谢师指示。"师曰："且喜勿交涉。"师有偈曰："欲识永明旨，门前一湖水。日照光明生，风来波浪起。"问："学人久在永明，为什么不会永明家风？"师曰："不会处会取。"曰："不会处如何会？"师曰："牛胎生象子，碧海起红尘。"问："成佛成祖亦出不得，六道轮回亦出不得，未审出个什么不得？"师曰："出汝问处不得。"问："承教有言：一切诸佛及佛法③，皆从此经出。如何是此经？"师曰："长时转不停，非义亦非声。"曰："如何受持？"师曰："若欲受持者，应须用眼听。"问："如何是大圆镜？"④ 师曰："破砂盆。"

---

① "乌"，南藏本、大正本作"鸟"。"尺"，南藏本作"斥"。
② "之涉反"，丛刊本、大正本无。
③ "佛法"，原作"诸佛"，据作丛刊本、南藏本、径山本、大正本改。
④ "镜"，丛刊本作"境"。

师居永明道场十五载，度弟子一千七百人。开宝七年，入天台山度戒，约万余人。常与七众受菩萨戒，夜施鬼神食，朝放诸生类，不可称算。六时散华行道，余力念《法华经》一万三千部。著《宗镜录》一百卷，诗偈、赋咏凡千万言，播于海外。高丽国王览师言教，遣使赍书，叙弟子之礼，奉金线织成袈裟、紫水精数珠、金澡罐等。彼国僧三十六人，亲承印记，前后归本国，各化一方。以开宝八年乙亥十二月示疾，二十六日辰时，焚香告众，跏趺而亡。明年正月六日，塔于大慈山。寿七十二，腊四十二。太宗皇帝赐额曰"寿宁禅院"。

温州大宁院可弘禅师，僧问："如何是正真一路？"师曰："七颠八倒。"曰："恁么即法门无别去也。"师曰："我知汝错会去。"问："皎皎地无一丝头时如何？"师曰："话头已堕。"曰："乞师指示。"师曰："适来亦不虚设。"问："向上宗乘，请师举扬。"师曰："汝问太迟生。"曰："恁么即不仙陀去也。"师曰："深知汝恁么去。"

苏州安国长寿院朋彦大师，永嘉人也，姓秦氏。本州开元寺受业，初参婺州金鳞宝资和尚①。后因慧明禅师激发，而归于天台之室，悟正法眼，自此随缘阐法，盛化姑苏。节帅钱仁奉礼重创院②，请转法轮，本国赐紫衣，署"广法大师"。僧问："如何

---

① "鳞"，原作"陵"，据卷二十一"宝资"传、丛刊本、大正本改。
② "帅"，丛刊本作"使"。

是玄旨?"师曰:"四棱榻地。"① 问:"如何是绝丝毫底法?"师曰:"山河大地。"曰:"恁么则即相而无相也。"师曰:"也是狂言。"问:"如何是径直之言?"师曰:"千迂万曲。"曰:"恁么即无不总是也。"师曰:"是何言欤?"问:"如何是道?"师曰:"跋涉不易。"师建隆二年辛酉,以住持付门人法齐,继世说法。即其年四月六日示灭,寿四十九,腊三十五。

杭州五云山华严道场志逢大师,余杭人也。生恶荤血,肤体香洁。幼岁出家于本邑东山朗瞻院,依年受具,通贯三学,了达性相。尝梦升须弥山,睹三佛列坐,初释迦,次弥勒,皆礼其足。唯不识第三佛,但仰视而已。时释迦示之曰:"此是补处弥勒师子月佛。"② 师方作礼。觉后,因阅大藏经,乃符所梦。天福中游方,抵天台山云居道场,参国师。宾主缘契,顿发玄秘。一日,因入普贤殿中宴坐,倏有一神人,跪膝于前。师问曰:"汝其谁乎?"曰:"护戒神也。"师曰:"吾患有宿愆未殄,汝知之乎?"曰:"师有何罪,唯一小过耳。"师曰:"何也?"曰:"凡折钵水,亦施主物。师每常倾弃,非所宜也。"言讫而隐。师自此洗钵水尽饮之,积久,因致脾胃疾,十载方愈。凡折退、饮食及涕唾、便利等,并宜鸣指,默念咒,发施心而倾弃之。

吴越国王向其道风,召赐紫,署"普觉大师"。初命住临安功臣院,玄侣辐凑。师上堂曰:"诸上座舍一知识而参一知识,

---

① "榻",径山本、大正本作"塌"。
② "补处弥勒",丛刊本、大正本作"弥勒补处"。

尽学善财礼游之式样也①。且问上座：只如善财礼辞文殊，拟登妙峰山谒德云比丘，及到彼所，何以德云却于别峰相见②？夫教意祖意，同一方便，终无别理。彼若明得，此亦昭然。诸上座即今簇著老僧，是相见，是不相见？此处是妙峰，是别峰？脱或从此省去，可谓不孤负老僧，亦常见德云比丘，未尝刹那相舍离。还信得及么？"僧问："丛林举唱，曲为今时。如何是功臣的的意？"师曰："见么？"曰："恁么即大众咸欣也。"师曰："将谓师子儿。"问："佛佛授手，祖祖传心，未审和尚传个什么？"师曰："汝承当得么？"曰："学人承当不得，还别有人承当得否？"师曰："大众笑汝。"问："如何是如来藏？"师曰："恰问著。"问："如何是诸佛机？"师曰："道是得么？"师一日上堂，良久曰："大众，看，看。"便下座归方丈。

开宝初，忠懿王创普门精舍，三请住持，再扬宗要，即普门第一世。师上堂曰："古德为法行脚，实不惮勤劳。如雪峰和尚三回到投子，九度上洞山，盘桓往返，尚求个入路不得。看汝近世参学人，才跨门来，便待老僧接引，指掌说禅。且汝欲造玄极之道，岂当等闲③？况此事悟亦有时，躁求焉得？汝等要知悟时么？如今各且下去，堂中静坐，直待仰家峰点头，老僧即为汝说。"④ 时有僧出曰："仰家峰点头也，请师说。"师曰："大众，且道此僧会老僧语，不会老僧语？"其僧礼拜，师曰："今日偶然

---

① "礼"，丛刊本、南藏本、大正本作"南"。
② "却"，丛刊本无。
③ "当"，丛刊本、大正本作"同"。
④ "说"，丛刊本、大正本作"分说"。

失鉴。"问："如何是普门家风？"师曰："几人观不足？"曰："如何是普门境？"师曰："汝到处，且问家风了休。"

师开宝四年固辞国主，称年老，愿依林泉颐养。时大将凌超以五云山新创华严道场，奉施为终老之所。雍熙二年乙酉十一月，忽示疾，二十五日，命侍僧办香水盥沐，跏趺而坐，良久告寂。寿七十七，腊五十八。塔曰"宝峰常照"。

杭州报恩光教寺慧月禅师法端，第三世住。师上堂曰："数夜与诸上座东语西话，犹未尽其源。今日与诸上座大开方便，一时说却，还愿乐也无？久立，珍重。"僧问："学人恁么上来，请师接。"师曰："不接。"曰："为什么不接？"师曰："为汝太灵利。"

杭州报恩光教寺通辨明达禅师绍安①，第四世住。师上堂曰："一句染神，万劫不朽。今日为诸上座举一句，分明记取。珍重。"僧问："大众侧聆，请师不吝。"师曰："奇怪。"曰："恁么即今日得遇于师也。"师曰："是何言欤？"师有时示众曰："幸有楼台匝地，常提祖印，不妨诸上座参取。久立，珍重。"问："如何是和尚家风？"师曰："一切处见成。"曰："恁么即亘古亘今也。"师曰："莫闲言语。"

福州广平院守威宗一禅师，福州侯官人也。西峰山受业，参

---

① "辨"，大正本作"辩"。

天台得旨，国师授之法衣。时有僧问曰："大庾岭头提不起，如何传授于师？"① 师拈起衣曰："有人敢道天台得么？"时吴越忠懿王向德，命阐法住持，署于师名，玄徒臻萃。上堂，示众曰："达磨大师云：吾法三千年后，不移丝发。山僧今日不移达磨丝发，先达之者，共相证明，若未达者，不移丝发。"僧问："洪钟韵绝，大众临筵，祖意西来，请师提唱。"师曰："洪钟韵绝，大众临筵。"问："古人云：任汝千圣见，我有天真佛。如何是天真佛？"师曰："千圣是弟。"问："如何是广平家风？"师曰："谁不受用？"

师后迁住怡山长庆，上堂，谓众曰："不用开经作梵，不用展钞牒科，还有理论处也无？设有，理论处乃是方便之谭，宗乘事作么生？"僧问："如何是西来意？"师曰："未曾有人答得。"曰："请师方便。"师曰："何不更问。"师后终于长庆。

杭州报恩光教寺第五世住永安禅师，温州永嘉人也，姓翁氏。幼岁依本郡汇征大师出家，后唐天成中随本师入国，吴越忠懿王命征为僧正。师尤不喜俗务，拟潜往闽川投访禅会，属路岐艰阻，遂回天台山结茅而止。寻遇韶国师开示，顿悟本心，乃辞出②。征师闻于忠懿王，初命住越州清泰院，次召居上寺，署"正觉空慧禅师"。

师上堂曰："十方诸佛一时云集，与诸上座证明。诸上座与诸佛一时证明，还信么？切忌卜度。"僧问："四众云臻，如何举

---

① "传授"下，丛刊本有"付"。
② "出"，大正本作"出山"。

唱？"师曰："若到诸方，切莫错举。"曰："非但学人，大众有赖。"师曰："礼拜著。"僧问："五乘三藏，委者颇多；祖意西来，乞师指示。"师曰："五乘三藏。"曰："向上还有事也无？"师曰："汝却灵利。"问："如何是大作佛事？"师曰："嫌什么？"曰："恁么即亲承摩顶去也。"师曰："何处见世尊？"问："如何是西来意？"师曰："汝过遮边立。"僧移步，师曰："会么？"曰："不会。"师示偈曰："汝问西来意，且过这边立。昨夜三更时，雨打虚空湿。电影豁然明，不似蚰蜒急。"

师开宝七年甲戌夏六月示疾，告众为别。时有僧问："昔日如来正法，迦叶亲传；未审和尚玄风，百年后如何体会？"师曰："汝什么处见迦叶来？"曰："恁么即信受奉行，不忘斯旨也。"师曰："佛法不是遮个道理。"言讫坐亡，寿六十四，腊四十四。既阇维，而舌不坏，柔软如红莲叶，今藏于普贤道场中。师以华严李长者《释论》旨趣宏奥，因将合经，成百二十卷雕印，遍行天下。

广州光圣道场师护禅师，闽越人也。自天台得法，化行岭表。国主刘氏待以师礼，创大伽蓝，请师居焉，署"大义"之号。僧问："昔日梵王请佛，今日国主临筵，祖师西来①，如何举唱？"师曰："不要西来，山僧已举唱了也。"曰："岂无方便？"师曰："适来岂不是方便？"问："国王三请，来坐光圣道场，未审和尚法嗣何方？"师曰："一声冬鼓，万户齐窥。"曰："怎么即

---

① "师"，丛刊本、大正本作"嗣"。

天台妙旨，光圣亲承也。"师曰："莫乱道。"问："学人乍入丛林，西来妙诀，乞师指示。"师曰："汝未入丛林，我已示汝了也。"曰："如何领会？"师曰："不要领会。"

杭州奉先寺清昱禅师，永嘉人也，得法于天台国师。吴越忠懿王召入问道，命军使薛温于西湖建大伽蓝曰"奉先"，建大佛宝阁，延请师居之，演畅宗旨，署"圆通妙觉禅师"。僧问："如何是西来意？"师曰："高声举似大众。"师开宝中示灭于本寺。

台州天台山紫凝普闻寺智勤禅师，僧问："如何是空手把锄头？"师曰："但恁么谛信。"曰："如何是步行骑水牛？"师曰："汝自何来？"师有颂，示众曰："今年五十五，脚未踏寸土。山河是眼睛，大海是我肚。"太平兴国四年，例试僧经业，山门老宿，各写法名，唯师不闲书札。时通判李宪问："禅师，世尊还解书也无？"师曰："天下人知。"至淳化初，不疾，命侍僧开浴。浴讫，垂诫徒众，安坐而逝，塔于本山。三年后，门人迁塔发龛，睹师全身不散，容仪俨若，髭发仍长，迎入新塔。

温州雁荡山愿齐禅师，钱塘人也，姓江氏。少依水心寺绍岩禅师出家受具，初习智者教，精研止观，圆融行门。后参天台国师，发明玄奥，乃住雁荡山。开宝五年，吴越王长子于西关建光庆寺，请师开法住持。仍于城下诸禅众中访求名行三百人，同入新寺。师上堂，有僧问："夜月舒光，为什么碧潭无影？"师曰："作家弄影汉。"其僧从东过西立，师曰："不唯弄影，兼乃怖头。"师居之未几,固辞入山。太平兴国中示灭。

杭州普门寺希辩禅师, 苏州常熟人也。幼出家,礼本邑延福院启祥禅师落发。具戒,诣楞伽山听律,寻谒天台受心印。乾德初,吴越忠懿王命住越州清泰院,署"慧智禅师"。开宝中,复召入居普门寺,即第二世住。师上堂曰:"山僧素乏知见,复寡闻持。顷虽侍坐于山中和尚,亦不蒙一句开示,以至今与诸仁者聚会,更无一法可相助发,何况能为诸仁者区别缁素,商量古今?还怪得山僧么?若有怪者,且道此人具眼,不具眼?有宾主义,无宾主义?晚学初机,必须审细。"时有僧问:"如何是普门示现神通事?"师曰:"恁么即阇梨怪老僧也。"曰:"不怪时如何?"师曰:"汝且下堂里思惟去。"

太平兴国三年,吴越王入觐,师随宝塔至,见于滋福殿,赐紫,号"慧明大师"。端拱中,上言愿还故里,诏从之,赐御制诗。及忠懿王施金,于常熟本山院创砖浮图七级,高二百尺。功既就,至道三年八月二十五日示疾而逝。寿七十七,腊六十三,塔于院之西北隅。

杭州光庆寺遇安禅师, 钱塘人也,姓沈氏。卯岁出家于天台华顶峰,礼庵主重萧披剃,依年受具。寻遇本山韶国师,密契宗旨。乾德中,吴越忠懿王命住北关倾心院,又召入,居天龙寺。开宝七年甲戌,安僖王请于光庆寺摄众,署"善智禅师"。

初上堂,有僧问:"无价宝珠,请师分付。"师曰:"善能吐露。"曰:"恁么即人人具足也。"师曰:"珠在什么处?"僧乃礼拜。师曰："也是虚言。"问："提纲举领，尽立主宾，如何是主？"师曰："深委此问。"曰："如何是宾？"师曰："适来向汝道什么？"曰："宾主道合时如何？"师曰："其令不行。"问："心月孤圆，光吞万象。如何是吞万象底光？"师曰："大众总见汝恁么。"问曰："光吞万象从师道，心月孤圆意若何？"师曰："抖擞精神著。"曰："鹭倚雪巢犹可辨，光吞万象事难明。"师曰："谨退。"问："青山绿水，处处分明，和尚家风，乞垂一句。"师曰："尽被汝道了也。"曰："未必如斯，请师答话。"师曰："不用闲言。"又一僧方礼拜，师曰："问答俱备。"僧拟伸问，师乃叱之。

师有时示众曰："欲识曹溪旨，云飞前面山。分明真实个，不用别追攀。"问："承古德有言：井底红尘生，山头波浪起。未审此意如何？"师曰："若到诸方，但恁么问。"曰："和尚意旨如何？"师曰："适来向汝道什么？"师又曰："古今相承皆云：尘生井底，浪起山头。结子空华，生儿石女。且作么生会？莫是和声送事，就物呈心，句里藏锋，声前全露么？莫是有名无体，异唱玄谭么？上座自会即得，古人意旨不然。既恁么会不得，合作么生会？上座欲得会么？但看泥牛行处，阳焰翻波；木马嘶时，空华坠影。圣凡如此，道理分明，何须久立？珍重。"太平兴国三年，随宝塔见于滋福殿，赐紫，号"朗智大师"。淳化初，还光庆旧寺，三年九月二十一日归寂。

天台山般若寺友蟾禅师，钱塘临安人也。幼岁出家，于本邑东山朗瞻院得度。闻天台国师盛化，远趋函丈，密印心地。初命住云居普贤院，僧侣咸凑。吴越忠懿王署"慈悟禅师"，迁止上寺，众盈五百。僧问："鼓声才动，大众云臻，向上宗乘，请师举唱。"师曰："亏汝什么？"曰："恁么即人人尽沾恩去也。"师曰："莫乱道。"雍熙三年，以山门大众付受业弟子隆一，继踵开法。至淳化初示灭，归葬于本山。

婺州智者寺全肯禅师，初参天台，天台问："汝名什么？"曰："全肯。"天台曰："肯个什么？"师乃礼拜。住后，有僧问："有人不肯，师还甘也无？"师曰："若人问我，即向伊道。"师太平兴国中，以住持付法嗣弟子绍忠，继世说法，寻于本寺归寂。

福州玉泉义隆禅师，上堂曰："山河大地，尽在诸人眼睛里，因什么说会与不会？"时有僧问曰："山河大地眼睛里，师今欲更指归谁？"师曰："只为上座去处分明。"曰："若不上来伸此问，焉知方便不虚施？"师曰："依俙似曲才堪听，又被风吹别调中。"

杭州龙册寺第五世住晓荣禅师，温州白鹿人也，姓邓氏。幼依瑞鹿寺出家登戒，闻天台国师盛化，遂入山参礼，受心法。初住杭州富阳净福院，后住龙册寺，二处皆聚徒开法。僧问："祖祖相传，未审和尚传阿谁？"师曰："汝还识得祖未？"僧慧文问："如何是真实沙门？"师曰："汝是慧文。"问："如何是般若大神珠？"师曰："般若大神珠，分形万亿躯。尘尘彰妙体[①]，刹刹尽

[①] "妙"，碛砂本作"如"。

毗卢。"问："日用事如何？"师曰："一念周沙界，日用万般通。湛然常寂灭，常转自家风。"师一日坐妙善台，受大众小参。有僧问："向上事即不问，如何是妙善台中的的意？"师曰："若到诸方，分明举似。"曰："恁么即云有出山势，水无投涧声。"师乃叱之。师淳化元年庚寅八月二十九日，于秀州灵光寺净土院归寂。预告门人，致书辞同道。寿七十一，腊五十六。

杭州临安县功臣院庆萧禅师，僧问："如何是功臣家风？"师曰："明暗色空。"曰："恁么即诸法无生去也。"师曰："汝唤什么作诸法？"师乃颂曰："功臣家风，明暗色空。法法非异，心心自通。恁么会得，诸佛真宗。"

越州称心敬琠禅师，僧问："结束囊装，请师分付。"师曰："莫讳。"曰："什么处孤负和尚？"师曰："却是汝孤负我。"师后迁住杭州保安院示灭。

福州严峰师术禅师，初开堂，升座，时有极乐和尚问曰："大众颙望，请震法雷。"师曰："大众还会么？还辨得么？今日不异灵山。乃至诸佛国土，天上人间，总皆如是。亘古亘今，常无变异，作么生会无变异底道理？若会得，所以道：无边刹境，自他不隔于毫端；十世古今，始终不移于当念。"问："灵山一会，迦叶亲闻；今日严峰一会，谁是闻者？"师曰："问者不弱。"问："如何是文殊？"师曰："来处甚分明。"

潞州华严慧达禅师，僧问："如何是古佛心？"师曰："山河大地。"问："如何是华严境？"师曰："满目无形影。"

越州剡县清泰院道圆禅师，僧问："亡僧迁化，向什么处去也？"师曰："今日迁化。"岭中上座问："如何是祖师西来意？"师曰："不可向汝道庭前柏树子。"

杭州九曲观音院庆祥禅师，余杭人也，姓沈氏。身长七尺余，辩才冠众，多闻强记，时天台门下推为杰出。僧问："险恶道中，以何为津梁？"师曰："以此为津梁。"曰："如何是此？"师曰："筑著汝鼻孔。"

杭州开化寺传法大师行明，本州人也，姓于氏①。少投明州雪窦山智觉禅师披剃。及智觉迁住永明大道场，有徒二千，王臣钦仰，法化弥盛。师自天台受记，回永明翼赞本师，海众倾仰。开宝八年，智觉归寂，师遂住能仁寺。忠懿王又建大和寺，寻改名"六和寺"，后太宗皇帝赐号"开化"，延请住持，二处皆聚徒说法。僧问："如何是开化门中流出方便？"师曰："日日潮音两度闻。"问："如何是无尽灯？"师曰："谢阇梨照烛。"太宗皇帝赐紫衣、师号，咸平四年四月六日示灭。

越州萧山县渔浦开善寺义圆禅师，僧问："一年去，一年来，

---

① "于"，丛刊本作"千"。

方便门中请师开。"师曰:"分明记取。"曰:"恁么即昔时师子吼,今日象王回。"师曰:"且喜勿交涉。"

温州瑞鹿寺上方遇安禅师,福州人也。得法于天台,又常阅《首楞严了义》,时谓之"安楞严"也。至道元年季春月,将示灭,有法嗣弟子蕴仁侍坐,师乃说偈曰:"不是岭头携得事,岂从鸡足付将来?自古圣贤皆若此,非吾今日为君裁。"

师说偈付嘱,以香水沐身,易衣安坐,令舁棺至室。良久,自入棺。经三日,门人与本寺瑜阇梨辄启棺,睹师右胁吉祥而卧。四众哀恸,师乃再起,上堂说法,及诃责垂诫曰:"此度更启吾棺者,非吾之子。"言讫,复入棺长往。

杭州龙华寺慧居禅师,闽越人也。自天台领旨,吴越忠懿王命住上寺。初开堂,众集定,师曰:"从上宗乘,到此如何言论?又如何举唱?只如释迦如来说一代时教,如瓶注水。古德尚云:犹如梦事寱语一般。且道古德据什么道理,便恁么道?还会么?大施门开,何曾拥塞?生凡育圣,不漏纤尘。言凡则全凡,举圣则全圣,凡圣不相待,个个独尊。所以道:山河大地长时说法,长时放光。地水火风,一一如是。"时有僧出礼拜,师曰:"好个问头,如法问将来。"僧方进前,师曰:"又勿交涉也。"僧问:"诸佛出世,放光动地;和尚出世,有何祥瑞?"师曰:"话头自破。"异日上堂,谓众曰:"龙华遮里,也只是拈柴择菜,上来下去,晨朝一粥,斋时一饭,睡后吃茶,但恁么参取。珍重。"僧问:"学人未明自己,如何辨得浅深?"师曰:"识取自己眼。"

曰："如何是自己眼？"师曰："向汝道什么？"

婺州齐云山遇臻禅师，越州人也，姓杨氏。幼岁依本州大善寺出家，年满登具。预天台之室，亲承印记，住齐云山宴居，法侣咸凑。僧问："如何是无缝塔？"师曰："五六尺。"其僧礼拜，师曰："塔倒也。"问："圆明了知，为什么不因心念？"师曰："圆明了知。"曰："何异心念？"师曰："汝唤什么作心念？"师秋夕闲坐，偶成颂曰："秋庭肃肃风飕飕，寒星列空蟾魄高。揸颐静坐神不劳，鸟窠无端拈布毛。"其诸歌偈，皆触事而作，三百余首流行，见乎别录。至道中，卒于大善寺。

温州瑞鹿寺本先禅师，温州永嘉人也，姓郑氏。幼岁于本州集庆院出家，纳戒于天台国清寺，得法于天台韶国师。师初遇国师，国师导以"非风幡动，仁者心动"之语，师即时悟解。后乃示徒曰："吾初学天台法门，语下便荐。然千日之内，四仪之中，似物碍膺，如雠同所。千日之后，一日之中，物不碍膺，雠不同所，当下安乐，顿觉前咎。"乃述颂三首。一、《非风幡动仁者心动颂》曰："非风幡动唯心动，自古相传直至今。今后水云徒欲晓，祖师真实好知音。"二、《见色便见心颂》曰："若是见色便见心，人来问著方难答。求道理①，说多般，辜负平生三事衲。"三、《明自己颂》曰："旷大劫来只如是，如是同天亦同地。同地同天作么形？作么形兮无不是。"师自尔足不历城邑②，手不度财

---

① "求"，南藏本、大正本作"若求"，径山本作"更求"。
② "尔"，丛刊本、碛砂本作"迩"。

货，不设卧具，不衣茧丝。卯斋终日宴坐，申旦海诱徒众。朝夕恳至，逾三十载，其志弥厉。

师示众云："尔等诸人，还见竹林、兰若、山水、院舍、人众么？若道见，则心外有法；若道不见，焉奈竹林、兰若、山水、院舍、人众现在揽然地？还会恁么告示么？若会，不妨灵利。无事，莫立。"师示众云："佛身充满于法界，普现一切群生前。随缘赴感靡不周，而常处此菩提座。若道佛身充满于法界去，菩萨界、缘觉界、声闻界、天界、修罗界、人界、畜生界、饿鬼、地狱界，如是等界，应须勿有踪迹去始得，为什么有此二三说？为道法界唯是佛身，便恁么道？恁么道既成二三，又作么生说？是充满法界底佛身，向遮里为你等乱道，还得么？于这个说话，若也荐得，不妨省心力。若也荐不得，你等且道：不历僧祇获法身，是个甚人？彼此出浴劳倦，不妨且退。"

师有时云："大凡参学佛法，未必学问话是参学，未必学拣话是参学，未必学代语是参学，未必学别语是参学，未必学捻破经论中奇特言语是参学，未必捻破诸祖师奇特言语是参学。若也于如是等参学，任你七通八达，于佛法中，侥无个实见处，唤作干慧之徒。岂不闻古德云：聪明不敌生死，干慧岂免苦轮？诸人若也参学，应须真实参学始得。真实参学也，行时行时参取，立时立时参取，坐时坐时参取，眠时眠时参取，语时语时参取，默时默时参取，一切作务时一切作务时参取。既向如是等时参，且道参个甚人？参个什么说？到这里须自有个明白处始得，若非明白处，唤作造次参学，则无究了。"又云："幽林鸟叫，碧涧鱼跳，云片展张，瀑声鸣咽，你等还知得如是多景象，示尔等个入处么？若也知得，不妨参取好。"

又云："天台教中说文殊、观音、普贤三门。文殊门者，一切色；观音门者，一切声；普贤门者，不动步而到。我道：文殊门者，不是一切色；观音门者，不是一切声；普贤门者，是个什么？莫道别却天台教说话。无事，且退。"又云："南泉迁化，向甚处去？东家作驴，西家作马。若是求出三界修行底人，闻这个言语，不妨狐疑，不妨惊怛。南泉迁化，向甚处去？东家作驴，西家作马。或会云：千变万化，不出真常。南泉迁化，向甚处去？东家作驴，西家作马。或会云：须会异类中行，始会得这个言语。南泉迁化，向甚处去？东家作驴，西家作马。或会云：东家是南泉，西家是南泉。南泉迁化，向甚处去？东家作驴，西家作马。或会云：东家郎君子，西家郎君子。南泉迁化，向甚处去？东家作驴，西家作马。或会云：东家是什么，西家是什么？南泉迁化，向甚处去？东家作驴，西家作马。或会云：乃作驴叫，又作马嘶。南泉迁化，向甚处去？东家作驴，西家作马。或会云：唤什么作东家驴，唤甚么作西家马？南泉迁化，向甚处去？东家作驴，西家作马。或会云：既问迁化，答在问处。南泉迁化，向甚处去？东家作驴，西家作马。或会云：作露柱处去。南泉迁化，向甚处去？东家作驴，西家作马。或会云：东家作驴，亏南泉甚处？西家作马，亏南泉甚处？如是诸家会也，总于佛法有安乐处①。'南泉迁化，向甚处去？''东家作驴，西家作马。''学人不会。''要骑便骑，要下便下。'这个答话，不消得

---

① "于"，径山本作"知"。"有"，碛砂本作"多"。

多道理而会，若见法界性去，也勿多事。珍重。"

又云："晨朝起来洗手面，盥漱了吃茶，吃茶了佛前礼拜，佛前礼拜了和尚、主事处问讯，和尚、主事处问讯了僧堂里行益，僧堂里行益了上堂吃粥，上堂吃粥了归下处打睡，归下处打睡了起来洗手面盥漱，起来洗手面盥漱了吃茶，吃茶了东事西事，东事西事了斋时僧堂里行益，斋时僧堂里行益了上堂吃饭，上堂吃饭了盥漱，盥漱了吃茶，吃茶了东事西事，东事西事了黄昏唱礼，黄昏唱礼了僧堂前喝参，僧堂前喝参了主事处喝参，主事处喝参了和尚处问讯，和尚处问讯了初夜唱礼，初夜唱礼了僧堂前喝珍重，僧堂前喝珍重了和尚处问讯，和尚处问讯了礼拜、行道、诵经、念佛。如此之外，或往庄上，或入郡中，或归俗家，或到市肆。既有如是等运为，且作么生说个勿转动相底道理？且作么生说个那伽常在定，无有不定体底道理？还说得么？若也说得，一任说取。珍重。"

又云："鉴中形影，唯凭鉴光显现。你等诸人所作一切事，且道唯凭个什么显现？还知得么？若也知得，于参学中千足万足。无事，莫立。"又云："尔等诸人，夜间眠熟，不知一切。既不知一切，且问：尔等那时有本来性？若道那时有本来性，那时又不知一切，与死无异；若道那时无本来性，那时睡眠忽省①，觉知如故。还会么？不知一切，与死无异；睡眠忽省，觉知如故。如是等时，是个什么？若也不会，各自体究取。无事，莫立。"又云："诸法所生，唯心所现。如是言语，好个入底门户。

---

① "省"，大正本作"醒"。

且问："你等诸人眼见一切色，耳闻一切声，鼻嗅一切香，舌知一切味，身触一切软滑，意分别一切诸法，只如眼、耳、鼻、舌、身、意所对之物，为复唯是你等心，为复非是你等心？若道唯是你等心，何不与你等身都作一块了休？为什么所对之物却在你等眼、耳、鼻、舌、身、意外？你等若道眼、耳、鼻、舌、身、意所对之物，非是你等心，又焉奈'诸法所生，唯心所现，言语留在世间，何人不举著？你等见这个说话，还会么？若也不会，大家用心商量教会去。幸在其中，莫令厌学。无事，且退。"

大中祥符元年二月，师忽谓上足如昼曰："可造石龛，仲秋望日，吾将顺化。"如昼禀命，寻即成就。及期，远近士庶，奔趋瞻仰。是日参问如常，至午时，安坐方丈，手结宝印。复谓如昼曰："古人云：骑虎头，打虎尾，中央事作么生？"如昼答云："也只是如昼。"师云："你问我。"昼乃问："骑虎头，打虎尾，中央事和尚作么生？"师云："我也弄不出。"言讫，奄然开一目，微视而寂。寿六十七，腊四十二。长吏具以事闻，诏本州常加检视。如昼乃奉师尝所著《竹林集》十卷，诗篇歌辞共千余首，诣阙上进，诏藏秘阁。如昼特赐紫衣。

前杭州报恩寺慧明禅师法嗣

福州长溪保明院通法大师道诚，师上堂曰："如为一人，众多亦然。珍重。"僧问："如何是保明家风？"师曰："看。"问："圆音普震，三等齐闻，竺土仙心，请师密付。"师良久。僧曰："恁么即意马已成于宝马，心牛顿作于白牛。"师曰："七颠八倒。"曰："若不然者，几招哂笑。"师曰："礼拜，退后。"问：

"如何是和尚西来意？"师曰："我不曾到西天。"曰："如何是学人西来意？"师曰："汝在东土多少时？"

前杭州永明寺道潜禅师法嗣

杭州千光王寺瑰省禅师，温州陶山人也，姓郑氏。幼岁出家，精究律部。听《天台文句》，栖心于圆顿止观。后阅《楞严》，文理宏濬，未能洞晓。一夕，诵经既久，就案若假寐，梦中见日轮自空降，开口吞之。自是倏然发悟，差别义门涣然无滞。后闻国城永明法席隆盛，专申参问，永明唯印前解，无别指喻。即以忠懿王所遗衲衣，授之表信物①。住湖西严净院，开宝三年，衢州刺史翁晟仰重师道，乃开西山，创大禅苑，太宗皇帝改赐"宝云寺"额。请师居之，学者臻萃。

师上堂曰："诸上座，佛法无事。昔之日月，今之日月，昔日风，今日风，昔日上座，今日上座。莫道举亦了，说亦了，一切成现好。珍重。"师开宝五年壬申七月示疾，不求医。三日前，有宝树、浴池现。师曰："凡所有相，皆是虚妄。"二十七日晡时，集众言别，安坐而逝，寿六十有七。阇维，舍利门人建塔。

衢州镇境志澄大尚，僧问："如何是定乾坤底剑？"师曰："不漏丝发。"曰："用者如何？"师曰："不知。"问："或因普请，锄头损伤虾蟆蚯蚓，还有罪也无？"师曰："阿谁是下手者？"曰："恁么即无罪过。"师曰："因果历然。"师后迁住杭州西山宝

---

① "物"，南藏本、径山本、大正本作"后"。

云寺说法，本国赐紫，署"积善大师"。

明州崇福院庆祥禅师，上堂曰："诸禅德，见性周遍，闻性亦然，洞彻十方，无内无外。所以古人道：随缘无作，动寂常真。如此施为，全真智用。"问："如何是本来人？"师曰："堂堂六尺甚分明。"曰："只如本来人，还作如此相貌也无？"师曰："汝唤什么作本来人？"曰："乞师方便。"师曰："教谁方便？"

前杭州灵隐寺清耸禅师法嗣

杭州临安功臣院道慈禅师，问："师登宝座，大众咸臻，请师举扬宗教。"师曰："大众证明上座。"曰："恁么即亘古亘今也。"师曰："也须领话始得。"

秀州罗汉院愿昭禅师，钱塘人也。依本部西山保清院受业，自灵隐发明，众请出世。师上堂曰："山河大地是真善知识，时常说法，时时度人，不妨诸上座参请，无事，久立。"僧问："罗汉家风，请师一句。"师曰："嘉禾合穗，上国传芳。"曰："此犹是嘉禾家风，如何是罗汉家风？"师曰："或到诸方，分明举似。"师后住杭州香严寺，僧问："不立纤尘，请师直道。"师曰："众人笑汝。"曰："如何领会？"师曰："还我话头来。"

处州报恩院师智禅师，僧问："如何是和尚家风？"师曰："谁人不见？"问："如何是一相三昧？"师曰："青黄赤白。"曰："一相何在？"师曰："汝却灵利。"问："祖祖相传传祖印，师今法嗣嗣何人？"师曰："灵鹫峰前，月轮皎皎。"

衢州瀫宁可先禅师，僧问："如何是瀫宁家风？"师曰："谢指示。"问："如何是西来意？"师曰："怪老僧什么处？"曰："学人不会，乞师方便。"师曰："适来岂不是问西来意？"①

杭州临安光孝院道端禅师，僧问："如何是佛？"师曰："高声问著。"曰："莫即便是也无？"师曰："勿交涉。"师后住灵隐寺示灭。

杭州西山保清院遇宁禅师，初开堂，升座，有二僧一时礼拜。师曰："二人俱错。"僧拟进语，师便下座。

福州支提山雍熙寺辩隆禅师，明州人也。依灵隐寺了悟禅师出家，遂受心印。师上堂曰："巍巍实相，逼塞虚空，金刚之体，无有破坏。大众还见不见？若言见也，且实相之体本非青黄赤白，长短方圆，亦非见闻觉知之法。且作么生说见底道理？若言不见，又道'巍巍实相，逼塞虚空'，为什么不见？"僧问："如何是向上一路？"师曰："脚下底。"曰："怎么即寻常履践。"师曰："莫错认。"问："如何是坚密身？"师曰："傈傈地。"曰："怎么即不密也。"师曰："见什么。"

---

① "问"，丛刊本无。

杭州瑞龙院希圆禅师，僧问："如何是和尚家风？"师曰："特谢阇梨借问。"曰："借问即不无，家风作么生？"师曰："瞌睡汉。"

前金陵报慈行言导师法嗣

洪州云居山义能禅师，第九世住。师上堂曰："不用上来，堂中憍陈如上座为诸上座转第一义法轮，还得么？若自信得，各自归堂参取。"师下堂后，却问一僧："只如山僧适来教上座参取圣僧，圣僧还道个什么？"僧曰："特谢和尚再举。"问："如何是佛？"师曰："即心是佛。"曰："学人不会，乞师方便。"师曰："方便呼为佛①，回光返照看，身心是何物？"

前金陵清凉泰钦禅师法嗣

洪州云居山第十一世住道齐禅师，洪州人也，姓金氏。礼百丈山明照禅师得度，遍历禅会，学心未息。后遇法灯禅师，机缘顿契。暨法灯住上蓝院，师乃主经藏。一日，侍立次，法灯谓师曰："藏主，我有一转西来意话，汝作么生会？"师对曰："不东不西。"法灯曰："有什么交涉？"曰："道齐只恁么，未审和尚尊意如何？"法灯曰："他家自有儿孙在。"师于是顿明厥旨。

初住筠州东禅院，僧问："如何是佛？"师曰："汝是阿谁？"问："荆棘林中无出路，请师方便为畲开。"师曰："汝拟去什么处？"曰："几不到此。"师曰："闲言语。"问："不免轮回，不

---

① "佛"，碛砂本作"师"。

求解脱时如何？"师曰："还曾问建山么？"曰："学人不会，乞师方便。"师曰："放你三十棒。"问："如何是三宝？"师曰："汝是什么宝？"曰："如何？"师曰："土木瓦砾。"

师次住洪州双林院，后住云居山，三处说法，著《语要》《搜玄》《拈古》《代别》等集，盛行诸方，此不繁录。至道三年丁酉九月示疾，八日申时，令声钟集众。维那白云："众已集。"师曰："老僧三处住持三十余年，十方兄弟相聚话道，主事、头首勤心赞助老僧。今日火风相逼，特与诸人相见。诸人还见么？今日若见，是末后方便，诸人向什么处见？为向四大五阴处见，六入十二处见？这里若见，便可谓云居山二十年间后学有赖。吾去后，山门大众付契瑰开堂住持，凡事更在勤而行之。各自努力，珍重。"大众才散，师归西挟告寂①。寿六十九，腊四十八。今塔存本山。

前金陵报恩院法安禅师法嗣

庐山栖贤寺道坚禅师，有官人问："某甲收金陵，布阵杀人无数，还有罪也无？"师曰："老僧只管看。"问："如何是祖师西来意？"师曰："洋澜、左里②，无风浪起。"问："如何是栖贤境？"师曰："栖贤有什么境？"

庐山归宗寺第十四世慧诚禅师，扬州人也，姓崔氏。幼出家于抚州明水院，受具游方，缘契慧济禅师，密承心印，庵于庐山

---

① "挟"，径山本作"掖"。
② "洋"，径山本、大正本作"扬"。"里"，径山本作"蠡"。

之余峰。淳化四年孟夏月,归宗柔和尚归寂,郡牧与山门徒众三请师开法住持。初上堂,未升座,谓众曰:"天人得道以此为证①,恁么便散去,已是周遮。其如未晓,再为重敷。"方乃升座。僧问:"郡主临筵,请师演法。"师曰:"我不及汝。"问:"如何是佛?"师曰:"如何不是?"问:"如何是祖师西来意?"师曰:"不知。"师又曰:"问话且住,诸上座问到穷劫问也不著,山僧答到穷劫答也不及。何以故?为上座各有本分事,圆满十方,亘古亘今。乃至诸佛也不敢错误上座,谓之顶族,只助发上座。所以道:十方法界诸有情,念念以证善逝果。彼既丈夫我亦尔,何得自轻而退屈。诸上座,不要退屈,信取便休。祖师西来,只道见性成佛,其余所说不及此说。更有个奇特方便举似诸人,分明记取,到诸方莫错举。久立,珍重。"

异日上堂,僧问:"不通风处,如何过得?"师曰:"汝从什么处来?"僧举:"南泉云:'铜瓶是境,瓶中有水,不得动著境,与老僧将水来。'邓隐峰便拈瓶泻水,南泉乃休。"师曰:"邓隐峰甚奇怪,要且乱泻。"师接武归宗十有四载,常聚五百余众。景德四年三月十八日,上堂辞众,安然而化。寿六十有七,腊五十二。全身塔于本山。

前庐州长安院延规禅师法嗣

庐州长安院辩实禅师,第二世住。僧问:"如何是祖师西来意?"师曰:"少室灵峰住九霄。"

---

① "以",丛刊本、大正本无。

潭州云盖山海会寺用清禅师, 河州人也,姓赵氏。本州出家,酷志求法,远参长安,潜契宗旨。先住韶州东平山,淳化二年,知潭州张茂宗请居云盖,第六世住。僧问:"有一人在万丈井底,如何出得?"师曰:"且喜得相见。"曰:"恁么即穿云透月去也。"师曰:"三十三天事作么生?"僧无语。问:"如何是云盖境?"师曰:"门外三泉井。"曰:"如何是境中人?"师曰:"童行作子。"师有颂示众曰:"云盖锁口诀,拟议皆脑裂。拍手趁玄空,云露西山月。"僧问:"如何是云盖锁口诀?"师曰:"遍天遍地。"曰:"恁么即石人点头,露柱拍手。"师曰:"一瓶净水一炉香。"曰:"此犹是井底虾蟆。"师曰:"劳烦大众。"师常节饮食①,随众二时,但展钵而已。或逾年月,亦不调练服饵,无妨作务。有请必开,即便饱食,而亡拘执。至道二年四月二日示疾而逝,阇维,建塔于本山。

行思禅师第十一世

前苏州长寿院朋彦大师法嗣

长寿第二世法齐禅师, 婺州人也②,姓丁氏也③。始讲《百法》《因明》二论,寻置讲游方,受心印于广法大师。建隆二年,广法归寂,付授住持。节使钱仁奉礼重,请扬真要。有《百法》座主问:"令公请命,四众云臻,向上宗乘,请师举唱。"师曰:"《百法明门论》。"曰:"毕竟作么生?"师曰:"一切法无我。"

---

① "饮",丛刊本、大正本作"段"。
② "也",碛砂本无。
③ "也",丛刊本、径山本、大正本无。

问:"城东老母与佛同生,为什么却不见佛?"师曰:"不见即道。"曰:"怎么即见去也。"师曰:"城东老母与佛同生。"师太平兴国三年戊寅,舍众就本院创别室宴居。咸平三年庚子十二月十一日示灭,寿八十九,腊七十二。

景德传灯录卷第二十七

禅门达者，虽不出世，有名于时者十人①

　　金陵宝志禅师

　　婺州善慧大士

　　南岳慧思禅师

　　天台智𫖮禅师

　　泗州僧伽和尚

　　万回法云公

　　天台丰干禅师

　　天台寒山子

　　天台拾得

　　明州布袋和尚

诸方杂举征拈代别语

宝志禅师，金城人也②，姓朱氏。少出家，止道林寺修习禅

---

① "十"，大正本作 "一十"。
② "城"，径山本作 "陵"。

定。宋泰始初①，忽居止无定，饮食无时，发长数寸，徒跣执锡，杖头㯿剪刀、尺、铜鉴，或挂一两尺帛。数日不食无饥容，时或歌吟，词如谶记，士庶皆共事之。齐建元中②，武帝谓师惑众，收付建康狱。既旦，人见其入市，及检狱，如故。建康令以事闻，帝延于宫中之后堂。师在华林园，忽一日，重著三布帽，亦不知于何所得之。俄豫章王、文惠太子相继薨③，齐亦以此季矣，由是禁师出入。

梁高祖即位，下诏曰："志公迹拘尘垢，神游冥寂，水火不能焦濡，蛇虎不能侵惧。语其佛理，则声闻以上；谭其隐沦，则遁仙高者。岂以俗士常情，空相拘制，何其鄙陋，一至于此！自今勿得复禁。"帝一日问师曰："弟子烦惑，何以治之？"师曰："十二。"识者以为十二因缘治惑药也。又问"十二"之旨，师曰："旨在书字时节刻漏中。"识者以为书之在《十二时》中。又问："弟子何时得静心修习？"师曰："安乐禁。"识者以为修习禁者止也，至安乐时乃止耳。又制《大乘赞》二十四首，盛行于世。余诸辞句④，与夫禅宗旨趣冥会，略录十首及师制《十二时颂》，编于别卷。

天监十三年冬，将卒，忽告众僧，令移寺金刚神像出置于外。乃密谓人曰⑤："菩萨将去。"未及旬日，无疾而终，举体香软。临亡，然一烛以付后阁舍人吴庆。庆以事闻，帝叹曰："大师不复留矣。烛者，将以后事嘱我乎？"因厚礼葬于钟山独龙阜，

---

① "泰"，原作"太"，据大正本改。
② "建元中"，大正本作"永明七年"。
③ "薨"下，大正本有"武帝寻厌世"。
④ "诸"，碛砂本、南藏本、径山本作"者"。
⑤ "乃"，原作"及"，据东寺本、碛砂本、径山本、大正本改。

仍立开善精舍，敕陆倕制铭于冢内，王筠勒碑于寺门，处处传其遗像焉。初师显迹之始，年可五六十许，及终亦不老，人莫测其年。有徐捷道者，年九十三，自言是志外舅弟，小志四年。计师亡时，盖年九十七矣，敕谥妙觉大师。

善慧大士者，婺州义乌县人也。齐建武四年丁丑五月八日，降于双林乡傅宣慈家，本名翕。梁天监十一年，年十六，纳刘氏女名妙光，生普建、普成二子。二十四，与里人稽亭浦漉鱼，获已，沈笼水中祝曰："去者适，止者留。"人或谓之愚。会有天竺僧达磨时谓"嵩头陀"。曰："我与汝毗婆尸佛所发誓，今兜率宫衣钵见在，何日当还？"因命临水观其影，见大士圆光宝盖。大士笑谓之曰："炉鞴之所多钝铁，良医之门足病人。度生为急，何思彼乐乎？"嵩指松山顶曰："此可栖矣。"大士躬耕而居之，乃说一偈曰："空手把锄头，步行骑水牛。人从桥上过，桥流水不流。"

有人盗菽麦瓜果，大士即与篮笼盛去。日常佣作，夜则行道，见释迦、金粟、定光三如来放光袭其体，大士乃曰："我得首楞严定，当舍田宅，设无遮大会。"大通二年，唱卖妻子，获钱五万以营法会。时有慧集法师，闻法悟解，言："我师，弥勒应身耳。"大士恐惑众，遂呵之。

六年正月二十八日，遣弟子傅旺致书于梁高祖。书曰："双林树下当来解脱善慧大士①，白国主救世菩萨：今欲条上、中、

---

① "下"，丛刊本无。

下善，希能受持。其上善：略以虚怀为本，不著为宗，亡相为因，涅槃为果。其中善：略以治身为本，治国为宗，天上人间，果报安乐。其下善：略以护养众生，胜残去杀，普令百姓，俱禀六斋。今闻皇帝崇法，欲伸论义，未遂襟怀，故遣弟子傅暀告白。"暀投太乐令何昌，昌曰："慧约国师，犹复置启，翕是国民，又非长老，殊不谦卑，岂敢呈达？"暀烧手御路，昌乃驰往同泰寺询皓法师，皓劝速呈。二月二十一日进书①，帝览之，遽遣诏迎。既至，帝问："从来师事谁邪？"曰："从无所从，来无所来。师事亦尔。"昭明问："大士何不论义？"曰："菩萨所说，非长非短，非广非狭，非有边非无边，如如正理，复有何言？"帝又问："何为真谛？"曰："息而不灭。"帝曰："若息而不灭，此则有色，有色故钝。若如是者，居士不免流俗。"曰："临财无苟得，临难无苟免。"帝曰："居士大识礼。"曰："一切诸法，不有不无。"帝曰："谨受居士来旨。"曰："大千世界，所有色象，莫不归空。百川丛注，不过于海；无量妙法，不出真如。如来何故于三界九十六道中独超其最？视一切众生有若赤子，有若自身。天下非道不安，非理不乐。"帝默然，大士辞退。

异日，帝于寿光殿请志公讲《金刚经》，志公曰："大士能耳。"帝请大士②，大士登座，执拍板唱经，成四十九颂。大同五年，奏舍宅于松山下，因双梼树而创寺，名曰双林。其树连理，祥烟周绕，有双鹤栖止。太清二年，大士誓不食，取佛生日，焚身供养。至日，白黑六十余人代不食、烧身，三百人刺心沥血和

---

① "一"，东寺本、碛砂本、南藏本、径山本作"二"。
② "志公曰大士能耳帝请大士"，大正本无。

香，请大士住世，大士愍而从之。承圣三年，复舍家资，为众生供养三宝，而说偈曰："倾舍为群品，奉供天中天。仰祈甘露雨，流澍普无边。"天嘉二年①，大士于松山顶绕连理树行道，感七佛相随，释迦引前，维摩接后。唯释尊数顾共语："为我补处也。"其山忽起黄云，盘旋若盖，因号"云黄山"。

时有慧和法师，不疾而终，嵩头陀于柯山灵岩寺入灭，大士悬知曰："嵩公兜率待我，决不可久留也。"时四侧华木，方当秀实，欻然枯悴。陈太建元年己丑四月二十四日②，示众曰："此身甚可厌恶，众苦所集，须慎三业，精勤六度。若坠地狱，卒难得脱。常须忏悔。"又曰："吾去已，不得移寝床。七日，有法猛上人持像及钟来镇于此。"弟子问："灭后形体若为？"曰："山顶焚之。"又问："不遂何如？"曰："慎勿棺敛，但垒甓作坛，移尸于上，屏风周绕，绛纱覆之。上建浮图，以弥勒像处其下。"又问："诸佛涅槃时，皆说功德，师之发迹，可得闻乎？"曰："我从第四天来，为度汝等，次补释迦。及傅普敏文殊、慧集观音、何昌阿难，同来赞助。故《大品经》云：有菩萨从兜率来，诸根猛利，疾与般若相应。即吾身是也。"言讫，趺坐而终，寿七十有三。寻猛师果将到，织成弥勒像及九乳钟留镇之，须臾不见。大士道具十余事见在。晋天福九年甲辰六月十七日，钱王遣使发塔，取灵骨一十六片，紫金色，及道具，至府城南龙山建龙华寺置之③，仍以灵骨塑其像。

---

① "天"上，大正本有"陈"字。
② "陈"，大正本无。
③ "至"，大正本作"乃"。"龙华寺"，大正本作"华寺"。

衡岳慧思禅师，武津人也，姓李氏。顶有肉髻，牛行象视，少以慈恕闻于闾里。尝梦梵僧劝出俗，乃辞亲入道。及禀具，常习坐，日唯一食，诵《法华》等经满千遍。又阅《妙胜定经》，叹禅那功德，遂发心寻友。时慧闻禅师有徒数百。闻禅师始因背手探藏，得《中观论》发明禅理。此论即西天第十四祖龙树大士所造，遂遥禀龙树。乃往受法。昼夜摄心坐夏，经三七日，获宿智通，倍加勇猛。寻有障起，四支缓弱，不能行步，自念曰："病从业生，业由心起，心源无起，外境何状？病业与身，都如云影。"如是观已，颠倒想灭，轻安如故。夏满，犹无所得，深怀惭愧，放身倚壁。背未至间，豁尔开悟。法华三昧，最上乘门，一念明达。研练逾久，前观转增。名行远闻，学侣日至，激励无倦，机感寔繁。乃以大小乘定慧等法，随根引喻，俾习慈忍行，奉菩萨三聚戒，衣服率用布，寒则加之以艾。

以北齐天保中，领徒南迈，值梁孝元之乱，权止大苏山。轻生重法者，相与冒险而至，填聚山林。师示众曰："道源不远，性海非遥，但向己求，莫从他觅。觅即不得，得亦不真。"偈曰："顿悟心源开宝藏，隐显灵通现真相。独行独坐常巍巍，百亿化身无数量。纵令偪塞满虚空，看时不见微尘相。可笑物兮无比况，口吐明珠光晃晃。寻常见说不思议，一语标名言下当。"又偈曰："天不能盖地不载，无去无来无障碍。无长无短无青黄，不在中间及内外。超群出众太虚玄①，指物传心人不会。"其他随叩而应。以道俗所施造金字《般若》《法华经》。时众请师讲二经，随文发解。复命门人智顗代讲，至"一心具万行"，有疑请

---

① "超"，原作"起"，据丛刊本、东寺本改。

决。师曰:"汝所疑,乃《大品》次第意耳,未是《法华》圆顿旨也。吾昔于夏中一念顿发,诸法见前,吾既身证,不劳致疑。"顗即谘受法华行,三七日得悟。顗即天台教主智者大师,如下章出焉。

陈光大六年六月二十三日①,自大苏山将四十余僧径趣南岳,乃曰:"吾寄此山,止期十载,已后必事远游。吾前身曾履此处。"巡至衡阳,值一处林泉胜异,师曰:"此古寺也,吾昔曾居。"俾掘之,基址犹存。又指岩下曰:"吾此坐禅,贼斩吾首。"寻得枯骸一聚。自此化道弥盛。陈主屡致慰劳供养,目为大禅师。

将欲顺世,谓门人曰:"若有十人,不惜身命,常修法华、般舟、念佛三昧,方等忏悔,期于见证者,随有所须,吾自供给。如无此人,吾即远去矣。"时众以苦行事难,无有答者,师乃屏众,泯然而逝。小师云辩号叫,师开目曰:"汝是恶魔!吾将行矣,何惊动妨乱吾邪?痴人,出去。"言讫长往。时异香满室,顶暖身软,颜色如常,即太建九年六月二十二日也,寿六十有四。凡有著述,皆口授,无所删改。撰《四十二字门》两卷、《无净行门》两卷,《释论玄》《随自意》《安乐行》《次第禅要》《三智观门》等五部各一卷,并行于世。

天台山修禅寺智者禅师智顗,荆州华容人,姓陈氏。母徐氏始娠,梦香烟五色,萦绕于怀。诞生之夕,祥光烛于邻里。幼有奇相,肤不受垢。七岁入果愿寺,闻僧诵《法华经·普门品》即

---

① "六",大正本作"元"。《佛祖统纪》卷六"智顗"传作光大元年。

随念之，忽自忆记七卷之文，宛如宿习。十五礼佛像，誓志出家，恍焉如梦，见大山临海际，峰顶有僧招手，复接入一伽蓝云："汝当居此，汝当终此。"十八丧二亲，于果愿寺依僧法绪出家，二十进具。陈乾明元年①，谒光州大苏山慧思禅师。思一见乃谓曰："昔灵鹫同听《法华经》，今复来矣。"即示以普贤道场，说四安乐行。师入观三七日，身心豁然，定慧融会，宿通潜发，唯自明了。以所悟白思，思曰："非汝弗证，非吾莫识②，此乃法华三昧前方便初旋陀罗尼也。纵令文字之师千万，不能穷汝之辩。汝可传灯，莫作最后断佛种人。"

师既承印可，太建元年礼辞，住金陵阐化③。凡说法，不立文字，以辩才故，昼夜无倦。七年乙未，谢遣徒众，隐天台山佛陇峰④。有定光禅师先居此峰，谓弟子曰："不久当有善知识领徒至此。"俄尔师至，光曰："还忆畴昔举手招引时否？"师即悟礼像之征，悲喜交怀，乃执手共至庵所。其夜闻空中钟磬之声，师曰："是何祥也？"光曰："此是犍稚集僧得住之相。此处金地，吾已居之。北峰银地，汝宜居焉。"开山后，宣帝建修禅寺，割始丰县租以充众费。及随炀帝请师受菩萨戒⑤，师为帝立法名，号总持，帝乃号师为"智者"。

师常谓："《法华》为一乘妙典，荡化城之执教，释草庵之滞情，开方便之权门，示真实之妙理。会众善之小行，归广大之一

---

① "陈"，径山本作"齐"。"乾明"，大正本作"天嘉"。陈无乾明年号，乾明为北齐年号。
② "吾"，东寺本作"汝"，径山本作"我"。
③ "住"，丛刊本、东寺本作"往"。
④ "陇"，原作"龙"，据东寺本、碛砂本、大正本改。
⑤ "随"，碛砂本、大正本作"隋"，下同。

乘。"遂出《玄义》曰：释名、辨体、明宗、论用、判教相之五重也。"名"则法、喻齐举，谓一乘妙法，即众生本性。在无明烦恼不为所染，如莲华处于淤泥，而体常净①，故以为名。此经开权显实，废权立实，会权归实，如莲之华有含容、开落之义，华之莲有隐现、成实之义。亦谓从本垂迹，因迹显本。夫经题不越法、喻、人，单、复、具足凡七种。单三、复三、具足一。摄一切名，妙法莲华即复之一也。法譬为复。"名"以召"体"②，"体"即实相，谓一切相离实相无体故。"宗"则一乘因果，开示悟入佛之知见，可尊尚故。"用"则力用，以开废会之义，有其力故。然后"判教相"者，以如来一代之说，总判为五时八教。五时者：一、佛初成道，为上根菩萨说《华严》时。二、为小机说《阿含》时。三、弹偏折小，叹大褒圆，说方等时。四、荡相遣执，说般若时。五、会权归实，授三乘人及一切众生成佛记，说《法华》《涅槃》时。八教者，谓化仪四教，即顿、渐、秘密、不定也；化法四教，即藏、生灭四谛。通、无生。别、无量。圆也。无作四谛，唯《法华》圆理，乃至治生产业，一色一香，无非实相。该三世如来所演，罄殚其致，四正三接，广如本教。舍此皆魔说故。

教理既明，非观行无以复性，乃依一心三谛之理真、俗、中。示三止三观。一一观心，念念不可得，先空，次假，后中，离二边而观一心，如云外之月者，此乃别教之行相也。尝云：破一切惑，莫盛乎空；建一切法，莫盛乎假；究竟一切性，莫大乎中。故一中一切中，无假无空而不中，空、假亦尔。即圆教之行相，

---

① "净"，丛刊本作"静"。
② "召"，疑当作"昭"。

如摩醯首罗天之三目，非纵横并别故。第十四祖龙树菩萨偈云："因缘所生法，我说即是空。亦名为假名，亦名中道义。"斯与《楞严》《圆觉经》说奢摩他、三摩钵底、禅那三观，名目虽殊，其致一也。达磨大师以心传心，不滞名数，直为上上根智，俾忘筌忘意，故与此教同而不同。智者禅师，穷理尽性，备足之门，故与禅宗异而非异也。三观圆成，法身不素，即免同贫子也。

尚虑学者昧于修性，或堕偏执，故复创六即之义，以绝斯患。一、理即佛者，十法界众生，下至蠢蠕，同禀妙性，从本以来，常住清净，觉体圆满，一理齐平故。执名相者，不信即心即佛，睹此而生信也。二、名字即佛者，虽理性坦平，而随流者日用不知，必假言教外熏，得闻名字，生信发解故。《起信论》云：以有妄想心故①，能知名义。自此已下，简暗证者。三、观行即佛者，既闻名开解，要假前之三观而返源故。圆教外凡也。圆观五阴为不思议境，即五品位，大师示居此位。别教十信，及藏、通教，皆名资粮位。四、相似即佛者，观行功深，发相似用故。内凡也。圆伏无明，入十信铁轮位，不断见思惑，至七信以去，见思惑自殒②，得六根清净。如经云：父母所生眼，悉见三千界云云。思大禅师示居此位。若别教，乃地前三十心也，藏、通皆名加行位。《楞严经》《唯识论》三十心后，别立四加行，名位虽同，诠旨迥异，惟通悟者善巧融会。五、分真即佛者，三心开发，得真如用，位位增胜故。发圆初住，即铜轮位也，如龙女一念成佛，现百界身。从此转胜至等觉位，凡四十一心，尽目真因，分位虽殊，圆理无别。若别教，即名十地，藏、通皆言见道位。六、究竟即佛者，无明永尽，觉心圆极，证无所证故。妙觉也。《起信》云：始本不二，名究竟觉。《仁王》名寂灭上忍也。别教权佛摄对圆行第二位耳，

---

① "妄"，原作"忘"，据东寺本、碛砂本、径山本改。
② "殒"，东寺本、碛砂本作"陨"。

藏、通二教佛可知。如上六位，既皆即佛，不屈不滥①。通具法、报、化三身为正，三宝三德，属对交络，乃至十种三法，含摄无遗。偈云：道识性般若，菩提大乘身。涅槃三宝德，一一皆三法。随居四土为依。四土者：一、常寂光。法性土也，法身居之，身土相称。二、实报无障碍。摄二受用也。自受用土，报佛自居；他受用土，登地菩萨所居。三、方便有余。四、净秽同居。并为应化土也。地前菩萨、二乘、凡夫所居。其实则非身非土，无优无劣。为对机故，假说身土，而分优劣。

师得身土互融，权实无碍，故三十余年，昼夜宣演，生四种益，具四悉檀。悉，遍也。檀，翻名施。禅师之法遍施有情，随根得益。如云"世界悉檀，生欢喜益"云云。门人灌顶日记万言而编结之，总目为天台教，别即分诸部类，《法华玄义》、《文句》、大小《止观》、《金光明》、《仁王》、《净名》、《涅槃》、《请观音》②、《十六观经》等，及《四教禅门》，凡百余轴。历代付授，盛于江浙。

隋开皇十七年十一月十七日，帝遣使诏师。将行，乃告门人曰："吾今往而不返，汝等当成就佛陇南寺，一依我图。"侍者曰："若非师力，岂能成办？"师曰："乃是王家所办，汝等见之，吾不见也。"师初欲建寺于石桥，禅寂见三神人，皂帻绛衣，从一老僧，谓师曰："若欲造寺，今非其时，三国成一，当有大力施主与师造寺。寺成国即清，宜号为国清。"言讫不见。开皇十八年，帝遣司马王弘入山，依图造寺，方应前志。师二十一日，到剡东石城寺百尺石像前不进，至二十四日，顾侍者曰："观音来迎，不久应去。"时门人智朗请曰："不审何位何

---

① "屈"，东寺本作"强"。
② "请观音"，大正本作"诸观章"。《请观音》，即《传教大师将来台州录》所载《请观音三昧行法》。

生？"师曰："吾不领众，必净六根，损己利他①，获预五品耳。"五品弟子，即法华三昧前方便之位，与思大禅师昔语冥符。命笔作《观心偈》，唱诸法门纲要讫，跌坐而逝。寿六十，腊四十。弟子等迎归佛陇岩。大业元年九月，炀帝巡幸淮海，遣使送弟子智璪及题寺额入山，赴师忌斋。到日，集僧开石室，唯睹空榻。时会千僧，至时忽剩一人②，咸谓师化身来受国供。师始受禅教，终乎灭度，常披一坏衲，冬夏不释。来往居天台山二十二年，建造大道场一十二所，国清最居其后。及荆州玉泉寺等，共三十六所。度僧一万五千人，写经一十五藏，造金铜塑画像八十万尊。事迹甚广，如本传。

泗州僧伽大师者，世谓观音大士应化也。推本则过去阿僧祇殑伽沙劫，值观世音如来，从三慧门而入道，以音声为佛事。但以此土有缘之众，乃谓大师自西国来。唐高宗时，至长安、洛阳行化，历吴、楚间，手执杨枝，混于缁流。或问："师何姓？"即答曰："我姓何。"又问："师是何国人？"师曰："我何国人。"寻于泗上，欲构伽蓝。因宿州民贺跋氏舍所居，师曰："此本为佛宇。"令掘地，果得古碑云"香积寺"，即齐李龙建所创。又获金像，众谓然灯如来，师曰："普光王佛也。"因以为寺额。

景龙二年，中宗遣使迎大师至辇毂，深加礼异。命住大荐福寺，帝及百官咸称弟子，与度慧俨、慧岸、木叉三人，御书寺额普光王寺。三年三月三日，大师示灭。敕令就荐福寺漆身起塔，

---

① "损"，大正本作"捐"。
② "时"，大正本无。

忽臭气满城。帝祝"送师归临淮",言讫,异香腾馥。帝问万回曰:"僧伽大师是何人邪?"曰:"观音化身耳。"乾符中,谥证圣大师。皇朝太平兴国中,太宗皇帝重创浮图,壮丽超绝。

万回法云公者,虢州阌乡人也,姓张氏。唐贞观六年五月五日生,始在弱龄,啸傲如狂,乡党莫测。一日,令家人洒扫云:"有胜客来。"是日,三藏玄奘自西国还,访之。公问印度风境,了如所见。奘作礼围绕,称是菩萨。有兄万年,久征辽左,母程氏思其音信。公曰:"此甚易尔。"乃告母而往,至暮而还,及持到书,邻里惊异。有龙兴寺沙门大明,少而相狎,公来往明师之室。属有正谏大夫明崇俨夜过寺,见公左右神兵侍卫,崇俨骇之。诘旦,言与明师,复厚施金缯,作礼而去。咸亨四年,高宗召入内。时有扶风僧蒙颁者,甚多灵迹,先在内,每曰:"回来,回来。"及公至,又曰:"替到,当去。"逾旬日而颁卒。景云二年乙亥十二月八日①,师卒于长安醴泉里②,寿八十。时异香氤氲,举体柔软。制赠司徒虢国公,丧事官给。三年正月十五日,窆于京西香积寺。

天台丰干禅师者,不知何许人也。居天台山国清寺,剪发齐眉,衣布裘。人或问佛理,止答"随时"二字。尝诵唱道歌,乘虎入松门,众僧惊畏。本寺厨中有二苦行,曰寒山子、拾得。二人执爨,终日晤语,潜听者都不体解,时谓风狂子,独与师相

---

① "乙亥",碛砂本、大正本作"辛亥"。按:景云二年确为辛亥。
② "师",径山本作"公"。

亲。一日，寒山问："古镜不磨，如何照烛？"师曰："冰壶无影像，猿猴探水月。"曰："此是不照烛也，更请师道。"师曰："万德不将来，教我道什么？"寒、拾俱礼拜。师寻独入五台山巡礼，逢一老翁，师问："莫是文殊否？"曰："岂可有二文殊？"师作礼未起，忽然不见。赵州沙弥举似和尚，赵州代丰干云："文殊，文殊。"后回天台山示灭。

初闾丘公名犯太祖庙讳下字。出牧丹丘，将议巾车，忽患头疼，医莫能愈。师造之曰："贫道自天台来谒使君。"闾丘且告之病，师乃索净器，咒水喷之，斯须立差①。闾丘异之，乞一言示此去安危之兆。师曰："到任记谒文殊、普贤。"曰："此二菩萨何在？"师曰："国清寺执爨洗器者，寒山、拾得是也。"闾丘拜辞乃行②，寻至山寺，问："此寺有丰干禅师否？寒山、拾得复是何人？"时有僧道翘对曰："丰干旧院在经藏后，今阒无人矣。寒、拾二人见在僧厨执役。"闾丘入师房，唯见虎迹。复问道翘："丰干在此，作何行业？"翘曰："唯事舂谷供僧，闲则讽咏。"乃入厨寻访寒、拾，如下章叙之。

天台寒山子者，本无氏族。始丰县西七十里，有寒、暗二岩③，以其于寒岩中居止得名也。容貌枯悴，布襦零落，以桦皮为冠，曳大木屐④。时来国清寺，就拾得取众僧残食菜滓食之。或廊下徐行，或时叫噪，望空慢骂。寺僧以杖逼逐，翻身拊掌大

---

① "差"，大正本作"瘥"。
② "乃"，径山本、大正本作"方"。
③ "暗"，南藏本、径山本、大正本作"明"。
④ "屐"，大正本作"履"。

笑而去。虽出言如狂，而有意趣。一日，丰干告之曰："汝与我游五台，即我同流；若不与我去，非我同流。"曰："我不去。"丰干曰："汝不是我同流。"寒山却问："汝去五台作什么？"丰干曰："我去礼文殊。"曰："汝不是我同流。"

暨丰干灭后，闾丘公入山访之。见寒、拾二人围炉语笑，闾丘不觉致拜，二人连声咄叱。寺僧惊愕曰："大官何拜风狂汉邪？"寒山复执闾丘手，笑而言曰："丰干饶舌。"久而放之。自此寒、拾相携出松门，更不复入寺。闾丘又至寒岩礼谒，送衣服药物。二士高声喝之曰："贼我。"①便缩身入岩石缝中，唯曰："汝诸人②，各各努力。"其石缝忽然而合。闾丘哀慕，令僧道翘寻其遗物，于林间得叶上所书辞颂，及题村墅人家屋壁，共三百余首，传布人间。曹山本寂禅师注释，谓之《对寒山子诗》。

天台拾得者，不言名氏。因丰干禅师山中经行，至赤城道侧，闻儿啼声，遂寻之。见一子，可数岁，初谓牧牛子。及问之，云："孤弃于此。"丰干乃名为拾得，携至国清寺，付典座僧曰："或人来认，必可还之。"后沙门灵熠摄受，令知食堂香灯。忽一日，辄登座③，与佛像对盘而餐。复于憍陈如上坐塑形前呼曰："小果声闻。"僧驱之。灵熠忿然告尊宿等罢其所主，令厨内涤器。常日斋毕，澄滤食滓，以筒盛之。寒山来，即负之而去。

一日扫地，寺主问："汝名拾得，丰干拾得汝归，汝毕竟姓

---

① "贼我"，碛砂本作"贼贼"。
② "汝"，大正本作"报汝"。
③ "辄"下，大正本有"尔"。

个什么？在何处住？"拾得放下扫帚，叉手而立，寺主罔测。寒山搥胸云："苍天，苍天。"拾得却问："汝作什么？"曰："岂不见道：东家人死，西家助哀。"二人作舞，哭笑而出。有护伽蓝神庙，每日僧厨下食，为乌所有①。拾得以杖挟之曰："汝食不能护，安能护伽蓝乎？"此夕，神附梦于合寺僧曰："拾得打我。"诘旦，诸僧说梦符同，一寺纷然。牒申州县，郡符至云："贤士隐遁，菩萨应身，宜用旌之，号拾得为贤士。"隐石而逝，见"寒山章"。时道翘纂录寒山文句，以拾得偈附之。今略录数篇，见别卷。

明州奉化县布袋和尚者，未详氏族，自称名"契此"。形裁腲乌罪切。脮奴罪切，蹙额皤腹，出语无定，寝卧随处。常以杖荷一布囊，凡供身之具，尽贮囊中。入廛肆聚落，见物则乞。或酰醢鱼菹，才接入口，分少许投囊中，时号"长汀子布袋师"也。尝雪中卧，雪不沾身，人以此奇之。或就人乞，其货则售，示人吉凶，必应期无忒。天将雨，即著湿草屦，途中骤行；遇亢阳，即曳高齿木屐②，市桥上竖膝而眠，居民以此验知。

有一僧在师前行，师乃拊僧背一下，僧回头，师曰："乞我一文钱。"曰："道得即与汝一文。"师放下布囊，叉手而立。白鹿和尚问："如何是布袋？"师便放下布袋。又问："如何是布袋下事？"师负之而去。先保福和尚："如何是佛法大意？"师放下布袋叉手。保福曰："为只如此，为更有向上事？"师负之而

---

① "有"，东寺本、碛砂本、南藏本、径山本作"食"。
② "屐"，大正本作"履"。

去。师在街衢立,有僧问:"和尚在遮里作什么?"师曰:"等个人。"曰:"来也,来也。"归宗柔和尚别云:"归去来。"师曰:"汝不是遮个人。"曰:"如何是遮个人?"师曰:"乞我一文钱。"

师有歌曰:"只个心心心是佛,十方世界最灵物。纵横妙用可怜生,一切不如心真实。腾腾自在无所为,闲闲究竟出家儿。若睹目前真大道,不见纤毫也大奇。万法何殊心何异,何劳更用寻经义?心王本自绝多知①,智者只明无学地。非凡非圣复若乎②,不强分别圣情孤。无价心珠本圆净,凡是异相妄空呼。人能弘道道分明,无量清高称道情。携锡若登故国路,莫愁诸处不闻声。"又有偈曰:"一钵千家饭,孤身万里游。青目睹人少,问路白云头。"梁贞明三年丙子三月③,师将示灭,于岳林寺东廊下,端坐磐石而说偈曰:"弥勒真弥勒,分身千百亿。时时示时人,时人自不识。"偈毕,安然而化。其后,他州有人见师亦负布袋而行,于是四众竞图其像。今岳林寺大殿东堂全身见存。

诸方杂举征拈代别语

障蔽魔王领诸眷属,一千年随金刚齐菩萨觅起处不得。忽因一日得见,乃问云:"汝当于何住?我一千年领诸眷属觅汝起处不得。"金刚齐云:"我不依有住而住,不依无住而住,如是而住。"法眼举云:"障蔽魔王不见金刚齐即且从,只如金刚齐还见障蔽魔王么?"

---

① "知",碛砂本、南藏本、径山本作"和"。
② "非凡非圣",大正本作"非圣非凡"。
③ "三",大正本作"二"。

外道问佛云:"不问有言,不问无言。"世尊良久,外道礼拜云:"善哉世尊!大慈大悲,开我迷云,令我得入。"外道去已,阿难问佛云:"外道以何所证,而言得入?"佛云:"如世间良马,见鞭影而行。"玄觉征云:"什么处是世尊举鞭处?"云居锡云:"要会么?如今归堂去,复是阿谁?"东禅齐拈云:"什么处是外道悟处?众中道:世尊良久时,便是举鞭处。恁么会,还得已否?"

紧那罗王奏无生乐供养世尊①,王敕有情、无情俱随王去。若有一物不随王,即去佛处不得。又无厌足王入大寂定,王敕有情、无情皆顺于王。如有一物不顺王,即入大寂定不得。云居锡云:"有情去也且从,只如山河大地是无情之物,作么生说亦随王去底道理?"

罽宾国王秉剑诣师子尊者前,问曰:"师得蕴空否?"师曰:"已得蕴空。"曰:"既得蕴空,离生死否?"师曰:"已离生死。"曰:"既离生死,就师乞头还得否?"师曰:"身非我有,岂况于头?"王便斩之,出白乳,王臂自堕。玄觉征云:"且道斩著斩不著?"玄沙云:"大小师子尊者,不能与头作主?"玄觉又云:"玄沙恁么道,要人作主,不要人作主?若也要人作主,蕴即不空;若不要人作主,玄沙恁么道,意在什么处?试断看。"

泗州塔头侍者及时锁门,有人问:"既是三界大师,为什么被弟子锁?"侍者无对。法眼代云:"弟子锁,大师锁。"法灯代云:"还我锁匙来。"又老宿代云:"吉州锁,虔州锁?"

---

① "生",碛砂本、南藏本作"上"。

或问僧："承闻大德讲得《肇论》是否？"曰："不敢。"曰："肇有物不迁义，是否？"曰："是。"或人遂以茶盏就地扑破，曰："遮个是迁不迁？"无对。法眼代拊掌三下。

乐普侍者谓和尚曰："肇法师制得四论，甚奇怪！"乐普曰："肇公甚奇怪，要且不见祖师。"侍者无对。法灯代云："和尚什么处见？"云居锡云："什么处是肇公不见祖师处？莫是有许多言语么？"又云："肇公有多少言语？"

有两僧各住庵，寻常来往。偶旬日不会，一日上山相见，上庵主问曰："多时不见，在什么处？"下庵主曰："只在庵里造个无缝塔子。"上庵主曰："某甲也欲造个无缝塔，就庵主借取样子。"曰："何不早道？恰被人借去也。"法眼举云："且道借伊样子，不借伊样子？"

有婆子令人送钱，去请老宿开藏经。老宿受施利，便下禅床转一匝，乃云："传语婆子，转藏经了也。"其人回，举似婆子。婆云："比来请开全藏，只为开半藏？"① 玄觉征云："什么处是欠半藏处②？且道那个婆子具什么眼，便怎么道？"

志公令人传语思大禅师③："何不下山教化众生，目视云汉作

---

① "只为"，大正本作"为甚"。
② "欠"，大正本作"缺"。
③ "志公"，大正本作"有老宿"。

么?"思大曰:"三世诸佛,被我一口吞尽,更有甚众生可教化?"玄觉征云:"且道是山头语,山下语?"

龙济修山主问翠岩曰:"四乾闼婆王奏乐供养世尊,直得须弥振动,大海腾波,迦叶起舞,菩萨得忍不动,声闻颇我。只如迦叶作舞,意旨如何?"对曰:"迦叶过去生中曾作乐人来,习气未断。"山主曰:"须弥大海,莫是习气未断否?"翠岩无对。法眼代云:"正是习气。"

有僧亲附老宿,一夏不蒙言诲。僧叹曰:"只恁么空过一夏,不闻佛法,得闻'正因'两字亦得也。"老宿闻之,乃曰:"阇梨莫誓音西速,若论正因,一字也无。"恁么道了,叩齿三下曰:"适来无端恁么道。"邻房僧闻曰:"好一镬羹,被两颗鼠粪污却。"玄觉征云:"且道赞叹语,不肯语?若是赞叹,为什么道鼠粪污却?若不肯他,有什么过,验得么?"

僧肇法师遭秦主难,临就刑,说偈曰:"四大元无主,五阴本来空。将头临白刃,犹似斩春风。"玄沙云:"大小肇法师,临死犹寱语。"

僧问老宿云:"师子捉兔亦全其力,捉象亦全其力。未审全个什么力?"老宿云:"不欺之力。"法眼别云:"不会古人语。"

李翱尚书见老宿独坐,问曰:"端居丈室,当何所务?"老宿曰："法身凝寂，无去无来。"法眼别云："汝作什么来？"法灯别云："非公境界。"

有道流在佛殿前背坐，僧曰："道士莫背佛。"道流曰："大德，本教中道：佛身充满于法界。向什么处坐得？"僧无对。法眼代云："识得汝。"

禅月诗云："禅客相逢只弹指，此心能有几人知？"大随和尚举问禅月："如何是此心？"无对。归宗柔代云："能有几人知？"

台州六通院僧欲渡船，有人问："既是六通，为什么假船？"无对。天台韶国师代云："不欲惊众。"

圣僧像被屋漏滴，有人问："既是圣僧，为什么有漏？"天台国师代云："无漏不是圣僧。"

死鱼浮于水上，有人问僧："鱼岂不是以水为命？"僧曰："是。"曰："为什么却向水中死？"无对。杭州天龙机和尚代云："是伊为什么不去岸上死？"

僧问云台钦和尚："如何是真言？"钦曰："南无佛陀邪。"大章如庵主别云："作么，作么？"

江南国主问老宿："予有一头水牯牛，万里无寸草，未审向什么处放？"归宗柔代云："好放处。"

南泉和尚迁化，陆亘大夫来慰。院主问："大夫何不哭先师？"大夫曰："院主道得亘即哭。"无对。归宗柔代云："哭，哭。"

江南相冯延巳与数僧游钟山，至一人泉，问："一人泉，许多人争得足？"一僧对曰："不教欠少。"延巳不肯，乃别云："谁人欠少？"法眼别云："谁是不足者？"

有施主妇人入院，行众僧随年钱。僧曰："圣僧前著一分。"妇人曰："圣僧年多少？"僧无对。法眼代云："心期满处即知。"

法灯问新到僧："近离什么处？"曰："庐山。"师拈起香合曰："庐山还有遮个也无？"僧无对。师自代云："寻香来礼拜和尚。"

僧问仰山："弯弓满月，喆镞意如何？"仰山曰："喆镞。"僧拟开口，仰山曰："开口驴年也不会。"僧无对。南泉代侧身而立。

有一行者随法师入佛殿，行者向佛而唾。法师曰："行者少去就，何以唾佛？"行者曰："将无佛处来，与某甲唾。"无对。沩山云："仁者却不仁者，不仁者却仁者。"仰山代法师云："但唾行者。"又云："行者若有语，即向伊道：还我无行者处来？"

偃台感山主到圆通院相看，第一坐问曰："圆通无路，山主争得到来？"归宗柔代云："不期又得相见。"

有僧入冥,见地藏菩萨。地藏问:"是你平生修何业?"僧曰:"念《法华经》。"曰:"止止不须说,我法妙难思。为是说,是不说?"无对。归宗柔代云:"此回归去,敢请流通。"

归宗柔和尚问僧:"看什么经?"曰:"《宝积经》。"柔曰:"既是沙门,为什么看《宝积》?"无对。柔自代云:"古今用无极。"

刘禹端公因雨,问先云居和尚:"雨从何来?"曰:"从端公问处来。"端公欢喜赞叹。云居却问:"端公从何来?"①无语。有老宿代云:"适来道什么?"归宗柔别云:"谢和尚再三。"

昔有三僧云游,拟谒径山和尚。遇一婆子,时方收稻次。一僧问曰:"径山路何处去?"婆曰:"蓦直去。"僧:"前头水深,过得否?"曰:"不湿脚。"僧又问:"上岸稻得恁么好,下岸稻得恁么怯?"曰:"下岸稻总被螃蟹吃却也。"僧曰:"太香生。"曰:"勿气息。"僧又问婆:"住在什么处?"曰:"只在遮里。"三僧乃入店内,婆煎茶一瓶,将盏子三个安盘上,谓曰:"和尚有神通者即吃茶。"三人无对,又不敢倾茶。婆曰:"看老朽自逞神通也。"②于是便拈盏子倾茶行。

① "公"下,丛刊本、东寺本、碛砂本、南藏本、径山本有"问"。
② "朽",东寺本、碛砂本、南藏本、径山本作"婆"。

法眼和尚谓小儿曰："因子识得你邪①，你邪名什么？"无对。法灯代云："但将衣袖掩面②。"法眼却问一僧："若是孝顺之子，合下得一转语，且道合下得什么语？"无对。法眼自代云："他是孝顺之子。"

僧问讲《弥陀经》坐主："水鸟树林，皆悉念佛、念法、念僧，作么生讲？"坐主曰："基法师道：真友不待请，如母赴婴儿。"僧曰："如何是真友不待请？"法眼代云："此是基法师语。"③

泉州王延彬入招庆院，见方丈门闭，问演侍者："有人敢道大师在否？"演曰："有人敢道大师不在否？"法眼别云："太傅识大师。"

僧举："佛说法，有一女人忽来问讯，便于佛前入定。时文殊近前弹指，出此女人定不得。又托升梵天，亦出不得。佛曰：'假使百千文殊，亦出此女人定不得。下方有网明菩萨，能出此定。'须臾网明便至，问讯佛了，去女人前弹指一声，女人便从定而起。"五云和尚云："不唯文殊不能出此定，但恐如来也出此定不得。只如教意，怎生体解？"

志公云："每日拈香择火，不知身是道场。"玄沙云："每日拈香择火，不知真个道场。"玄觉征云："只如此二尊者语④，还有亲疏

---

① "你"，东寺本、碛砂本、南藏本、径山本无。
② "袖"，原作"神"，他本皆作"袖"，据改。
③ "此"，丛刊本作"请"。
④ "者"，碛砂本、南藏本、径山本作"师"。

也无?"

云岩院主游石室回,云岩问:"汝去入到石室里许看,为只恁么便回来?"院主无对。洞山代云:"彼中已有人占了也。"云岩曰:"汝更去作什么?"洞山曰:"不可人情断绝去也。"

盐官会下有一主事僧将死,鬼使来取。僧告曰:"某甲身为主事,未暇修行,乞容七日得否?"使曰:"待为白王。若许,即七日后来;不然,须臾便至。"言讫去。至七日后方来,觅其僧不见。后有人举问一僧:"若来时,如何抵拟他?"洞山代云:"被他觅得也。"

洞山会下有老宿去云岩回,洞山问:"汝去云岩作什么?"答云:"不会。"洞山自代云:"堆堆地。"

临济见僧来,举起拂子,僧礼拜,师便打。别僧来,师举拂子,僧并不顾,师亦打。又一僧来参,师举拂子,僧曰:"谢和尚见示。"师亦打。云门代云:"只疑老汉。"① 大觉云:"得即得,犹未见临济机在。"

闽王送玄沙和尚上船,玄沙扣船召曰:"大王,争能出得遮里去?"王曰:"在里许得多少时也?"归宗柔别云:"不因和尚,不得到遮里。"

---

① "只疑",东寺本、碛砂本、南藏本、径山本作"疑著这"。

僧问老宿："如何是密室中人？"老宿曰："有客不答话。"玄沙云："何曾密？"归宗柔别老宿云："你因什么得见？"

法眼和尚问讲《百法论》僧："百法是体用双陈，明门是能所兼举。坐主是能，法坐是所，作么生说兼举？"有老宿代云："某甲唤作个法坐。"归宗柔别云："不劳和尚如此。"

僧举教云："文殊忽起佛见、法见，被佛威神摄向二铁围山。"五云曰："什么处是二铁围山？还会么？如今若有人起佛、法之见，吾与烹茶两瓯。且道赏伊罚伊？同教意，不同教意？"

洪州大宁院上状，请第二坐开堂。人问："何不请第一坐？"法眼代云："不劳如此。"

洞山行脚时，会一官人曰："三祖《信心铭》，弟子拟注。"洞山曰："'才有是非，纷然失心'，作么生注？"法眼代云："恁么即弟子不注也。"

法眼和尚因患脚，僧问讯次，师曰："非人来时不能动，及至人来动不得。且道佛法中下得什么语？"僧曰："和尚且喜得较。"师不肯。自别云："和尚今日似减。"

九峰和尚入江西城，人问："入廛教化，以何为眼？"九峰曰："日月不曾乱。"法眼别云："待有眼。"①

僧问龙牙："终日驱驱②，如何顿息？"龙牙曰："如孝子丧却父母始得。"东禅齐云："众中道：如丧父母，何有闲暇？恁么会，还息得人疑情么？除此外，且作么生会龙牙意？"

僧问龙牙："十二时中，如何著力？"龙牙曰："如无手人欲行拳始得。"东禅齐云："好言语，且作么生会？"尝问一僧："他道无手底人，何更行得拳也？及问伊佛法，伊便休去。将知路布说得无用处，不如子细体取古人意好。"

鼓山曰："欲知此事，如一口剑。"僧问："学人是死尸，如何是剑？"鼓山曰："拽出遮死尸著。"僧应诺，便归僧堂，结束而去。鼓山晚间闻去，乃曰："好与拄杖。"东禅齐云："遮僧若不肯鼓山，有什么过？若肯，何得便发去？又鼓山拄杖赏伊罚伊？具眼底上坐，试商量看。"

有庵主见僧来，竖火筒曰："会么？"曰："不会。"庵主曰："三十年用不尽底。"僧却问："三十年前用个什么？"归宗柔代云："也要知？"

招庆和尚拈钵囊问僧："你道直几钱？"归宗柔代云："留与人增价。"

---

① "待有眼"，丛刊本作"侍者眼"。
② "驱驱"，大正本作"区区"。

云门和尚以手入木师子口曰："咬杀我也，相救！"归宗柔代云："和尚出手太杀。"

有坐主念弥陀名号次，小师唤和尚，及回顾，小师不对。如是数四，和尚叱曰："三度四度唤，有什么事？"小师曰："和尚几年唤他即得，某甲才唤便发业。"法灯代云："咄，叱。"

鹞子趁鸽子，飞向佛殿栏干上颤。有人问僧："一切众生在佛影中，常安常乐。鸽子见佛为什么却颤？"① 法灯代云："怕佛。"

悟空禅师问忠坐主："讲什么经？"曰："《法华经》。"悟空曰："若有说《法华经》处，我现宝塔当为证明。大德讲，什么人证明？"法灯代云："谢和尚证明。"

僧问老宿："魂兮归去来，食我家园葚。如何是家园葚？"玄觉代云："是你食不得。"② 法灯别云："污却你口。"

官人问僧："名什么？"曰："无拣。"官人曰："忽然将一碗沙与上坐，又作么生？"曰："谢官人供养。"法眼别云："此犹是拣底。"

广南有僧住庵，国主出猎。人报庵主："大王来，请起。"

---

① "却"，大正本无。
② "你"，碛砂本、大正本作"亦"。

曰:"非但大王来,佛来亦不起。"王问:"佛岂不是汝师?"曰:"是。"王曰:"见师为什么不起?"法眼代云:"未足酬恩。"

僧辞赵州和尚,赵州谓曰:"有佛处不得住,无佛处急走过,三千里外,逢人莫举。"法眼代云:"恁么即不去也。"

泗州塔前,一僧礼拜。有人问:"上坐日日礼拜,还见大圣么?"法眼代云:"汝道礼拜是什么义?"

僧问圆通和尚:"一尘才起,大地全收。还见禅床么?"圆通曰:"唤什么作尘?"又问法灯,曰:"唤什么作禅床?"东禅齐云:"此二尊宿语,明伊问处,不明伊问处?若明伊问处,还得尽善也未?试断看。忽然向伊道:你指示我,更要答话①。又作么生会?莫道又答一转子。"

玄觉和尚闻鸠子叫,问僧:"什么声?"僧曰:"鸠子。"师曰:"欲得不招无间业,莫谤如来正法轮。"东禅齐云:"上坐,道是鸠子声,便成谤法②,什么处是谤处?若道不是还得么?上坐且道玄觉意作么生?"

保福僧到地藏,地藏和尚问:"彼中佛法如何?"曰:"保福有时示众道:塞却你眼,教你觑不见;塞却你耳,教你听不闻;坐却你意,教你分别不得。"地藏曰:"吾问你:不塞你眼,见个什么?不塞你耳,闻个什么?不坐你意,作么生分别?"东禅齐云:

---

① "话",丛刊本、大正本作"语"。
② "法",丛刊本、东寺本作"去"。

"那僧闻了，忽然惺去，更不他游。上坐如今还得么？若不会，每日见个什么？"

福州洪塘桥上，有僧列坐，官人问："此中还有佛么？"法眼代云："汝是什么人？"

人问僧："无为无事人，为什么却有金锁难？"五云代云："只为无为无事。"

老宿问僧："什么处来？"曰："牛头山礼拜祖师来。"老宿曰："还见祖师么？"归宗柔代云："大似不相信。"

有僧与童子上经了，令持经著函内。童子曰："某甲念底，著向那里？"法灯代云："汝念什么经？"

一僧注《道德经》，人问曰："久向大德注《道德经》。"僧曰："不敢。"曰："何如明皇？"法灯代云："是弟子。"

云门和尚问僧："什么处来？"曰："江西来。"云门曰："江西一队老宿谵语住也未？"僧无对。五云代云："兴犹未已。"后有僧问法眼和尚："不知云门意作么生？"法眼曰："大小云门，被遮僧勘破。"五云曰："什么处是勘破云门处？要会么？法眼亦被后僧勘破也。"

因开井，被沙塞却泉眼，法眼问僧："泉眼不通被沙塞，道眼不通，被什么物碍？"僧无对。师自代云："被眼碍。"

景德传灯录卷第二十八

诸方广语①
  南阳慧忠国师语
  洛京荷泽神会大师语
  江西大寂道一禅师语
  澧州药山惟俨和尚语
  越州大珠慧海和尚语②
  汾州大达无业国师语
  池州南泉普愿和尚语
  赵州从谂和尚语
  镇州临济义玄和尚语
  玄沙宗一师备大师语
  漳州罗汉桂琛和尚语
  大法眼文益禅师语

---

① 卷首至"洛京荷泽神会大师"金藏本脱漏,以东寺本补。大正本有"一十二人见录"。
② "珠",原作"殊",据碛砂本、径山本、大正本改。

南阳慧忠国师，问禅客："从何方来？"对曰："南方来。"师曰："南方有何知识？"曰："知识颇多。"师曰："如何示人？"曰："彼方知识直下示学人：即心是佛。佛是觉义。汝今悉具见闻觉知之性，此性善能扬眉瞬目，去来运用，遍于身中。捏头头知，捏脚脚知，故名正遍知。离此之外，更无别佛。此身即有生灭，心性无始以来未曾生灭。身生灭者，如龙换骨，如蛇脱皮①，人出故宅。即身是无常，其性常也。南方所说大约如此。"师曰："若然者，与彼先尼外道无有差别。彼云：我此身中，有一神性，此性能知痛痒。身坏之时，神则出去，如舍被烧，舍主出去。舍即无常，舍主常矣。审如此者，邪正莫辨，孰为是乎？吾比游方，多见此色，近尤盛矣。聚却三五百众，目视云汉，云是南方宗旨。把他《坛经》改换，添糅鄙谭，削除圣意，惑乱后徒，岂成言教？苦哉！吾宗丧矣。若以见闻觉知是佛性者，净名不应云'法离见闻觉知'，若行见闻觉知是，则见闻觉知非求法也。"

僧又问："《法华》了义，开佛知见，此复若为？"师曰："他云开佛知见，尚不言菩萨二乘，岂以众生痴倒，便同佛之知见耶？"僧又问："阿那个是佛心？"师曰："墙壁瓦砾是。"僧曰："与经大相违也。《涅槃》云：离墙壁无情之物，故名佛性。今云是佛心，未审心之与性，为别不别？"师曰："迷即别，悟即不别。"曰："经云：佛性是常，心是无常。今云不别何也？"师曰："汝但依语而不依义。譬如寒月，水结为冰，及至暖时，冰释为水。众生迷时，结性成心；众生悟时，释心成性。若执无情

---

① "如"，丛刊本、大正本无。

无佛性者,经不应言'三界唯心'。宛是汝自违经,吾不违也。"

问:"无情既有心性,还解说法否?"师曰:"他炽然常说,无有间歇。"曰:"某甲为什么不闻?"师曰:"汝自不闻。"曰:"谁人得闻?"师曰:"诸佛得闻。"曰:"众生应无分邪?"师曰:"我为众生说,不为圣人说。"曰:"某甲聋瞽,不闻无情说法,师应合闻。"师曰:"我亦不闻。"曰:"师既不闻,争知无情解说?"师曰:"我若得闻,即齐诸佛,汝即不闻,我所说法。"曰:"众生毕竟得闻否?"师曰:"众生若闻,即非众生。"曰:"无情说法,有何典据?"师曰:"不见《华严》云:刹说,众生说,三世一切说。众生是有情乎?"曰:"师但说无情有佛性,有情复若为?"师曰:"无情尚尔,况有情耶?"曰:"若然者,前举南方知识云'见闻是佛性',应不合判同外道。"师曰:"不道他无佛性,外道岂无佛性耶?但缘见错,于一法中而生二见,故非也。"曰:"若俱有佛性,且杀有情即结业,互酬损害。无情不闻有报。"师曰:"有情是正报,计我、我所而怀结恨,即有罪报。无情是其依报,无结恨心,是以不言有报。"曰:"教中但见有情作佛,不见无情受记。且贤劫千佛,孰是无情佛耶?"师曰:"如皇太子未受位时,唯一身尔,受位之后,国土尽属于王。宁有国土,别受位乎?今但有情受记作佛之时,十方国土悉是遮那佛身,那得更有无情受记耶?"曰:"一切众生,尽居佛身之上,便利秽污佛身,穿凿践踏佛身,岂无罪耶?"师曰:"众生全体是佛,欲谁为罪?"曰:"经云:佛身无挂碍。今以有为质碍之物而作佛身,岂不乖于圣旨?"师曰:"《大品经》云:不可离有为而说无为。汝信色是空否?"曰:"佛之诚言,那敢不信?"师曰:"色既是空,宁有挂碍？"曰："众生佛性既同，只用一佛修行，一切众生应时解脱。今既不尔，同义安在？"师曰："汝不见《华严》六相义云：同中有异，异中有同，成、坏、总、别，类例皆然。众生、佛虽同一性，不妨各各自修自得，未见他食我饱。"

曰："有知识示学人：但自识性了，无常时抛却壳漏子一边著，灵台智性迥然而去，名为解脱。此复若为？"师曰："前已说了，犹是二乘外道之量。二乘厌离生死，欣乐涅槃。外道亦云：吾有大患，为吾有身。乃趣乎冥谛。须陀洹人八万劫，余三果人六、四、二万，辟支佛一万劫，住于定中。外道亦八万劫，住非非想中。二乘劫满，犹能回心向大，外道还却轮回。"曰："佛性一种，为别？"师曰："不得一种。"曰："何也？"师曰："或有全不生灭，或半生半灭，半不生灭。"曰："孰为此解？"师曰："我此间佛性全不生灭，汝南方佛性半生半灭，半不生灭。"曰："如何区别？"师曰："此则身心一如，心外无余，所以全不生灭。汝南方身是无常，神性是常，所以半生半灭，半不生灭。"曰："和尚色身，岂得便同法身不生灭耶？"师曰："汝那得入于邪道？"曰："学人早晚入邪道？"师曰："汝不见《金刚经》色见声求，皆行邪道。今汝所见，不其然乎？"曰："某甲曾读大小乘教，亦见有说'不生不灭，中道正性'之处；亦见有说'此阴灭，彼阴生，身有代谢，而神性不灭'之文。那得尽拨同外道断、常二见？"师曰："汝学出世无上正真之道，为学世间生死、断常二见耶？汝不见肇公云：谭真则逆俗，顺俗则违真。违真故迷性而莫返，逆俗故言淡而无味。中流之人，如存若亡，下士拊掌而不顾。汝今欲学下士笑于大道乎？"

曰："师亦言'即心是佛',南方知识亦尔,那有异同?师不应自是而非他。"师曰："或名异体同,或名同体异,因兹滥矣。只如菩提、涅槃、真如、佛性,名异体同;真心、妄心、佛智、世智,名同体异。缘南方错将妄心言是真心,认贼为子。有取世智称为佛智,犹如鱼目而乱明珠。不可雷同,事须甄别。"曰："若为离得此过?"师曰："汝但子细反观阴、入、界处,一一推穷,有纤毫可得否?"曰："子细观之,不见一物可得。"师曰："汝坏身心相耶?"曰："身心性离,有何可坏?"师曰："身心外更有物不?"曰："身心无外,宁有物耶?"师曰："汝坏世间相耶?"曰："世间相即无相,那用更坏?"师曰："若然者,即离过矣。"① 禅客唯然受教。

常州僧灵觉问曰："发心出家,本拟求佛,未审如何用心即得?"师曰："无心可用,即得成佛。"曰："无心可用,阿谁成佛?"师曰："无心自成,佛亦无心。"曰："佛有大不可思议,为能度众生。若也无心,阿谁度众生?"师曰："无心是真度生。若见有生可度者,即是有心,宛然生灭。"曰："今既无心,能仁出世,说许多教迹,岂可虚言?"师曰："佛说教亦无心。"曰："说法无心,应是无说。"师曰："说即无,无即说。"曰："说法无心,造业有心否?"师曰："无心即无业,今既有业,心即生灭,何得无心?"曰："无心即成佛,和尚即今成佛未?"师曰："心尚自无,谁言成佛?若有佛可成,还是有心。有心即有漏,何处得无心?"曰："既无佛可成,和尚还得佛用否?"师曰："心尚自

---

① "即离",原作"离即",据丛刊本、大正本改。

无,用从何有?"曰:"茫然都无,莫落断见否?"师曰:"本来无见,阿谁道断?"曰:"本来无,莫落空否?"师曰:"空既是无,堕从何立?"曰:"能所俱无,忽有人持刀来取命,为是有是无?"师曰:"是无。"曰:"痛否?"师曰:"痛亦无。"曰:"痛既无,死后生何道?"师曰:"无死无生亦无道。"曰:"既得无物自在,饥寒所逼,若为用心?"师曰:"饥即吃饭,寒即著衣。"曰:"知饥知寒,应是有心?"师曰:"我问汝:有心,心作何体段?"曰:"心无体段。"师曰:"汝既知无体段,则是本来无心①,何得言有?"曰:"山中逢见虎狼,如何用心?"师曰:"见如不见,来如不来。彼即无心,恶兽不能加害。"曰:"寂然无事,独脱无心,名为何物?"师曰:"名金刚大士。"曰:"金刚大士,有何体段?"师曰:"本无形段。"曰:"既无形段,唤何物作金刚大士?"师曰:"唤作无形段金刚大士。"曰:"金刚大士有何功德?"师曰:"一念与金刚相应,能灭殑伽沙劫生死重罪,得见殑伽沙诸佛。其金刚大士功德无量,非口所说,非意所陈。假使殑伽沙劫住世说,亦不可得尽。"曰:"如何是一念相应?"师曰:"忆智俱忘,即是相应。"曰:"忆智俱忘,谁见诸佛?"师曰:"忘即无,无即佛。"曰:"无即言无,何得唤作佛?"师曰:"无亦空,佛亦空,故曰:无即佛,佛即无。"曰:"既无纤毫可得,名为何物?"师曰:"本无名字。"曰:"还有相似者否?"师曰:"无相似者,世号无比独尊。汝努力依此修行,无人能破坏者,更不须问,任意游行,独脱无畏。常有河沙贤圣之所覆护,所在

---

① "则",丛刊本作"即"。

之处，常得河沙天龙八部之所恭敬，河沙善神来护，永无障难，何处不得逍遥？"又问："迦叶在佛边听，为闻，不闻？"师曰："不闻闻。"曰："云何不闻闻？"师曰："闻不闻。"曰："如来有说不闻闻，无说不闻闻？"师曰："如来无说。"① 曰："云何无说说？"师曰："言满天下无口过。"②

洛京荷泽神会大师，示众曰："夫学道者须达自源③。四果三贤，皆名调伏；辟支、罗汉，未断其疑；等、妙二觉，了达分明。觉有浅深，教有顿渐。其渐也，历僧祇劫犹处轮回；其顿也，屈伸臂顷便登妙觉。若宿无道种，徒学多知，一切在心，邪正由己。不思一物，即是自心，非智所知，更无别行，悟入此者，真三摩提。法无去来，前后际断，故知无念为最上乘。旷彻清虚④，顿开宝藏，心非生灭，性绝推迁。自净则境虑不生，无作乃攀缘自息。吾于昔日转不退轮，今得定慧双修，如拳如手。见无念体，不逐物生，了如来常，更何所起？此幻质，元是真常，自性如空，本来无相。既达此理，谁怖谁忧？天地不能变其体，心归法界，万象一如，远离思量，智同法性。千经万论，只是明心。既不立心，即体真理都无所得。告诸学众，无外驰求，若最上乘，应当无作。珍重。"

人问："无念法有无否？"师曰："不言有无。"曰："恁么时作么生？"师曰："亦无恁么时。犹如明镜，若不对像，终不见

---

① "说"，径山本作"说说"。
② "口"，原作"曰"，据丛刊本、大正本改。
③ "道"，丛刊本、大正本无。
④ "旷"，东寺本作"廓"。

像。若见无物，乃是真见。"师于大藏经内，有六处有疑，问于六祖。第一问戒定慧，曰："戒定慧如何所用？戒何物？定从何处修？慧因何处起？所见不通流。"六祖答曰："定则定其心①，将戒戒其行。性中常慧照，自见自知深。"第二问："本无今有有何物？本有今无无何物？诵经不见有无义，真似骑驴更觅驴。"答曰："前念恶业本无，后念善生今有。念念常行善行，后代人天不久。汝今正听吾言，吾即本无今有。"第三问："将生灭却灭，将灭灭却生。不了生灭义，所见似聋盲。"答曰："将生灭却灭，令人不执性。将灭灭却生，令人心离境。未却离二边②，自除生灭病。"第四问："先顿而后渐，先渐而后顿。不悟顿渐人，心里常迷闷。"答曰："听法顿中渐，悟法渐中顿。修行顿中渐，证果渐中顿。顿渐是常因，悟中不迷闷。"第五问："先定后慧，先慧后定。定慧初后③，何生为正？"答④："常生清净心，定中而有慧。于境上无心，慧中而有定。定慧等无先，双修自心正。"第六问："先佛而后法，先法而后佛。佛法本根源，起从何处出？"答曰："说即先佛而后法，听即先法而后佛。若论佛法本根源，一切众生心里出。"

江西大寂道一禅师，示众云："道不用修，但莫污染。何为污染？但有生死心，造作趣向，皆是污染。若欲直会其道，平常心是道。谓平常心无造作，无是非，无取舍，无断常，无凡无

---

① "则"，东寺本作"即"。
② "却"，南藏本、径山本、大正本作"若"。
③ "初后"，丛刊本、大正本作"后初"。
④ "答"，东寺本、碛砂本作"答曰"。

圣。经云：非凡夫行，非贤圣行，是菩萨行。只如今行住坐卧，应机接物，尽是道。道即是法界，乃至河沙妙用，不出法界。若不然者，云何言'心地法门'？云何言'无尽灯'？一切法皆是心法，一切名皆是心名。万法皆从心生，心为万法之根本。经云：识心达本①，故号沙门②。名等，义等，一切诸法皆等，纯一无杂。若于教门中，得随时自在。建立法界，尽是法界；若立真如，尽是真如；若立理，一切法尽是理；若立事，一切法尽是事。举一千从，理事无别，尽是妙用，更无别理，皆由心之回转。譬如月影有若干，真月无若干；诸源水有若干，水性无若干；森罗万象有若干，虚空无若干；说道理有若干，无碍慧无若干。种种成立，皆由一心也。建立亦得，扫荡亦得，尽是妙用，妙用尽是自家。非离真而有立处，即真立处③，尽是自家体。若不然者，更是何人？

一切法皆是佛法，诸法即解脱，解脱者即真如，诸法不出于如④。行住坐卧，悉是不思议用，不待时节。经云：在在处处，则为有佛。佛是能仁，有智慧，善机情，能破一切众生疑网，出离有无等缚。凡圣情尽，人法俱空，转无等轮超于数量，所作无碍，事理双通。如天起云，忽有还无，不留碍迹；犹如画水成文，不生不灭，是大寂灭。在缠名如来藏，出缠名大法身。法身无穷，体无增减，能大能小，能方能圆。应物现形，如水中月。滔滔运用，不立根栽。不尽有为，不住无为。有为是无为家用，

---

① "本"，东寺本、碛砂本、南藏本、径山本作"本源"。
② "号"，东寺本、碛砂本、南藏本、径山本作"号为"。
③ "即真立处"，大正本作"立处即真"。
④ "于如"，南藏本、大正本作"于真如"，径山本作"真如"。

无为是有为家依。不住于依，故云'如空无所依'。心生灭义，心真如义。心真如者，譬如明镜照像，镜喻于心，像喻诸法①。若心取法即涉外因缘，即是生灭义；不取诸法，即是真如义。声闻闻见佛性，菩萨眼见佛性。了达无二，名平等性。性无有异，用则不同：在迷为识，在悟为智；顺理为悟，顺事为迷。迷即迷自家本心，悟即悟自家本性。一悟永悟，不复更迷。如日出时，不合于冥，智慧日出，不与烦恼暗俱。了心及境界，妄想即不生，妄想既不生，即是无生法忍。本有今有，不假修道坐禅，不修不坐，即是如来清净禅。如今若见此理真正，不造诸业，随分过生。一衣一衲，坐起相随，戒行增熏，积于净业。但能如是，何虑不通。久立，诸人，珍重。"

澧州药山惟俨和尚，上堂曰："祖师只教保护，若贪嗔起来，切须防御，莫教撑直庚切。触②。是你欲知，枯木、石头却须担荷，实无枝叶可得。虽然如此，更宜自看，不得绝却言语。我今为汝说遮个语显无语底，他那个本来无耳目等貌。"时有僧问云："何有六趣？"师曰："我此要轮，虽在其中，元来不染。"问："不了身中烦恼时如何？"师曰："烦恼作何相状？我且要你考看。更有一般底，只向纸背上记持言语，多被经论惑，我不曾看经论策子。汝只为迷事走失，自家不定，所以便有生死心。未学得一言半句，一经一论，便说怎么菩提涅槃，世摄不摄。若如是解，即是生死；若不被此得失系缚，便无生死。汝见律师说什么尼萨

---

① "诸法"，东寺本作"于法"。
② "撑"，东寺本、碛砂本、南藏本、径山本作"振"。"切"，东寺本作"反"。

者、突吉罗,最是生死本。虽然怎么,穷生死且不可得。上至诸佛,下至蝼蚁,尽有此长短好恶,大小不同。若也不从外来,何处有闲汉堀地狱待你①?你欲识地狱道,只今镬汤煎煮者是;欲识饿鬼道,即今多虚少实,不令人信者是;欲识畜生道,见今不识仁义,不辨亲疏者是。岂须披毛戴角,斩割倒悬?欲识人天,即今清净威仪②,持瓶挈钵者是。保任免堕诸趣,第一不得弃遮个,遮个不是易得。须向高高山顶立,深深海底行,此处行不易,方有少相应。如今出头来,尽是多事人,觅个痴钝人不可得。莫只记策子中言语,以为自己见知。见他不解者,便生轻慢,此辈尽是阐提外道,此心直不中,切须审悉。怎么道犹是三界边事,莫在衲衣下空过,到遮里更微细在。莫将等闲③,须知,珍重。"

越州大珠慧海和尚④,上堂曰:"诸人幸自好个无事人,苦死造作,要担枷落狱作么?每日至夜奔波,道'我参禅学道,解会佛法',如此转无交涉也。只是逐声色走,有何歇时?贫道闻江西和尚道:'汝自家宝藏,一切具足,使用自在,不假外求。'我从此一时休去,自己财宝,随身受用,可谓快活。无一法可取,无一法可舍,不见一法生灭相,不见一法去来相。遍十方界,无一微尘许不是自家财宝。但自子细观察自心,一体三宝常自现前,无可疑虑。莫寻思,莫求觅,心性本来清净。故《华严经》

---

① "堀",东寺本、碛砂本作"掘"。
② "清",原作"洗",据东寺本、碛砂本改。
③ "将",东寺本、碛砂本、径山本作"将谓"。
④ "珠",原作"殊",据碛砂本、径山本、大正本改。

云：一切法不生，一切法不灭。若能如是解，诸佛常现前。又《净名经》云：观身实相，观佛亦然。若不随声色动念，不逐相貌生解，自然无事去。莫久立，珍重。"此日大众普集，久而不散，师曰："诸人何故在此不去？贫道已对面相呈，还肯休么？有何事可疑？莫错用心，枉费气力。若有疑情，一任诸人恣意早问。"

时有僧法渊问曰："云何是佛？云何是法？云何是僧？云何是一体三宝？愿师垂示。"师曰："心是佛，不用将佛求佛；心是法，不用将法求法。佛法无二，和合为僧，即是一体三宝。经云：心佛与众生，是三无差别。身口意清净，名为佛出世。三业不清净，名为佛灭度。喻如嗔时无喜，喜时无嗔，唯是一心，实无二体，本智法尔，无漏现前。如蛇化为龙，不改其鳞；众生回心作佛，不改其面。性本清净，不待修成。有证有修，即同增上慢者。真空无滞，应用无穷，无始无终，利根顿悟，用无等等，即是阿耨菩提。心无形相，即是微妙色身；无相，即是实相法身；性相体空，即是虚空无边身；万行庄严，即是功德法身。此法身者，乃是万化之本，随处立名：智用无尽，名无尽藏；能生万法，名本法藏；具一切智，是智慧藏；万法归如，名如来藏。经云：如来者，即诸法如义。又云：世间一切生灭法，无有一法不归如也。"

时有人问云："弟子未知律师、法师、禅师，何者最胜？愿和尚慈悲指示。"师曰："夫律师者，启毗尼之法藏，传寿命之遗风。洞持犯而达开遮,秉威仪而行轨范,牒三番羯磨①,作四果初因。若非宿德白眉,焉敢造次?夫法师者,踞狮子之坐,泻悬河之辩。对稠人广众,启凿玄关,开般若妙门,等三轮空施。若非龙象蹴踏,安敢当斯?夫禅师者,撮其枢要,直了心源。出没卷舒,纵横应物,咸均事理,顿见如来。拔生死深根,获见前三昧。若不安禅静虑,到遮里总须茫然。随机授法,三学虽殊;得意忘言,一乘何异?故经云:十方佛土中,唯有一乘法。无二亦无三,除佛方便说。但以假名字,引导于众生。"曰:"和尚深达佛旨,得无碍辩。"又问:"儒、道、释三教,同异如何?"师曰:"大量者用之即同,小机者执之即异。总从一性上起用,机见差别成三。迷悟由人,不在教之同异。"

讲《唯识》道光坐主问曰:"禅师用何心修道?"师曰:"老僧无心可用,无道可修。"曰:"既无心可用,无道可修,云何每日聚众,劝人学禅修道?"师曰:"老僧尚无卓锥之地,什么处聚众来?老僧无舌,何曾劝人来?"曰:"禅师对面妄语。"师曰:"老僧尚无舌劝人,焉解妄语?"曰:"某甲却不会禅师语论也。"师曰:"老僧自亦不会。"

讲《华严》志坐主问:"禅师何故不许'青青翠竹,尽是法身;郁郁黄华,无非般若?'"师曰:"法身无象,应翠竹以成形;般若无知,对黄华而显相。非彼黄华、翠竹而有般若法身。故经云:佛真法身,犹若虚空。应物现形,如水中月。黄华若是般若,般若即同无情;翠竹若是法身,翠竹还能应用。坐主会

---

① "磨",原作"么",据丛刊本、东寺本改。

么?"曰:"不了此意。"师曰:"若见性人,道是亦得,道不是亦得。随用而说,不滞是非。若不见性人,说翠竹著翠竹,说黄华著黄华,说法身滞法身,说般若不识般若,所以皆成争论。"志礼谢而去。

人问:"将心修行,几时得解脱?"师曰:"将心修行,喻如滑泥洗垢。般若玄妙,本自无生,大用现前,不论时节。"曰:"凡夫亦得如此否?"师曰:"见性者即非凡夫,顿悟上乘,超凡越圣。迷人论凡论圣,悟人超越生死涅槃;迷人说事说理,悟人大用无方;迷人求得求证,悟人无得无求;迷人期远劫,悟人顿见。"

《维摩》坐主问:"经云:彼外道六师等,是汝之师。因其出家,彼师所堕,汝亦随堕。其施汝者,不名福田;供养汝者,堕三恶道。谤于佛,毁于法,不入众数,终不得灭度。汝若如是,乃可取食。今请禅师明为解说。"师曰:"迷徇六根者,号之为六师。心外求佛,名为外道。有物可施,不名福田。生心受供,堕三恶道。汝若能谤于佛者,是不著佛求;毁于法者,是不著法求;不入众数者,是不著僧求;终不得灭度者,智用现前。若有如是解者,便得法喜禅悦之食。"

有行者问:"有人问佛答佛,问法答法,唤作一字法门,不知是否?"师曰:"如鹦鹉学人语话,自语不得,为无智慧故。譬如将水洗水,将火烧火,都无义趣。"人问:"言之与语,为同为异?"师曰:"夫一字曰言,成句名语。且如灵辩滔滔,譬大川之流水;峻机叠叠,如圆器之倾珠。所以郭象号悬河,春鹦称义海,此是语也。言者,一字表心也。内著玄微,外现妙相,万机挠而不乱,清浊浑而常分。齐王到此,犹惭大夫之辞;文殊到此,尚叹净名之说。如今常人,云何能解?"

源律师问:"禅师常谭'即心是佛',无有是处。且一地菩萨分身百佛世界,二地增于十倍,禅师试现神通看。"师曰:"阇梨,自己是凡是圣?"曰:"是凡。"师曰:"既是凡僧,能问如是境界?经云:仁者心有高下,不依佛慧。此之是也。"又问:"禅师每云'若悟道现前,身便解脱',无有是处。"师曰:"有人一生作善,忽然偷物入手,即身是贼否?"曰:"故知是也。"师曰:"如今了了见性,云何不得解脱?"曰:"如今必不可,须经三大阿僧祇劫始得。"师曰:"阿僧祇劫还有数否?"源抗声曰:"将贼比解脱,道理得通否?"师曰:"阇梨自不解道,不可障一切人解;自眼不开,嗔一切人见物。"源作色而去,云:"虽老,浑无道。"师曰:"即行去者是汝道。"

讲《止观》慧坐主问:"禅师辨得魔否?"师曰:"起心是天魔,不起心是阴魔,或起不起是烦恼魔。我正法中无如是事。"曰:"一心三观,义又如何?"师曰:"过去心已过去,未来心未至,现在心无住。于其中间,更用何心起观?"曰:"禅师不解止观。"师曰:"坐主解否?"曰:"解。"师曰:"如智者大师说止破止,说观破观,住止没生死,住观心神乱。且为当将心止心,为复起心观?观若有心,观是常见法;若无心,观是断见法;亦有亦无,成二见法。请坐主子细说看。"曰:"若如是问,俱说不得也。"师曰:"何曾止观?"

人问:"般若大否?"师曰:"大。"曰:"几许大?"师曰:"无边际。"曰:"般若小否?"师曰:"小。"曰:"几许小?"师曰："看不见。"曰："何处是？"师曰："何处不是？"

《维摩》坐主问："经云：诸菩萨各入不二法门，维摩默然，是究竟否？"师曰："未是究竟。圣意若尽，第三卷更说何事？"坐主良久曰："请禅师为说未究竟之意。"师曰："如经第一卷，是引众呵十大弟子住心。第二诸菩萨各说入不二法门，以言显于无言；文殊以无言显于无言；维摩不以言，不以无言，故默然，收前言语故。第三卷从默然起说，又显神通作用。坐主会么？"曰："奇怪如是。"师曰："亦未如是。"曰："何故未是？"师曰："且破人执情，作如此说。若据经意，只说色心空寂，令见本性，教舍伪行入真行，莫向言语纸墨上讨意度，但会'净名'两字便得。净者，本体也；名者，迹用也。从本体起迹用，从迹用归本体，体用不二，本迹非殊。所以古人道：本迹虽殊，不思议一也，一亦非一。若识'净名'两字假号，更说什么究竟与不究竟？无前无后，非本非末，非净非名，只示众生本性不思议解脱。若不见性人，终身不见此理。"

僧问："万法尽空，识性亦尔。譬如水泡一散，更无再合，身死更不再生。即是空无，何处更有识性？"师曰："泡因水有，泡散可即无水？身因性起，身死岂言性灭？"曰："既言有性，将出来看。"师曰："汝信有明朝否？"曰："信。"师曰："试将明朝来看。"曰："明朝实是有，如今不可得。"师曰："明朝不可得，不是无明朝。汝自不见性，不可是无性。今见著衣吃饭，行住坐卧，对面不识，可谓愚迷。汝欲见明朝，与今日不异，将性觅性，万劫终不见。亦如盲人不见日，不是无日。"

讲《青龙疏》坐主问："经云：无法可说，是名说法。禅师如何体会？"师曰："为般若体毕竟清净，无有一物可得，是名无法。即于般若空寂体中，具河沙之用，即无事不知，是名说法。故云：无法可说，是名说法。"讲《华严》坐主问："禅师信无情是佛否？"师曰："不信。若无情是佛者，活人应不如死人。死驴、死狗，亦应胜于活人。经云：佛身者，即法身也，从戒定慧生，从三明六通生，从一切善法生。若说无情是佛者，大德如今便死，应作佛去。"

有法师问："持《般若经》最多功德，师还信否？"师曰："不信。"曰："若尔①，《灵验传》十余卷，皆不堪信也？"师曰："生人持孝，自有感应，非是白骨能有感应。经是文字，纸墨性空，何处有灵验？灵验者，在持经人用心，所以神通感物。试将一卷经，安著案上，无人受持，自能有灵验否？"僧问："未审一切名相及法相，语之与默，如何通会，即得无前后？"师曰："一念起时，本来无相无名，何得说有前后？不了名相本净，妄计有前后。夫名相关锁，非智钥不能开。中道者，病在中道；二边者，病在二边。不知现用是无等等法身。迷悟得失，常人之法，自起生灭，埋没正智。或断烦恼，或求菩提，背却般若波罗蜜。"

人问："律师何故不信禅？"师曰："理幽难显，名相易持。不见性者，所以不信；若见性者，号之为佛。识佛之人，方能信入。佛不远人，而人远佛，佛是心作。迷人向文字中求，悟人向心而觉；迷人修因待果，悟人了心无相；迷人执物守我为己，悟人般若应用见前；愚人执空执有生滞，智人见性了相灵通；干慧

---

① "尔"，碛砂本、南藏本、径山本作"是"。

辩者口疲，大智体了心泰；菩萨触物斯照，声闻怕境昧心；悟者日用无生，迷人见前隔佛。"人问："如何得神通去？"师曰："神性灵通，遍周沙界，山河石壁，去来无碍。刹那万里，往返无踪，火不能烧，水不能溺。愚人自无心智，欲得四大飞空。经云：取相凡夫，随宜为说。心无形相，即是微妙色身。无相即是实相，实相体空，唤作虚空无边身。万行庄严，故云功德法身。即此法身，是万行之本，随用立名。实而言之，只是清净法身也。"

人问："一心修道，过去业障得消灭否？"师曰："不见性人，未得消灭；若见性人，如日照霜雪。又见性人犹如积草等须弥，只用一星之火。业障如草，智慧似火。"曰："云何得知业障尽？"师曰："见前心通，前后生事犹如对见，前佛后佛，万法同时。经云：一念知一切法是道场，成就一切智故。"有行者问云："何得住正法？"师曰："求住正法者是邪。何以故？法无邪正故。"曰："云何得作佛去？"师曰："不用舍众生心，但莫污染自性。经云：心佛及众生，是三无差别。"曰："若如是解者，得解脱否？"师曰："本自无缚，不用求解。法过语言文字，不用数句中求；法非过、现、未来，不可以因果中契。法过一切，不可比对。法身无象，应物现形，非离世间而求解脱。"

僧问："何者是般若？"师曰："汝疑不是者，试说看。"又问云："何得见性？"师曰："见即是性，无性不能见。"又问："如何是修行？"师曰："但莫污染自性，即是修行；莫自欺诳，即是修行。大用现前，即是无等等法身。"又问："性中有恶否？"师曰："此中善亦不立。"曰："善恶俱不立，将心何处用？"师曰：

"将心用心，是大颠倒。"曰："作么生即是？"师曰："无作么生，亦无可是。"人问："有人乘船，船底刺杀螺蚬，为是人受罪，为复船当辜？"师曰："人船两无心，罪正在汝。譬如狂风折树损命，无作者，无受者。世界之中，无非众生受苦处。"

僧问："未审托情势、指境势、语默势，乃至扬眉动目等势，如何得通会于一念间？"师曰："无有性外事。用妙者，动寂俱妙；心真者，语默总真；会道者，行住坐卧是道。为迷自性，万惑兹生。"又问："如何是法有宗旨？"师曰："随其所立，即有众义。文殊于无住本立一切法。"曰："莫同太虚否？"师曰："汝怕同太虚否？"曰："怕。"师曰："解怕者不同太虚。"又问："言方不及处，如何得解？"师曰："汝今正说时，疑何处不及？"

有宿德十余人同问："经云：破灭佛法。未审佛法可破灭否？"师曰："凡夫外道，谓佛法可破灭；二乘人，谓不可破灭。我正法中，无此二见。若论正法，非但凡夫、外道，未至佛地者二乘亦是恶人。"又问："真法、幻法、空法、非空法，各有种性否？"师曰："夫法虽无种性，应物俱现。心幻也，一切俱幻。若有一法不是幻者，幻即有定。心空也，一切皆空。若有一法不空，空义不立。迷时人逐法，悟时法由人。如森罗万象，至空而极；百川众流，至海而极；一切贤圣，至佛而极；十二分经、五部毗尼、五围陀论，至心而极。心者，是总持之妙本，万法之洪源，亦名大智慧藏，无住涅槃。百千万名，尽心之异号耳。"又问："如何是幻？"师曰："幻无定相，如旋火轮，如乾闼婆城，如机关木人，如阳焰，如空华，俱无实法。"又问："何名大幻师？"师曰："心名大幻师，身为大幻城，名相为大幻衣食。河沙世界，无有幻外事。凡夫不识幻，处处迷幻业；声闻怕幻境，昧心而入寂；菩萨识幻法，达体幻，不拘一切名相。佛是大幻师，转大幻法轮，成大幻涅槃。转幻生灭得不生不灭，转河沙秽土成清净法界。"

僧问："何故不许诵经，唤作客语？"师曰："如鹦鹉只学人言，不得人意。经传佛意，不得佛意而但诵，是学语人，所以不许。"曰："不可离文字言语别有意耶？"师曰："汝如是说，亦是学语。"曰："同是语言，何偏不许？"师曰："汝今谛听，经有明文：我所说者，义语非文；众生说者，文语非义。得意者越于浮言，悟理者超于文字。法过语言文字，何向数句中求？是以发菩提者，得意而忘言，悟理而遗教。亦犹得鱼忘筌，得兔忘蹄也。"有法师问："念佛是有相大乘，禅师意如何？"师曰："无相犹非大乘，何况有相？经云：取相凡夫，随宜为说。"又问："愿生净土，未审实有净土否？"师曰："经云：欲得净土，当净其心。随其心净，即佛土净。若心清净，所在之处皆为净土。譬如生国王家，决定绍王业，发心向佛道，是生净佛国。其心若不净，在所生处皆是秽土。净秽在心，不在国土。"又问："每闻说道，未审何人能见？"师曰："有慧眼者能见。"曰："甚乐大乘①，如何学得？"师曰："悟即得，不悟不得。"曰："如何得悟去？"师曰："但谛观。"曰："似何物？"师曰："无物似。"曰："应是毕竟空？"师曰："空无毕竟。"曰："应是有。"师曰："有而无相。"曰："不悟如何？"师曰："大德自不悟，亦无人相障。"

---

① "甚"，碛砂本、南藏本、径山本作"其"。

人问:"佛法在于三际否?"师曰:"见在无相,不在其外;应用无穷,不在于内;中间无住,处三际不可得。"曰:"此言大混。"师曰:"汝正说混之一字时,在内外否?"曰:"弟子究检内外无踪迹。"师曰:"若无踪迹,明知上来语不混。"曰:"如何得作佛?"师曰:"是心是佛,是心作佛。"曰:"众生入地狱,佛性入否?"师曰:"如今正作恶时,更有善否?"曰:"无。"师曰:"众生入地狱,佛性亦如是。"曰:"一切众生皆有佛性如何?"师曰:"作佛用是佛性,作贼用是贼性①,作众生用是众生性。性无形相,随用立名。经云:一切贤圣,皆以无为法而有差别。"

僧问:"何者是佛?"师曰:"离心之外,即无有佛。"曰:"何者是法身?"师曰:"心是法身。谓能生万法,故号法界之身。《起信论》云:所言法者,谓众生心。即依此心,显示摩诃衍义。"又问:"何名有大经卷,内在一微尘?"师曰:"智慧是经卷。经云:有大经卷,量等三千大千界,内在一微尘中。一尘者,是一念心尘也。故云:一念尘中,演出河沙偈,时人自不识。"又问:"何名大义城?何名大义王?"师曰:"身为大义城,心为大义王。经云:多闻者善于义,不善于言说。言说生灭,义不生灭,义无形相,在言说之外。心为大经卷,心为大义王。若不了了识心者,不名善义,只是学语人也。"又问:"《般若经》云:度九类众生,皆入无余涅槃。又云:实无众生,得灭度者。此两段经文,如何通会?前后人说皆云:实度众生,而不取众生相。常疑未决,请师为说。"师曰:"九类众生,一身具足,随造

---

① "用",东寺本、碛砂本、南藏本、径山本作"即"。

随成。是故无明为卵生，烦恼包裹为胎生，爱水浸润为湿生，欻起烦恼为化生。悟即是佛，迷号众生。菩萨只以念念心为众生，若了念念心体空，名为度众生也。智者于自本际上度于未形①，未形既空，即知实无众生得灭度者。"

僧问："言语是心否？"师曰："言语是缘不是心。"曰："离缘何者是心？"师曰："离言语无心。"曰："离言语既无心，若为是心？"师曰："心无形相，非离言语，非不离言语。心常湛然，应用自在。祖师云：若了心非心，始解心心法。"僧问："如何是定慧等学？"师曰："定是体，慧是用。从定起慧，从慧归定，如水与波，一体更无前后，名定慧等学。夫出家儿莫寻言逐语，行住坐卧，并是汝性用，什么处与道不相应？且自一时休歇去。若不随外境风，心性水常自湛湛。无事，珍重。"

汾州大达无业国师，上堂，有僧问曰："十二分教，流于此土，得道果者，非止一二。云何祖师东化，别唱玄宗，直指人心，见性成佛？岂得世尊说法有所未尽？只如上代诸德高僧，并学贯九流，洞明三藏。生、肇、融、叡，尽是神异间生，岂得不知佛法远近？某甲庸昧，愿师指示。"

师曰："诸佛不曾出世，亦无一法与人。但随病施方，遂有十二分教，如将蜜果换苦葫芦，淘汝诸人业根，都无实事。神通变化，及百千三昧门，化彼天魔外道；福、智二严，为破执有滞空之见。若不会道，及祖师来意，论什么生、肇、融、叡？如今

---

① "未"，原作"末"，据丛刊本、东寺本、碛砂本、径山本、大正本改。

天下解禅解道，如河沙数；说佛说心，有百千万亿。纤尘不去，未免轮回，思念不亡，尽须沈坠。如斯之类，尚不能自识业果，妄言自利利他，自谓上流，并他先德。但言触目无非佛事，举足皆是道场。原其所习，不如一个五戒十善凡夫。观其发言，嫌他二乘十地菩萨，且醍醐上味为世珍奇，遇斯等人，翻成毒药。南山尚自不许呼为大乘，学语之流争锋唇舌之间，鼓论不形之事，并他先德，诚实苦哉！只如野逸高士，尚解枕石溲流①，弃其利禄，亦有安国理民之谋，征而不赴。况我禅宗，途路且别。看他古德道人，得意之后，茅茨石室，向折脚铛子里煮饭吃，过三十二十年。名利不干怀，财宝不为念，大忘人世，隐迹岩丛。君王命而不来，诸侯请而不赴。岂同我辈贪名爱利，汩没世途，如短贩人，有少希求，而忘大果。十地诸贤，岂不通佛理，可不如一个博地凡夫？实无此理。他说法如云如雨，犹被佛呵云'见性如隔罗縠'。只为情存圣量，见在果因②，未能逾越圣情，过诸影迹。先贤古德、硕学高人，博达古今，洞明教网。盖为识学诠文，水乳难辨，不明自理，念静求真。嗟乎！得人身者如爪甲上土，失人身者如大地土，良可伤哉！设有悟理之者，有一知一解，不知是悟中之则，入理之门，便谓永出世利。巡山傍涧，轻忽上流，致使心漏不尽，理地不明，空到老死无成，虚延岁月。且聪明不能敌业，干慧未免苦轮。假使才并马鸣，解齐龙树，只是一生两生不失人身。根思宿净，闻之即解，如彼生公，何足为羡？与道全远。共兄弟论实不论虚，只遮口食身衣，尽是欺贤罔

---

① "溲"，径山本、大正本作"漱"。
② "在"，碛砂本、南藏本、径山本作"存"。

圣求得。将来他心慧眼观之，如吃脓血一般，总须偿他始得，阿那个有道果？自然招得他信施来不受者。学般若菩萨，不得自谩，如冰凌上行，似剑刃上走。临终之时，一毫凡圣情量不尽，纤尘思念未忘，随念受生，轻重五阴，向驴胎马腹里托质，泥犁镬汤里煮炸一遍了。从前记持忆想、见解智慧，都卢一时失却，依前再为蝼蚁，从头又作蚊虻。虽是善因，而遭恶果。且图什么？兄弟，只为贪欲成性，二十五有向脚跟下系著，无成办之期。祖师观此土众生有大乘根性，唯传心印，指示迷情。得之者，即不拣凡之与圣、愚之与智。且多虚不如少实，大丈夫儿如今直下便休歇去，顿息万缘，越生死流，迥出常格。灵光独照，物累不拘，巍巍堂堂，三界独步。何必身长丈六，紫磨金辉，项佩圆光，广长舌相？若以色见我，是行邪道，设有眷属庄严，不求自得。山河大地，不碍眼光，得大总持，一闻千悟，都不希求一食之直①。汝等诸人傥不如是，祖师来至此土非常，有损有益。有益者，百千人中涝漉一个半个②，堪为法器。有损者，如前已明。从他依三乘教法修行，不妨却得四果三贤，有进修之分。所以先德云：了即业障本来空，未了还须偿宿债。"

池州南泉普愿和尚，上堂曰："诸子，老僧十八上解作活计。有解作活计者出来，共你商量③，是住山人始得。"良久，顾视大众，合掌曰："珍重。无事，各自修行。"大众不去，师曰："如

---

① "食"，丛刊本作"飡"，东寺本、碛砂本作"餐"。
② "涝漉"，大正本作"捞摝"。
③ "你"，径山本、大正本作"尔"，下同。

圣果大可畏，勿量大人尚不奈何。我且不是渠，渠且不是我，渠争奈我何？他经论家说法身为极则，唤作理尽三昧、义尽三昧。似老僧向前被人教返本还源去，几恁么会，祸事！兄弟，近日禅师太多，觅个痴钝人不可得。不道全无，于中还少。若有出来，共你商量。如空劫时有修行人否？有，无？作么不道？阿你寻常巧唇薄舌，及乎问著总皆不道。何不出来？莫论佛出世时事，兄弟，今时人担佛著肩上行。闻老僧言'心不是佛，智不是道'，便聚头拟推老僧。无你推处，你若束得虚空作棒，打得老僧著，一任推。"

时有僧问："从上祖师至江西大师，皆云'即心是佛'，'平常心是道'。今和尚云'心不是佛，智不是道'，学人悉生疑惑，请和尚慈悲指示。"师乃抗声答曰："你若是佛，休更涉疑。"却问："老僧何处有恁么傍家疑佛来？老僧且不是佛，亦不曾见祖师，你怎么道，自觅祖师去。"曰："和尚怎么道，教学人如何扶持得？"师曰："你急，手托虚空著。"曰："虚空无动相，云何托？"师曰："你言无动相①，早是动也。虚空何解道'我无动相'，此皆是你情见。"曰："虚空无动相，尚是情见，前遣某甲托何物？"师曰："你既知不应言托，拟何处扶持他？"

曰："'即心是佛'既不得，是心作佛否？"师曰："是心是佛，是心作佛，情计所有，斯皆想成。佛是智人，心是采集主，皆对物时，他便妙用。大德莫认心认佛，设认得，是境，被他唤作所知愚。故江西大师云：不是心，不是佛，不是物。且教你后

---

① "无"，原阙，据丛刊本、东寺本、大正本补。

人恁么行履。今时学人披个衣服,傍家疑恁么闲事,还得否?"曰:"既不是心,不是佛,不是物,和尚今却云'心不是佛,智不是道',未审若何?"师曰:"你不认心是佛①,智不是道,老僧忽得心来②,复何处著?"曰:"总既不得,何异太虚?"师曰:"既不是物,比什么太虚?又教谁异不异?"曰:"不可无他'不是心,不是佛,不是物'。"师曰:"你若认遮个,还成心佛去也。"曰:"请和尚说。"师曰:"老僧自不知。"曰:"何故不知?"师曰:"教我作么生说?"曰:"可不许学人会道?"师曰:"会什么道?又作么生会?"曰:"某甲不知。"师曰:"不知却好③。若取老僧语,唤作依通人,设见弥勒出世,还被他将却头尾。"曰:"使后人如何?"师曰:"你且自看,莫忧他后人。"

曰:"前不许某甲会道,今复令某甲自看,未审如何?"师曰:"冥会妙会许你,你作么生会?"曰:"如何是妙会?"师曰:"还欲学老僧语,纵说是老僧说,大德如何?"曰:"某甲若自会,即不烦和尚④,乞慈悲指示。"师曰:"不可指东指西赚人。你当哆哆和和时,作么不来问老僧?今时巧黠,始道我不会,图什么?你若此生出头来道'我出家作禅师',如未出家时,曾作什么来?且说看,共你商量。"曰:"恁么时某甲不知。"师曰:"既不知,即今认得可可是邪?"曰:"认得既不是,不认是否?"师曰:"认不认是什么语话?"曰:"到遮里,某甲转不会也。"师曰:"你若不会,我更不会。"曰:"某甲是学人即不会,和尚是

---

① "心"下,大正本注"一有'不'字"。
② "忽",原作"勿",大正本注"一作'忽'"。
③ "好",碛砂本作"行"。
④ "烦",南藏本、大正本作"须"。

善知识合会。"师曰:"遮汉,向你道不会,谁论善知识?莫巧點。看他江西老宿在日,有一学士问:'如水无筋骨,能胜万斛舟①,此理如何?'老宿云:'遮里无水亦无舟,论什么筋骨?'兄弟,他学士便休去,可不省力。所以数数向道佛不会道,我自修行,用知作么?"曰:"如何修行?"师曰:"不可思量得向人道。怎么修,怎么行大难。"曰:"还许学人修行否?"师曰:"老僧不可障得你。"曰:"某甲如何修行?"师曰:"要行即行,不可专寻他背。"

曰:"若不因善知识指示,无以得会。如和尚每言:修行须解始得,若不解,即落他因果,无自由分。未审如何修行,即免落他因果?"师曰:"更不要商量。若论修行,何处不去得?"曰:"如何去得?"师曰:"你不可逐背寻得。"曰:"和尚未说,教某甲作么生寻?"师曰:"纵说,何处觅去?且如你从旦至夜,忽东行西行,你尚不商量道去得不得,别人不可知得你。"曰:"当东行西行,总不思量,是否?"师曰:"恁么时,谁道是不是?"曰:"和尚每言:我于一切处而无所行,他拘我不得,唤作遍行三昧,普现色身。莫是此理否?"师曰:"若论修行,何处不去?不说拘与不拘,亦不说三昧。"曰:"何异有法得菩提道?"师曰:"不论异不异。"曰:"和尚所说修行,迢然与大乘别,未审如何?"师曰:"不管他别不别,兼不曾学来。若论看教,自有经论坐主,他教家实大可畏,你且不如听去好。"曰:"究竟令学人作么生会?"师曰:"如汝所问,元只在因缘边,看你且不奈何,缘是认

---

① "胜",东寺本、碛砂本、南藏本、大正本、径山本作"乘"。"斛",原作"解",据丛刊本、东寺本、径山本、大正本改。

得六门头事。你但会佛那边,却来我与你商量。兄弟,莫恁么寻逐不住,恁么不取古人语。行菩萨行,唯一人行。天魔波旬,领诸眷属,常随菩萨后,觅心行起处,便拟扑倒。如是经无量劫,觅一念异处不得,方与眷属礼辞,赞叹供养。犹是进修位,中下之人便不奈何。况绝功用处,如文殊、普贤,更不话他。兄弟,作么生道行是无?觅一日行底人不可得。今时傍家从年至岁,只是觅究竟,作么生空弄唇舌生解?"

曰:"当恁么时,无佛名,无众生名,使某甲作么图度?"师曰:"你言无佛名,无众生名,早是图度了也,亦是记他言语。"曰:"若如是,悉属佛出世时事了,不可不言。"师曰:"你作么生言?"曰:"设使言,言亦不及。"师曰:"若道言不及是及语。你虚恁么寻逐,谁与你为境?"曰:"既无为境者,谁是那边人?"师曰:"你若不引教来,即何处论佛?既不论佛,老僧与谁论遮边那边?"曰:"果虽不住道,而道能为因如何?"师曰:"是他古人,如今不可不奉戒。我不是渠,渠不是我。作得伊如狸奴、白牯行履,却快活。你若一念异,即难为修行。"曰:"云何一念异,难为修行?"师曰:"才一念异,便有胜、劣二根,不是情见随他因果,更有什么自由分?"

曰:"每闻和尚说:报化非真佛,亦非说法者。未审如何?"师曰:"缘生故非。"曰:"报化既非真佛,法身是真佛否?"师曰:"早是应身也。"曰:"若恁么,即法身亦非真佛?"师曰:"法身是真非真,老僧无舌不解道,你教我道即得。"曰:"离三身外,何法是真佛?"师曰:"遮汉,共八九十老人相骂。向你道了也,更问什么离不离?拟把楔钉他虚空?"曰:"伏承《华严经》是法身佛说,如何?"师曰:"你适来道什么语?"其僧重问,师顾视叹曰:"若是法身说,你向什么处听?"曰:"某甲不会。"师曰:"大难,大难。好去,珍重。"

赵州从谂和尚,上堂云:"金佛不度炉,木佛不度火,泥佛不度水,真佛内里坐。菩提涅槃,真如佛性,尽是贴体衣服,亦名烦恼。不问即无烦恼。且实际理什么处著得?一心不生,万法无咎。汝但究理,坐看三二十年,若不会道,截取老僧头去。梦幻空华,何劳把捉?心若不异,万法一如。既不从外得,更拘执作什么?如羊相似,乱拾物安向口里。老僧见药山和尚道'有人问著者,便教合却口',老僧亦教合却口。取我是净,一似猎狗,专欲吃物。佛法在什么处?遮里一千人,尽是觅作佛汉子,于中觅一个道人无。若与空王为弟子,莫教心病最难医。未有世间时,早有此性,世界坏时,此性不坏。从一见老僧后,更不是别人,只是一个主人公。遮个更用向外觅物作什么?正恁么时,莫转头换脑,若转头换脑,即失却去也。"时有僧问:"承师有言:世界坏时,此性不坏。如何是此性?"师曰:"四大五阴。"僧曰:"此犹是坏底,如何是此性?"师曰:"四大五阴。"法眼云:"是一个两个?是坏不坏?且作么生会?试断看。"

镇府临济义玄和尚,① 示众曰:"今时学人,且要明取自己真正见解。若得自己见解,即不被生死染,去住自由,不要求他,殊胜自备。如今道流且要不滞于惑,要用便用。如今不得,病在

---

① "府",南藏本、大正本作"州"。

何处？病在不自信处。自信不及，即便忙忙徇一切境。脱大德若能歇得念念驰求心，便与祖师不别。汝欲识祖师么？即汝目前听法底是。学人信不及，便向外驰求，得者只是文字学，与他祖师大远在。莫错，大德！此时不遇，万劫千生，轮回三界，徇好恶境，向驴牛肚里去也。如今诸人与古圣何别？汝且欠少什么？六道神光，未曾间歇。若能如此见，是一生无事人。一念净光，是汝屋里法身佛；一念无分别光，是汝报身佛；一念无差别光，是汝化身佛。此三身即是今日目前听法底人。为不向外求，有此三种功用。据教，三种名为极则；约山僧道，三种是名言。故云：'身依义而立，土据体而论。'法性身、法性土，明知是光影。大德！且要识取弄光影人，是诸佛本源，是一切道流归舍处。大德！四大身不解说法听法，虚空不解说法听法。是汝目前历历孤明，勿形段者，解说法听法。所以山僧向汝道：五蕴身田内有'无位真人'，堂堂显露，无丝发许间隔。何不识取？心法无形，通贯十方，在眼曰见，在耳曰闻，在手执捉，在足运奔。心若不在，随处解脱。山僧见处，坐断报、化佛顶①；十地满心，犹如客作儿；等、妙二觉，如担枷带锁；罗汉、辟支，犹如粪土；菩提、涅槃，系驴马橛。何以如斯？盖为不达三祇劫空，有此障隔。若是真道流，尽不如此。如今略为诸人大约话破，自看远近。时光可惜，各自努力。珍重。"

玄沙宗一师备大师，上堂曰："太虚日轮，是一切人成立。

---

① "顶"，碛砂本、径山本作"头"。

太虚见在,诸人作么生满目觑不见,满耳听不闻?此两处不省得,便是瞙睡汉①;若明彻得,坐却凡圣,坐却三界梦幻身心。无一物如针锋许,为缘为对。直饶诸佛出来,作无限神通变现,设如许多教网,未曾措著一分毫,唯助初学诚信之门。还会么?水鸟树林却解提纲,他甚端的,自是少人听。非是小事。天魔外道,是孤恩负义;天人六趣,是自欺自诳。如今沙门不荐此事,翻成弄影汉,生死海里浮沈,几时休息去?自家幸有此广大门风,不能绍继得,更向五蕴身田里作主宰,还梦见么?如许多田地,教谁作主宰?大地载不起,虚空包不尽,岂是小事?若要彻,即今遮里便明彻去。不教仁者取一法如微尘大,不教仁者舍一法如毫发许。还会么?"

时有僧问:"从上宗旨如何?"师默然。僧再问,师乃叱之。僧问:"从何方便门,令学人得入?"师曰:"入是方便。"僧问:"初心人来,师如何指示?"师曰:"什么处得初心来?"僧问:"学人刱入丛林,乞师提接。"师以杖指之。僧曰:"学人不会。"师曰:"我怎么为汝,却成抑屈于人。如今若的自肯,当人分上,不论初学入丛林,可谓共诸人久践,与过去诸佛无所乏少。如大海水,一切鱼龙初生至老,吞吐受用,悉皆平等。所以道:初发心者与古佛齐肩。奈何汝无始积劫,动诸妄情,结成烦恼。如重病人,心狂热闷,颠倒乱见,都无实事。如今所睹一切境界,皆亦如是,对汝诸根,尽成颠倒。古人以无穷妙药,医疗对治。直至十地,未得惺惺,将知大不容易。古人思惟,如丧考妣;如今

---

① "瞙",丛刊本、碛砂本、南藏本、径山本作"瞎"。

兄弟，见似等闲。何处别有人为汝了得？可惜时光虚度，何妨密密地自究，子细观寻，至无著力处，自息诸缘去。纵未发萌，种子犹在。若总取我傍家打鼓，弄粥饭气力，将此造次排遣生死，赚汝一生，有何所益？应须如实知取好。无事，珍重。"

漳州罗汉桂琛和尚，上堂，大众立久，师曰："诸上坐，不用低头思量，思量不及，便道不要拣择①，委得下口处么？汝向什么处下口？试道看。还有一法近得汝，还有一法远得汝么？同得汝，异得汝么？既然如是，为什么却特地艰难去？盖为不丈夫男子，儜儜偻偻，无些子威光。戚戚地遮护个意根，恐怕人问著。我常道：汝若有达悟处，但去却人我，披露将来，与汝验过。直下作么不肯？莫把牛迹里水以为大海。佛法遍周沙界，莫错向肉团心上妄立知见，以为疆界。此见闻觉知，识想情缘，然非不是，若向遮里点头道'我真实'即不得。只如古人道'此事唯我能知'，是何境界？还识得么？莫是汝见我，我见汝便是么？莫错会。若是遮个我，我随生灭，身有即有，身无即无。所以古佛为汝今日人说'异法有故，异法出生；异法无故，异法灭尽'，莫将为等闲。生死事大，此一团子消杀不到，在处乖张不少。声色若不破，受想行识亦然，役得汝骨出在。莫道五阴本来空也，不由汝口便解空去。所以道：须得亲彻，须真实也。不是今日老师始解恁么道，他古圣告报，汝唤作金刚秘密不思议光明藏，覆阴乾坤②，生凡育圣，亘古亘今，谁人无分。既若如此，更借何

---

① "要"，径山本、大正本作"用"。
② "阴"，大正本作"荫"。

人？所以诸佛慈悲，见汝不奈何，开方便门，示真实相。我今方便也，汝还会么？若不会，莫向意根下捏怪。"

僧问："从上宗门，乞师方便。"师曰："方便即不无，汝唤什么作宗门？"曰："恁么即学人虚施此问？"师曰："汝有什么罪过？"问："佛法还受雕琢也无？"师曰："作么不受？"曰："如何雕琢？"师曰："佛法。"问："诸行无常，是生灭法。如何是不生不灭法？"师曰："用不生不灭作么？"问："才拟是过，不拟时如何？"师曰："拟有什么过？"曰："恁么即便自无疮也。"师曰："合取口。"问："诸境中以何为主？"师曰："那个是诸境？"曰："莫是疑处是么？"师曰："把将疑处来。"问："正恁么时是什么？"师曰："不恁么时是什么？"曰："学人道不得。"师曰："口里是什么塞却？"师又曰："诸人朝晡恁么上来下去，也只是被些子声色惑乱，身心不安。若是声色名字不是佛法，又疑伊什么？若是佛法不是声色名字，汝又怎么生拟把身心凑泊伊？若是声色名字，总是声色名字；若是佛法，总是佛法。会么？异声无声，异色无色，离字无名，离名无字。试把舌头点看：有多少声色名字？自何而色？以何为名？三界如是峥嵘，尚觅出头不得，因什么却特地难为去？只为诸人自生颠倒，以常为断，悟假迷真，妄外驰求，强捏异见。终日共人商量，便有佛法；不与人商量，便是世间闲人。话到遮里，才举著佛法，便道'拟心即差，动念即乖'。寻常诸处，元无口似纺车，总便不差去。佛法事不是隔日疟，皆由汝狂识凡情，作差与不差解。忽然见我拈个槌子捶背①，便作意度顾览。不然见我把个帚子扫东扫西，便各照管。是汝寻常打柴，何不顾览招呼，便悟去？上坐，佛法莫向意根下，皮袋里作则度②，汝成自赚。我不敢网绊初心，笼罩后学，各自究去。无事，珍重。"

大法眼文益禅师，上堂曰："诸上坐，时寒何用上来？且道上来好，不上来好？或有上坐道：不上来却好，什么处不是？更用上来作什么？更有上坐道：是伊也不得一向，又须到和尚处始得。诸上坐，且道遮两个人于佛法中还有进趣也未？上坐，实是不得，并无少许进趣，古人唤作无孔铁锤，生盲生聋无异。若更有上坐出来道：彼二人总不得。为什么如此？为伊执著，所以不得。诸上坐，总似怎么行脚，总似怎么商量，且图什么？为复只要弄唇嘴，为复别有所图？恐伊执著，且执著什么？为复执著理，执著事？执著色，执著空？若是理，理且作么生执？若是事，事且作么生执？著色、著空亦然。山僧所以寻常向诸上坐道：十方诸佛，十方善知识时常垂手，诸上坐时常接手。十方诸佛垂手时有也，什么处是诸上坐时常接手处？还有会处，会取好；若未会得，莫道总是都来圆取。诸上坐，傍家行脚，也须审谛，著些精彩。莫只借少智慧，过却时光。山僧在众，见此多矣。更有一般上坐，自己东西犹未知，向遮边那边东听西听，说得少许以为胸襟，仍为他人注解③，将为自己眼目。上坐，总似

---

① "捶"，大正本作"槌"，下同。
② "则"，径山本作"测"。
③ "解"，碛砂本、南藏本、径山本作"脚"。

遮个行脚，自赚亦乃赚他。奉劝诸上坐，且明取道眼好，些子粥饭智慧，不足可恃。若是世间造作种种非违之事，入地狱犹有劫数，且有出期；若是错与他人开眼目，陷在地狱，冥冥长夜，无有出期。莫将为等闲！奉劝且依古圣慈悲门好，他古圣所见诸境，唯见自心。祖师道：不是风动、幡动，仁者心动。但且恁么会好，别无亲于亲处也。"师良久，又云："诸上坐，贬也得，剥也得。"

时僧问："学人不为别事，请师直道。"师曰："汝是不为别事？"问："如何是不生不灭底心？"师曰："那个是生灭底心？"僧曰："争奈学人不见？"师曰："汝若不见，不生不灭底也不是。"问："如何是佛法大意？"师曰："便会取。"问："古人才见人怎么来，便叫失也，古人意如何？"师曰："汝不信，但问别人。"问："维摩与文殊对谈何事？"师曰："汝不妨聪明。"问："'法同法性，入诸法故'，古意如何？"师曰："汝是行脚僧。"问："如何是解修行底人？"师曰："汝是什么人？"曰："恁么即不落因果也。"师曰："莫作野干鸣。"问："识本还源时如何？"师曰："谩语。"问："明暗不分时如何？"师曰："道什么？"问："如何是对境数起底心？"师曰："恰道著。"问："如何是学人本分事？"师曰："谢指示。"问："决择之次，如履轻冰，如何决择？"师曰："待汝疑即道。"曰："学人即今疑。"师曰："吓阿谁？"

问："从上宗乘，如何履践？"师曰："雷声甚大，雨点全无。"问："如何是末后句？"师曰："苦。"问："如何是玄言妙旨？"师曰："用玄言妙旨作什么？"问："如何是直道？"师曰：

"恐难副此问。"问："承教有言：佛真法身，犹若虚空。应物现形，如水中月。如何得恁么？"师曰："如何得恁么？"问："教云：佛以一音演说法，众生随类各得解。学人如何解？"师曰："汝甚解。"师又曰："此问已是不会古人语也，因什么却向伊道'汝甚解？'何处是伊解处？莫是于伊分中便点与伊么？莫是为伊不会问却反射伊么？且素非此理，慎莫错会。除此两会，别又如何商量？诸上坐若会得此语，也即会得诸圣总持门。且作么生会？若也会得一音演说，不会随类各解，恁么道，莫是有过无过说么？莫错会好。既不恁么会，作么生说一音演说随类得解？有个去处始得。每日空上来下去，又不当得人事，且究道眼始得。他古人道：一切声是佛声，一切色是佛色。何不且恁么会取？"

僧问："远远寻声，请师一接。"师曰："汝寻底是什么声？是僧声，是俗声？是凡声，是圣声？还有会处么？若也实不会。上坐，吵吵是声，吵吵是色，声色不奈何，莫将为等闲。上坐若会得，即是真实；若不会，即是幻化。若也会得，即是幻化；若也不会，即是真实。他古人亦向上坐道'唯我能知'，除此外别无作计校处。上坐成不成，从何而出？是不是，从何而出？理无事而不显，事无理而不消。事理不二，不事不理，不理不事。恁么注解与上坐，若更不会，不如且依古语好。他古人见上坐百般不得，所以垂慈向汝道：将闻持佛佛，何不自闻闻？无事，珍重。"

景德传灯录卷第二十九

赞颂偈诗

  志公和尚大乘赞十首

  志公和尚十二时颂十二首

  志公和尚十四科颂

  归宗至真禅师颂一首

  香严袭灯大师颂十九首

  筠州洞山和尚颂一首

  潭州龙牙和尚颂一十八首①

  玄沙宗一大师颂三首

  招庆真觉大师颂二首

  漳州罗汉和尚明道颂一首

  南岳般舟道场劲和尚觉地颂一首

  鄂州临溪和尚入道浅深颂五首

  大法眼禅师颂十四首

  唐白居易八渐偈八首

---

① "一",东寺本无。

同安禅师诗八首①

云顶山僧德敷诗一十首

僧润诗三首

大乘赞十首　梁宝志和尚

大道常在目前，虽在目前难睹。若欲悟道真体，莫除色声言语②。言语即是大道，不假断除烦恼。烦恼本来空寂，妄情递相缠绕。一切如影如响，不知何恶何好？有心取相为实，定知见性不了。若欲作业求佛，业是生死大兆。生死业常随身，黑暗狱中未晓。悟理本来无异，觉后谁晚谁早？法界量同太虚，众生智心自小。但能不起吾我，涅槃法食常饱。

妄身临镜照影，影与妄身不殊。但欲去影留身，不知身本同虚。身本与影不异，不得一有一无。若欲存一舍一，永与真理相疏。更若爱圣憎凡，生死海里沈浮。烦恼因心有故，无心烦恼何居？不劳分别取相，自然得道须臾。梦时梦中造作，觉时觉境都无。翻思觉时与梦，颠倒二见不殊。改迷取觉求利，何异贩卖商徒？动静两亡常寂，自然契合真如。若言众生异佛，迢迢与佛常疏。佛与众生不二，自然究竟无余。

法性本来常寂，荡荡无有边畔。安心取舍之间，被他二境回换。敛容入定坐禅，摄境安心觉观。机关木人修道，何时得达彼岸？诸法本空无著，境似浮云会散。忽悟本性元空，恰似热病得汗。无智人前莫说，打你色身星散。

---

① "同安禅师诗八首"，大正本作"同安察禅师玄谈十首"。
② "色声"，大正本作"声色"。

报你众生直道，非有即是非无。非有非无不二，何须对有论虚？有无妄心立号，一破一个不居。两名由尔情作，无情即本真如。若欲存情觅佛，将网山上罗鱼。徒费功夫无益，几许枉用功夫。不解即心即佛，真似骑驴觅驴。一切不憎不爱，遮个烦恼须除。除之则须除身，除身无佛无因。无佛无因可得，自然无法无人。

大道不由行得，说行权为凡愚。得理返观于行，始知枉用功夫。未悟圆通大理，要须言行相扶。不得执他知解，回光返本全无。有谁解会此说？教君向己推求。自见昔时罪过，除却五欲疮疣。解脱逍遥自在，随方贱卖风流。谁是发心买者？亦得似我无忧。

内见外见总恶，佛道魔道俱错。被此二大波旬，便即厌苦求乐。生死悟本体空，佛魔何处安著？只由妄情分别，前身后身孤薄。轮回六道不停，结业不能除却。所以流浪生死，皆由横生经略。身本虚无不实，返本是谁斟酌？有无我自能为，不劳妄心卜度。众生身同太虚，烦恼何处安著？但无一切希求，烦恼自然消落。

可笑众生蠢蠢，各执一般异见。但欲傍鏊求饼，不解返本观面。面是正邪之本，由人造作百变。所须任意纵横，不假偏耽爱恋。无著即是解脱，有求又遭罗羂。慈心一切平等，真如菩提自现。若怀彼我二心，对面不见佛面。

世间几许痴人，将道复欲求道。广寻诸义纷纭，自救己身不了。专寻他文乱说，自称至理妙好。徒劳一生虚过，永劫沈沦生老。浊爱缠心不舍，清净智心自恼。真如法界丛林，返作荆棘荒草①。但执黄叶为金，不悟弃金求宝。所以失念狂走，强力装持相

---

① "作"，大正本作"生"。

好。口内诵经诵论，心里寻常枯槁。一朝觉本心空，具足真如不少。

声闻心心断惑，能断之心是贼。贼贼递相除遣，何时了本语默？口内诵经千卷，体上问经不识。不解佛法圆通，徒劳寻行数墨①。头陀阿练苦行，希望后身功德。希望即是隔圣，大道何由可得？譬如梦里度河，船师度过河北。忽觉床上安眠，失却度船轨则。船师及彼度人，两个本不相识。众生迷倒羁绊，往来三界疲极。觉悟生死如梦，一切求心自息。

悟解即是菩提，了本无有阶梯。堪叹凡夫伛偻，八十不能跋蹄。徒劳一生虚过，不觉日月迁移。向上看他师口，恰似失奶孩儿。道俗峥嵘聚集②，终日听他死语。不观己身无常，心行贪如狼虎。堪嗟二乘狭劣，要须摧伏六府。不食酒肉五辛，邪眼看他饮咀。更有邪行猖狂，修气不食盐醋。若悟上乘至真，不假分别男女。

十二时颂　　宝志和尚

平旦寅，狂机内有道人身。穷苦已经无量劫，不信常擎如意珍。若捉物③，入迷津，但有纤豪即是尘。不住旧时无相貌，外求知识也非真。

日出卯，用处不须生善巧。纵使神光照有无，起意便遭魔事挠。若施功，终不了，日夜被他人我拗。不用安排只么从，何曾心地生烦恼？

---

① "墨"，原作"黑"，据东寺本、碛砂本、径山本、大正本改。
② "聚集"，大正本作"集聚"。
③ "捉"，南藏本、径山本作"著"。

食时辰,无明本是释迦身。坐卧不知元是道,只么忙忙受苦辛。认声色,觅疏亲,只是他家染污人。若拟将心求佛道,问取虚空始出尘。

禺中巳,未了之人教不至。假使通达祖师言①,莫向心头安了义。只首玄②,没文字,认著依前还不是。暂时自肯不追寻,旷劫不遭魔境使。

日南午,四大身中无价宝。阳焰空华不肯抛,作意修行转辛苦。不曾迷,莫求悟,任你朝阳几回暮。有相身中无相身,无明路上无生路。

日昳未,心地何曾安了义。他家文字没亲疏,莫起功夫求的意③。任纵横,绝忌讳,长在人间不居止④。运用不离声色中,历劫何曾暂抛弃?

晡时申,学道先须不厌贫。有相本来权积聚,无形何用要安真?作净洁,却劳神,莫认愚痴作近邻。言下不求无处所,暂时唤作出家人。

日入酉,虚幻声音终不久⑤。禅悦珍羞尚不餮⑥,谁能更饮无明酒?没可抛⑦,无物守⑧,荡荡逍遥不曾有。纵你多闻达古今,也是痴狂外边走。

---

① "使",大正本作"饶"。
② "首",丛刊本、东寺本、碛砂本作"守"。
③ "莫起功夫",东寺本、碛砂本、南藏本、径山本作"不用将心"。
④ "止",东寺本、南藏本、径山本作"世"。
⑤ "终不",东寺本、碛砂本、南藏本、径山本作"不长"。
⑥ "羞",径山本作"馐"。"餮",丛刊本作"飧"。
⑦ "没",东寺本、碛砂本、南藏本、径山本作"勿"。
⑧ "无物",东寺本、碛砂本、南藏本、径山本作"勿可"。

黄昏戌，狂子兴功投暗室①。假使心通无量时，历劫何曾异今日？拟商量，却啾唧，转使心头黑如漆。昼夜舒光照有无，痴人唤作波罗蜜。

　　人定亥，勇猛精进成懈怠。不起纤豪修学心，无相光中常自在。超释迦，越祖代，心有微尘还室阂。廓然无事顿清闲②，他家自有通人爱。

　　夜半子，心住无生即生死。生死何曾属有无？用时便用没文字③。祖师言，外边事，识取起时还不是。作意搜求实没踪，生死魔来任相试。

　　鸡鸣丑，一颗圆珠明已久④。内外接寻觅总无，境上施为浑大有。不见头，又无手⑤，世界坏时终不朽⑥。未了之人听一言，只遮如今谁动口？

十四科颂　　志公和尚

菩提烦恼不二

　　众生不解修道，便欲断除烦恼。烦恼本来空寂，将道更欲觅道。一念之心即是，何须别处寻讨？大道晓在目前⑦，迷倒愚人不了。佛性天真自然，亦无因缘修造。不识三毒虚假，妄执浮沈

---

① "兴"，东寺本、碛砂本、南藏本、径山本作"施"。
② "室阂。廓然无事顿清闲"，东寺本、碛砂本、南藏本、径山本作"质碍放荡长如痴兀人"。
③ "没"，东寺本、径山本作"无"。
④ "珠"，东寺本、碛砂本、南藏本、径山本作"光"。
⑤ "又"，东寺本、碛砂本、南藏本、径山本作"亦"。
⑥ "终"，东寺本、碛砂本、南藏本、径山本作"渠"。
⑦ "晓"，东寺本、碛砂本、南藏本、径山本作"只"。

生老。昔时迷日为晚①，今日始觉非早。

持犯不二

丈夫运用无碍，不为戒律所制。持犯本自无生，愚人被他禁系。智者造作皆空，声闻触途为滞。大士肉眼圆通，二乘天眼有翳。空中妄执有无，不达色心无碍。菩萨与俗同居，清净曾无染世。愚人贪著涅槃，智者生死实际。法性空无言说，缘起略无人子②。百岁无智小儿，小儿有智百岁。

佛与众生不二

众生与佛无殊，大智不异于愚。何须向外求宝？身田自有明珠。正道邪道不二，了知凡圣同途。迷悟本无差别，涅槃生死一如。究竟攀缘空寂，惟求意想清虚。无有一法可得，翛然自入无余。

事理不二

心王自在翛然，法性本无十缠。一切无非佛事，何须摄念坐禅？妄想本来空寂，不用断除攀缘。智者无心可得，自然无争无喧。不识无为大道，何时得证幽玄？佛与众生一种，众生即是世尊。凡夫妄生分别，无中执有迷奔。了达贪嗔空寂，何处不是真门？

静乱不二

声闻厌喧求静，犹如弃面求饼。饼即从来是面，造作随人百变。烦恼即是菩提，无心即是无境。生死不异涅槃，贪嗔如焰如影。智者无心求佛，愚人执邪执正。徒劳空过一生，不见如来妙顶。了达淫欲性空，镬汤炉炭自冷。

---

① "为"下，大正本注"一作'未'"。
② "人子"，丛刊本作"些子"。"无人子"下，大正本注"一本作'为兹偈'"。

善恶不二

我自身心快乐，翛然无善无恶。法身自在无方，触目无非正觉。六尘本来空寂，凡夫妄生执著。涅槃生死本平①，四海阿谁厚薄？无为大道自然，不用将心画度。菩萨散诞灵通，所作常含妙觉。声闻执法坐禅，如蚕吐丝自缚。法性本来圆明，病愈何须执药？了知诸法平等，翛然清虚快乐。

色空不二

法性本无青黄，众生谩造文章。吾我说他止观，自意扰扰颠狂。不识圆通妙理，何时得会真常？自疾不能治疗，却教他人药方。外看将为是善，心内犹若豺狼。愚人畏其地狱，智者不异天堂。对境心常不起，举足皆是道场。佛与众生不二，众生自作分张。若欲除却三毒，迢迢不离灾殃。智者知心是佛，愚人乐往西方。

生死不二

世间诸法如幻，生死犹若雷电。法身自在圆通，出入山河无间。颠倒妄想本空，般若无迷无乱。三毒本自解脱，何须摄念禅观。只为愚人不了，从他戒律决断。不识寂灭真如，何时得登彼岸？智者无恶可断，运用随心合散。法性本来空寂，不为生死所绊。若欲断除烦恼，此是无明痴汉。烦恼即是菩提，何用别求禅观？实际无佛无魔，心体无形无断②。

断除不二

丈夫运用堂堂，逍遥自在无妨。一切不能为害，坚固犹若金

---

① "本平"，原作"太平"，据东寺本、碛砂本改，南藏本、径山本、大正本作"平等"。
② "断"，丛刊本、东寺本、碛砂本、径山本、大正本作"段"。

刚。不著二边中道，翛然非断非常。五欲贪嗔是佛，地狱不异天堂。愚人妄生分别，流浪生死猖狂。智者达色无碍，声闻无不恓惶。法性本无瑕翳，众生妄执青黄。如来引接迷愚，或说地狱天堂。弥勒身中自有，何须别处思量？弃却真如佛像，此人即是颠狂。声闻心中不了，唯只趁逐言章。言章本非真道，转加斗争刚强。心里蚖蛇蝮蝎，螫著便即遭伤。不解文中取义，何时得会真常？死入无间地狱，神识枉受灾殃。

真俗不二

法师说法极好，心中不离烦恼。口谈文字化他，转更增他生老。真妄本来不二，凡夫弃妄觅道。四众云集听讲，高座论义浩浩。南座北座相争，四众为言为好。虽然口谈甘露，心里寻常枯燥。自己元无一钱，日夜数他珍宝。恰似无智愚人，弃却真金担草。心中三毒不舍，未审何时得道？

解缚不二

律师持律自缚，自缚亦能缚他。外作威仪恬静，心内恰似洪波。不驾生死船筏，如何度得爱河？不解真宗正理，邪见言辞繁多。有二比丘犯律，便却往问优波。优波依律说罪，转增比丘网罗。方丈室中居士，维摩便即来诃①。优波默然无对，净名说法无过。而彼戒性如空，不在内外娑婆。劝除生灭不肯，忽悟还同释迦。

境照不二

禅师体离无明，烦恼从何处生？地狱天堂一相，涅槃生死空

---

① "诃"，东寺本作"呵"。

名。亦无贪嗔可断，亦无佛道可成。众生与佛平等，自然圣智惺惺。不为六尘所梁，句句独契无生。正觉一念玄解，三世坦然皆平。非法非律自制，翛然真入圆成。绝此四句百非，如空无作无依。

运用无碍

我今滔滔自在，不羡公王卿宰。四时犹若金刚，著乐心常不改①。法宝喻于须弥，智慧广于江海。不为八风所牵，亦无精进懈怠。任性浮沈若颠，散诞纵横自在。遮莫刀剑临头，我自安然不采。

迷悟不二

迷时以空为色，悟即以色为空。迷悟本无差别，色空究竟还同。愚人唤南作北，智者达无西东。欲觅如来妙理，常在一念之中。阳焰本非其水，渴鹿狂趁匆匆。自身虚假不实，将空更欲觅空。世人迷倒至甚，如犬吠雷吽吽。

颂一首　归宗至真禅师智常

归宗事理绝，日轮正当午。自在如师子，不与物依怙。独步四山顶，优游三大路。欠去飞禽坠②，嚬呻众邪怖。机竖箭易及，影没手难覆。施张若工伎，裁剪如尺度。巧镂万般名，归宗还似土。语默音声绝，旨妙情难措。弃个眼还聋，取个耳还瞽。一镞破三关，分明箭后路。可怜大丈夫，先天为心祖③。

---

① "著乐心常"，东寺本、碛砂本作"昔乐心常"，丛刊本作"昔乐今常"，南藏本、径山本、大正本作"苦乐心常"。
② "去"，南藏本、径山本、大正本作"呿"。
③ 此下，大正本有"体字函《涅槃经》二十七卷真师子王晨朝出穴嚬呻欠呿"二十二字。

颂一十九首　香严袭灯大师智闲

授指

古人骨，多灵异。贤子孙，密安置。此一门，成孝义。人未达，莫差池。须志固，遣狐疑。得安静，不倾危。向即远，求即离。取即急，失即迟。无计校，忘觉知。浊流识，今古伪。一刹那，通变异。嵯峨山，石火气。内里发，焚巅崒。无遮栏，烧海底。法网疏，灵焰细。六月卧，去衣被。盖不得，无假伪。达道人，唱祖意。我师宗，古来讳。唯此人，善安置。足法财，具惭愧。不虚施，用处谛。有人问，少呵气。更审来，说米贵。

最后语

有一语，全规矩。休思惟，不自许。路逢达道人，扬眉省来处。踏不著，多疑虑。却思看，带伴侣。一生参学事无成，殷勤抱得旃檀树。

畅玄与崔大夫

达人多隐显，不定露形仪。语下不遗迹，密密潜护持。动容扬古路，明妙乃方知。应物但施设，莫道不思议。

达道场与城阴行者

理奥绝思量，根寻径路长。因兹知隔阔，无那被封疆。人生须特达，起坐觉馨香。清净如来子，安然坐道场。

与薛判官

一滴滴水，一焰焰火。饮水人醉，向火人老。不饮不向，无复安卧。失却弓箭①，蹋却射垛②。若人要知，先去钩锥。人须问我③，我是阿谁。快道，快道。

与临濡县行者

丈夫咄哉，久被尘埋。我因今日，得入山来。扬眉示我，因兹眼开。老僧手风，书处龙钟。语下有意，的出烦笼④。

显旨

思远神仪奥，精虚履践通。见闻离影像，密际语前踪。得意尘中妙，投机露道容。藏明照惊觉⑤，肯可达真宗。

三句后意

书出语多虚，虚中带有无。却向书前会，放却意中珠。

答郑郎中问⑥

语中埋迹，声前露容。实时妙会⑦，古人同风。响应机宜，无自他宗。诃起骇蟒⑧，奋迅成龙。

又⑨

语里埋筋骨，音声染道容。实时才妙会，拍手趁乖龙。

谭道

的的无兼带，独运何依赖？路逢达道人，莫将语默对。

---

① "失却"，东寺本、碛砂本、径山本、大正本作"抈折"。
② "却"，东寺本、碛砂本、大正本作"倒"。
③ "人"，碛砂本作"又"。
④ "烦"，径山本、大正本作"樊"。
⑤ "惊"，南藏本、径山本、大正本作"警"。
⑥ "问"下，东寺本、碛砂本、径山本、大正本有"二首"。
⑦ "实"，丛刊本、东寺本作"即"。
⑧ "骇"，径山本、大正本作"駼"。
⑨ "又"，东寺本、碛砂本、径山本、大正本无。

与学人玄机

妙旨迅速,言说来迟。才随语会,迷却神机。扬眉当问,对面熙怡。是何境界?同道方知。

明道

思思似有踪,明明不知处。借问示宗宾,徐徐暗回顾。

玄旨

去去无标的,来来只么来。有人相借问,不语笑咳咳①。

与邓州行者

林下觉身愚,缘不带心珠。开口无言说,笔头无可书。人问香严旨,莫道在山居。

三跳后

三门前合掌,两廊下行道。中庭上作舞,后门外摇头。

上根

咄哉莫错,顿尔无觉。空处发言,龙惊一著。小语呼召,妙绝名邈。巍巍道流,无可披剥。

破法身见

向上无父娘②,向下无男女。独自一个身,切须了却去。闻我有此言,人人竞来取。对他一句子,不话无言语。

独脚

子啐母啄,子觉无壳。母子俱亡,应缘不错。同道唱和,妙云独脚。

---

① "咳咳",东寺本、碛砂本作"哈哈"。
② "父",东寺本、碛砂本、南藏本、径山本作"爷"。

颂一首① 洞山和尚良价

无心合道②

道无心合人,人无心合道。欲识个中意,一老一不老。

颂一十八首 龙牙和尚居遁

龙牙山里龙,形非世间色。世上画龙人,巧巧描不得。唯有识龙人,一见便心息。

唯念门前树,能容鸟泊飞。来者无心唤,腾身不慕归。若人心似树,与道不相违。

一得无心便道情,六门休歇不劳形。有缘不是余朋友,无用双眉却弟兄。

悟了还同未悟人,无心胜负自安神。从前古德称贫道,向此门中有几人?

学道先须有悟由,还如曾斗快龙舟。虽然旧阁于空地,一度赢来方始休。

心空不及道空安,道与心空状一般。参玄不是道空士,一乍相逢不易看。

自小从师学祖宗,闲华犹似缠人蜂。僧真不假居云外,得后知无色自空。

学道无端学画龙,元来未得笔头踪。一朝体得真龙后,方觉从前枉用功。

成佛人希念佛多,念来岁久却成魔。君今欲得自成佛,无念

---

① "颂一首",东寺本、碛砂本、南藏本、径山本作"无心合道颂"。
② "无心合道",东寺本、碛砂本、南藏本、径山本无。

之人不较多。

在梦那知梦是虚,觉来方觉梦中无。迷时恰是梦中事,悟后还同睡起夫。

学道蒙师诣却闲①,无中有路隐人间。饶君讲得千经论,一句临机下口难。

菩萨声闻未尽空,人天来往访真宗。争如佛是无疑士,端坐无心只么通。

此生不息息何时?息在今生共要知。心息只缘无妄想,妄除心息是休时。

迷人未了劝盲聋,土上加泥更一重。悟人有意同迷意,只在迷中迷不逢。

夫人学道莫贪求,万事无心道合头。无心始体无心道,体得无心道亦休。

眉间毫相焰光身,事见争如理见亲。事有只因于理有,理权方便化天人。一朝大悟俱消却,方得名为无事人。

人情浓厚道情微,道用人情世岂知?空有人情无道用,人情能得几多时?

寻牛须访迹,学道访无心。迹在牛还在,无心道易寻。

颂三首　玄沙师备宗一大师

玄沙游径别,时人切须知。三冬阳气盛,六月降霜时。有语非关舌,无言切要辞。会我最后句②,出世少人知。

---

① "诣",丛刊本作"指"。
② "句",原作"向",据丛刊本、东寺本、碛砂本、径山本、大正本改。

奇哉一灵叟，那顿许呓呓。音兜。风起引箜篌，迷子争头凑。设使总不是，蟆蛤大张口。开口不开口，终是犯灵叟。欲识个中意，南星真北斗。

万里神光顶后相，没顶之时何处望？事已成，意亦休①，此个从来触处周。智者聊闻猛提取，莫待须臾失却头。

颂二首　招庆省僜真觉大师

示执坐禅者

大道分明绝点尘，何须长坐始相亲？遇缘悗解无非是，处愦那能有故新？散诞肯齐支遁侣，逍遥曷与慧休邻？或游泉石或阛阓，可谓烟霞物外人。

示坐禅方便

四威仪内坐为先，澄滤身心渐坦然。瞥尔有缘随浊界，当须莫绩是天年。修持只话从功路，至理宁论在那边？一切时中常管带，因缘相凑豁通玄。

明道颂　一首②　漳州罗汉桂琛和尚

至道渊旷，勿以言宣。言宣非指，孰云有是？触处皆渠，岂喻真虚？真虚设辨，如镜中现。有无虽彰，在处无伤。无伤无在，何拘何阂？不假功成，将何法尔？法尔不尔，俱为唇齿。若以斯陈，埋没宗旨。宗非意陈，无以见闻。见闻不脱③，如水中

---

① "亦"，径山本作"未"。
② "一首"下，东寺本、碛砂本、南藏本注"四言"。
③ "脱"，碛砂本作"说"。

月。于此不明，翻为剩法。一法有形，瞖汝眼睛。眼睛不明，世界峥嵘。我宗奇特，当阳显赫。佛及众生，皆承恩力。不在低头，思量难得。拶破面门，覆盖乾坤。快须荐取，脱却根尘。其如不晓，谩说而今。

觉地颂一首　七言　南岳惟劲禅师

略明觉地名同异，起复初终互换生。性海首建增名号，妙觉还依性觉明。体觉俱含于明妙，明觉妙觉并双行。妙觉觉妙元明体，全成无漏一真精。明觉觉明明所了，或因了相失元明。明妙二觉宗体觉，体觉性觉二同明。湛觉圆圆无增减，此中无佛与众生。不觉始终非了了，不闻迷悟岂惺惺？是称心地如来藏，亦无觉照及无生。非生非灭真如海，湛然常住名无名。太虚未觉生霞点，岂闻微尘有漏声？空洰匪离于觉海①，动寂元是一真明。觉明体尔含灵焰，觉明逐焰致亏盈。差之不返名无觉，会之复本始觉生。本觉由因始觉生，正觉还依合觉明。由地二种成差互②，遂令浑作赖耶名。具含染净双岐路，觉明含处异途萌。性起无生不动智，不离觉体本圆成。性起转觉翻生所，遂令有漏堕迷盲③。无明因爱相滋润，名色根本渐次生。七识转处蒙圆镜，五六生时蔽觉明。触受有取相依起，生老病死继续行。业识茫茫没苦海，徇流浩浩逐飘零。大圣慈悲兴救济，一声用处出三声。智身由从法身起，行身还约智身生。智行二身融无二，还归一体本来平。

---

① "海"，径山本作"悟"，大正本作"海"。
② "地"，碛砂本、径山本、大正本作"他"。
③ "堕"，碛砂本作"随"。

万有齐含真海印，一心普现总圆明。湛光焰焰何依止？空性荡荡无所停。处处示生无生相，处处示灭无灭形。珠镜顿印无来往，浮云聚散匆常程。出没任真同水月，应缘如响化群情。众生性地元无染，只缘浮妄翳真精。不了五阴如空聚，岂知四大若乾城？我慢痴山高屹屹，无明欲海杳溟溟。每逐旃陀憍诳友，常随猛兽作悲鸣。自性转识翻为幻，自心幻境自心惊。了此幻性同阳焰，空华识浪复圆成。太虚忽觉浮云散，始觉虚空本自清。今古湛然常皎莹，不得古今凡圣名。

入道浅深颂　五首　郢州临溪敬脱和尚
露柱声声唤，猢狲绳子绊。中下莫知由，上士方堪看。
露柱不声唤，猢狲绳子断。上士笑呵呵，中流若为见？
猢狲与露柱，未免东西步。任唱太平歌，徒话超佛祖。
我见匠者夸，语默玄妙句。不善本根源，巧布祇园事。
少室与摩竭，第代称扬许①。我今问汝徒，谁作将来主？

颂十四首　大法眼禅师文益
三界唯心
三界唯心，万法唯识。唯识唯心，眼声耳色。色不到耳，声何触眼？眼色耳声，万法成办。万法匪缘，岂观如幻？大地山河，谁坚谁变？

---

① "扬"，原作"杨"，据丛刊本、东寺本、碛砂本、径山本、大正本改。

华严六相义

华严六相义，同中还有异。异若异于同，全非诸佛意。诸佛意总别，何曾有同异？男子身中入定时，女子身中不留意。不留意，绝名字，万象明明无理事。

瞻须菩提

须菩提，貌古奇。说空法，法不离。信不及，又怀疑。信得及，复何之？倚筇杖，视东西。

街鼓鸣

鼓冬冬，运大功。满朝人，道路通。道路通，何所至？达者莫言登宝地。

示舍弃慕道

东堂不折桂，南华不学仙。却来乾竺寺，披衣效坐禅。禅若效坐得，非想亦何偏？经劫守闲，不出生死。为报参禅者，须悟道中玄。如何道中玄？真规自宛然。

《金刚经》为人轻贱章。诠云：持经者，证佛地也。

宝剑不失，虚舟不刻。不失不刻，彼子为得。倚待不堪，孤然仍则。鸟迹虚空，有无弥忒。思之。

僧问随色摩尼珠

摩尼不随色，色里勿摩尼。摩尼与众色，不合不分离。

牛头庵

国城南，祖师庵。庵旧址，依云岚。兽驯淑，人相参。忽有心，终不堪。

乾闼婆城

乾闼婆城，法法皆尔。法尔不尔，名相真轨。日暖月凉，海深山起。乾闼婆城，是非亡矣。

因僧看经

今人看古教，不免心中闹。欲免心中闹，但知看古教。

问僧云会么对不会

会与不会，与汝面对。若也面对，真个不会。

庭柏盆莲

一朵菡萏莲，两株青瘦柏。长向僧家庭，何劳问高格？

正月偶示

正月春，顺时节。情有无，皆含悦。君要知，得谁力？更问谁，教谁决？

寄钟陵光僧正

西山巍巍兮耸碧，漳水澄澄兮练色，对现分明有何极？

八渐偈并序　白居易

唐贞元十九年秋八月，有大师曰凝公，迁化于东都圣善寺钵塔院。越明年春二月，有东来客白居易，作《八渐偈》。偈六句，句四言赞之。初居易尝求心要于师，师赐我言焉：曰观、曰觉、曰定、曰慧、曰明、曰通、曰济、曰舍。繇是入于耳，贯于心。呜呼！今师之报身则化，师之八言不化。至哉八言！实无生忍观之渐门也。故自观至舍，次而赞之，广一言为一偈，谓之《八渐偈》。盖欲以发挥师之心教，且明居易不敢失坠也。既而升于堂，礼于床，跪而唱，泣而去。偈曰：

观

以心中眼，观心外相。从何而有，从何而丧？观之又观，则辨真妄。

觉

惟真常在，为妄所蒙。真妄苟辨，觉生其中。不离妄有，而得真空。

定

真若不灭，妄即不起。六根之源，湛如止水。是为禅定，乃脱生死。

慧

专之以定，定犹有系。济之以慧，慧则无滞。如珠在盘，盘定珠慧。

明

定慧相合，合而后明。照彼万物，物无遁形。如大圆镜，有应无情。

通

慧至乃明，明则不昧。明至乃通，通则无碍。无碍者何？变化自在。

济

通力不常，应念而变。变相非有，随求而见。是大慈悲，以一济万。

舍

众苦既济，大悲亦舍。苦既非真，悲亦是假。是故众生，实无度者。

诗八首① 同安禅师②

心印③

问君心印作何颜？心印谁人敢授传④？历劫坦然无异色，呼为心印早虚言。须知本自灵空性⑤，将喻红炉焰里莲⑥。莫以无心便是道⑦，无心犹隔一重关。

玄机⑧

迢迢空劫勿能收，岂为尘机作系留？妙体本来无处所，通身何更问踪由⑨？灵然一句超群象，迥出三乘不假修。撒手那边诸圣外⑩，回程堪作火中牛。

尘异

浊者自浊清者清，菩提烦恼等空平。谁言下璧无人鉴，我道骊珠到处晶。万法泯时全体现，三乘分处假安名⑪。丈夫皆有冲天气⑫，不向如来行处行⑬。

---

① "诗八首"，东寺本、碛砂本、南藏本、径山本作"诗十首"，大正本作"十玄谈并序"。
② "安"下，大正本有"察"。
③ "心印"上，大正本有"夫玄谈妙句，迥出三乘，既不混缘，亦非独立。当台应用，如朗月以晶空；转影泯机，似明珠而隐海。且学徒有等，妙理无穷，达事者稀，迷源者众。森罗万象，物物上明。或即理事双袪，名言俱丧；是以殷勤指月，莫错端倪。不迷透水之针，可付开拳之宝。略序微言，以彰事理"。
④ "谁"，大正本作"何"。
⑤ "灵"，南藏本、大正本作"虚"。
⑥ "焰"，大正本作"火"。
⑦ "以"，东寺本、碛砂本作"谓"。"便"，大正本作"云"。
⑧ "玄机"上，东寺本、碛砂本、径山本有："祖意：祖意如空不是空，灵机争堕有无功？三贤尚未明斯旨，十圣那能达此宗？透网金鳞犹滞水，回途石马出沙笼。殷勤为说西来意，莫问西来及与东。"
⑨ "问"，南藏本、径山本、大正本作"有"。"踪"，原作"纵"，据大正改。
⑩ "撒"，原作"散"，据丛刊本、东寺本、碛砂本改，下同。"诸"，大正本作"千"。
⑪ "处假"，大正本作"别强"。
⑫ "皆"，东寺本、碛砂本、南藏本、径山本作"自"。"气"，大正本作"志"。
⑬ "不"，东寺本、碛砂本、径山本、大正本作"莫"。

佛教①

三时次第演金言②，三世如来亦共宣。初说有空人尽执，后非空有众皆缘③。龙宫满藏医方义，鹤树终谈理未玄。真净界中才一念，阎浮早已八千年。

还乡曲④

勿于中路事空王，策杖还须归本乡⑤。云水隔时君莫住，雪山深处我非忙⑥。寻思去日颜如玉，嗟叹回来鬓似霜。撒手到家人不识，更无一物献尊堂。

破还乡曲⑦

返本还源事亦差⑧，本来无住不名家。万年松径雪深覆，一带峰峦云更遮。宾主默时纯是妄⑨，君臣道合正中邪⑩。还乡曲调如何物⑪？明月堂前枯木华⑫。

转位归⑬

涅槃城里尚犹危，陌路相逢没了期⑭。权挂垢衣云是佛，却装珍御复名谁？木人夜半穿靴去，石女天明戴帽归。万古碧潭空

————

① "佛"，南藏本、大正本作"演"。
② "时"，东寺本、径山本、大正本作"乘"。
③ "缘"，东寺本作"捐"。
④ "还乡曲"，大正本作"达本"。
⑤ "还须"，丛刊本、东寺本作"咸须"。"归"，南藏本、径山本、大正本作"达"。
⑥ "忙"，南藏本、径山本、大正本作"忘"。
⑦ "破还乡曲"，大正本作"还源"。
⑧ "亦"，大正本作"已"。
⑨ "默"，大正本作"穆"。"纯"，大正本作"全"。
⑩ "道合"，大正本作"合处"。
⑪ "物"，南藏本、径山本、大正本作"唱"。
⑫ "木"，大正本作"树"。
⑬ "转位归"，大正本作"回机"。
⑭ "了"，南藏本、径山本、大正本作"定"。

界月，再三涝漉始应知①。

正位前②

枯木岩前差路多③，行人到此尽蹉跎。鹭鸶立雪非同色，明月芦华不似他④。了了了时无所了⑤，玄玄玄处亦须诃⑥。殷勤为唱玄中曲，空里蟾光撮得么？

诗十首　云顶山僧德敷

语默难测

闲坐冥然圣莫知，纵言无物比方伊。石人把板云中拍，木女含笙水底吹。若道不闻渠未晓，欲寻其响你还疑。教君唱和仍须和，休问宫商竹与丝。

祖教迥异

祖意迥然传一句，教中广布引三乘。净名倒岳雷声吼，鹙子孤潭月影澄。廛市卖鱼忘进趣，岩林饲虎望超升⑦。虽知同体权方便，也似炎天日里灯。

学虽得妙

栖心学道数如尘，认得曹溪有几人？若使圣凡无挂碍，便应

---

① "涝漉"，径山本、大正本作"捞漉"。
② "正位前"，大正本作"一色"。"正位前"上，东寺本、碛砂本、南藏本、径山本、大正本有："回机：披毛戴角入廛来，优钵罗华火里开。烦恼海中为雨露，无明山上作云雷。镬汤炉炭吹教灭，剑树刀山喝使摧。金锁玄关留不住，行于异类且轮回。"
③ "木"，原作"骨"，据丛刊本、东寺本、碛砂本、径山本改。
④ "华"，碛砂本作"叶"。
⑤ "所"，大正本作"可"。
⑥ "诃"，丛刊本、东寺本作"呵"。
⑦ "升"，碛砂本作"生"。

砖瓦是修真。瞥然一念邪思起，已属多生放逸因。不遇祖师亲指的①，临机开口卒难陈。

问来祇对不得

莫夸祇对句分明，执句寻言误杀卿。只合文殊便是道，亏他居士杳无声。见人须弃敲门物，知路仍忘稚子名②。傥若不疑言会尽，何妨默默过浮生。

无指的

不居南北与东西，上下虚空岂可齐？现小毛头犹道广，变长天外尚嫌低。顿干四海红尘起，能竭三涂黑业迷。如此万般皆属坏，更须前进问曹溪。

自乐僻执

虽然僻执不风流，懒出松门数十秋。合掌有时慵问佛，折腰谁肯见王侯？电光梦世非坚久，欲火苍生早晚休。自蕴本来灵觉性，不能暂使挂心头。

问答须知起倒

问答须教知起倒，龙头蛇尾自欺谩。如王秉剑犹王意，似镜当台待镜观。眨眼参差千里莽，低头思虑万重滩。各于此道争深见，何啻前程作野干？

言行相扶

言语行时不易行，如乌如兔两光明。宁关昼夜精勤得，非是贪嗔懈怠生。菩萨尚犹难说到，声闻焉敢拟论评？然无地位长闲坐，谁料龙神来捧迎。

---

① "指的"，东寺本、碛砂本、南藏本、径山本作"的指"。
② "稚"，南藏本、径山本、大正本作"猰"。

一句子

一句子玄不可尽，飒然会了奈渠何？非干世事成无事，祖教心魔是佛魔。贫子喻中明此道，献珠偈里显张罗。空门有路平兼广，痛切相招谁肯过？

古今大意

古今以拂示东南，大意幽微肯易参。动指掩头元是一，斜眸拊掌固非三。道吾舞笏同人会，石巩弯弓作者谙。此理若无师印授，欲将何见语玄谈？

诗三首　僧润

因览《宝林传》

祖月禅风集《宝林》，二千余载道堪寻。虽分西国与东国，不隔人心到佛心。迦叶最初传去盛，慧能末后得来深。览斯顿悟超凡众，嗟彼常迷古与今。

赠道者

一语真空出世间，可怜迷者蚁循环。此生胜坐三禅乐，好句长吟万事闲。秋月圆来看尽夜，野云散去落何山？到头自了方为了，休执他经扣祖关。

赠禅客

了妄归真万虑空，河沙凡圣体通同。迷来尽似蛾投焰，悟去皆如鹤出笼。片月影分千涧水，孤松声任四时风。直须密契心心地，休苦劳生睡梦中。

景德传灯录卷第三十

铭记箴歌

　　傅大士《心王铭》

　　三祖僧璨大师《信心铭》

　　牛头山初祖法融禅师《心铭》

　　僧亡名《息心铭》

　　菩提达磨《略辨大乘入道四行》弟子昙琳序

　　荷泽大师《显宗记》

　　南岳石头大师《参同契》

　　五台山镇国大师澄观《答皇太子问心要》

　　杭州五云和尚《坐禅箴》

　　永嘉真觉大师《证道歌》

　　腾腾和尚《了元歌》

　　南岳懒瓒和尚歌

　　石头和尚《草庵歌》

　　道吾和尚《乐道歌》

《一钵歌》①

乐普和尚《浮沤歌》

牧护和尚歌②

法灯禅师《古镜歌》三首

潭州龙会道寻《遍参三昧歌》

丹霞和尚《玩珠吟》二首

关南长老《获珠吟》

香严和尚《励觉吟》《归寂吟》二首

韶山和尚《心珠歌》③

心王铭　傅大士

观心空王，玄妙难测。无形无相，有大神力。能灭千灾，成就万德。体性虽空，能施法则。观之无形，呼之有声。为大法将，心戒传经。水中盐味，色里胶清。决定是有，不见其形。心王亦尔，身内居停。面门出入，应物随情。自在无碍，所作皆成。了本识心，识心见佛。是心是佛，是佛是心。念念佛心，佛心念佛。欲得早成，戒心自律。净律净心，心即是佛。除此心王，更无别佛。欲求成佛，莫染一物。心性虽空，贪嗔体实。入此法门，端坐成佛。到彼岸已，得波罗蜜。慕道真士，自观自心。知佛在内，不向外寻。即心即佛，即佛即心。心明识佛，晓了识心。离心非佛，离佛非心。非佛莫测，无所堪任。执空滞

---

① "一钵歌"，大正本作"一钵歌别录云杯渡禅师作"，南藏本作"一钵歌杯渡禅师作"，径山本作"杯度禅师一钵歌"。

② "牧护和尚歌"，径山本、大正本作"苏溪和尚牧护歌"。

③ 此下，南藏本有"魏府华严长老示众"，径山本有"魏府华严长老示众语"。

寂，于此漂沉。诸佛菩萨，非此安心。明心大士，悟此玄音。身心性妙，用无更改。是故智者，放心自在。莫言心王，空无体性。能使色身，作邪作正。非有非无，隐显不定。心性离空，能凡能圣。是故相劝，好自防慎。刹那造作，还复漂沉。清净心智，如世黄金。般若法藏，并在身心。无为法宝，非浅非深。诸佛菩萨，了此本心。有缘遇者，非去来今。

信心铭　三祖僧璨大师

至道无难，唯嫌拣择。但莫憎爱，洞然明白。豪厘有差，天地悬隔。欲得现前，莫存顺逆。违顺相争，是为心病。不识玄旨，徒劳念静。圆同太虚，无欠无余。良由取舍，所以不如。莫逐有缘，勿住空忍。一种平怀，泯然自尽。止动归止，止更弥动。唯滞两边，宁知一种？一种不通，两处失功。遣有没有，从空背空。多言多虑，转不相应。绝言绝虑，无处不通。归根得旨，随照失宗。须臾返照，胜却前空。前空转变，皆由妄见。不用求真，唯须息见。二见不住，慎莫追寻。才有是非，纷然失心。二由一有，一亦莫守。一心不生，万法无咎。无咎无法，不生不心。能随境灭，境逐能沉。境由能境，能由境能。欲知两段，元是一空。一空同两，齐含万象。不见精粗，宁有偏党？大道体宽，无易无难。小见狐疑，转急转迟。执之失度，必入邪路。放之自然，体无去住。任性合道，逍遥绝恼。系念乖真，昏沉不好。不好劳神，何用疏亲？欲取一乘，勿恶六尘。六尘不恶，还同正觉。智者无为，愚人自缚。法无异法，妄自爱著。将心用心，岂非大错。迷生寂乱，悟无好恶。一切二边，浪由斟酌①。梦幻虚华，何劳把捉。得失是非，一时放却。眼若不睡，诸梦自除。心若不异，万法一如。一如体玄，兀尔忘缘。万法齐观，归复自然。泯其所以，不可方比。止动无动，动止无止。两既不成，一何有尔？究竟穷极，不存轨则。契心平等，所作俱息。狐疑尽净，正信调直。一切不留，无可记忆。虚明自照，不劳心力。非思量处，识情难测。真如法界，无他无自。要急相应，唯言不二。不二皆同，无不包容。十方智者，皆入此宗。宗非促延，一念万年。无在不在，十方目前。极小同大，忘绝境界。极大同小，不见边表。有即是无，无即是有。若不如此，必不须守。一即一切，一切即一。但能如是，何虑不毕？信心不二，不二信心。言语道断，非去来今。

心铭　牛头山初祖法融禅师

心性不生，何须知见？本无一法，谁论熏炼？往返无端，追寻不见。一切莫作，明寂自现。前际如空，知处迷宗。分明照境，随照冥蒙。一心有滞，诸法不通。去来自尔，胡假推穷？生无生相，生照一同。欲得心净，无心用功②。纵横无照，最为微妙。知法无知，无知知要。将心守静，犹未离病。生死忘怀，即是本性。至理无诠，非解非缠。灵通应物，常在目前。目前无物，无物宛然。不劳智鉴，体自虚玄。念起念灭，前后无别。后念不生，前念自绝。三世无物，无心无佛。众生无心，依无心出。分别凡圣，烦恼转盛。计校乖常，求真背正。双泯对治，湛

---

① "浪"，碛砂本、南藏本、径山本作"艮"。"由"，丛刊本作"自"。
② "无心"，丛刊本作"无明"。

然明净。不须功巧,守婴儿行。惺惺了知,见网转弥。寂寂无见,暗室不移。惺惺无妄,寂寂明亮。万象常真,森罗一相。去来坐立,一切莫执。决定无方,谁为出入?无合无散,不迟不疾。明寂自然,不可言及。心无异心,不断贪淫。性空自离,任运浮沈。非清非浊,非浅非深。本来非古,见在非今。见在无住,见在本心。本来不存,本来即今。菩提本有,不须用守。烦恼本无,不须用除。灵知自照,万法归如。无归无受,绝观忘守。四德不生,三身本有。六根对境,分别非识。一心无妄,万缘调直。心性本齐,同居不携。无生顺物,随处幽栖。觉由不觉,即觉无觉。得失两边,谁论好恶?一切有为,本无造作。知心不心,无病无药。迷时舍事,悟罢非异。本无可取,今何用弃?谓有魔兴,言空象备。莫灭凡情,唯教息意。意无心灭,心无行绝。不用证空,自然明彻。灭尽生死,冥心入理。开目见相,心随境起。心处无境,境处无心。将心灭境,彼此由侵。心寂境如,不遣不拘。境随心灭,心随境无。两处不生,寂静虚明。菩提影现,心水常清。德性如愚,不立亲疏。宠辱不变,不择所居。诸缘顿息,一切不忆。永日如夜,永夜如日。外似顽嚣,内心虚真①。对境不动,有力大人。无人无见,无见常现。通达一切,未尝不遍。思惟转昏,汩乱精魂。将心止动,转止转奔。万法无所,唯有一门。不入不出,非静非喧。声闻缘觉,智不能论。实无一物,妙智独存。本际虚冲,非心所穷。正觉无觉,真空不空。三世诸佛,皆乘此宗。此宗豪末,沙界含容。一

---

① "真",南藏本、径山本作"直"。

切莫顾，安心无处。无处安心，虚明自露。寂静不生，放旷纵横。所作无滞，去住皆平。慧日寂寂，定光明明。照无相苑，朗涅槃城。诸缘忘毕，诠神定质。不起法座，安眠虚室。乐道恬然，优游真实。无为无得，依无自出。四等六度，同一乘路。心若不生，法无差互。知生无生，现前常住。智者方知，非言诠悟。

息心铭　僧亡名

法界有如意宝，人焉久缄其身，铭其膺曰：古之摄心人也，戒之哉，戒之哉！

无多虑，无多知。多知多事，不如息意。多虑多失，不如守一。虑多志散，知多心乱。心乱生恼，志散妨道。勿谓何伤，其苦攸长①。勿言何畏，其祸鼎沸。滴水不停，四海将盈。纤尘不拂，五岳将成。防末在本，虽小不轻。关尔七窍，闭尔六情。莫视于色②，莫听于声。闻声者聋，见色者盲。一文一艺，空中小蚋。一伎一能，日下孤灯。英贤才艺，是为愚蔽。舍弃淳朴，耽溺淫丽。识马易奔，心猿难制。神既劳役，形必损毙。邪行终迷，修途永泥。莫贵才能，日益惛瞀。夸拙羡巧，其德不弘。名厚行薄，其高速崩。内怀憍伐，外致怨憎。或谈于口，或书于手。邀人令誉，亦孔之丑。凡谓之吉，圣谓之咎。赏玩暂时，悲哀长久。畏影畏迹，逾远逾极。端坐树阴，迹灭影沈。厌生患老，随思随造。心想若灭，生死长绝。不死不生，无相无名。一道虚寂，万物齐平。何贵何贱，何辱何荣？何胜何劣，何重何轻？澄天愧净，

---

① "攸"，大正本作"悠"。
② "视"，碛砂本、南藏本、径山本作"现"。

皎日惭明。安夫岱岭，同彼金城。敬贻贤哲，斯道利贞。

菩提达磨　略辨大乘入道四行　弟子昙琳序

法师者，西域南天竺国，是大婆罗门国王第三之子也。神慧疏朗，闻皆晓悟。志存摩诃衍道，故舍素从缁，绍隆圣种。冥心虚寂，通鉴世事，内外俱明，德超世表。悲悔边隅，正教陵替，遂能远涉山海，游化汉魏。忘心之士，莫不归信；存见之流，乃生讥谤。于时唯有道育、慧可，此二沙门，年虽后生，俊志高远。幸逢法师，事之数载，虔恭咨启，善蒙师意。法师感其精诚，诲以真道。令如是安心，如是发行，如是顺物，如是方便。此是大乘安心之法，令无错谬。如是安心者壁观，如是发行者四行，如是顺物者防护讥嫌，如是方便者遣其不著。此略序所由云尔：

夫入道多途，要而言之，不出二种：一是理入，二是行入。理入者，谓籍教悟宗，深信含生同一真性，但为客尘妄想所覆，不能显了。若也舍妄归真，凝住壁观，无自无他，凡圣等一，坚住不移，更不随于文教。此即与理冥符，无有分别，寂然无为，名之理入。行入者，谓四行，其余诸行悉入此中。何等四耶？一报冤行，二随缘行，三无所求行，四称法之行。云何报冤行？谓修道行人，若受苦时，当自念言：我从往昔无数劫中，弃本从末，流浪诸有，多起冤憎，违害无限。今虽无犯，是我宿殃恶业果熟，非天非人，所能见与。甘心忍受，都无冤诉。经云：逢苦不忧。何以故？识达故。此心生时，与理相应，体冤进道，故说言报冤行。二随缘行者，众生无我，并缘业所转。苦乐齐受，皆从缘生。若得胜报荣誉等事，是我过去宿因所感，今方得之，缘尽还无，何喜之有？得失从缘，心无增减，喜风不动，冥顺于道，是故说言随缘行也。三无所求行者，世人长迷，处处贪著，名之为求。智者悟真，理将俗反。安心无为，形随运转。万有斯空，无所愿乐。功德黑暗，常相随逐，三界久居，犹如火宅。有身皆苦，谁得而安？了达此处，故舍诸有，息想无求。经云：有求皆苦，无求乃乐。判知无求，真为道行，故言无所求行也。四称法行，性净之理，目之为法。此理众相斯空，无染无著，无此无彼。经云：法无众生，离众生垢故。法无有我，离我垢故。智者若能信解此理，应当称法而行。法体无悭，于身、命、财，行檀舍施，心无恪惜，达解三空，不倚不著。但为去垢，称化众生而不取相。此为自行，复能利他，亦能庄严菩提之道。檀施既尔，余五亦然。为除妄想，修行六度而无所行，是为称法行。

显宗记　荷泽大师

无念为宗，无作为本。真空为体，妙有为用。夫真如无念，非想念而能知；实相无生，岂色心而能见？无念念者，即念真如；无生生者，即生实相。无住而住，常住涅槃；无行而行，即超彼岸。如如不动，动用无穷；念念无求，求本无念。菩提无得，净五眼而了三身；般若无知，运六通而弘四智。是知即定无定，即慧无慧，即行无行。性等虚空，体同法界，六度自兹圆满，道品于是无亏。是知我法体空，有无双泯。心本无作，道常无念。无念无思，无求无得，不彼不此，不去不来。体悟三明，心通八解，功成十力，富有七珍。入不二门，获一乘理。妙中之妙，即妙法身；天中之天，乃金刚慧。湛然常寂，应用无方。用而常空，空而常用。用而不有，即是真空；空而不无，便成妙有。妙有即摩诃般若，真空即清净涅槃。般若是涅槃之因，涅槃是般若之果。般若无见，能见涅槃；涅槃无生，能生般若。涅槃、般若，名异体同，随义立名，故云法无定相。涅槃能生般若，即名真佛法身；般若能建涅槃，故号如来知见。知即知心空寂，见即见性无生。知见分明，不一不异，故能动寂常妙，理事皆如，如即处处能通，达即理事无碍。六根不染，即定慧之功；六识不生，即如如之力。心如境谢，境灭心空。心境双亡，体用不异。真如性净，慧鉴无穷，如水分千月，能见闻觉知。见闻觉知，而常空寂。空即无相，寂即无生，不被善恶所拘，不被静乱所摄。不厌生死，不乐涅槃。无不能无，有不能有。行住坐卧，心不动摇。一切时中，获无所得。三世诸佛，教旨如斯，即菩萨慈悲，递相传受。

自世尊灭后，西天二十八祖共传无住之心，同说如来知见。至于达磨，届此为初，递代相承，于今不绝。所传秘教，要借得人，如王髻珠，终不妄与。福德、智慧，二种庄严，行解相应，方能建立。衣为法信，法是衣宗，唯指衣法相传，更无别法。内传心印，印契本心；外传袈裟，将表宗旨。非衣不传于法，非法不受于衣。衣是法信之衣，法是无生之法。无生即无虚妄，乃是空寂之心，知空寂而了法身，了法身而真解脱。

参同契　南岳石头和尚

竺土大仙心①，东西密相付。人根有利钝，道无南北祖。灵

---

① "土"，碛砂本作"士"。

源明皎洁，枝派暗流注。执事元是迷，契理亦非悟。门门一切境，回互不回互。回而更相涉，不尔依位住。色本殊质象，声元异乐苦。暗合上中言，明明清浊句。四大性自复，如子得其母。火热风动摇，水湿地坚固。眼色耳音声，鼻香舌咸醋。然依一一法，依根叶分布。本末须归宗，尊卑用其语。当明中有暗，勿以暗相遇。当暗中有明，勿以明相睹。明暗各相对，比如前后步。万物自有功，当言用及处。事存函盖合，理应箭锋拄。承旨须会宗①，勿自立规矩。触目不会道，运足焉知路？进步非近远，迷隔山河固。谨白参玄人，光阴莫虚度。

五台山镇国大师澄观　答皇太子问心要

至道本乎其心，心法本乎无住。无住，心体灵知；不昧，性相寂然。包含德用，该摄内外，能深能广，非有非空，不生不灭，无终无始。求之而不得，弃之而不离。迷现量，则惑苦纷然②；寤真性，则空明廓彻。虽即心即佛，唯证者方知。然有证有知，则慧日沉没于有地；若无照无悟，则昏云掩蔽于空门。若一念不生，则前后际断，照体独立，物我皆如。直造心源，无智无得，不取不舍，无对无修。然迷悟更依，真妄相待。若求真去妄，犹弃影劳形；若体妄即真，似处阴影灭。若无心忘照，则万虑都捐；若任运寂知，则众行爰起。放旷任其去住，静鉴觉其源流。语默不失玄微，动静未离法界。言止，则双亡知寂；论观，则双照寂知。语证，则不可示人；说理，则非证不了。是以悟寂

---

① "旨"，丛刊本、东寺本、碛砂本、径山本、大正本作"言"。
② "惑"，东寺本、碛砂本、南藏本作"感"。

无寂，真知无知，以知寂不二之一心，契空有双融之中道。无住无著，莫摄莫收，是非两亡，能所双绝。斯绝亦寂，则般若现前。般若非心外新生，智性乃本来具足。然本寂不能自现，实由般若之功。般若之与智性，翻覆相成；本智之与始修，实无两体。双亡正入，则妙觉圆明；始末该融，则因果交彻。心心作佛，无一心而非佛心；处处成道，无一尘而非佛国。故真妄物我，举一全收，心佛众生，浑然齐致。是知迷则人随于法，法法万差而人不同；悟则法随于人，人人一智而融万境。言穷虑绝，何果何因？体本寂寥，孰同孰异？唯忘怀虚朗，消息冲融，其犹透水月华，虚而可见；无心鉴象，照而常空矣。

坐禅箴　杭州五云和尚

坐不拘身，禅非涉境。拘必乃疲，涉则非静。不涉不拘，真光迥孤。六门齐应，万行同敷。嗟尔初机，未达玄微。处沈随掉[①]，能所支离。不有权巧，胡为对治？驱策抑按，均调惛乱。息虑忘缘，乍同死汉。随宜合开，靡专壁观。达磨大师正付法眼外，委示初机修心之要，启四门四行，匪专一也。驰想颇多，安那钵那。或掉举猛利及惛住等，宜易观修于数息。或出或入，不得交互。沿流剑阁，无滞木鹅。如火得水，如病得医。病瘥医罢，火灭水倾。一念清净，体寂常灵。是灵是寂，非灵非寂。是非迭生，犯过无极。前灭后兴，还如步走。患乎不知，知则无咎。日由背夜，镜奚照后？此则不然，圆明通透。照而不缘，寂而谁守？万象瀛沤，太虚闪

---

①　"掉"，原作"棹"，据丛刊本、东寺本、径山本、大正本改。

电。摧坏魔宫，冲倒佛殿。跛者得履，瞽者发见。法界尘寰，齐轮顿现。旷荡郊廛，或坐或眠。既明方便，乃号金仙。吾虽强说，爰符圣言。圣言何也，要假重宣。不动不禅，是无生禅。

又云：若学诸三昧，是动非坐禅。心随境界流，云何名为定？故知历代祖，唯传此一心。祖光既远大，吾子幸堪任。聊述无言旨，乃曰《坐禅箴》。

证道歌　永嘉真觉大师

君不见，绝学无为闲道人，不除妄想不求真。无明实性即佛性，幻化空身即法身。法身觉了无一物，本源自性天真佛。五阴浮云空去来，三毒水泡虚出没。证实相，无人法，刹那灭却阿鼻业。若将妄语诳众生，自招拔舌尘沙劫。顿觉了，如来禅，六度万行体中圆。梦里明明有六趣，觉后空空无大千。无罪福，无损益，寂灭性中莫问觅。比来尘境未曾磨，今日分明须剖析。谁无念，谁无生，若实无生无不生。唤取机关木人问，求佛施功早晚成。放四大，莫把捉，寂灭性中随饮啄。诸行无常一切空，即是如来大圆觉。决定说，表真乘，有人不许任情征①。直截根源佛所印，摘叶寻枝我不能。摩尼珠，人不识，如来藏里亲收得。六般神用空不空，一颗圆光色非色。净五眼，得五力，唯证乃知谁可测②？镜里看形见不难，水中捉月争拈得？

常独行，常独步，达者同游涅槃路。调古神清风自高，貌悴骨刚人不顾。穷释子，口称贫，实是身贫道不贫。贫则身常披缕

---

① "许"，东寺本、碛砂本、径山本、大正本作"肯"。
② "谁"，东寺本作"难"。

褐,道即心藏无价珍。无价珍,用无尽,利物应时终不吝。三身四智体中圆,八解六通心地印。上士一决一切了,中下多闻多不信。但自怀中解垢衣,谁能向外夸精进?从他谤,任他非,把火烧天徒自疲。我闻恰似饮甘露,销融顿入不思议。观恶言,是功德,此则成吾善知识。不因讪谤起怨亲,何表无生慈忍力?宗亦通,说亦通,定慧圆明不滞空。非但我今独达了,河沙诸佛体皆同。师子吼,无畏说,百兽闻之皆脑裂。香象奔波失却威,天龙寂听生欣悦。游江海,涉山川,寻师访道为参禅。自从认得曹溪路,了知生死不相干。行亦禅,坐亦禅,语默动静体安然。纵遇锋刀常坦坦,假饶毒药也闲闲。我师得见然灯佛,多劫曾为忍辱仙。几回生,几回死,生死悠悠无定止①。自从顿悟了无生,于诸荣辱何忧喜?

入深山,住兰若,岑崟幽邃长松下。优游静坐野僧家,阒寂安居实潇洒。觉即了,不施功,一切有为法不同。住相布施生天福,犹如仰箭射虚空。势力尽,箭还坠,招得来生不如意。争似无为实相门,一超直入如来地。但得本,莫愁末,如净琉璃含宝月。既能解此如意珠,自利利他终不竭。江月照,松风吹,永夜清宵何所为?佛性戒珠心地印,雾露云霞体上衣。降龙钵,解虎锡,两股金镮鸣历历。不是标形虚事持,如来宝杖亲踪迹。不求真,不断妄,了知二法空无相。无相无空无不空,即是如来真实相。心镜明,鉴无碍,廓然莹彻周沙界。万象森罗影现中,一颗圆明非内外。豁达空,拨因果,莽莽荡荡招殃祸。弃有著空病亦

---

① "生死",东寺本作"觉后"。

然，还如避溺而投火。舍妄心，取真理，取舍之心成巧伪。学人不了用修行，真成认贼将为子。损法财，灭功德，莫不由斯心意识。是以禅门了却心，顿入无生知见力。

大丈夫，秉慧剑，般若锋兮金刚焰。非但能摧外道心，早曾落却天魔胆。震法雷①，击法鼓，布慈云兮洒甘露。龙象蹴踏润无边，三乘五性皆惺悟。雪山肥腻更无杂，纯出醍醐我常纳。一性圆通一切性，一法遍含一切法。一月普现一切水，一切水月一月摄。诸佛法身入我性，我性还共如来合。一地具足一切地，非色非心非行业。弹指圆成八万门，刹那灭却阿鼻业。一切数句非数句，与吾灵觉何交涉？不可毁，不可赞，体若虚空勿涯岸。不离当处常湛然，觅则知君不可见。取不得，舍不得，不可得中只么得。默时说，说时默，大施门开无壅塞。有人问我解何宗，报道摩诃般若力。或是或非人不识，逆行顺行天莫测。吾早曾经多劫修，不是等闲相诳惑。

建法幢，立宗旨，明明佛敕曹溪是。第一迦叶首传灯，二十八代西天记。历江海②，入此土，菩提达磨为初祖。六代传衣天下闻，后人得道何穷数③？真不立，妄本空，有无俱遣不空空。二十空门元不著，一性如来体共同④。心是根，法是尘，两种犹如镜上痕。痕垢尽除光始现，心法双亡性即真。嗟末法，恶时世，众生福薄难调制。去圣远兮邪见深，魔强法弱多怨害。闻说如来顿教门，恨不灭除令瓦碎。作在心，殃在身，不须怨诉更尤

---

① "震"，大正本作"振"。
② "历江海"，原缺，据东寺本补。碛砂本、南藏本、径山本、大正本作"法东流"。
③ "何"，碛砂本、南藏本、径山本作"无"。
④ "共"，丛刊本、南藏本、径山本作"自"。

人。欲得不招无间业，莫谤如来正法轮。旃檀林，无杂树，郁密深沈师子住。境静林间独自游①，走兽飞禽皆远去。狮子儿，众随后，三岁即能大哮吼。若是野干逐法王，百年妖怪虚开口。圆顿教，勿人情，有疑不决直须争。不是山僧逞人我，修行恐落断常坑。非不非，是不是，差之毫厘失千里。是即龙女顿成佛，非即善星生陷坠。吾早年来积学问，亦曾讨疏寻经论。分别名相不知休，入海算沙徒自困。却被如来苦诃责，数他珍宝有何益？从来蹭蹬觉虚行，多年枉作风尘客。

种性邪，错知解，不达如来圆顿制。二乘精进勿道心②，外道聪明无智慧。亦愚痴，亦小骏，空拳指上生实解。执指为月枉施功，根境法中虚捏怪。不见一法即如来，方得名为观自在。了即业障本来空，未了还须偿宿债。饥逢王膳不能餐，病遇医王争得差？在欲行禅知见力，火里生莲终不坏③。勇施犯重悟无生，早时成佛于今在。师子吼，无畏说，深嗟懵懂顽皮靼。音折④。只知犯重障菩提，不见如来开秘诀。有二比丘犯淫杀，波离萤光增罪结。维摩大士顿除疑，还同赫日销霜雪。不思议，解脱力，此即成吾善知识。四事供养敢辞劳，万两黄金亦销得。粉骨碎身未足酬，一句了然超百亿。法中王，最高胜，河沙如来同共证。我今解此如意珠，信受之者皆相应。了了见，无一物。亦无人，亦无佛。大千世界海中沤，一切圣贤如电拂。假使铁轮顶上旋，定慧圆明终不失。日可冷，月可热，众魔不能坏真说。象驾峥嵘谩

---

① "间"，径山本作"闲"。
② "勿"，大正本作"没"。
③ "里"，东寺本、碛砂本作"中"。
④ "音折"，原作"昔折"，据丛刊本、东寺本、碛砂本改，大正本作"多达切"。

进途，谁见螗螂能拒辙？大象不游于兔径，大悟不拘于小节。莫将管见诳苍苍①，未了吾今为君决。

了元歌　腾腾和尚

修道道无可修，问法法无可问。迷人不了色空，悟者本无逆顺。八万四千法门，至理不离方寸。识取自家城郭，莫漫寻他乡郡②。不用广学多闻，不要辩才聪俊。不知月之大小，不管岁之余闰。烦恼即是菩提，净华生于泥粪。人来问我若为？不能共伊谈论。寅朝用粥充饥，斋时更餐一顿。今日任运腾腾，明日腾腾任运。心中了了总知，且作佯痴缚钝。

南岳懒瓒和尚歌

兀然无事无改换，无事何须论一段？直心无散乱，他事不须断。过去已过去，未来犹莫算。兀然无事坐，何曾有人唤？向外觅功夫，总是痴顽汉。粮不畜一粒，逢饭但知㗖。陟立切。世间多事人，相趁浑不及。我不乐生天，亦不爱福田。饥来吃饭，困来即眠。愚人笑我，智乃知焉。不是痴钝，本体如然。要去即去，要住即住。身披一破衲，脚著娘生袴。多言复多语，由来反相误。若欲度众生，无过且自度。莫漫求真佛，真佛不可见。妙性及灵台，何曾受熏炼？心是无事心，面是娘生面。劫石可移动，个中无改变。无事本无事，何须读文字？削除人我本，冥合个中意。种种劳筋骨，不如林下睡兀兀。举头见日高，乞饭从头㪗。

---

① "诳"，东寺本、碛砂本作"谤"。
② "乡"，东寺本、碛砂本、南藏本、径山本作"州"。

将功用功，展转冥蒙。取即不得，不取自通。吾有一言，绝虑亡缘。巧说不得，只用心传。更有一语，无过真与①。细如豪末，大无方所。本自圆成，不劳机杼。世事悠悠，不如山丘。青松蔽日，碧涧长流。山云当幕，夜月为钩。卧藤萝下，块石枕头。不朝天子，岂羡王侯？生死无虑，更复何忧？水月无形，我常只宁。万法皆尔，本自无生。兀然无事坐，春来草自青。

草庵歌　石头和尚

吾结草庵无宝贝，饭了从容图睡快。成时初见茅草新，破后还将茅草盖。住庵人，镇常在，不属中间与内外。世人住处我不住，世人爱处我不爱。庵虽小，含法界，方丈老人相体解。上乘菩萨信无疑，中下闻之必生怪。问此庵，坏不坏？坏与不坏主元在。不居南北与东西，基上坚牢以为最②。青松下，明窗内，玉殿朱楼未为对。纳帔蒙头万事休③，此时山僧都不会。住此庵，休作解，谁夸铺席图人买。回光返照便归来，廓达灵根非向背。遇祖师，亲训诲，结草为庵莫生退。百年抛却任纵横，摆手便行且无罪。千种言，万般解，只要教君长不昧。欲识庵中不死人，岂离而今遮皮袋？

乐道歌　道吾和尚

乐道山僧纵性多，天回地转任从他。闲卧孤峰无伴侣，独唱

---
① "真"，丛刊本、东寺本作"直"。
② "上"，碛砂本、南藏本、径山本作"址"。
③ "纳帔蒙头"，东寺本、碛砂本、大正本作"衲帔幪头"，南藏本、径山本作"衲被幪头"。

无生一曲歌。无生歌，出世乐，堪笑时人和不著。畅情乐道过残生，张三李四浑忘却。大丈夫，须气概，莫顺人情莫妨碍①。汝言顺即是菩提，我谓从来自相背。有时憨，有时痴，非我途中争得知？特达一生常任运，野客无乡可得归。今日山僧只遮是，元本山僧更若为？探祖机，空王子，体似浮云勿隈倚②。自古长披一衲衣，曾经几度遭寒暑。不是真，不是伪，打鼓乐神施拜跪。明明一道汉江云，青山绿水不相似。禀性成，无揩改，结角罗纹不相碍。或运慈悲喜舍心，或即逢人以棒閗。慈悲恩爱落牵缠，棒打教伊破恩爱③。报乎月下旅中人，若有恩情吾为改。

一钵歌④

遏剌剌⑤，闹聒聒，总是悠悠造抹挞⑥。如饥吃盐加得渴，枉却一生头桮桮。究竟不能知始末，抛却死尸何处脱？劝君努力求解脱，闲事到头须结撮。火落身上当须拨，莫待临时叫菩萨。丈夫语话须豁豁，莫学痴人受摩捋。趁时结裹学摆拨，也学柔和也粗粝。也剃头，也披褐，也学凡夫作生活。直语向君君未达，更作长歌歌一钵。一钵歌，多中一，一中多，莫笑野人歌一钵，曾将一钵度娑婆。

青天寥寥月初上，此时影空含万象。几处浮生自是非，一源清净无来往。更莫将心造水泡，百毛流血是谁教？不如静坐真如

---

① "莫"，碛砂本、南藏本作"无"。
② "勿"，南藏本、径山本、大正本作"没"。
③ "教"，丛刊本作"交"。
④ "一钵歌"，径山本作"杯渡禅师一钵歌"。
⑤ "剌剌"，东寺本、碛砂本作"喇喇"。
⑥ "抹挞"，大正本作"休怾"。

地，顶上从他鹊作巢。万代金轮圣王子，只遮真如灵觉是。菩提树下度众生，度尽众生不生死。不生不死真丈夫，无形无相大毗卢。尘劳灭尽真如在，一颗圆明无价珠。眼不见，耳不闻，不见不闻真见闻。从来一句无言说，今日千言强为分。强为分，须谛听，人人尽有真如性。恰似黄金在矿中，炼去炼来金体净。

真是妄，妄是真，若除真妄更无人。真心莫谩生烦恼，衣食随时养色身。好也著，弱也著，一切无心无染著①。亦无恶，亦无好，二际坦然平等道。粗也餐，细也餐，莫学凡夫相上观。也无粗，也无细，上方香积无根蒂。坐亦行，行亦坐，生死树下菩提果。亦无坐，亦无行，无生何用觅无牛？生亦得，死亦得，处处当来见弥勒。亦无生，亦无死，三世如来总如此。离则著，著则离，幻化门中无实义。无可离，无可著，何处更求无病药。语时默，默时语，语默纵横无处所。亦无语，亦无默，莫唤东西作南北。嗔即喜，喜即嗔，我自降魔转法轮。亦无嗔，亦无喜，水不离波波即水。悭时舍，舍时悭，不离内外及中间。亦无悭，亦无舍，寂寂寥寥无可把。苦时乐，乐时苦，只遮修行断门户。亦无苦，亦无乐，本来自在无绳索。垢即净，净即垢，两边毕竟无前后。亦无垢，亦无净，大千同一真如性。药是病，病是药，到头两事须拈却。亦无药，亦无病，正是真如灵觉性。魔作佛，佛作魔，镜里寻形水上波。亦无魔，亦无佛，三世本来无一物。凡即圣，圣即凡，色里胶清水里咸②。亦无凡，亦无圣，万行总持无一行。真中假，假中真，自是凡夫起妄尘。亦无真，亦无假，

---

① "无"，径山本作"莫"。
② "清"，南藏本、径山本、大正本作"青"。"咸"，径山本作"盐"。

若不唤时何应喏？

　　本来无姓亦无名，只么腾腾信脚行。有时廛市并屠肆，一朵红莲火上生。也曾策杖游京洛，身似浮云无定著。幻化由来似寄居，他家触处更清虚。若觅戒，三毒疮痍几时差[①]？若觅禅，我自纵横泪砼眠。大可怜，不是颠，世间出世天中天。时人不会此中意，打着南边动北边。若觅法，鸡足山中问迦叶。大士持衣在此中，本来不用求某甲。若觅经，法性真源无可听。若觅律，穷子不须教走出。若觅修，八万浮图何处求？只知黄叶止啼哭，不觉黑云遮日头。莫怪狂言无次第，筛罗渐入粗中细。只遮粗中细也无，即是圆明真实谛。真实谛，本非真，但是名闻即是尘。若向尘中解真实，便是堂堂出世人。出世人，莫造作，独行独步空索索。无生无死无涅槃，本来生死不相干。无是非，无动静，莫谩将身入空井。无善恶，无去来，亦无明镜挂高台。山僧见解只如此，不信从他造劫灰。

浮沤歌　　乐普和尚

　　云天雨落庭中水，水上漂漂见沤起。前者已灭后者生，前后相续无穷已。本因雨滴水成沤，还缘风激沤归水。不知沤水性无殊，随他转变将为异。外明莹，内含虚，内外玲珑若宝珠。正在澄波看似有，及乎动著又如无。有无动静事难明，无相之中有相形。只知沤向水中出，岂知水亦从沤生？权将沤水类余身，五蕴虚攒假立人。解达蕴空沤不实，方能明见本来真。

[①]　"差"，大正本作"瘥"。

牧护歌　苏溪和尚　即五泄小师也

听说衲僧牧护，任运逍遥无住。一条百衲瓶盂，便是生涯调度。为求至理参寻，不惮寒暑辛苦。还曾四海周游，山水风云满肚。内除戒律精严，不学威仪行步。三乘笑我无能，我笑三乘谩做。智人权立阶梯，大道本无迷悟。达者不假修治，不在能言能语。披麻目视云霄，遮莫王侯不顾。道人本体如然，不是知佛去处。生也犹如著衫，死也还同脱裤。生也无喜无忧，八风岂能惊怖？外相犹似痴人，肚里非常峭措。活计虽无一钱，敢与君王斗富。愚人摆手憎嫌，智者点头相许。那知傀儡牵抽，歌舞尽由行主。一言为报诸人，打破画瓶归去。

古镜歌　三首　法灯禅师①

其一

尽道古镜不曾见，借你时人看一遍。目前不睹一纤豪，湛湛冷光凝一片。凝一片，勿背面，嫫母临妆不称情，潘生回首频嘉叹。何欣欣，何戚戚，好丑由来那个是②？只遮是，转沈醉，演若晨窥怖走时，子细思量还有以。我问颠狂不暂回，泪流向予声哀哀。哽咽未能申吐得，你头与影悠悠哉。悠悠哉，尔许多时那里来？迷云开，行行携手上高台。

其二

谁云古镜无样度，古今出入何门户？门户君看不见时，即此为君全显露。全显露，与汝一生终保护。若遇知音请益来，逢人

---

① "师"下，丛刊本、东寺本、大正本有"泰钦"。
② "个是"，碛砂本、大正本作"是的"。

不得轻分付。但任作见面，不须生怕怖。看取当时演若多，直至如今成错误。如今不省影分明，还是当时同一顾。同一顾，苦，苦，苦！

其三

古镜精明皎皎，皎皎遍照河沙。到处安名题字，除侬更有谁家？过去未来现在，诸佛镜上纤瑕。纤瑕垢尽无物，此真火里莲华。莲华千朵万朵，朵朵端然释迦。谁云俱尸入灭？谁云穿膝芦芽①？不信镜中看取，羊车鹿车牛车。时人不识古镜，尽道本来清净。只看清净是假，照得形容不正。或圆或短成长，若有纤豪俱病。劝君不如打破，镜去瑕消可莹。亦见杜口毗耶，亦知圆通少剩。

遍参三昧歌　潭州龙会道寻

天涯海角参知识，遍咨惠我全提力。师乃呵余退步追，省躬廓尔从兹息。睹诸方，垂带直，善财得处难藏匿。棒头喝下露幽奇，纵去夺来看殊特。赵州关，雪岭陡，筑庐峰前验虚实。据证灵由辟万机，横挥祖刃开三域。卷舒重重孰可委？休呈识意谩猜揣。衲子攒眉碧眼咦，黄河倒逆昆仑嘴。沩山牛，道吾唱，马师奋迅呈圆相。执水投针作后规，把镜持幡看先匠。广陵歌，谁继唱？拟续宫商调难况。石人愠色下鞭挝，木马奔嘶梵天上。丽水金，蓝田玉，祝融峰攒湘浪蹙。满月澄溪松韵清，云从龙腾好观瞩。

---

① "芽"，丛刊本、东寺本作"牙"。

玩珠吟二首　丹霞和尚

般若灵珠妙难测，法性海中亲认得。隐显常游五蕴中，内外光明大神力。此珠非大亦非小，昼夜光明皆悉照。觅时无物又无踪，起坐相随常了了。黄帝曾游于赤水，争听争求都不遂。罔象无心却得珠，能见能闻是虚伪。吾师权指喻摩尼，采人无数溺春池。争拈瓦砾将为宝，智者安然而得之。森罗万象光中现，体用如如转非转。万机消遣寸心中，一切时中巧方便。烧六贼，烁众魔，能摧我山竭爱河。龙女灵山亲献佛，贫儿衣下几蹉跎。亦名性，亦名心，非性非心超古今。全体明时明不得，权时题作《弄珠吟》。

其二

识得衣中宝，无明醉自醒。百骸虽溃散，一物镇长灵。知境浑非体，神珠不定形。悟则三身佛，迷疑万卷经。在心心可测，历耳耳难听。罔象先天地，玄泉出杳冥。本刚非锻炼，元净莫澄渟。盘泊轮朝日，玲珑映晓星。瑞光流不灭，真气触还生。鉴照崆峒寂，罗笼法界明。挫凡功不灭，超圣果非盈。龙女心亲献，阇王口自呈。护鹅人却活，黄雀意犹轻。解语非关舌，能言不是声。绝边弥汗漫，无际等空平。演教非为说，闻名勿认名。两边俱莫立，中道不须行。见月休观指，还家罢问程。识心心则佛，何佛更堪成？

获珠吟　关南长老

三界兮如幻，六道兮如梦，圣贤出世兮如电。国土犹如水上泡，无常生灭日迁变。唯有摩诃般若坚，犹若金刚不可赞①。软似兜罗大等空，小极微尘不可见。拥之令聚而不聚，拨之令散而不散。侧耳欲闻而不闻，瞪目观之而不见。歌复歌，盘陀石上笑呵呵。笑复笑，青松影下高声叫。自从获得此心珠，帝释轮王俱不要。不是山僧独施为，自古先贤作此调。不坐禅，不修道，任运逍遥只么了。但能万法不干怀，无始何曾有生老？

吟二首② 香严和尚 智闲

励觉吟③

满口语，无处说，明明向人道不决。急著力，勤咬啮，无常到来救不彻。日里语，暗瑳切，快磨古锥净挑揭。理尽觉，自护持，此生事，终不说。玄学求他古老吟，禅学须穷心影绝。

归寂吟赠同住

同住道人七十余，共辞城郭乐山居。身如寒木心牙绝，不话唐言休梵书。心期尽处身虽丧，如来弟子沙门样。深信共崇钵塔成④，巍巍置在青山掌。观夫参道不虚然，脱去形骸甚高上⑤。从来不说今朝事，暗里埋头隐玄畅。不留踪迹异人间，深妙神光饱明亮。

---

① "赞"，南藏本、径山本作"钻"。
② "吟"上，南藏本、径山本有"励觉"。
③ "励觉吟"，南藏本、径山本无。
④ "成"下，大正本注："《涅槃经》云：如来之身，已于无量阿僧祇劫不受饮食，为诸声闻说，先受二牧牛女乳糜。故《本行经》云：菩萨将往道树，时有天人告善生神王二女：一名难陀，华言喜；二名婆罗，华言昌，'汝可最初施食'。于是二女以乳烹糜，其釜上现种种瑞相，乃用钵盛奉献。菩萨食已，将其钵掷向尼连河中，天帝释收于天上，建塔安置供养，故名钵塔，此天上四塔之一也。四塔者：一发塔，二箭塔，三钵塔，四牙塔。人间亦有四塔：一如来生处塔，二如来成道处塔，三如来转法轮处塔，四如来涅槃处塔。"
⑤ "脱"，原作"晚"，据东寺本、碛砂本、径山本、大正本改。"上"，大正本作"尚"。

心珠歌　韶山和尚

山僧自达空门久，淬炼心珠功已构。珠迥玲珑主客分，往往声如师子吼。师子吼，非常义，皆明佛性真如理。有时往往自思惟，豁然大意心欢喜。或造经，或造论，或说渐分或说顿。若在诸佛运神通①，或在凡夫兴鄙悋。此心珠，如水月，地角天涯无殊别。只因迷悟有参差，所以如来多种说。地狱趣，饿鬼趣，六道轮回无暂住。此非诸佛不慈悲，岂是阎王配交做？劝时流，深体悉，见在心珠勿浪失。五蕴身全尚不知，百骸散后何处觅？

---

① "在"，碛砂本作"有"。

附录一　古旧版本附录

一、金藏本所附上、下帙目录

景德传灯录上帙目录

景德传灯录卷第一

七佛天竺祖师

七佛

　　毗婆尸佛　尸弃佛　毗舍浮佛　拘留孙佛　拘那含

　　牟尼佛　迦叶佛　释迦牟尼佛

天竺一十五祖_{内一祖旁出}

　　第一祖摩诃迦叶

　　第二祖阿难

　　第三祖商那和修_{旁出末田底迦}

　　第四祖优波毱多

　　第五祖提多迦

　　第六祖弥遮迦

第七祖婆须蜜

第八祖佛陀难提

第九祖伏驮蜜多

第十祖胁尊者

第十一祖富那夜奢

第十二祖马鸣大士

第十三祖迦毗摩罗

第十四祖龙树大士

景德传灯录卷第二

天竺三十五祖内二十二祖旁出，一十三祖见录

第十五祖迦那提婆

第十六祖罗睺罗多

第十七祖僧伽难提

第十八祖伽邪舍多

第十九祖鸠摩罗多

第二十祖阇夜多

第二十一祖婆修盘头

第二十二祖摩拏罗

第二十三祖鹤勒那

第二十四祖师子尊者旁出达磨达一祖

达磨达出二祖：一因陀罗、二瞿罗忌利婆

因陀罗出四祖：一达磨尸利帝、二那伽难提、三破楼求多罗、四波罗婆提

瞿罗忌利婆出二祖：一波罗跋摩、二僧伽罗叉

达磨尸利帝出二祖：一摩帝隶披罗、二诃利跋茂

破楼求多罗出三祖：一和修盘头、二达摩诃帝、三旃陀罗多

婆罗跋摩出三祖：一勒那多罗、二盘头多罗、三婆罗婆多

僧伽罗叉出五祖：一毗舍也多罗、二毗楼罗多摩、三毗栗刍多罗、四优波膻驮、五婆难提多。共二十二祖，无语句，不录

第二十五祖婆舍斯多

第二十六祖不如蜜多

第二十七祖般若多罗

景德传灯录卷第三

中华五祖并旁出尊宿共二十五人

第二十八祖菩提达磨旁出三人：一道育禅师、二道副禅师、三尼总持，无机缘语句，不录

第二十九祖慧可大师旁出七世共一十七人，三人见录

僧那禅师

向居士

相州慧满禅师

岘山神定禅师　宝月禅师　华闲居士　大士化公　和公　廖居士

华闲居士复出一尊：昙邃①

---

① "尊"，正文目录作"人"，下同。

昙邃复出三尊：一延陵慧简、二彭城慧瑳、三定林寺慧纲

慧纲复出一人：六合大觉①

大觉出高邮昙影

昙影出泰山明练

明练出扬州静泰　已上一十四人无机缘语句，不录

第三十祖僧璨大师

第三十一祖道信大师旁出七十六人，见第四卷

第三十二祖弘忍大师旁出一百一十一②人，见第五卷

景德传灯录卷第四

第三十一祖道信大师下旁出七十六人

金陵牛头山六世宗祖见录③

　　第一世法融禅师

　　第二世智岩禅师

　　第三世慧方禅师

　　第四世法持禅师

　　第五世智威禅师

　　第六世慧忠禅师

前六世祖宗法嗣共八十人

前法融禅师下三世旁出一十二人一人见录

　　金陵钟山昙璀禅师

---

① "合"，原作"个"，据正文改。
② "一百一十一"，正文作"一百七"。
③ "宗祖"，正文作"祖宗"。

荆州大素禅师、幽栖月空禅师、白马道演禅师、新安定庄禅师、彭城智瑳禅师、广州道树禅师、湖州智爽禅师、新州杜默禅师、上元智诚禅师

智诚禅师复出一人：定真禅师

定真禅师复出一人：如度禅师　已上一十一人无机缘语句，不录

智岩禅师下旁出

东都镜潭禅师、襄州志长禅师、湖州义真禅师、益州端伏禅师、龙光龟仁禅师、襄阳辩才禅师、汉南法俊禅师、西川敏古禅师　已上八人无机缘语句，不录

法持禅师下旁出

牛头山玄素禅师、天柱弘仁禅师　已上二人无机缘语句，不录

智威禅师下三世旁出一十二人六人见录

宣州安国寺玄挺大师

润州鹤林玄素禅师

舒州天柱山崇慧禅师

杭州径山道钦禅师

杭州鸟窠道林禅师旁出一人

杭州招贤寺会通禅师

灵岩宝观禅师

前玄素复出二人：金华山昙益禅师、吴门圆镜禅师

前径山国一禅师复出三人：一木渚山悟禅师、二青阳广敷禅师、三杭州巾子山崇慧禅师　已上六人无机缘语句，不录

慧忠禅师下两世旁出三十六人二人见录

天台山佛窟岩惟则禅师旁出天台云居

天台山云居智禅师

牛头山道性禅师、江宁智灯禅师、解县怀信禅师、鹤林全禅师、北山怀古禅师、明州观宗禅师、牛头山大智禅师、白马善道禅师、牛头山智真禅师、牛头山谭颙禅师、牛头山云韬禅师、牛头山凝禅师、牛头山法梁禅师、江宁行应禅师、牛头山惠良禅师、兴善道融禅师、蒋山照明禅师、牛头山法灯禅师、牛头山定空禅师、牛头山慧涉禅师、幽栖道遇禅师、牛头山凝空禅师、蒋山道初禅师、幽栖藏禅师、牛头山灵晖禅师、幽栖道颖禅师、牛头山巨英禅师、释山法常禅师、龙门凝寂禅师、庄严远禅师、襄州道坚禅师、尼明悟、居士殷净己

前慧涉复出一人：润州栖霞寺清源禅师　已上三十四人无机缘语句，不录

第三十二祖弘忍大师五世旁出一百七人

第一世一十三人，三人见录

北宗神秀禅师

嵩岳慧安国师

袁州蒙山道明禅师

杨州奉法寺昙光禅师、随州神㤭禅师①、金州法持禅师、资州智诜禅师、舒州法照禅师、越州义方禅师、枝江道俊禅师、常州玄赜禅师、越州僧达禅师、白松山刘主簿

已上一十人无机缘语句，不录

第二世三十七人

---

① "神㤭"，正文目录作"禅㤭"。

北宗神秀禅师法嗣一十九人五人见录

　　五台山巨方禅师

　　河中府中条山智封禅师

　　兖州降魔藏禅师

　　寿州道树禅师

　　淮南都梁山全植禅师

　　　荆州辞朗禅师、嵩山普寂禅师、大佛山香育禅师、西京义福禅师、忽雷澄禅师、东京日禅师、太原遍净禅师、南岳元观禅师、汝南杜禅师、嵩山敬禅师、京兆小福禅师、晋州霍山观禅师、润州茅山崇珪禅师、安陆怀空禅师　已上一十四人无机缘语句，不录

前嵩岳慧安国师法嗣一十八人，三人见录

　　洛京福先寺仁俭禅师

　　嵩岳破灶堕和尚

　　嵩岳元珪禅师

　　　常山坦然禅师、邺都圆寂禅师、西京道亮禅师

　　　道亮复出五人：一杨州大总管李孝逸、二工部尚书张锡、三国子祭酒崔融、四秘书监贺知章、五睦州刺史康诜

　　　前随州神恺禅师复出一人：正寿禅师

　　　前蒙山道明禅师复出三人：一洪州崇寂禅师、二江西瑰禅师、三抚州神贞禅师

　　　前资州智诜禅师复出一人：资州处寂禅师

　　　前玄赜禅师复出二人：一义兴神斐禅师、二湖州畅禅师

　　　已上一十五人无机缘语句，不录

第三世四十九人

前荆州辞朗禅师法嗣

紫金玄宗禅师、明州大梅山车禅师、砖界慎徽禅师　已上三人无机缘语句，不录

前嵩山普寂禅师法嗣四十六人①一人见录

终南山惟政禅师

广福慧空禅师、常越禅师、襄州夹石山思禅师、明瓒禅师、敬爱寺真禅师、兖州守贤禅师、定州石藏禅师、南岳澄心禅师、南岳日照禅师、洛京同德寺干禅师、苏州真亮禅师、瓦棺寺璿禅师、弋阳法融禅师、广陵演禅师、陕州慧空禅师、洛京真亮禅师、泽州亘月禅师、亳州昙真禅师、都梁山崇演禅师、京兆章敬寺澄禅师、嵩阳寺一行禅师、京兆山北寺融禅师、晋州定陶丁居士

前西京义福禅师复出八人：一大雄猛禅师、二西京大震动禅师、三神斐禅师、四西京大悲光禅师、五西京大隐禅师、六定境禅师、七道播禅师、八玄证禅师

前降魔藏禅师复出三人：一西京寂满禅师、二西京定庄禅师、三南岳慧隐禅师

前南岳元观禅师复出一人：神照禅师

前小福禅师复出三人：一京兆蓝田深寂禅师、二太白山日没云禅师、三东白山法超禅师

前霍山观禅师复出一人：岘山幽禅师

前资州处寂禅师复出四人：一益州无相禅师、二益州长松山马禅师、三超禅师、四梓州晓了禅师

前义兴斐禅师复出二人：一西京智游禅师、二东都智深禅师

---

① "六"，原作"五"，据正文改。

已上四十五人无机缘语句,不录

第四世七人

前兴善惟政禅师法嗣

  衡州定心禅师、敬爱寺志真禅师 已上二人无机缘语句,不录

前益州无相禅师法嗣五人一人见录

  益州保唐寺无住禅师

  荆州明月山融禅师、汉州云顶山王头陀、益州净众寺神会禅师

  前砖界慎徽禅师复出一人:武诚禅师 已上四人无机缘语句,不录

第五世一人

前敬爱寺志真禅师法嗣

  嵩山照禅师 无机缘语句,不录

景德传灯录卷第五

第三十三祖慧能大师

第三十三祖慧能大师法嗣四十三人—十九人见录,一十人旁出

  西印度崛多三藏

  韶州法海禅师

  吉州志诚禅师

  匾檐山晓了禅师

  河北智隍禅师

  洪州法达禅师

寿州智通禅师

江西志彻禅师

信州智常禅师

广州志道禅师

广州法性寺印宗和尚

吉州清原山行思禅师

南岳怀让禅师

温州永嘉玄觉禅师

司空山本净禅师

婺州玄策禅师

曹溪令瑫禅师

西京光宅寺慧忠禅师

西京荷泽寺神会禅师

> 韶州祇陀禅师、抚州净安禅师、嵩山寻禅师、罗浮山定真禅师、南岳坚固禅师、制空山道进禅师、善快禅师、韶山缘素禅师、宗一禅师、会稽秦望山善现禅师、南岳梵行禅师、并州自在禅师、西京咸空禅师、峡山泰祥禅师、光州法净禅师、清凉山辩才禅师、广州吴头陀、道英禅师、智本禅师、广州清苑法真禅师、玄楷禅师、昙璀禅师、韶州刺史韦据、义兴孙菩萨　已上二十四人无机缘语句，不录

景德传灯录卷第六

南岳怀让禅师法嗣

第一世九人 一人见录

江西道一禅师 姓马，时谓"马祖"

南岳常浩禅师、智达禅师、坦然禅师、潮州神照禅师、扬州大明寺严峻禅师、新罗国本如禅师、玄晟禅师、东雾山法空禅师　已上八人无机缘语句，不录

第二世三十七人马祖法嗣一十四人见录

越州大珠慧海禅师

洪州百丈山惟政禅师

洪州泐潭法会禅师

池州杉山智坚禅师

洪州泐潭惟建禅师

澧州茗溪道行禅师

抚州石巩慧藏禅师

唐州紫玉山道通禅师

江西北兰让禅师

洛京佛光如满禅师

袁州南源道明禅师

忻州郦村自满禅师

朗州中邑洪恩禅师

洪州百丈山怀海禅师《禅门规式》附

　　镐英禅师、崇泰禅师、王姥山翛然禅师、华州伏栖寺策禅师、澧州松滋塔智聪禅师、唐州云秀山神鉴禅师、扬州栖灵寺智通禅师、杭州智藏禅师、京兆怀韬禅师、虔州法藏禅师、河中府怀则禅师、常州明干禅师、鄂州洪潭禅师、象原怀坦禅师、潞府青莲元礼禅师、河中府保庆禅师、甘泉志贤禅师、大会山道晤禅师、潞府法柔禅师、京兆咸通寺觉平禅师、义兴胜辩禅师、海陵庆云禅师、洪州开元寺

玄虚禅师

已上二十三人无机缘语句，不录

景德传灯录卷第七

怀让禅师第二世四十五人马祖法嗣一十八人见录

潭州三角山总印禅师

池州鲁祖山宝云禅师

洪州泐潭常兴禅师

虔州西堂智藏禅师

京兆章敬寺怀恽禅师

定州柏岩明哲禅师

信州鹅湖大义禅师

伏牛山自在禅师

幽州盘山宝积禅师

毗陵芙蓉山太毓禅师

蒲州麻谷山宝彻禅师

杭州盐官齐安禅师

婺州五洩山灵默禅师

明州大梅山法常禅师

京兆兴善惟宽禅师

湖南如会禅师

鄂州无等禅师

庐山归宗寺智常禅师

韶州渚泾山清贺禅师、紫阴山惟建禅师、封山洪㴋禅师、练山神玩禅师、崛山道圆禅师、玉台惟然禅师、池州灰山昙觊禅师、荆州新寺宝积禅师、河中府法藏禅师、汉南慈悲寺良津禅师、京兆府崇禅师、南岳智周禅师、白虎法宣禅师、金窟惟直禅师、台州柏岩常彻禅师、乾元晖禅师、齐州道岩禅师、襄州常坚禅师、荆南宝贞禅师、云水靖宗禅师、荆州永泰寺灵湍禅师、潭州龙牙山圆畅禅师、洪州双岭道方禅师、罗浮山修广禅师、岘山定庆禅师、越州洞泉惟献禅师、光明普满禅师　已上二十七人无机缘语句，不录

景德传灯录卷第八

怀让禅师第二世五十六人四十三人见录

汾州无业禅师

澧州大同广澄禅师

池州南泉普愿禅师

五台邓隐峰禅师

温州佛岙和尚

乌臼和尚

潭州石霜山大善和尚

石臼和尚

本溪和尚

石林和尚

洪州西山亮坐主

黑眼和尚

米岭和尚

齐峰和尚

大阳和尚

红螺山和尚

泉州龟洋无了禅师

利山和尚

韶州乳原和尚

松山和尚

则川和尚

南岳西园昙藏禅师

百灵和尚

镇州金牛和尚

洞安和尚

忻州打地和尚

潭州秀溪和尚

磁州马头峰神藏禅师

潭州华林善觉禅师

汀州水塘和尚

古寺和尚

江西椑树和尚

京兆草堂和尚

袁州阳岐山甄叔禅师

蒙溪和尚

洛京黑涧和尚

京兆兴平和尚

逍遥和尚

福溪和尚

洪州水老和尚

浮杯和尚

潭州龙山和尚

襄州居士庞蕴

> 天目山明觉禅师、王屋山行明禅师、京兆智藏禅师、大阳山希顶禅师、苏州昆山定觉禅师、随州洪山大师、连州元堤禅师、泉州无了禅师、泉州慧忠禅师、安丰山怀空禅师、罗浮山道行禅师、庐山法藏禅师、吕后山宁贲禅师 已上一十三人无机缘语句，并不录

景德传灯录卷第九

怀让禅师第三世上卷五十六人

洪州百丈怀海禅师法嗣三十人一十三人见录

  潭州沩山灵祐禅师

  洪州黄檗山希运禅师

  杭州大慈寰中禅师

  天台山普岸禅师

  潭州石霜性空禅师

  筠州常观禅师

  福州大安禅师

  福州古灵神赞禅师

  广州和安通禅师

江州龙云台禅师

洛京卫国道禅师

镇州万岁和尚

洪州东山和尚

> 高安无畏禅师、东岩道旷禅师、邢州素禅师、唐州大乘山吉本禅师、小乘山慧深禅师、杨州慧照寺昭一禅师、祯州罗浮鉴深禅师、洪州九仙山梵云禅师、百丈山涅槃和尚、江州庐山操禅师、越州禹迹寺契真禅师、筠州包山天性禅师、明州大梅山彼岸禅师、洪州辽山藏尤禅师、升州祇阇山道方禅师、清田和尚、大于和尚 已上一十七人无机缘语句，不录

前虔州西堂藏禅师法嗣四人一人见录

虔州处微禅师

> 鸡林道义禅师、新罗国慧禅师、新罗国洪直禅师 已上三人无机缘语句，不录

前蒲州麻谷山宝彻禅师法嗣二人一人见录

寿州良遂禅师

> 新罗国无染禅师 一人无机缘语句，不录

前湖南东寺如会禅师法嗣四人一人见录

吉州薯山慧超禅师

> 舒州景诸禅师、庄严寺光肇禅师、潭州幕辅山昭禅师 已上三人无机缘语句，不录

前京兆章敬寺怀恽禅师法嗣一十六人六人见录

京兆荐福弘辩禅师

福州龟山智真禅师

朗州怀政禅师

金州操禅师

朗州古堤和尚

河中公畿和尚

> 柏林院闲云禅师、宣州玄哲禅师、河中宝坚禅师、西京道志禅师、绛州神祐禅师、西京智藏禅师、许州无迹禅师、寿州惟肃禅师、新罗国玄昱禅师、新罗国觉体禅师　已上一十人无机缘语句，不录

景德传灯录卷第十

怀让禅师第三世下卷六十一人

池州南泉普愿禅师法嗣一十七人一十二人见录

湖南长沙景岑禅师

荆南白马昙照禅师

终南山云际师祖禅师

邓州香严下堂义端禅师

赵州东院从谂禅师

池州灵鹫闲禅师

鄂州茱萸山和尚

衢州子湖利踪禅师

洛京嵩山和尚

日子和尚

苏州西禅和尚

池州行者甘赘

资山存制禅师、江陵道弘禅师、宣州玄极禅师、新罗国道均禅师、宣州刺史陆亘　已上五人无机缘语句，不录

杭州盐官齐安禅师法嗣八人三人见录

　　襄州关南道常禅师

　　洪州双岭玄真禅师

　　杭州径山鉴宗禅师

　　　　唐宣宗皇帝、白云昙靖禅师、潞府渌水文举禅师、新罗品日禅师、寿州建宗禅师　已上五人无机缘语句，不录

婺州五洩山灵默禅师法嗣四人一人见录

　　福州龟山正原禅师

　　　　甘泉寺晓方禅师、甘泉寺元遂禅师、明州栖心寺藏奂禅师　已上三人无机缘语句，不录

洛京佛光寺如满禅师法嗣一人见录

　　杭州刺史白居易

明州大梅山法常禅师法嗣三人二人见录

　　新罗国迦智禅师

　　杭州天龙和尚

　　　　新罗国忠彦禅师　一人无机缘语句，不录

荆州永泰寺灵湍禅师法嗣五人三人见录

　　湖南上林戒虚禅师

　　五台山秘魔岩和尚

　　湖南衹林和尚

　　　　吕后山文质禅师、苏州法河禅师　已上二人无机缘语句，不录

幽州盘山宝积禅师法嗣二人一人见录

镇府普化和尚

> 镇州上方和尚　一人无机缘语句，不录

京兆兴善寺惟宽禅师法嗣

> 京兆法智禅师、京兆慧建禅师、京兆无表禅师、京兆元净禅师、京兆慧光禅师、京兆义宗禅师　已上六人无机缘语句，不录

云水靖宗禅师法嗣

> 华州小马神照禅师、华州道圆禅师　已上二人无机缘语句，不录

潭州龙牙山圆畅禅师法嗣二人一人见录

> 嘉禾藏廙禅师
>
> 羊肠藏枢禅师　一人无机缘语句，不录

汾州无业国师法嗣

> 镇州常贞禅师、镇州奉先义禅师　已上二人无机缘语句，不录

庐山归宗寺法常禅师法嗣六人四人见录

> 福州芙蓉山灵训禅师
>
> 汉南谷城县高亭和尚
>
> 新罗大茅和尚
>
> 五台山智通禅师
>
> 洪州高安大愚禅师、江州刺史李勃　已上二人无机缘语句，不录

鲁祖山宝云禅师法嗣

> 云水和尚　一人无机缘语句，不录

紫玉山道禅通师法嗣

唐襄州节度使于頔　一人无机缘语句，不录

华严寺智岩禅师法嗣一人见录

　　黄州齐安和尚

景德传灯录下帙目录

景德传灯录卷第二十一

　　行思和尚第七世上

　　福州玄沙师备禅师法嗣十三人见录

　　　　漳州罗汉院桂琛禅师

　　　　福州安国慧球禅师

　　　　杭州天龙重机禅师

　　　　福州仙宗契符禅师

　　　　婺州国泰瑶禅师

　　　　衡岳南台诚禅师

　　　　福州白龙道希禅师

　　　　福州螺峰冲奥禅师

　　　　泉州睡龙山和尚

　　　　天台云峰光绪禅师

　　　　福州大章山契如庵主

　　　　福州永兴禄和尚

　　　　天台国清师静上座

　　福州长庆慧稜禅师法嗣二十六人见录

　　　　泉州招庆道匡禅师

　　　　杭州龙华彦球禅师

杭州保安连禅师
福州报慈光云禅师
庐山开先绍宗禅师
婺州报恩宝资禅师
杭州倾心法瑫禅师
福州水陆洪俨禅师
杭州广严咸泽禅师
福州报慈慧朗禅师
福州长庆常慧禅师
福州石佛院静禅师
处州翠峰从欣禅师
福州枕峰青换禅师
福州东禅契讷禅师
福州长庆弘辩大师
福州东禅可隆大师
福州仙宗守玭禅师
抚州永安怀烈大师
福州闽山令含禅师
新罗龟山和尚
吉州龙须山道殷禅师
福州祥光澄静禅师
襄州鹫岭明远禅师
杭州报慈从瓌禅师
杭州龙华契盈禅师

杭州龙册寺道怤禅师法嗣五人三人见录

　　越州清化山师讷禅师

　　衢州南禅遇缘禅师

　　复州资福智远禅师

　　　　筠州洞山龟端禅师、温州景丰禅师　已上二人无机缘语句，不录

信州鹅湖智孚禅师法嗣

　　　　法进禅师一人　无机缘语句，不录

漳州报恩怀岳禅师法嗣一人见录

　　潭州妙济师浩禅师

福州鼓山神晏禅师法嗣一十一人见录

　　杭州天竺山子仪禅师

　　建州白云智作禅师

　　福州鼓山智严禅师

　　福州龙山智嵩禅师

　　泉州凤凰山强禅师

　　福州龙山文义禅师

　　福州鼓山智岳禅师

　　襄州定慧和尚

　　福州鼓山清谔禅师

　　金陵净德冲煦禅师

　　金陵报恩院清护禅师

景德传灯录卷第二十二

　　吉州清原山行思禅师第七世中

　　杭州龙华寺灵照禅师法嗣七人见录

　　　　台州瑞岩师进禅师

　　　　台州六通院志球禅师

　　　　杭州云龙院归禅师

　　　　杭州余杭功臣院道闲禅师

　　　　衢州镇境遇缘禅师

　　　　福州报国院照禅师

　　　　台州白云遁禅师

　　明州翠岩令参禅师法嗣二人见录

　　　　杭州龙册寺子兴禅师

　　　　温州佛㠗知默禅师

　　福州安国院弘瑫禅师法嗣九人见录

　　　　福州白鹿师贵禅师

　　　　福州罗山义聪禅师

　　　　福州安国

　　　　从贵禅师

　　　　福州怡山藏用禅师

　　　　福州永隆彦端禅师

　　　　福州林阳志端禅师

　　　　福州兴圣满禅师

　　　　福州仙宗明禅师

　　　　福州安国祥和尚

漳州保福院从展禅师法嗣二十五人—十九人见录

　　泉州招庆省僜禅师

　　漳州保福可俦禅师

　　舒州白水如新禅师

　　洪州漳江慧廉禅师

　　福州报慈文钦禅师

　　泉州万安清运禅师

　　漳州报恩熙禅师

　　泉州凤凰山从琛禅师

　　福州永隆瀛和尚

　　洪州清泉山守清禅师

　　漳州报恩院行崇禅师

　　潭州岳麓和尚

　　朗州德山德海禅师

　　泉州后昭庆和尚

　　朗州梁山简禅师

　　洪州建山澄禅师

　　福州康山契稳禅师

　　潭州延寿慧轮大师

　　泉州西明琛禅师

　　　　福州升山柔禅师、福州枕峰和尚、朗州法操禅师、襄州鹫岭和尚、睦州敬连和尚、潭州谷山句禅师　已上六人无机缘语句，不录

南岳金轮观禅师法嗣一人见录

后衡岳金轮和尚

泉州睡龙山道溥禅师法嗣一人见录

　　　漳州保福院清豁禅师

韶州云门山文偃禅师法嗣六十一人二十五人见录，三十五人

　　　见第二十三卷

　　　韶州白云祥和尚

　　　朗州德山缘密禅师

　　　潭州南台道遵禅师

　　　韶州双峰山竟钦和尚

　　　韶州资福和尚

　　　广州黄云元禅师

　　　广州龙境伦禅师

　　　韶州云门爽禅师

　　　韶州白云闻和尚

　　　韶州披云智寂禅师

　　　韶州净法章和尚

　　　韶州温门山满禅师

　　　岳州巴陵颢鉴大师

　　　连州地藏慧慈大师

　　　英州大容諲禅师

　　　广州罗山崇禅师

　　　韶州云门宝禅师

　　　鄞州临溪竟脱和尚

　　　广州华严慧禅师

韶州舜峰韶和尚

随州双泉师宽禅师

英州观音和尚

韶州林泉和尚

韶州云门煦和尚

益州香林澄远禅师

景德传灯录卷第二十三

吉州清原山行思禅师第七世下

韶州云门山文偃禅师法嗣三十六人二十六人见录

南岳般若启柔禅师

筠州黄檗法济禅师

襄州洞山守初大师

信州康国耀和尚

潭州谷山丰禅师

颖州罗汉匡果禅师

朗州沧溪璘和尚

筠州洞山清禀禅师

蕲州北禅寂和尚

洪州泐潭道谦禅师

庐州南天王永平禅师

湖南永安朗禅师

湖南潭明和尚

金陵清凉明禅师

金陵奉先深禅师

西川青城乘和尚

潞府妙胜臻禅师

兴元普通封和尚

韶州灯峰和尚

韶州大梵圆和尚

澧州药山圆光禅师

信州鹅湖云震禅师

庐山开先清耀禅师

襄州奉国清海禅师

韶州慈光和尚

潭州保安师密禅师

  洪州云居山融禅师、衡州大圣寺守贤禅师、庐州北天王徽禅师、郢州芭蕉山弘义禅师、眉州福化院光禅师、庐州东天王广慈禅师、信州西禅钦禅师、江州庆云真禅师、筠州洞山凛禅师、韶州双峰慧真大师　已上十人无机缘语句，不录

随州双泉山永禅师法嗣

  广州大通和尚　一人无机缘语句，不录

台州瑞岩师彦禅师法嗣二人见录

  南岳横龙和尚

  温州瑞峰院神禄禅师

怀州玄泉彦禅师法嗣五人见录

  鄂州黄龙诲机大师

洛京柏谷和尚

池州和龙和尚

怀州玄泉第二世和尚

潞府妙胜玄密禅师

福州罗山道闲禅师法嗣十九人十六人见录

  洪州大宁隐微禅师

  婺州明招德谦禅师

  衡州华光范禅师

  福州罗山绍孜禅师

  西川慧禅师

  建州白云令弇禅师

  虔州天竺义证禅师

  吉州清平惟旷禅师

  婺州金柱义昭和尚

  潭州谷山和尚

  湖南道吾山从盛禅师

  福州罗山义因禅师

  灌州灵岩和尚

  吉州匡山和尚

  福州兴圣重满禅师

  潭州宝应清进禅师

    汉州绵竹县定慧禅师、潭州龙会山鉴禅师、安州穆禅师

    已上三人无机缘语句，不录

安州白兆山志圆禅师法嗣十三人八人见录

朗州大龙山智洪禅师

襄州白马山行霭禅师

郢州大阳山行冲禅师

安州白兆山怀楚禅师

蕲州四祖山清皎禅师

蕲州三角山志操禅师

晋州兴教师普禅师

蕲州三角山真鉴禅师

  郢州兴阳山和尚、郴州东禅玄偕禅师、新罗国慧云禅师、安州慧日院玄谔禅师、京兆大秦寺彦宾禅师　已上五人无机缘语句，不录

潭州藤霞和尚法嗣二人一人见录

  澧州药山第七世和尚

    潭州云盖山和尚　一人无机缘语句，不录

洪州凤栖山同安常察禅师法嗣

    袁州仰山良供禅师　一人无机缘语句，不录

吉州禾山无殷禅师法嗣

    庐山永安慧度禅师、抚州曹山义崇禅师、吉州禾山契云禅师、漳州保福和尚、洪州翠严师阴禅师　已上五人无机缘语句，不录

潭州云盖山景和尚法嗣三人见录

  衡岳南台藏禅师

  幽州潭柘水从实禅师

  潭州云盖山证觉禅师

庐山归宗寺澹权禅师法嗣

　　　　鄂州黄龙蕴和尚、寿州泊山和尚　已上二人无机缘语句，不录

庐山归宗怀恽禅师法嗣二人一人见录

　　归宗第四世弘章禅师

　　　　归宗寺岩密禅师　一人无机缘语句，不录

池州嵇山章禅师法嗣一人

　　随州双泉山道虔禅师

洪州云居山怀岳禅师法嗣五人三人见录

　　扬州风化院令崇禅师

　　澧州药山忠彦禅师

　　梓州龙泉和尚

　　　　云居山住缘和尚、云居山住满和尚　已上二人无机缘语句，不录

抚州荷玉山光慧禅师法嗣

　　　　荷玉山福禅师　一人无机缘语句，不录

筠州洞山道延禅师法嗣二人一人见录

　　筠州上蓝庆禅师

　　　　洞山敏禅师第五世　一人无机缘语句，不录

抚州金峰从志大师法嗣二人

　　　　洪州大宁神降禅师、澧州药山彦禅师　已上二人无机缘语句，不录

襄州鹿门山处真禅师法嗣六人四人见录

　　益州崇真和尚

鹿门山第二世谭和尚

襄州谷隐智静大师

庐山佛手岩行因禅师

  襄州灵溪山明禅师、洪州大安寺真上坐　已上二人无机缘语句，不录

抚州曹山慧霞禅师法嗣三人—一人见录

 嘉州东汀和尚

  雄州华严正慧大师、泉州招庆院坚上座　已上二人无机缘语句，不录

华州草庵法义禅师法嗣一人见录

 泉州龟洋慧忠禅师

潭州报慈藏屿禅师法嗣

  益州圣兴寺存和尚　一人无机缘语句，不录

襄州含珠山审哲禅师法嗣六人四人见录

 洋州龙穴山和尚

 唐州大乘山和尚

 襄州延庆归晓大师

 襄州含珠山真和尚

  含珠山璋禅师第二世、含珠山偃和尚　已上二人无机缘语句，不录

凤翔府紫陵匡一大师法嗣三人见录

 并州广福道隐禅师

 紫陵第二世微禅师

 兴元府大浪和尚

洪州同安威禅师法嗣二人一人见录

　　陈州石境和尚

　　　　中同安志和尚　　一人无机缘语句，不录

襄州石门山献禅师法嗣一人见录

　　石门山第二世慧彻禅师

襄州广德义和尚法嗣三人一人见录

　　襄州广德第二世延和尚

　　　　荆州上泉和尚、广德周和尚　已上二人无机缘语句，不录

京兆香城和尚法嗣

　　　　邓州罗纹和尚　　一人无机缘语句，不录

杭州瑞龙院幼璋禅师法嗣

　　　　西川德言禅师　　一人无机缘语句，不录

随州护国守澄禅师法嗣八人六人见录

　　随州智门守钦大师

　　护国第二世知远大师

　　安州大安山能和尚

　　颍州荐福院思禅师

　　潭州延寿和尚

　　护国第三世志朗大师

　　　　舒州香炉峰琼和尚、京兆盘龙山满和尚　已上二人无机缘语句，不录

洛京灵泉归仁禅师法嗣

　　　　襄州石门寺遵和尚、鄂州大阳山坚和尚　已上二人无机缘语句，不录

京兆永安院善静禅师法嗣

　　　大明山和尚　一人无机缘语句，不录

蕲州乌牙山彦宾禅师法嗣三人二人见录

　　安州大安山兴古禅师

　　蕲州乌牙山行朗禅师

　　　虢州卢氏常禅师　一人无机缘语句，不录

凤翔府青峰和尚法嗣七人六人见录

　　西川灵龛和尚

　　京兆紫阁山端己禅师

　　房州开山怀昼禅师

　　幽州传法和尚

　　益州净众归信禅师

　　青峰第二世清免禅师

　　　凤翔长平山满禅师　一人无机缘语句，不录

祥州大岩白和尚法嗣

　　　邛州碧云和尚　一人无机缘语句，不录

景德传灯录卷第二十四

吉州清原山行思禅师第八世七十四人

漳州罗汉院桂琛禅师法嗣七人见录

　　金陵清凉文益禅师

　　襄州清溪洪进禅师

　　金陵清凉休复禅师

　　抚州龙济绍修禅师

杭州天龙寺秀禅师

潞州延庆传殷禅师

衡岳南台守安禅师

福州仙宗契符大师法嗣二人见录

　　福州仙宗洞明大师

　　泉州福清行钦禅师

杭州天龙重机大师法嗣一人见录

　　高丽雪岳令光禅师

婺州国泰瑫禅师法嗣一人见录

　　婺州齐云宝胜禅师

福州升山白龙道希禅师法嗣五人见录

　　福州广平玄旨禅师

　　福州白龙清慕禅师

　　福州灵峰志恩禅师

　　福州东禅玄亮禅师

　　漳州报劬玄应禅师

泉州招庆法因大师法嗣七人六人见录

　　泉州报恩宗显大师

　　金陵龙光澄忔禅师

　　永兴北院可休禅师

　　郴州太平清海禅师

　　连州慈云慧深大师

　　郢州兴阳道钦禅师

　　　　漳州保福清溪禅师　一人无机缘语句，不录

婺州报恩宝资禅师法嗣一人见录
　　处州福林澄和尚
处州翠峰从欣禅师法嗣一人见录
　　处州报恩守真禅师
襄州鹫岭明远禅师法嗣一人见录
　　襄州鹫岭第二世通和尚
杭州龙华志球禅师法嗣一人见录
　　仁王院俊禅师
漳州保福可俦禅师法嗣一人见录
　　漳州隆寿无逸禅师
潭州延寿寺慧轮禅师法嗣二人见录
　　庐山归宗道诠禅师
　　潭州龙兴裕禅师
韶州白云祥和尚法嗣六人见录
　　韶州大历和尚
　　连州宝华和尚
　　韶州月华和尚
　　南雄州地藏和尚
　　英州乐净含匡禅师
　　韶州后白云和尚
朗州德山缘密大师法嗣二人见录
　　潭州鹿苑文袭禅师
　　澧州药山可琼禅师
西川青城香林澄远禅师法嗣一人见录

灌州罗汉和尚

襄州洞山守初禅师法嗣

    潭州道崧禅师　一人无机缘语句，不录

鄂州黄龙诲机禅师法嗣九人七人见录

  洛京紫盖善沼禅师

  眉州黄龙继达禅师

  枣树第二世和尚

  兴元府玄都山澄和尚

  嘉州黑水和尚

  鄂州黄龙智颙禅师

  眉州福昌达和尚

    常州慧山然和尚、洪州双岭悟海禅师　已上二人无机缘语句，不录

婺州明招德谦禅师法嗣六人五人见录

  处州报恩契从禅师

  婺州普照瑜和尚

  婺州双溪保初禅师

  处州涌泉究和尚

  衢州罗汉义和尚

    福州兴圣调和尚　一人无机缘语句，不录

郎州大龙山智洪禅师法嗣三人见录

  大龙山景如禅师

  大龙山楚勋禅师

  兴元府普通院从善禅师

襄州白马行霭禅师法嗣一人见录

　　白马智伦禅师

安州白兆山怀楚禅师法嗣三人一人见录

　　唐州保寿匡祐禅师

　　　　蕲州自南禅师、果州永庆院继勋禅师　已上二人无机缘语句，不录

襄州谷隐智静禅师法嗣二人见录

　　谷隐知俨禅师

　　襄州普宁法显禅师

庐山归宗弘章禅师法嗣一人见录

　　东京普净院常觉禅师

凤翔府紫陵微禅师法嗣

　　　　凤翔府大朗和尚、潭州新开和尚　二人无机缘语句，不录

襄州石门山慧彻禅师法嗣二人见录

　　石门山绍远禅师

　　鄂州灵竹守珍禅师

洪州同安志和尚法嗣二人一人见录

　　朗州梁山缘观禅师

　　　　陈州灵通和尚　一人无机缘语句，不录

襄州广德延和尚法嗣一人见录

　　广德周禅师

益州净众寺归信禅师法嗣

　　　　汉州灵龛山和尚　一人无机缘语句，不录

随州护国知远禅师法嗣

东京开宝常普大师　一人无机缘语句，不录

景德传灯录卷第二十五

吉州清原山行思禅师第九世上

金陵清凉文益禅师法嗣三十人见录

　　天台山德韶国师
　　杭州报恩寺慧明禅师
　　漳州罗汉智依大师
　　金陵章义道钦禅师
　　金陵报恩匡逸禅师
　　金陵报慈文遂导师
　　漳州罗汉守仁禅师
　　杭州永明寺道潜禅师
　　抚州黄山良匡禅师
　　杭州灵隐清耸禅师
　　金陵报恩玄则禅师
　　金陵报慈行言导师
　　金陵净德智筠禅师
　　高丽道峰慧炬国师
　　金陵清凉泰钦禅师
　　杭州宝塔寺绍岩禅师
　　金陵报恩法安禅师
　　抚州崇寿契稠禅师
　　洪州云居清锡禅师

洪州百丈道常禅师

天台般若敬遵禅师

庐山归宗策真禅师

洪州同安绍显禅师

庐山栖贤慧圆禅师

洪州观音从显禅师

庐州长安延规禅师

常州正勤希奉禅师

洛京兴善栖伦禅师

洪州新兴齐禅师

润州慈云匡达禅师

景德传灯录卷第二十六

吉州清原山行思禅师第九世下至第十一世

第九世下

金陵清凉文益禅师法嗣三十三人—十三人见录

苏州荐福绍明禅师

泽州古贤谨禅师

宣州兴福可勋禅师

洪州上蓝守讷禅师

抚州覆船和尚

杭州奉先法瑰禅师

庐山化城慧朗禅师

杭州永明道鸿禅师

高丽灵鉴禅师

荆门上泉和尚

庐山大林僧遁禅师

池州仁王缘胜禅师

庐山归宗义柔禅师

泉州上方慧英禅师、荆州护国迈禅师、饶州芝岭照禅师、庐山归宗师慧禅师、庐山归宗省一禅师、襄州延庆通性大师、庐山归宗梦钦禅师、洪州舍利玄阐禅师、洪州永安明禅师、洪州禅溪可庄禅师、潭州石霜爽禅师、江西灵山和尚、庐山佛手岩因禅师、金陵保安止和尚、升州华严幽禅师、袁州木平道达禅师、洪州大宁道迈禅师、楚州龙兴德宾禅师、鄂州黄龙仁禅师、洪州西山道耸禅师 已上二十人无机缘语句,不录

襄州清溪洪进禅师法嗣二人见录

相州天平山从漪禅师

庐山圆通缘德禅师

金陵清凉休复禅师法嗣二人一人见录

金陵奉先慧同禅师

庐山宝庆庵道习禅师 一人无机缘语句,不录

抚州龙济山绍修禅师法嗣一人见录

河东广原和尚

衡岳南台守安禅师法嗣二人一人见录

襄州鹫岭善美禅师

安州慧日院明禅师 一人无机缘语句,不录

漳州报劬院玄应禅师法嗣

报劬第二世仁义禅师　一人无机缘语句，不录

漳州隆寿无逸禅师法嗣一人见录

　　漳州隆寿法骞禅师

庐山归宗道诠禅师法嗣一人见录

　　筠州九峰义诠禅师

眉州黄龙继达禅师法嗣一人见录

　　第二世黄龙和尚

朗州梁山缘观禅师法嗣一人见录

　　郢州大阳山警玄禅师

第十世

天台山德韶国师法嗣四十九人_{三十人见录}

　　杭州永明寺延寿禅师

　　温州大宁可弘禅师

　　苏州长寿朋彦大师

　　杭州五云山志逢大师

　　杭州报恩法端禅师

　　杭州报恩绍安禅师

　　福州广平守威禅师

　　杭州报恩永安禅师

　　广州光圣师护禅师

　　杭州奉先清昱禅师

　　天台普闻智勤禅师

　　温州雁荡愿齐禅师

　　杭州普门希辩禅师

杭州光庆遇安禅师

天台般若友蟾禅师

婺州智者全肯禅师

福州玉泉义隆禅师

杭州龙册晓荣禅师

杭州功臣庆萧禅师

越州称心敬琎禅师

福州严峰师旡禅师

潞州华严慧达禅师

越州清泰道圆禅师

杭州九曲庆祥禅师

杭州开化行明大师

越州开善义圆禅师

温州瑞鹿遇安禅师

杭州龙华慧居禅师

婺州齐云遇臻禅师

温州瑞鹿寺本先禅师

  杭州报恩德谦禅师、杭州灵隐处先禅师、天台善建省义禅师、越州观音安禅师、婺州仁寿泽禅师、越州云门重曜禅师、越州大禹荣禅师、越州地藏琼禅师、杭州灵隐绍光禅师、杭州龙华绍銮禅师、越州碧泉行新禅师、越州象田默禅师、润州登云从坚禅师、越州观音朗禅师、越州诸暨五峰和尚、越州何山道孜禅师、越州大禹自广禅师、筠州黄檗师逸禅师、苏州瑞光清表禅师　已上一十九人无机缘语句，不录

杭州报恩寺慧明禅师法嗣一人见录

  福州保明道诚大师

金陵报慈道场文遂导师法嗣

  常州齐云慧禅师、洪州双岭祥禅师、洪州观音真禅师、洪州龙沙茂禅师、洪州大宁奖禅师　五人无机缘语句，不录

杭州永明道潜禅师法嗣三人见录

  杭州千光王瑰省禅师

  衡州镇境志澄大师

  明州崇福庆祥禅师

杭州灵隐清耸禅师法嗣九人八人见录

  杭州功臣院道慈禅师

  秀州罗汉愿昭禅师

  处州报恩师智禅师

  衢州瀫宁可先禅师

  杭州光孝道端禅师

  杭州保清遇宁禅师

  福州支提辩隆禅师

  杭州瑞龙希圆禅师

  杭州国泰德文禅师　一人无机缘语句，不录

金陵报慈行言导师法嗣二人一人见录

  洪州云居义能禅师

  饶州北禅清皎禅师　一人无机缘语句，不录

金陵清凉泰钦禅师法嗣二人一人见录

  洪州云居道齐禅师

庐山栖贤慧聪禅师　一人无机缘语句，不录

金陵报恩法安禅师法嗣二人见录

　　庐山栖贤道坚禅师

　　庐山归宗第十四世慧诚禅师

庐州长安院延规禅师法嗣二人见录

　　庐州长安辩实禅师

　　潭州云盖用清禅师

第十一世

杭州永明寺延寿禅师法嗣

　　杭州富阳子蒙禅师、杭州朝明院津禅师　已上二人无机缘语句，不录

苏州长寿院朋彦大师法嗣一人见录

　　长寿第二世法齐禅师

杭州普门寺希辩禅师法嗣

　　高丽国慧洪禅师、越州上林胡智禅师　已上二人无机缘语句，不录

景德传灯录卷第二十七

禅门达者，虽不出世，有名于时者十人

　　金陵宝志禅师

　　婺州善慧大士

　　南岳慧思禅师

　　天台智𫖮禅师

　　泗州僧伽和尚

万回法云公

天台丰干禅师

天台寒山子

天台拾得

明州布袋和尚

景德传灯录卷第二十八

诸方广语

南阳慧忠国师语

洛京荷泽神会大师语

江西大寂道一禅师语

澧州药山惟俨和尚语

越州大珠慧海和尚语

汾州大达无业国师语

池州南泉普愿和尚语

赵州从谂和尚语

镇州临济义玄和尚语

玄沙宗一师备大师语

漳州罗汉桂琛和尚语

大法眼文益禅师语

景德传灯录卷第二十九

赞颂偈诗

志公和尚大乘赞十首

志公和尚十二时颂十二首

志公和尚十四科颂

归宗至真禅师颂一首

香严袭灯大师颂十九首

筠州洞山和尚颂一首

潭州龙牙和尚颂一十八首

玄沙宗一大师颂三首

招庆真觉大师颂二首

漳州罗汉和尚明道颂一首

南岳般舟道场劲和尚觉地颂一首

鄞州临溪和尚入道浅深颂五首

大法眼禅师颂十四首

唐白居易八渐偈八首

同安禅师诗八首

云顶山僧德敷诗一十首

僧润诗三首

景德传灯录卷第三十

铭记箴歌

傅大士《心王铭》

三祖僧璨大师《信心铭》

牛头山初祖法融禅师《心铭》

僧亡名《息心铭》

菩提达磨《略辨大乘入道四行》弟子昙琳序

荷泽大师《显宗记》

南岳石头大师《参同契》

五台山镇国大师澄观《答皇太子问心要》

杭州五云和尚《坐禅箴》

永嘉真觉大师《证道歌》

腾腾和尚《了元歌》

南岳懒瓒和尚歌

石头和尚《草庵歌》

道吾和尚《乐道歌》

《一钵歌》

乐普和尚《浮沤歌》

牧护和尚歌

法灯禅师《古镜歌》三首

潭州龙会道寻《遍参三昧歌》

丹霞和尚《玩珠吟》二首

关南长老《获珠吟》

香严和尚《励觉吟》《归寂吟》二首

韶山和尚《心珠歌》

二、 东寺本所附《魏府华严长老示众》

佛法事在日用处,在你行住坐卧处,吃茶吃饭处,言语相问处。所作所为,举心动念,又却不是也。会么?若会得,即今无碍自在真人;若也未会,则是个担枷带锁重罪之人。何故如此?

佛法不远，隔尘沙劫。你一念中见得，在你眉毛鼻孔上；你若不见得，如接竹点月。在处切莫思惟，不可言语。你时中承何恩力？若知得，你须有个欢喜处。古人道：常寂寂，常历历，诸佛不求觅，众生断消息。你会得么？一切诸法本无情，一切诸佛本自灵。混然同太虚，无欠亦无余。会么？若不会，直是个触途成滞①，不知个身落地处。茫茫劫劫，只是恋物著境，认色为实。不舍恩爱，痴迷财宝。立我争人，一团子意气，些子个违情。面青面赤，说强道弱，我不受人欺瞒，我是大丈夫儿。

养妻养子，你岂知在业海之中，罪坑之内？吃肉如似饿鬼吞尸，嗜酒如饿狗饮水，爱色如渴蝇咂血。不知此身是大祸患，恣纵无明，愚养意气，不久败坏，浪死虚生，枉经千劫，徒然出没。何不识取金刚坚固之体，长生不灭之道？在世头桩桩地，口子吧吧地，眼子眨眨地。无常杀鬼到来，向床上犹似使心用行，恋财恋境。蓦然驱去见阎老子，一词不措，铁炉火炭，铜柱刀山，尽为戏玩。恁时追悔，大段难为免离。你如今病未来寻身，何不于十二时中求一毫善利，办取津梁？幻化色身，凭何为实？诸佛过去留经造论，一切善法与你初学底人忏罪灭障，渐渐增长利益。求善知识开示解脱法门，向无明性中，认取个真实主人，于万劫中，得个人身也不容易。你还知个身本性与佛同时，本无欠少？有一大事在你尿囊里、粪堆头，光烁烁地，圆陀陀地，还信得及否？若信不及，也从你深坑罪海，永堕沈沦②。你若回光返照，于一刹那间即心念息，时中迷惑烦恼，痴暗狂情顿息消

---

① "途"，原作"徒"，据碛砂本改。
② "沦"，原作"轮"，据碛砂本改。

灭。诸缘境界，转为甘露醍醐，安乐国土，岂不是好否？

圣人道：万法从心生，万法从心灭。皆由你心，善恶也只由你心，地狱天堂也只由你心。只今相应与佛合智，即是佛也，更无相诳。直下奉信，无疑心即正觉。又何必历僧祇大劫？此身今生，甚大难遇，莫道你是凡夫，自家退屈。千经万论，皆为众生迷乱，不识本性。你暂时间那取些子贪物底功夫，看经书上义理，只言众生被一切境摄，著欲之故。山僧苦口实为忉忉，你还肯么？你还信么？寻常著寒著热，些子违情，吃辛受苦不得，却于日用时中自不醒悟整顿。取心好，为取身好？百年如箭，富贵如梦，恩情也只不久。百年无多日，头白是病来，病是业债来，业债是死来，死是地狱来。你莫道：我为人，平生好心吉善，只依本分，不作恶事，我无罪过。别教你有个好生处，我即今朝未信你在，何故？你平等在甚处？你还知否？依佛法，一切法皆是邪法，外道见解。更莫说担人担我，贪色贪财，餐鱼啖肉，妄言绮语，日费上事，罪业极深。你莫道：我舍财造塔起殿，设僧转经，便为长久功德。以此为实，未可托倚，众中老和尚也为你不得。你还知么？你有千般万种无明罪业，佛亦为你不得。须是你自家著力，前程自办。你若作一切有为功德，只是造业，增长顽福，不生个清净知见。山僧虽然求得供养，日夜不安为虑，未是在。还知么？一任你说向诸方，耆宿笑我，也嫌山僧不得。欲问你施主得钱处，想你应不济润于人，不救拔贫苦者。了得了，取吃休，了取著休，早修行休，度此身休，悔取心休，悔取心休。伏惟珍重。

三、元延祐禅幽庵刻本所附《西来年表》[①]

	南齐	太祖高皇帝,姓萧,讳道成,受宋禅即位,都金陵		后魏	高祖孝文皇帝,讳宏,姓拓跋氏,第六帝。即位,改元延兴,当宋明帝泰始七年辛亥岁。至太和十八年,迁都洛阳,二十年,改姓元氏
己未	建元元年				太和三年
庚申	二年				四年
辛酉	三年				五年
壬戌	四年	帝崩			六年
	世祖武帝		讳赜,即位		
癸亥	永明元年				七年
甲子	二年				八
乙丑	三				九
丙寅	四				十
丁卯	五				十一
戊辰	六				十二
己巳	七				十三
庚午	八				十四
辛未	九				十五
壬申	十		豫章王嶷薨		十六

[①] 四部丛刊本卷首也载有此表,然据椎名宏雄《宋元版〈景德传灯录〉の书志的考察》(《禅研究所纪要》,1975年3期),四部丛刊本由五本组成,其中卷一至卷三为元延祐刊本,而《西来年表》也为元延祐三年本所独有。

续表

癸酉	十一年	正月，文惠太子薨 七月，帝崩	十七	
	鬱林王	讳昭业，即位		
甲戌	隆昌元年	七月帝废	十八	迁都洛阳
	海陵王	讳昭文，即位改元		
	延兴元年	十一月帝废		
	高宗明帝	讳鸾，十一月即位		
	建武元年	改元		
乙亥	二年		十九	
丙子	三		二十	改姓元氏
丁丑	四	傅大士生	二十一	
戊寅	永泰元年	帝崩	二十二	
	东昏侯	讳宝卷，即位		
己卯	永元元年		二十三年	帝崩
			世宗宣武皇帝	讳恪，即位改元

续表

庚辰	二年		景明元年
辛巳	三年　帝废		二年
	和帝	讳宝融，即位改元	
	中兴元年		
壬午		禅位于梁	三年
	右南齐萧氏七主，合二十四年，禅梁		
梁	都金陵		
	高祖武皇帝	讳衍，姓萧，受禅于齐，建元天监	
	天监元年		
癸未	二		四年
甲申	三		正始元年
乙酉	四		二
丙戌	五		三
丁亥	六		四
戊子	七		永平元年
己丑	八		二
庚寅	九		三

续表

辛卯	十		四	
壬辰	十一	傅大士纳妻	延昌元年	
癸巳	十二		二	
甲午	十三	志公示灭	三	
乙未	十四		四	帝崩
丙申	十五		肃宗孝明皇帝 讳诩，即位改元	
			熙平元年	
丁酉	十六年		二年	
戊戌	十七		神龟元年	
己亥	十八		二年	
庚子	普通元年	达磨至。傅大士逢嵩头陀	正光元年	《正宗记》依梁僧宝唱《续法记》云：此年达磨至梁而入魏。于理可取
辛丑	二	傅大士唱卖妻子	二	
壬寅	三		三	
癸卯	四		四	
甲辰	五		五	
乙巳	六	诏迎傅大士	孝昌元年	

续表

丙午	七		二		
丁未	大通元年	三月改元。旧本《传灯》云：十月一日，达磨至金陵。误也	三		《传灯》旧云：十一月二十三日，达磨届于洛阳。误也
戊申	二		武泰元年		二月，帝崩，立幼主钊。四月崩，立庄帝《正宗记》引宝唱《续法记》云：达磨此年示灭。于理可取
			敬宗孝庄皇帝	讳子攸，四月即位，改元建义	
			建义元年		九月，又改元永安
			永安元年		
己酉	中大通元年		二		
庚戌	二		三		十二月，帝崩若依宝唱《续法传》即魏使归洛，奏遇达磨西归，当在此年。盖明帝已崩，而孝庄尚在位故也
辛亥	三	太子统薨	前废帝	讳恭，二月即位，改元普泰	
			普泰元年		
壬子	四		二		二月帝废
			后废帝	讳朗，普泰元年六月，高欢立帝于信都，改元中兴元年。至二年四月废之	
			出帝	讳修广，普泰二年四月即位，改元太昌	

续表

		太昌元年	十二月，又改永熙
		永熙元年	
癸丑	五	二	
甲寅	六	三年	七月，帝迫于其相高欢，出居关中。欢立清河王世子善见为主，都邺。是为东魏。于是魏分为东西。十二月，帝遇鸩崩
	右后魏十二主，合一百四十九年，分为东西魏		
		西魏 都长安	**东魏** 都邺
		文皇帝 讳宝炬，京兆王愉之子。宇文泰奉帝即位	**孝静帝** 讳善见。高欢奉帝即位，改元永熙。三年为天平
			天平元年
乙卯	大同元年	大统元年	二年
丙辰	二年	二年	三年　旧本《传灯》云：十月五日达磨卒，十二月葬洛阳熊耳山。时洛阳属东魏。误
丁巳	三年	三年	四年
戊午	四年	四年	元象元年

续表

己未	五年		五年	兴和元年	旧《传灯》云：奉使自西域回，奏启达磨圹，见空棺只履。误
庚申	六年		六年	二年	
辛酉	七年		七年	三年	
壬戌	八年		八年	四年	
癸亥	九年		九年	武定元年	
甲子	十年		十年	二年	
乙丑	十一年		十一年	三年	
丙寅	中大同元年		十二年	四年	
丁卯	太清元年		十三年	五年	
戊辰	二年	侯景反	十四年	六年	
己巳	三年	五月帝崩	十五年	七年	
	简文帝	讳纲，即位改元			
庚午	大宝元年		十六年	八年	五月禅于北齐
				右东魏一主十七年	
				北齐	都邺

续表

				文宣帝	讳洋,姓高,欢之第三子。五月受禅,建元天保
				天保元年	
辛未	二年	侯景废帝,而立豫章王栋,寻弑帝。十一月,景又废栋,自立僭号。元帝讨而斩之	十七年	二年	三祖见二祖
			废帝	讳钦,文帝长子,即位不改号	
	孝元帝	讳绎,十一月即位于江陵			
壬申	承圣元年		元年	三年	
癸酉	二年		二年	四年	
甲戌	三年	十一月,帝为魏军所执,寻弑之	三年	正月,宇文泰废帝而立齐王廓	五年	思大止大苏山
	敬帝	讳方智。元帝既被执,萧詧自立为后梁,都江陵。王僧辩、陈霸先奉帝为梁主。承圣四年九月即位	恭帝	讳廓,文帝子,宇文泰立之。不改号,止称元年		
			元年		
乙亥	绍泰元年		二年	六年	
丙子	大平元年		三年	十二月,帝逊位于周	七年	
			右西魏三主,合二十三年		

续表

			后周	都长安			
			闵帝	讳觉，姓宇文，文帝泰之子，受禅于西魏，即位止称元年			
			元年	《南史》以次年为元年			
丁丑	二年	十月，进丞相陈霸先爵为陈王。帝逊位于陈	二年	九月，宇文护贬帝为洛阳公，寻弑之。	八年		
	右梁四主，合五十六年						
			明帝	讳毓，文帝泰之长子，宇文护立之。即位，改元武定			
	陈	都金陵	武定元年	《南史》云：亦称元年，不改号			
	高祖武帝	讳霸先，姓陈氏，受禅于梁，即位，建元永定					
	永定元年						
戊寅	二年	智者进具	二年		九年		
己卯	三年	六月帝崩	武成元年	《陈纪》云：方建年号	十年	十月帝崩	
	文帝	讳蒨，始兴王长子，即位			废帝	讳殷，文宣帝长子	

续表

庚辰	天嘉元年	智者谒思大于大苏山	二年		乾明元年	太后令废帝
			武帝	讳邕，文帝第四子，以遗诏即位	**昭帝**	讳演，欢之第六子。八月即位，改元皇建
					皇建元年	
辛巳	二年		后梁宣帝崩，子岿立，是为明帝，改元天保	二年		帝崩
			保定元年		**武成帝**	讳湛，欢之第九子。即位，改元大宁
					大宁元年	
壬午	三年		二年		清河元年	
癸未	四年		三年		二年	
甲申	五年		四年		三年	
乙酉	六年		五年		四年	帝禅位于太子，自称太上皇
					后主	讳纬，受禅即位，改元天统
					天统元年	
丙戌	天康元年	四月帝崩	天和元年		二年	
	废帝	讳伯宗，文帝长子				

续表

丁亥	光大元年	思大迁南岳	二年	三年	
戊子	二年	帝废	三年	四年	
	宣帝 讳顼，昭烈王之子，以大后命即位				
己丑	天建元年	傅大士卒。智者往金陵	四年	五年	
庚寅	二年		五年	武平元年	
辛卯	三年		六年	二年	
壬辰	四年		建德元年	三年	
癸巳	五年		二年	四年	
甲午	六年		三年	废释道二教	五年
乙未	七年	智者隐天台	四年	六年	
丙申	八年		五年	七年	十二月，为周武所败，改元隆化
				隆化元年	德安王延宗即位于晋阳，改元德昌，寻为周所房

续表

			幼主	名恒，后主以望气者言有革易，故传位幼主，自称太上皇
丁酉	九年 思大卒	六年	承光元年	正月，幼主即位。在位十八日，与后主并为周所虏。国灭
				右北齐六主，合二十八年，为周所灭
戊戌	十年		宣政元年	帝总戎北伐。六月，崩于乘舆
		宣帝	讳赟，武帝长子，即位	
己亥	十一年		大成元年	正月，立鲁王衍为皇太子。二月，传位太子，自称天元皇帝
		静帝	讳衍，后改名阐，宣帝长子。宣帝于邺宫传位，改元大象	
			大象元年	
庚子	十二年		二年	宣帝崩。复释道二教。以大丞相杨坚为相国，进爵为王，备九锡
辛丑	十三年		大定元年	正月，改元。二月，逊位于隋

续表

			右后周五主，合二十六年，禅于隋		
			隋	都长安	
			高祖文皇帝	讳坚，姓杨氏。大定元年二月，受禅于周。即位，建元开皇	
			开皇元年		
壬寅	十四年	正月帝崩	二年		
		后主	讳叔宝，宣帝长子，即位		
癸卯	至德元年		三年		
甲辰	二年		四年		
乙巳	三年		五年	后梁萧琮立	
丙午	四年		六年	后梁改元广运	
丁未	祯明元年		七年	后梁三主，合三十三年，是岁隋废之	
戊申	二年		八年		
己酉	三年	正月，隋将韩擒入建业，房后主。国亡	九年	平陈，天下一统	
	右陈五主，合三十三年。隋灭之				
庚戌			十年		
辛亥			十一年		

续表

壬子		十二年	四祖见三祖
癸丑		十三年	二祖卒
甲寅		十四年	
乙卯		十五年	
丙辰		十六年	
丁巳		十七年	智者卒
戊午		十八年	
己未		十九年	
庚申		二十年	
辛酉		仁寿元年	
壬戌		二年	
癸亥		三年	
甲子		四年　七月帝崩	
	炀帝	讳广，高祖第二子，即位	
乙丑		大业元年	
丙寅		二年	三祖卒
丁卯		三年	
戊辰		四年	

续表

己巳 庚午 辛未 壬申 癸酉	五年 六年 七年 八年 九年	
甲戌 乙亥 丙子	十年 十一年 十二年	
丁丑		十三年	帝幸江都，遥尊为太上皇
	恭帝	讳侑，炀帝之孙，元德太子昭之子。十一月，唐公入京，立帝，改元义宁
		义宁元年	
戊寅		二年	二月，炀帝崩。五月，帝逊位于唐
		右隋三主，合三十八年，禅于唐	
达磨至中国，今取《正宗记》为定。盖依梁僧宝唱《续法记》：昔那连耶舍与万天懿，译七佛至二十八祖传法事。梁简文帝因使臣刘悬运往北齐取其书，诏宝唱编入《续法记》也			

四、元延祐禅幽庵刻本所附《天圣广灯录·杨亿传》

翰林学士工部侍郎赠礼部尚书文公杨亿任秘书监，知汝州日，尝有书寄李维内翰，叙其始末师承，书云：

病夫凤以顽憃，获受奖顾，预闻南宗之旨，久陪上国之游。动静咨询，周旋策发。俾其刳心之有诣，墙面之无惭者，诚出于席间床下矣。矧又故安公大师，每垂诱导。自双林灭影，只履西归，中心浩然，罔知所止。仍岁沈痼，神虑迷恍，殆及小间，再辨方位，又得云门谅公大士，见顾蒿蓬。谅之旨趣，正与安公同辙。并自庐山归宗、云居而来，皆是法眼之流裔。

去年假守兹郡，适会广慧禅伯，实承嗣南院念。念嗣风穴,风穴嗣先南院,南院嗣兴化,兴化嗣临际,临际嗣黄檗,黄檗嗣先百丈海,海嗣马祖,马祖出让和尚,让即曹溪之长嫡也。斋中务简,退食多暇,或坐邀而至,或命驾从之,请叩无方,蒙滞顿释。半岁之后,旷然弗疑,如忘忽记,如睡忽觉。平昔碍膺之物,曝然自落;积劫未明之事,爟尔现前。固亦决择之洞分,应接之无蹇矣。重念先德,率多参寻:如雪峰九度上洞山,三度上投子,遂嗣德山。临际得法于大愚,终承黄檗。云岩多蒙道吾训诱,乃为药山之子。丹霞亲承马祖印可,而作石头之裔。在古多有,于理无嫌。病夫今继绍之缘,实属于广慧;而提激之自,良出得鳌峰也。忻幸,忻幸!

侍郎问广慧和尚:"寻常承和尚有言:一切罪业,皆因财宝所生,劝人疏于财利。况南阎众生,以财为命,邦国以财聚人,教中有财、法二施。何得劝人疏财?"广云:"幡竿尖上铁龙头。"侍云:"海坛马子似骊大。"广云:"楚鸡不是丹山凤。"侍云:"佛灭二千岁,比丘少惭愧。"问门僧表澄:"承云有言:天上无弥勒,地上无弥勒。未审弥勒在什么处?"澄云:"手上木。"侍云:"罪有所归。"澄云:"知过人难得。"侍云:"吃取拄杖。"澄喝,侍云:"且放过即不可。"侍郎问李驸马:"释迦六年苦行,成得什么事?"尉云:"担折知柴重。"问:"一盲引众盲时如何?"尉云:"盲。"侍云:"灼然。"尉便休。

同光帝问兴化和尚云:"朕收得中原之宝,只是无人酬价。"兴化云:"略借陛下宝看。"帝以手舒幞头脚,兴化云:"君王之宝,谁敢酬价?"玄觉云:"只如兴化眼在什么处?若不肯,过在什么处？"侍云："兴化怎么祗对，是肯庄宗，不肯庄宗？试辨看。"因僧谈道，侍郎遂云："道不离人，人能弘道。大凡参学之人，十二时中长须照顾。不见南泉道：三十年看一头水牯牛，若犯他人苗稼，摘鼻拽回。如今变成露地白牛，裸裸地，放他不肯去。诸人长须著些精彩，不可说禅道之时，便有个照带底道理。择菜作务之时，不可便无去也。如鸡抱卵，若是抛离起去，暖气不接，便不成种子。如今万境森罗，六根烦动，略失照顾，便丧身命，不是小事。今来受此缘生，被生死系缚，盖为尘劫已来顺生灭心，随他流转以至如今。诸人等且道：若曾丧失，何以得至如今？要识露地白牛么？试把鼻孔拽看。"

侍郎云："玄沙和尚道：大唐国内，宗门中事，未曾有人举唱。有人举唱，尽大地人总失却性命，无孔铁锤相似，一时亡锋结舌去。且道是甚道理？如今假立个宾主，动者两片皮，竖起指头，拈起拂子，总成颠倒知见，顺汝狂意，教汝有个申问处。若是明眼人前，怎生拈掇得出？只如鲁祖和尚，见僧来便面壁。长庆道：'恁么地接人，驴年得一个去。'我道：鲁祖也只是不识羞，是他明眼人，又争肯尔？今来事不获已，与汝诸人作颠倒知见，一似结巾为马，捏目生花。上祖道个开佛知见，示佛知见，悟佛知见，入佛知见，教他怎么道，抑下多少威光。且道：诸人分上欠少个什么？虽然如此，我若不恁么与汝知闻，尔又什么处得见？古人道：知恩者少。且道承个甚人恩？于此不明，问取露柱去。"

侍云："此事大难！释迦老子三七日中思惟，便欲入涅槃。被帝释、梵王殷勤三请，不得已而许之。始自鹿苑，终于俱尸罗城,中间四十九年,大作佛事。说五乘十二分教,如瓶注水。后来于灵山会上,目视迦叶,谓大众云:'吾有正法眼,已付摩诃大迦叶。'又云:'我于四十九年中,不曾说一字。'此是什么道理?若是诸人分上,著一字脚不得。为诸人各各有奇特事在,唤作奇特,早是不中也。我道释迦是败军之将,迦叶是丧身失命底人。汝等诸人,且怎生会?不见道:涅槃生死,俱是梦言。佛与众生,并为增语。直须恁么会取,不要向外驰求。若也于此未明,敢道诸人乖张不少。"

侍举:"《肇论》云:会万物为己者,其唯圣人乎?如今山河大地,树木人物,搅搅地是同是别?若道同去,是他头头物物,各各不同;若道别去,他古人又道会万物为己。且怎生会?只如教中说:若有一人发真归元,十方虚空一时销陨①。古德亦云:若人识得心,大地无寸土。此是甚道理?直下尽十方世界,是汝一只眼②。一切诸佛、天人群生类,尽承汝威光建立,须是信得及方得。"

侍郎临终前一日,亲写一偈与家人,令来日送达李附马处。偈曰:"沤生与沤灭,二法本来齐。欲识真归处,赵州东院西。"尉接得偈云:"泰山庙里卖纸钱。"

(《天圣广灯录》第十八卷)

---

① "销",原作"锁",据《天圣广灯录》卷十八改。
② "只",原作"集",据《天圣广灯录》卷十八改。

附录二　古旧版本序跋

一、元延祐禅幽庵刻本所附《绍兴壬子郑昂跋》

右《景德传灯录》，本住湖州铁观音院僧拱辰所撰。书成，将游京师投进。途中与一僧同舟，因出示之。一夕，其僧负之而走。及至都，则道原者已进而被赏矣。此事与郭象窃向秀《庄子注》同。拱辰谓：吾之意，欲明佛祖之道耳。夫既已行矣，在彼在此同，吾其为名利乎？绝不复言。拱辰之用心如此，与吾孔子"人亡弓，人得之"之意同，其取予必无容私。又得杨文公具择法眼，以为之刚定，此其书所以可信。与夫《续灯录》遣僧采事，而受金厕名以乱真者间矣。

或者犹疑《佛祖传法偈》无传译之人，此夏虫不知春秋也。佛祖虽曰传无传，至付授之因，岂容不知？又达磨具正遍知，华竺之言，盖悉通晓。观其答问，安有传译哉？此如世愚人，谓教外别传，不立文字，便疑《楞伽经》宋已有之，非达磨携至，岂不悖哉？福州大中寺知藏僧正自，以寇乱而来，文籍道厄，募缘再刊此书，以便道俗赍览。扣余为序，因书其后。绍兴壬子初冬十日长乐郑昂题。

二、元延祐禅幽庵刻本所附《天童宏智和尚疏》

道枢中虚，理不我取其名像；灵机内发，智不我囚其化通。一念深彻本源，六义具成神用。出气鼻快，从佛口生。转眄之间，弹指之顷。廓若雷龙破蛰，炳如雾豹变文。诸方衲子之传，一等丈夫之作。达磨来不立文字，威音后须要师承。符合符而规矩相投，心印心而语默俱到。灯灯续焰，分照世不断之光明；叶叶联芳，缀灵种不枯之春色。嗣连祖谱，师绍谁宗？绵绵踵武之人，的的克家之子。刚柔可则，烂烂怜百炼之金；劓黜不移，区区抱三献之璞。不可期也，开池得月；难其契也，掷芥投针。出炉鞴而放光，入钳锤而成器。自得受用，相求证明。哆哆啝啝底，放教舌上毛生；磊磊落落底，拶使额头汗出。下拳可畏其勇，却来捋虎髭须；揎棒作势且惊，看取弄蛇手段。相分圆缺，应用合宜，位列正偏，随机中矩。毫厘有差，而天地悬隔；丝糁未净，而蝇蚁留连。不闻不见以降魔，个非泛泛；自呼自应而作主，许是惺惺。匾担头事事挑来，布袋里般般著得。短长在我，宝公杖头剪刀；节奏由谁，万回怀中花鼓。僧伽杨枝举起，大士拍板歌行。网凤钓鳌也，本分功夫；捞摝虾蚬也，平生快活。应接磨砻之妙，对酬锥凿之方。电卷之机轮，风驰之问答。打草惊蛇之句，探竿影草之功。啐啄同时，心目相照。任运腾腾而无累，平怀坦坦而不羁。出家行脚之因缘，坐脱立亡之时节。纪之编简，如见古人；将以著龟，可格后学。当谐神契，慎勿言求。恐口耳之流通，为身心之障碍。比丘思鉴，久轸此怀；阿祖传灯，欲成其印。入眼要分青白，开口莫乱雌黄。葛藤窠，无作自缠；担版汉，不嫌人唤。辄投同道，相与结缘。

三、元延祐禅幽庵刻本所附《绍兴四年刘棐后序》

左朝奉大夫充右文殿修撰权发遣台州军州事刘棐撰

《传灯录》镂行旧矣，兵兴以来，其版灰飞。慕心宗者，患无其书。僧思鉴，婺人也，芒屩访道三十年矣。亦欲人同悟涅槃妙心，而思有以资发之也。广募净信，复镂其板，缁素赞叹而助成焉。

或曰：自心之法无形，不从人得。初祖释迦而降，无一祖师非默契而自证者，故达磨直指，不立文字，少林九年，面壁而已。虽二祖立雪断臂，一字亦不为说，但遮其知见之非。二祖因是得正知见，豁然大省，则二祖亦不从达磨言句中入，乃自证也。且百丈卷席，雪峰辊球，鲁祖面壁，石巩驾箭，道吾舞笏，鸟窠吹布毛，俱胝举一指，古德如此示人甚多，不在言句之间故也。言句且尔，况文字乎？心宗要当自参，祖师言句于我何与焉？

余曰：不然。心法虽曰无形，然遍一切处。翠竹真如也，黄花般若也，蛙蚓发机，管弦传心，乃至墙壁瓦砾，无非说法。故灵云见桃花悟道，玄沙谓语燕深谈实相。然则大地皆是悟门，孰非此道？况明心宗言句乎？况载明心宗文字乎？若二者于心宗果无与耶，荐福古何为阅《云门录》而省？黄龙心何为读多福语而悟？盖言词相寂，文字性空，亦此道耳。若即言句文字，而见性相之空寂，是乃一超而直入也。吾故知是书之流布，发明心地者众矣。

且鉴之募缘也，台之宁海邑民周氏叹曰："吾地有大梨木，阅三世矣。比岁我家之人，各尝梦其上有楼阁行庑，而无数僧往来于其间。每疑之，乃今方悟当刊此录耶。"遂舍以析版，且邀鉴即其家，傤工而刻之。既刻，周氏梦六僧求已刻者观焉，周问鉴曰："此何僧耶？"鉴曰："此六代传衣祖师，特来证明此事也。"呜呼！是书用为一大事，则宜有感发之祥，以发瘝人心。余故并列之，庶观者知非小缘，而坚其信心云。绍兴四年上元日，等慈庵善男子睢阳刘棐仲忱序。

四、 元延祐禅幽庵刻本《重刊景德传灯录状》

湖州路道场山护圣万岁禅寺耆旧僧希渭，系庆元路昌国州人氏，俗姓董。自幼投礼本路在城观音禅寺绝照和尚为师，训到法名，投礼慈溪县开寿普光禅寺龙源和尚薙发为僧，仍礼五台律寺雪涯和尚受具戒。挟策西游，放包灵隐。后值先师龙源和尚迁住兹山，随师参请，迨今有年。每念师恩未由报效，伏睹从上佛祖《景德传灯录》三十卷，七佛至法眼之嗣，凡五十二世；景德至延祐丙辰，凡三百一十七年。旧板销朽无存，后学慕之罔及，为此发心重刊。忽得本路天圣禅寺松庐和尚所藏庐山稳庵古册，最为善本，良惬素志。遂于丙辰年正月初十日将衣钵估唱，得统金一万二千余缗。是日命工刊行于世，流通祖道。此录总计三十六万七千九百一十七字，至当年腊月一日毕工。随即印舍三百部于两浙安众名山，方丈、蒙堂、众寮各一部，以便湖海办道禅衲参究。集兹善利，用报四恩，并资三有者。

大元延祐三年腊月一日耆旧僧希渭谨状

小比丘　文雅　董役

当山住持嗣祖比丘　士洵　主缘

五、 五山版贞和四年（1348）《乾峰士昙识语》

始从鹿林终至鹤林，于其二中际，全无一字谈佛语。所载之宗猷祖师，别传之妙旨，不是教意，亦非祖意之谓矣，譬如离油与盏之外而别传灯也。此录权舆南方，无人板行，东土天下禅林思慕久矣。粤有势州前太守若江氏琳玉峰，施于钱财，锓于梓木，灯之续焰光显。其传焉，举世金曰：吴僧道原复生本朝，得法普济大圣，令知师承有在。聊亦宗任侍者，化他而发千七百善知识杓头酬来之机者欤？

贞和戊子八月二十五

南禅乾峰士昙谨识

六、 明万历四十二年（1614）　高丽刻本所附李稵《序》

上之廿有一年春正月，判曹溪宗事臣觉云上言："《景德传灯录》禅学之指南也，板木毁于兵，手钞甚艰。况今专务默坐，冀万一成功，窃恐谈理者又废，斯道益以晦，乞重刊广布以惠学者。"上曰："可。"于是广明寺住持景貌、开天寺住持克文、崛山寺住持惠湜、伏岩寺住持坦宜干其事，皆上命也。鸠材募工，既有端绪。云又上言："臣之宗门，光耀至矣，不纪而冠之篇，无以为后日征。请下文臣叙其事。"乃以命臣穑，会穑丁母忧去国。明年起复，既至，云来趣文曰："功毕矣。"就求其所谓《景德传灯录》者读之。其题目冠以"景德"，而翰林学士杨亿、兵部员外郎李维、太常丞王曙承诏同加裁定，序所以去取之意甚悉。考之《宋史》，大中祥符二年书曰：苏州僧道元，缵佛祖以来名僧禅话，为《景德传灯录》三十卷以献，命刻板宣布。不载亿等刊定之事，岂史氏之略欤？其目以"景德"，岂此录成于景德而献于祥符欤？不然，史之误也。鄱阳马氏著《通考》指亿为之。亿虽文章士，立后之制，尚拒之不草，何故托浮屠为伪书以欺君惑世哉？是时宰相王旦当国，一代伟人也，及其将没，遗命削发披缁以敛。亿在翰林，号为深于禅学，此《景德传灯录》所以进而刊修之命及于亿也欤？《册府元龟》，历代君臣之事迹，而姚铉《文粹》，唐之文章关于世教者也。二书皆成于祥符间，刻板宣布之命未之见焉，此录也重于一时者可知已。

恭惟主上殿下至仁洽民心，至道超物表，正法眼藏、别传之妙有默契焉者，非谀儒浅见所能测也。云尝在禁中谈此录者满一岁，上深器其能，赐八字法号，禅教都总摄，为曹溪都大禅师，入居内院，故能上体圣心，刻梓宣布。其所以惠来者，广心学，其功可胜道哉！夫心譬则灯也，心心相印至于无尽，灯灯相续亦至于无尽。我国家仰赖慈光，历数之传亦如灯之无尽也，则臣之此序为不妄作矣。后之学者当以祝釐为务，毋徒以文身而已可也。至于禅话，臣所未学，故不及云。青龙壬子三月初吉，起复文忠保节同德赞化功臣崇禄大夫政堂文学集贤殿大学士知春秋馆事兼判太常寺事成均大司成提点司天监事臣李穑奉教谨序。

附录三　作者道原生平资料

一、杨亿《武夷新集》卷七《佛祖同参集序》

昔如来于然灯佛所亲蒙记莂，实无少法可得，是号大觉能仁。既而后智滋兴，悲心显发，念四生之沉溺，轮回六趣之中；为一事之因缘，出现五浊之世。奈何根器各异，机感有殊。繇是开三乘权实之门，设一时顿渐之教。具偏圆半满之义，分悟证伏断之差。演之为十二部经，广之为百千万颂。随类各解，始虽自于一音；达本忘言，终乃同于二月。故纯陀末供之后，鹤林示灭之辰，以正法眼付大迦叶，内传真印，外授信衣，作世导师，为佛嫡子。凡二十七世，至达摩大师，哀此土之人昧即心之理。分别名相而不已，类入海以算沙；攀缘生灭而为因，但认贼而作子。聿来震旦，宴坐少林，不事语言，不立文字。既得人而传付，乃趣寂以返真。是为东方之初祖也。

自尔本系相承，旁支别出。敷华结果，五叶之谶可征；续焰分辉，千灯之照弥广。至于出离生死，一门证于涅槃；诱导愚迷，万行以之差别。由二祖而下，迄至于今。以诸夏之利根，叶西土之悬记。得道之者，实繁有徒。其或抵掌眙衡，乃了知于风力；摇唇鼓舌，即悟入于言枢。或针芥相投，金鍮立辨；或经尘将破，啐啄同时。示现方便以既殊，遭但因缘而亦异。咸有轨迹，著为筌蹄。譬诸三藏之文，结集于钵罗之窟；七佛所说，秘藏于娑蝎之宫。苟撰述之无闻，使后来而安仰？先是诸方大士各立宗徒，互显师承，迭存语录。圭山患其如是也，会合众说，著为《禅诠》；融通诸家，圆成一味。盖祖门之能事毕矣。历岁弥久，《都序》仅存；百卷之文，不传于世。

东吴道原禅师者，乃觉场之龙象，实人天之眼目。慨然以为祖师法裔，颇论次之未详；草堂遗编，亦嗣续之孔易。乃驻锡辇毂，依止王臣，购求亡逸，载离寒暑。自饮光尊者，讫法眼之嗣，因枝振叶，寻波讨源。乃至语句之对酬，机缘之契合，靡不包举，无所漏脱，孜孜纂集，成二十卷。理有未显，加东里润色之言；词或不安，用《春秋》笔削之体。或但存名号，而蔑有事迹者，亦犹乎《史记》之阙文；或兼采歌颂，附出编联者，颇类夫载籍之广记。大矣哉，禅师之用心！盖述而不作者矣。

呜呼！法界无际，众生无边，凡厥有情，莫非同体。终日圆觉，触目真如，而迷失妙明，增长虚妄。分别影事，牵制于六尘；积集苦因，流浪于三有。善知识愍其如是也，不历事相，直指本源。但一念不生，即三际俱断，十方消殒，诸圣现前。识珠在衣，匪从他得；如金出矿，岂复重为？圆顿之门，妙如此矣！稽所证之道，然后知原师也，生如来家，真法王子；究所诠之理，然后明斯集也，了第一义，真最上乘。当使末法之年，初心之类，去圣逾远，开卷得解。一弹指顷，齐肩古佛；不起于座，入般涅槃。虽利益之若斯，于灭度而无取。即知施七宝而满刹土,徒为漏业之资;化二乘而等河沙,适重败根之罪。师之法施,岂思议之所及哉!新集既成,咨予为序,聊摭梗概,冠于篇首云耳。

二、《天圣广灯录》卷二十七"苏州承天永安道原禅师"

上堂,有僧问:"如何是佛?"师云:"咄!者旃陀罗。"进云:"学人初机,乞师方便。"师云:"汝问什么?"学云:"问佛。"师云:"咄!者旃陀罗。"又僧问:"如何是佛法道理?"师云:"与蛇画足,为鼠穿逾。"进云:"还报国恩也无?"师云:"不唯负国,兼乃谤吾。"又僧问:"如何是祖师西来意?"师云:"问者如牛毛。"进云:"请师答牛毛之问。"师云:"师子咬人不逐块。"进云:"怎么即学人造次也。"师云:"一等学问,罕有阇梨。"问:"莲华未出水时如何?"师云:"馨香菡萏。"进云:"出水后如何?"师云:"绝消息。"问:"如何是学人自己?"师云:"十字街头寻不见,乐桥亭下问船翁。"进云:"怎么即一切皆是也。"师云:"演若之狂未是狂。"问:"承古有言:向上一路,千圣不传。如何是向上一路?"师云:"盘山太无端。"进云:"未审千圣还垂慈也无?"师云:"也与盘山不较多。"

三、朱长文《吴郡图经续记》卷中"寺院"

永安禅院,在承天寺垣中,旧号弥勒院。初太宗朝以藏经镂板本,有余杭道原禅师者,诣阙借板印造。景德中,又以太宗御制四帙及新译经一十四帙并赐之,道原既归藏于此院。大中祥符八年,又编修《景德传灯录》以进,敕赐今额,每岁度一僧,至今为禅院。

四、 龚明之《中吴纪闻》卷二"传灯录"

永安禅院僧道元,纂佛祖讫近世名僧禅语为《景德传灯录》三十卷以献,祥符中诏翰林学士杨亿、知制诰李维、太常丞王曙刊定,刻板宣布。

附录四 历代书目著录

一、释氏目录之部

1. 〔宋〕赵安仁、杨亿《大中祥符法宝录》卷二十

《景德传灯录》一部三十卷　目录三卷

第一卷、第二卷：已上二卷述毗婆尸佛至释迦牟尼佛为七佛。圣师释迦牟尼将入涅槃始以法眼付嘱摩诃迦叶，故迦叶为天竺第一祖。如是次第传法至第二十七祖般若多罗。又第三祖商那和修旁出末田底迦一人，第二十四祖师子尊者旁出达磨达等二十二人，合前是为五十祖师。

第三卷、第四卷：已上二卷述第二十八祖菩提达磨远从观机授道至于此土，得慧可大师，乃传心印，故达磨为此土第一祖焉。次第传法至第五祖弘忍大师。由达磨至弘忍，其间旁出尊宿二百一十六人。一十七人不出世，不录。一百九十九人见录。

第五卷：已上一卷述第六祖慧能大师法嗣弟子四十三人，内一十人旁出，二十四人不出世，一十九人见录。

第六卷至第十三卷：已上八卷述第六祖弟子南岳怀让禅师九世相承及曹溪别出二世，其间次第法嗣五百一十三人，二百七十

八人不出世，一百三十五人见录。

第十四卷至第二十卷：已上七卷述第六祖弟子吉州清原山行思禅师一世至六世相承三百七十九人，一百一十六人不出世，二百六十三人见录。

第二十一卷至第二十六卷：已上六卷述行思禅师七世至十一世相承五百四十六人，一百三十二人不出世，四百一十四人见录。

第二十七卷至第三十卷：已上四卷编次禅门散圣及诸方广语、歌诗赞颂。或举事照理，或接物随机。启迪初心，流传来裔，乃禅者之香饭，法乐之正性也，故以其文，集而录之。

右此录者，诸祖分灯，随方化导，传法徒侣，记诸善言也。谈无遗有，焕乎方便之奥枢；即色明空，寂尔灵源之妙指。纪斯法印，以示禅流。景德中有东吴僧道原，采摭成编，诣阙献上。乃诏翰林学士左司谏知制诰杨亿，兵部员外郎知制诰李维，太常丞王曙同加刊定，勒成三十卷。大中祥符四年，诏编入藏。

2.〔宋〕佛国惟白《大藏经纲目指要录》卷八

《景德传灯录》三十卷

东吴僧道原集录上进，真宗皇帝敕翰林学士杨亿作序，入藏流通，赐逐年圣节度僧一名。今苏州承天寺永安院恩泽是也。

（1）七佛、迦叶初祖至十四祖龙树尊者传。（2）十五祖提婆尊者至二十七祖般若多罗等传。（3）达磨、二祖、道育、道副、尼总持、三祖、四祖、五祖等传也。（4）牛头融师、北宗神秀、安国师三宗嗣法传也。（5）六祖及嗣法思禅师、让禅师等传录也。（6）马大师及百丈等传。（7）三角印宗禅师等传，嗣马祖也。(8) 无业禅师等传，嗣马祖也。(9) 沩山、章敬、西堂、如会四宗嗣法等传。(10) 赵州及盐官嗣法两宗等传。(11) 仰山、大安、严阳等嗣法诸传也。(12) 临济及嗣法并同派诸宗等传。(13) 风穴、首山及神会一宗自圭峰禅师等传。(14) 清源思禅师嗣法石头、天皇、丹霞、药山、大颠等传。(15) 龙潭、德山、清平、投子、石霜、洞山、夹山等传也。(16) 雪峰、岩头、瓦棺、九峰、洛浦、盘龙等诸传。(17) 云居、龙牙、曹山、疏山、罗山、白兆、同安察等传。(18) 玄沙、长庆、长生、鼓山、保福等传。(19) 云门、太原孚等传。皆雪峰嗣法。(20) 佛日、报慈、石门、太平等传。(21) 罗汉琛禅师及同派诸宗传也。(22) 智门、巴陵、香林、德山、双泉等传。(23) 洞山初禅师、奉先深、清凉明等传也。(24) 法眼、进山主、修山主、明招、梁山观（梁山缘观）等传。(25) 韶国师、法灯禅师、法眼禅师嗣法一宗传。(26) 勋禅师、柔禅师、天平倚、圆通道济禅师，大阳明安、慧日智觉寿禅师等传也。(27) 志公、傅大士、思大、天台智者、僧伽、万回、丰干、寒山、拾得、布袋，诸方征、拈、代、别。(28) 忠国师、神会、马祖、药山、大珠、无业、南泉、赵州、临济、玄沙、罗汉、法眼等诸师广语。(29)《大乘赞》《十二时》《十四科》，归宗、香严、洞山、罗汉、劲头陀、玄沙、龙牙、法眼、《十玄谈》等颂，德敷、僧润诗，白太傅《八渐偈》。(30)《心王铭》《信心铭》《心铭》《息心铭》《入道四行》《显宗记》《参同契》《问心要》《坐禅箴》《证道歌》《了元歌》《懒瓒歌》《草庵歌》《乐道歌》《一钵歌》《浮沤歌》《牧护歌》《古镜歌》《遍参三昧歌》《心珠歌》《玩珠吟》《获珠吟》《归寂吟》

等也。此但略标也，盖禅人日夕看读耳。

3.〔宋〕王古《大藏圣教法宝标目》卷十

《景德传灯录》三十卷

右僧道原披弈世祖图，采诸方语录，次序源流，错综词句。由七佛而至大法眼之嗣，凡五十二世，一千七百二人，成三十卷。上进，真宗御制序。命翰林学士杨亿等刊削裁定，同岁成书。

4.《东京经藏一切经目录》北宋版东禅寺等觉院本，又名崇宁万寿大藏。

"振"：《景德传灯录》自卷第一至第十。元丰三年刊，附章释一帖。

"缨"：同经，自卷第十一至卷第二十。卷第十一第十二无刊记，卷第十三至第二十，元丰三年刊，附音释一帖。

"世"：同经，自卷第二十一至卷第三十。元丰三年刊，但卷第二十七，元丰五年刊，附音释一帖。

5.《宫内省图书寮一切经目录》北宋板开元寺本，又名毗卢大藏。

"振"：《景德传灯录》，宋道原纂，1—10，十一帖。

"缨"：同上，11—20，十一帖。

"世"：同上，21—30，十一帖。

6.〔元〕庆吉祥《至元法定勘同总录》卷十

《景德传灯录》三十卷　沙门道原纂

上一集三十卷三帙，"勉、其、祇"三号。

7.《杭州路余杭县白云宗南山大普宁寺大藏经目录》卷四

"振"十卷，《景德传灯录》一十卷。

"缨"十卷,《景德传灯录》一十卷。

"世"十卷,《景德传灯录》一十卷。

8.《大明三藏圣教南藏目录》

《景德传灯录》

"合":十一卷一百八十九张,尾半三张。

"济":十卷二百一十六张,尾半五张。

"弱":十卷二百零五张,尾半四张。

9.《大明三藏圣教北藏目录》

"合、济、弱"

《景德传灯录》三十卷

10.《(径山)藏版经直画一目录》

"合、济、弱"

《景德传灯录》三十卷

共八本,七钱六分八厘。

11. 〔明〕释寂晓《大明释教汇门标目》圣贤著述第八之八分 此方禅宗集录本

《景德传灯录》采诸方语录,错综词句,次第源派,由七佛而至大法眼之嗣,凡五十二世一千七百人。

12. 〔明〕智旭《阅藏知津》卷四十二 此方撰述

《景德传灯录》三十卷　　南"恒、公、辅"　北"合、济、弱"

宋景德东吴沙门道原纂

先叙七佛并偈。始自摩诃迦叶,终于南岳第九世,清原第十一世,共祖师一千七百十二人。内九百五十四人,有语见录,余七百五十八人，但存名字，尽二十六卷。宝志、善慧、南岳、天台、僧伽、万回、丰干、寒山、拾得、布袋十人及诸方杂举、征、拈、代、别语一卷。南阳、大寂乃至法眼等十二人广语一卷。赞、颂、偈、诗一卷。铭、记、箴、歌一卷。

13.《大清三藏圣教目录》卷五　此土著述

"誉、丹、青"

《景德传灯录》三十卷

14.《大日本校订缩刻大藏目录》　诸宗部　"云"帙　十册

《景德传灯录》三十卷　宋释道原纂

二、 外典目录之部

1.〔宋〕王尧臣、欧阳修撰，钱东垣辑《崇文总目》卷四 释书类上

《景德传灯录》三十卷　释道原撰

2.〔宋〕晁公武撰《（衢本）郡斋读书志》二十卷　卷十六 释书类

《景德传灯录》三十卷

右皇朝僧道原编。其书披奕世祖图，采诸方语录，由七佛以至法眼之嗣凡五十二世，一千七百一人，献于朝。诏杨亿、李维、王曙同加裁定，亿等润色其文，是正差缪，遂盛行于世，为禅学之源。夫禅学自达摩入中原，世传一人，凡五传至慧能，通谓之祖。慧能传行思、怀让，行思之后有良价，号洞下宗。又有文偃，号云门宗。又有文益，号法眼宗。怀让之后有灵祐、慧

寂，号沩仰宗。又有义元（玄），号临济宗。五宗学徒，遍于海内，迄今数百年，临济、云门、洞下日愈益盛。尝考其世，皆出唐末五代兵戈极乱之际，意者乱世聪明贤豪之士，无所施其能，故愤世嫉邪，长往不返，而其名言至行，譬犹联珠叠璧，虽山渊之高深，终不能掩覆其光彩而必辉于外也，故人得而著之竹帛，冈有遗轶焉。

3. 〔宋〕晁公武《（袁本）郡斋读书志》卷三下　释书类

《景德传灯录》三十卷

右皇朝僧道原编。其书披奕世祖图，采诸方语录。由七佛以至法眼之嗣，凡五十二世，一千七百一人。献之朝，诏杨亿、李维、王曙同加裁定，亿等润色其文，是正其差缪，上之。遂大行于世，为禅学之祖。

4. 〔宋〕尤袤《遂初堂书目》　释家类

《景德传灯录》

5. 〔宋〕郑樵《通志·艺文略》　释家传记类

《景德传灯录》三十卷　宋朝僧道原纂

6. 〔元〕马端临《文献通考·经籍考》

《景德传灯录》三十卷

晁氏曰：右皇朝僧道原编。其书披奕世祖图，采诸方语录，由七佛以至法眼之嗣凡五十二世，一千七百一人，献于朝。诏杨亿、李维、王曙同加裁定，亿等润色其文，是正差缪，遂盛行于世，为禅学之源。夫禅学自达摩入中原，世传一人，凡五传至慧能，通谓之祖。慧能传行思、怀让，行思之后有良价，号洞下宗。又有文偃，号云门宗。又有文益，号法眼宗。怀让之后有灵祐、慧寂，号沩仰宗。又有义元（玄），号临济宗。五宗学徒，遍于海内，迄今数百年，临济、云门、洞下日愈益盛。尝考其世，皆出唐末五代兵戈极乱之际，意者乱世聪明贤豪之士，无所施其能，故愤世嫉邪，长往不返，而其名言至行，譬犹联珠叠璧，虽山渊之高深，终不能掩覆其光彩而必辉于外也，故人得而著之竹帛，罔有遗轶焉。

7.〔明〕杨士奇《文渊阁书目》卷十七　佛书

《传灯全录》一部一册

《景德传灯录》一部十册

8.〔明〕叶盛《箓竹堂书目》卷六　释家

《传灯金（按：当作"全"）录》十册

9.〔明〕晁瑮《宝文堂书目》卷下　佛藏

《景德传灯录》

10.〔明〕陈第《世善堂书目》卷下　释典

《景德传灯录》三十卷

11.〔明〕董其昌《玄赏斋书目》卷五　释家

《景德传灯录》

12.〔明〕祁承㸁《澹生堂书目》卷九　释家类　宗旨门

《景德传灯录》二十册（三十卷　释宗晓编）（按：误，宗晓编有《乐邦文类》，疑误为此书）

13.〔明〕焦竑《国史经籍志》卷四　释家　传记

《景德传灯录》三十卷　僧道原撰

14.〔明〕钱溥《秘阁书目》佛书

《景德传灯录》十册

15. 〔明〕范邦甸《天一阁书目》卷三之二

宋《景德传灯录》三十卷　吴僧道源纂

16. 〔清〕钱曾《钱遵王述古堂藏书目录》卷三　释部

《景德传灯录》二十卷十本　宋版

17. 〔清〕钱曾《述古堂宋版书目》卷四　释部

《景德传灯录》二十卷十本　宋版

18. 〔清〕徐乾学《传是楼宋元本书目》　"宇"字二格

元本《景德传灯录》三十卷　杨亿　二十四本

宋本《景德传灯录》三十卷

19. 〔清〕汪士钟《艺芸书舍宋元本书目》宋版书目　子部

《景德传灯录》三十卷

20. 〔清〕瞿镛《铁琴铜剑楼藏书目录》卷十八　子部释家类

《景德传灯录》三十卷　宋刊本

宋释道原撰，前有"翰林学士朝散大夫行左司谏知制诰同修国史判史馆事柱国南阳郡开国侯食邑一千一百户赐紫金鱼袋臣杨亿撰"序。略谓：有东吴僧道原者，冥心禅悦，索隐空宗，披弈世之祖图，采诸方之语录。次序其源派，错综其词句，由七佛以至大法眼之嗣，凡五十二世，一千七百一人，成三十卷，目之曰《景德传灯录》。诣阙奉进……汔兹周岁，方遂终篇云云。每半叶十三行，行二十一至二十五字不等。卷二、卷三阙，钞补，第十至十二阙卷，以别一宋本补，每半叶十五行，行二十八字。书中"敬、镜、贞"等字减笔。卷首有"拜经楼吴氏""兔床经眼"朱记。

21.〔清〕瞿镛《铁琴铜剑楼藏宋元本书目》 子部

《景德传灯录》三十卷

宋刊本，每半叶十三行，行二十一至二十五字不等。第十至十二阙卷，以别一宋本补，半叶十五行，行二十八字。卷首有"拜经楼吴氏藏书""兔床经眼"朱记。

22.〔清〕马瀛、潘景郑《唫香仙馆书目》子部 释家类

《景德传灯录》 宋沙门道原纂（或作释宗晓编）精抄（高江村）写

又宋版一部 残本

23.〔清〕丁丙《善本书室藏书志》卷二十二 子部十二

《景德传灯录》三十卷 宋刊本

按：《传是楼》《艺芸精舍宋板书目》俱载此书，疑徐归于汪，即只一帙耳。此存卷五至卷九，又十三至十九，又二十三、四，凡十四卷，每半叶十五行，每行二十八九字不等。字画端湛，洵宋椠之佳者。考此书尚有元延祐刊本，首列杨亿序，更列绍兴壬子郑昂跋、绍兴四年刘斐后序。此在阙卷之中，无从案核也。有"越溪草堂"一印，天禄琳琅中也有此印，云无考。

24.〔清〕丁仁《八千卷楼书目》卷十四 子部 释家类

《景德传灯录》三十卷 宋释道原撰 宋刊本 明刊本

25.何澄一《故宫所藏观海堂书目》卷三 子部 释家类

《景德传灯录》残本 宋释道原撰 湖州禅幽庵刊本 存二册

又残本 香山圆智居士刊本 存二册

26.缪荃孙《清学部图书馆善本书目》 释家类

《景德传灯录》四卷 宋刊本，每半叶十三行，行二十四字，

高七寸，宽五寸。黑口单边，上有字数，间有刻工名。有"巢鹤堂"白文小方印，"曰藻珍玩"朱文方印，"上湖"朱文小长方印，"时恺""襄虞"两朱文联珠印。存二之三，十之十一。

27. 题记李盛铎《木犀轩藏书题记及书录》

题记

《景德传灯录》三十卷　宋释道原撰

卷一至九日本贞和四年（元至正八年，1348）刻，延文三年（元至正十八年，1358）修补本。卷十至十八、卷二十二至二十七元延祐三年（1316）释希渭刻本，卷十九至二十、卷二十八宋刻本，卷二十一、卷二十九至三十日本旧抄本。

光绪己亥（二十五年，1899）春日得于东京市上。其中有宋刊、元刊、日本重刊元本并抄配之卷。其中宋刊行款与旧藏宋刊半叶十一行不同，然字画方正，板心阔大，自是北宋刊本。避宋讳弘、卢、坚、树、曙、朗等字。其各卷刊本、抄本别记于后。宋本半叶十五行，行大小均廿八字。元本半叶十三行，行大廿三字，小卌六字至四十三字不等。

卷一序及西来年表，均日本覆元本，有"延祐丙辰（三年，1316）重刊于道场山禅幽庵"木记，又"延文戊戌（元至正十八年，1358）重开善忠一卷"刊行木记。

卷二同，无木记。

卷三日本覆元本，无木记。

卷四日本覆元本，有"延祐三年（1316）刻梓于湖州道场山禅幽之庵"木记。

卷五"延文戊戌（1358）重刊于城州东山天润庵"，篆书

"延祐三年刊于湖州道场山禅幽庵"。

卷六日本覆元本，第四叶至末抄配。

卷七日本刊，第一叶至第七叶抄配。

卷八日本刊，篆书"释子希渭刻梓虎岩禅幽之庵"。

卷九日本刊，卷末有应安补缺助缘名员九行，又"干缘比丘宗松"一行。

卷十元刊，篆书"四明苾䒳希渭命工刻梓虎岩之檀幽庵"木记。

卷十一元刊，篆书"延祐四年（1317）刻梓于湖州道场山亶幽庵"。

卷十二元刊，篆书"延祐丙辰（三年，1316）重刻于湖州道场山禅幽之庵"。

卷十三元刊，篆书"丙辰岁比丘希渭重刻于湖州道场山禅幽庵"。

卷十四元刊，篆书"四明苾蒭希渭命工刻梓虎岩之禅幽庵"。

卷十五元刊，正书"四明苾蒭希渭命工刻梓虎岩之禅幽庵"。

卷十六元刊。

卷十七元刊，正书"大元延祐三年依庐山稳庵本翻刻于禅幽庵"。

卷十八元刊。

卷十九宋刊。

卷二十宋刊。

卷二十一抄配。

卷二十二元刊，正书"延祐丙辰小比丘希渭谨依本郡先天圣松庐和尚所藏庐山稳庵善本命工绣梓于云峰之禅幽庵"。

卷二十三元刊，正书"此本元刊于庐山稳庵今重镂版于湖州道场禅幽庵"。

卷二十四元刊，正书"大元延祐三年岁在游兆执徐重刊于道场禅幽庵"。

卷二十五元刊，首叶抄补，末有篆书"延祐丙辰重刊于湖州道场山禅幽庵"。

卷二十六元刊。

卷二十七元刊，正书"延祐丙辰重刊于湖州道场山禅幽之庵"。

卷二十八宋刊。

卷二十九抄配。

卷三十抄配，末有绍兴四年（1134）睢阳刘棐后序，又绍兴季长乐郑昂跋，宏智和尚疏。

书　　录

《景德传灯录》三十卷，宋刊宋印本。

半叶十一行，行二十字，小字二十九、三十字不等。首序题"翰林学士朝散大夫左司谏知制诰同修国史判史馆事柱国南阳开国侯食邑一千一百户赐紫金鱼袋臣杨亿撰"。收藏有"宋本"朱文长圆印，"汲古主人""毛氏子晋"朱文二方印，"东吴毛氏图书"朱文长方印，"徐健庵"白文、"乾学"朱文二方印，"王雪驯藏书印"白文方印，"守吾平生珍藏"朱文方印，"泰州王氏雪驯藏书记"朱文长印，"太山赵氏掘庵图书"白文方印。宋讳弘、敬、贞、玄缺笔。卷二十三、二十四抄补。版心下刊工有高选、蔡大、林才、郑言、陈达、王益、林明、郑悫、林聪、王保、李硕、李广、潘老、张明、孙永等姓名，广、荣、石、昌、赐、中、才、懋等名。

28. 王国维《两浙刊本考》

《景德传灯录》（延祐三年）

延祐丙辰重刊于湖州道场山禅幽之庵

每半叶十三行，行二十三字。

29. 李希圣撰、罗振常编《雁影斋读书记》

《景德传灯录》　元本

每半叶十三行，行二十四五六字不等。每卷末有四方木印，署"延祐三年刻梓于湖州道场禅幽之庵"，或署"延祐丙辰重刊于湖州道场山"，其字或篆、或隶、或楷，亦前后不同。考宋龚明之《中吴纪闻》云：永安禅院僧道元，缵佛祖讫近世名儒禅语为《景德传灯录》三十卷以献。祥符中诏翰林学士杨亿、知制诰李维、太常丞王曙刊定，刻版宣布。则此书在北宋时即有官刻，不知海内藏书家尚有之否？

30. 张元济《涉园序跋集录》

《景德传灯录》

右《四库》未收，卷首杨亿序：东吴僧道原，冥心禅悦，索隐空宗，披弈世之祖图，采诸方之语录。次序其源派，错综其辞句，由七佛以至大法眼之嗣，凡五十二世，一千七百一人，成三十卷，诣阙奉进，冀于流布云云。而绍兴长乐郑昂跋，则谓："本住湖州铁观音院僧拱辰所撰，将游京师投进，途中与一僧同舟，因出示之。一夕，其僧负之而走，及至都，则道原者已进而被赏,拱辰谓吾意欲明佛祖之道,既已行矣,在彼在此同,遂绝不复言。"然则著此书者,名道原而实拱辰也。杨亿、李维、王曙辈奉诏裁定,多所损益,见于叙言。最初镂版,毁于靖康之乱。是尚为宋代旧刊,合三本而成。其一半叶十三行,每行二十一至二十三字,版心有刻工,无字数,凡二十五卷有余,有二卷抄配,行款同。宋讳避玄、弘、朗、殷、匡、敬、警、擎、惊、镜、竞、戍等字;其一行数同,每行二十三至二十六字,版心有字数,无刻工,仅有残叶,见于卷第十八第十九中;其一半叶十五行,每行二十八至三十字,版心有刻工,存卷十至十二,宋讳避玄、弘、朗、贞、侦、微、署、竖、树等字。此二本均不避桓、构二字及其嫌名,然察其刀法笔意,实已具南宋风格,不能以其不避讳而遽疑之也。贵池刘氏覆元延祐本,其元本所据,又有两宋刻:一台州宁海思鉴刊本,同绍兴四年刘棐序;一庐山稳庵古册,即湖州道场禅幽庵覆刻之祖本,同延祐三年希渭状,是可想见当时传刻之盛。刘氏谓延祐本与瞿氏所藏宋本正同。然取以对校,同者只卷一之十余叶,其他各卷,虽行数相同,而款式绝异。刘氏后序谓永乐梵夹本、径山藏本、雍正释藏本,雠校未精,脱文讹字,所在多有。夸元版为鸿宝,而是本足以正其讹误者,尤非少数。然则所谓一字百缣者,舍是更奚属耶?

31. 傅增湘《藏园群书经眼录》卷十　子部四　释家类

(1)《景德传灯录》三十卷　宋释道原撰　卷五至九,十三至十九、二十三、二十四,凡十四卷

宋刊本,十五行二十八九字不等,注双行同,白口,双栏,版心下方记人名,每卷目录后接正文。宋讳朗、弘、贞、署皆为

字不成。刻工名列后：王进、洪悦、施端、陈亢、陈辛、蔡政、陈文、陈才、方祥、杨昌、洪昌、蔡忠、李显、方端、方祐、王臻、张学、蒋春、毛昌、丁拱、孙彦、朱苪、陈高。

钤有"越溪草堂""八千卷楼藏书印""钱唐丁氏正修堂藏书"各印。（甲子）

（2）《景德传灯录》三十卷　宋释道原撰　　存卷二十五至三十

元延祐三年湖州道场山禅幽庵刊本，十三行二十三字。细黑口，左右双栏，版心上记字数。卷二十五后有篆书木记。卷二十七后有楷书木记，文曰：延祐丙辰重刊于湖州道场山禅幽之庵。

32. 莫伯骥《五十万卷楼群书跋文》　子部

《景德传灯录》残本，十七卷

言佛门之宗系者，夙称五灯，所谓《景德传灯录》《广灯录》《续灯录》《联灯会要》《普灯录》是也。条系详明，读者如睹大禹之行河，翕然称善。唯卷帙颇繁，寻求不易。宋世已有《会元》之作，然行世者多明刻，宋元旧椠搜访綦难。若《传灯》诸作，旧本尤罕。《景德传灯录》则唯有钱塘丁氏藏元延祐本，存卷五至卷九，又卷十三至十九，又二十三、四，凡十四卷。每半叶十五行，行二十八九字不等。常熟瞿氏《铁琴铜剑楼藏书目录》载宋刻本，每半叶十三行，行二十一至二十五字不等。卷二、卷三阙卷，钞补。十至十二阙卷，以别一宋本补，每半叶十五行，行二十八字。清宣统间贵池刘氏得巴陵方柳桥旧藏元延祐刻本，每半叶十三行，行二十一字至二十五字不等，与瞿氏所藏宋本正同，且宋讳嫌名，多有阙笔。黑口单边，上有字数，间有刻工姓名。字迹朴雅，俨然宋椠。疑即宋绍兴刻本，为元延祐道场山禅幽庵所重刊者，遂以景印行世。刘氏之言曰：祥符祖本既断不可求，丁本又归江南图书馆，瞿本亦藏之深深，寓目匪易，而两本并皆残阙不全，此本犹首尾完整，虽为元刊，实自宋出，可称鸿宝。盖定评也。此元刻残本，伯骥得自海上，存者仅十七卷，察其篇帙，实元刻而早印之书，未审比刘氏藏本若何？观其椠刻至精，纸墨古雅，不特为元刻之上驷，即较诸天水遗籍，亦庶几曹衣吴带，当风出水各具其美。

观书前有"翰林学士朝散大夫行左司谏知制诰同修国史判史馆事柱国南阳郡开国侯食邑一千一百户赐紫金鱼袋臣杨亿撰"序。略云：东吴僧道原者，冥心禅悦，索引空宗，披弈世之祖图，采诸方之语录。次序其源流，错综其词句，由七佛以至大法眼之嗣，凡五十二世，一千七百一人，三十卷，目之曰《景德传灯录》，诣阙奉进，冀于流布。皇上为佛法之外护，嘉释子之勤业。载怀重慎，思致悠久。乃诏翰林学士左司谏知制诰臣杨亿、兵部员外郎知制诰臣李维、太常丞臣王曙等，同加刊削，俾之裁定……考其论撰之意，盖以真空为本……事资纪实必由于善叙，言以行远非可以无文……其有辞条之纷纠，或言筌之猥俗，并从刊削，俾之纶贯。至有儒臣居士之问答，爵位姓氏之著名，校岁历以愆殊，约史籍而差谬，咸用删去，以资传信……若乃但述感应之征符，专叙参游之辙迹，此已标于僧史，亦奚取于禅诠。聊存世系之名，庶纪师承之自。然而旧录所载，或掇粗而遗精，别集具存，当寻文而补阙，率加采撷，爰从附益。逮于序论之作，或非古德之文，问（按：当作"间"）厕编联，徒增楦酿，亦用简别，多所屏去。迄兹周岁，方遂终篇。

次有《重刊〈景德传灯录〉状》云：湖州路道场山护圣万岁禅寺耆旧僧希渭，系庆元路昌国州人氏，俗姓董……每念师恩未由报效，伏睹从上佛祖《景德传灯录》三十卷……旧板销朽无存，后学慕之罔及，为此发心重刊。忽得本路天圣禅寺松庐和尚所藏庐山稳庵古册，最为善本，良惬素志。遂于丙辰年正月初十日，将衣钵估唱，得统金一万二千余缗。是日命工刊行于世，流通祖道。此录总计三十六万七千九百一十七字，至当年腊月一日毕工。随即印舍三百部于两浙安众名山，方丈、蒙堂、众寮各一部，以便湖海办道禅衲参究。集兹善利，用报四恩，并资三有者。大元延祐三年腊月一日耆旧僧希渭谨状。

伯骥按：清圣祖《校刻〈五灯全书〉序》称：《五灯会元》，洎乎本朝沙门海宽，念其支派繁衍，自宋金元明数百年来，传述阙然，乃著《缵续》一书。今圣感寺僧超永复虑谱牒渐梦，闻见不一，用是旁搜博考，折衷于二编而参订之，删其颇芜，增所未备。以成全书。吾人欲于曹溪之后，分析五派源流，苟参稽于超永之书，自了然于宗门之同异。唯禅宗语录，究以《传灯》为最古，李唐一代，宗派纪载精详，尤当披览。此本虽觖佚之余，然明徐兴公见残叶断章，每收箧中，以冀复获。莾圃亦闻风悦效，言之津津。前哲微尚，先后同符，晚进区区，辄复慕此。考徐氏《传是楼书目》"宇"字二格，有元本《景德传灯录》二十四本，宋本《景德传灯录》七本。丁目谓《传是楼》《艺芸精舍宋版书目》俱载是书，疑徐归于汪，只此一帙。伯骥以宋本恐无完书，以徐氏亦只七本也。徐氏于清初藏残宋本，今距徐世已二百年，则残元亦岂不与之比美耶？（伯骥藏宋刻《密庵语录》，题参学小师崇岳、了悟等编。一册，出自传是楼。）桓谭《新论》引关东鄙语曰：人闻长安乐则出门而西向笑，知肉味美则对屠门而大嚼。古刻难求，又讵以不完为憾哉？又按：日本贞和戊子有覆元延祐本。

33. 王文进《文禄堂访书记》卷三

《景德传灯录》三十卷　宋释道原撰

宋绍兴台州刻本，半叶十五行，行二十八九字，注双行三十字。白口，版心下记刊工姓名施悦、洪昌、方祥、蔡忠、方祐、陈高、陈才、杨昌、施端、蔡正、丁拱、张学、蒋春、孙彦、毛昌。

卷九末刊曰："尝闻河东大士亲见高安导师传心要于当年，著偈章而示后，顿闻聋瞽，焕若丹青，予惜其所遗，缀于本录云尔，庆历戊子岁，南宗子天真题者。"

周氏跋曰：宋本《景德传灯录》三十卷，此存卷五至卷九，又卷十三至卷十九，又卷二十三、四，凡十四卷。每半叶十五行，每行二十八九字不等。丁氏八千卷楼旧藏。丁氏藏书举归江南图书馆，此书或先散失者。戊辰正月二十三日以重值得之北京文禄堂。此书宋本惟常熟瞿氏铁琴铜剑楼著录，乃每半叶十三行，每行二十一字至二十五字。余所得元至正庆元路残本、贵池刘氏所刻元延祐湖州路本，行款皆与瞿本同。是十五行本流传甚稀，以字体审之，当是绍兴时刻于台州者。祥符原刻断不可见，不能不推此为祖本矣。余旧蓄宝祐本《五灯会元》，今复收此书，可称"双绝"。得书之五日，适第七子生，因取此书第一字命名

曰"景良"。深冀此子他日能读父书，传我家学，余虽不敢望兔床，此子或可为虞臣乎。周暹。（周暹叔　自庄严堪印）

劳氏手跋曰：戊辰二月初一日，余来天津，适叔弢新得子作汤饼之会。酒后，出此书示余于自庄严堪。字画精美，墨彩夺人，洵宋刻之致佳者。因为叔弢跋语于卷后余纸。他日景良长成，叔弢授以此书而诏之，当念及吾二人今日抱卷相对之乐，又仿佛自闻其呱呱之啼也。笃文劳健。

是日并出此书元本及宝祐本《五灯会元》同观。

傅氏手跋曰：此书北宋刻本，存卷五至九、卷十三至十九、卷二十三、四，凡十四卷。半叶十五行，每行二十八九字，注双行同。白口，双栏，版心下记刻工姓名，每卷目录后接正文。宋讳玄、弘、朗、匡、贞、署皆为字不成。刻工有洪悦、王进、施端、陈元、陈辛、蔡正、陈文、陈才、方祥、杨昌、洪昌、蔡忠、李显、方端、方祐、王臻、张学、蒋春、毛昌、丁拱、孙彦、米芾、陈高诸人。收藏有"越溪草堂""八千卷楼藏书印""钱塘丁氏正修堂藏书"诸印记。

按：此书旧藏杭州丁氏。据《善本书目》云：《传是楼》《艺芸精舍宋版书目》俱载此书，疑徐归于汪，即只一帙耳。考此书尚有元延祐刊本，首列杨亿序，更列绍兴壬子郑昂跋、绍兴四年刘斐后序。此在阙卷之中，无从案核云。今观兹帙，字画朴厚，刻工刚劲，避讳不及南渡，其为北宋刻本无疑，安得更有绍兴以后序跋。丁目所云，盖误也。光绪之季，端忠敏公以六万金悉买八千卷楼藏书，置之江宁图书馆。独此书不在焉。闻丁松生之女归胡氏者，平生礼佛，酷嗜经典，手携此帙，朝夕循讽。筑园于西湖净慈寺前。池荷岸柳，草阁翼然，环阁植绯桃百许株。余花时频过此园，登阁徜徉，行吟烟雨，往往闻梵诵声出精庐中，意即人间也。闻此人顷已化去，其戚属挟此残帙入都，留架上者，经年而后持去。私心叹喟，不知流落何处。不意展转竟归于叔弢。把卷重温，如故友之逢，喜珍籍之得所，因志其原委，俾后来有所考焉。岁在戊辰九月九日藏园居士傅增湘书于翠微山归来庵中，即端忠敏故居也。

袁氏手跋曰：叔弢所得藏《景德传灯录》残本，见者目为北宋刻本，叔弢疑之，因以睨余，且出岛田翰所著《古文旧书考》所录绍兴明州本《文选》刻工姓名为证。盖工人姓字多与此书同，余以知叔弢之鉴赏为精确，而侫宋者安得以绍兴工人为北宋耶？戊辰秋九月项城袁克文。（袁克文印）

又元延祐湖州路刻本。半叶十三行，行二十一字至二十六字，注双行三十八字。线口，版心上记字数，下记刊工姓名任仲、胡苏可。首纪年表、杨亿序。卷二十二至卷二十四，宋临安刻本，半叶十一行，行二十字至二十六字，注双行三十字。白口，版心下记刊工姓名李硕、胡言、王荣、□广。宋讳匡、殷、树皆缺笔，有贵池刘世珩海虞翁之善印。

34. 王重民《中国善本书提要》　子部　宗教类

《景德传灯录》

残，存卷第十九，一册（国会）

宋刻本〔十五行二十八至三十字不等（25.7×17.5）〕

宋释道原撰。按瞿氏铁琴铜剑楼藏是书宋刻本，合三残本而成，今已印入《四部丛刊》三编中。张菊生先生跋云："其一：

半叶十五行，每行二十八字至三十字，版心有刻工，存卷十至卷十二。宋讳避玄、弘、朗、贞、侦、征、署、树、戌、竖等字。不避桓、构二字及其嫌名，然察其刀法笔意，实已具南宋风格，不能以其不避讳而遽疑之也。"正与此本相合。此本记刻工，如孙彦、洪昌、张学、方祐、洪悦、陈才、丁拱亦见瞿本。又有蒋椿。余证以他书，知为绍兴间所刻，菊生先生之说是也。瞿本有"曾在汪阆源家"印记。考《艺芸精舍宋元本书目》所载，止有三卷，此为第十九卷，来自日本。

35. 赵万里《西谛书目》上　卷二　子部　释家类

《万僧问答景德传灯全录》存二卷

宋释道原撰，元刊本一册，存卷十一至十二。

36. 冀淑英《自庄严堪善本书目》　释家类

《景德传灯录》三十卷西来年表一卷

宋释道原撰，宋绍兴四年释思鉴刻本。卷一至三配元至正二十五年释宝生等刻本，卷四、十至十二、二十三、二十五至三十配刘世珩影元延祐三年释苾刍等刻本。叟翁、劳健、傅增湘跋。十四册。

此书卷五至九、十三至二十一、二十三至二十四系宋绍兴四年释思鉴刻本，半叶十五行，行二十六至三十字，小字双行同，白口，左右双边。卷一至三系元至正二十五年释宝生等刻本，半

至正乙巳比丘宝生募缘重刊
版留太白名山祇桓精舍流通

叶十三行，行二十二至二十五字，细黑口，左右双边，有牌记。

叟翁题跋：《景德传灯录》三十卷，西来年表一卷。

宋释道元撰，宋绍兴四年释思鉴刻本。卷一至三配元至正二十五年释宝生刻本，卷四、十至十二、二十二、二十五至三十配刘世珩影元释苾刍等刻本。

宋本《景德传灯录》三十卷，此存卷五至卷九，又卷十三至十九，又卷二十三四，凡十四卷，每半叶十五行，每行二十八九字不等。丁氏八千卷楼旧藏。丁氏藏书举归江南图书馆，此或先散佚者，戊辰正月二十三日以重值得之北京文禄堂。此书宋本惟常熟瞿氏铁琴铜剑楼著录，乃每半叶十三行，每行二十一字至二十五字，余所得元至正庆元路残本，贵池刘氏所刻元延祐湖州路本，行款皆与瞿本同。是十五行本，流传甚稀，以字体审之，当是绍兴时刻于台州者，祥符原本断不可见，不能不推此为祖本矣。余旧蓄宝祐本《五灯会元》，今复收此书，可谓"双绝"。得书之五日，适第七子生，因取此书第一字命名曰"景良"，深冀此子他日能读父书，传我家学。余虽不敢望兔床，此子或可为虞臣乎。周暹。（此跋劳健代书）

37. 无名氏《四川省图书馆藏古籍目录》子部　宗教佛教史传类

《景德传灯录》三十卷　十四册

宋释道原纂，民国常州天宁寺刻经处刻本。

38. 无名氏《北京图书馆善本书目》下

（1）《景德传灯录》三十卷西来年表一卷

宋释道原撰，宋绍兴四年释思鉴刻本。卷一至三配元至正二十五年释宝生刻本，卷四、十至十二、二十二、二十五至三十配刘世珩影元祐三年释苾刍等刻本。周叔弢、劳健、傅增湘跋。十四册,周捐。

(2)《景德传灯录》三十卷

宋释道原撰,宋绍兴四年释思鉴刻本,一册,存一卷十八。

(3)《景德传灯录》三十卷西来年表一卷

宋释道原撰,宋刻本。卷一西来年表配另一宋本、卷十至十二配宋绍兴四年释思鉴刻本,卷二至三配清抄本。十册。

(4)《景德传灯录》三十卷

宋释道原撰,宋刻本。卷二十二至二十四配清抄本。二十八册。

(5)《景德传灯录》三十卷

宋释道原撰,明抄本一册。

39.《中国科学院图书馆中文善本书目》

《万僧问答景德传灯全录》三十卷

宋释道原撰,明刻汪士贤校本。

40. 北大图书馆编《北京大学图书馆藏古籍善本书目》子部 释家类 九史传

(1)《景德传灯录》三十卷 存卷二十五至三十

宋释道原撰。元延祐三年(1316)湖州道场山禅幽庵刻,三册。

(2)《景德传灯录》三十卷 宋释道原撰

卷一至九日本贞和四年(元至正八年,1348)刻,延文三年(元至正十八年)修补本。卷十至十八,卷二十二至二十七,元延祐三年(1316)释希渭刻本。卷十九至二十卷二十八宋刻本,卷二十一卷二十九至三十日本旧抄本,十一册。

(3)《景德传灯录》一卷　宋释道原撰　明抄本　一册

41. 台北故宫博物院编《"国立"故宫博物院善本旧籍总目》（下）子部　释家类　杂著音义之属

《景德传灯录》存六卷

宋释道原撰，元延祐丙辰（三年）湖州禅幽庵刊本二册，存卷十、十一、十二、十九、二十、二十一。

《万僧问答景德传灯全录》存四卷

宋释道原撰，元古建香山圆智居士刊本，二册，存卷一、二、五、六。

42. 屈万里《普林斯敦大学葛思德图书馆中文善本书志》卷三　子部释家类

《万僧问答景德传灯全录》十六卷　十六册二函

宋释道原撰。明万历间新安汪士贤校刊本。九行二十字。版框高19.7厘米，宽13.2厘米。是本题："古汴道原大师纂集，新安朝用汪士贤校。"无刊书序跋。按：《景德传灯录》通行本三十卷，此本则并为十六卷。

43. 王宝平编《中国馆藏和刻汉籍书目》

子部　释家类六　史传

(1)《景德传灯录》三十卷　（宋）释道原撰

日本贞和四年刻延文三年（1358）补修本，清李盛铎跋，北大。

(2)《景德传灯录》三十卷

宋释道原　日本刻本　浙江（图书馆）

三、 日本目录之部

1. 森立之《经籍访古志》 卷五

《景德传灯录》三十卷（贞和、延文三年摹雕元延祐丙辰刊本）

首有杨亿序，次西来年表，次元延祐重刊状。尾有杨亿序始末，次绍兴壬子郑昂跋、天童宏智和尚疏，次绍兴四年刘棐后序。卷一、卷五、卷十三、卷十六、卷十九、卷二十、卷二十一、卷二十六末有延文戊戌记。卷十、卷二十四、卷三十末有贞和戊子记，卷九末有应安记，并录刊行捐赀人名。卷十八末有延文三年东山沙门妙在重刊疏。卷三十跋后有贞和戊子南禅乾峰士昙志语。界长七寸一分，幅四寸九分。每半版十三行，行二十三四字，左右双边。

2. 吉泽义则《日本古刊书目》第四室町时代

（1）《景德传灯录》三十卷 京都帝国大学藏

（卷三十）

贞和四年岁在戊子，洛阳寄住正琳命工镂梓，舍置于普济大圣禅师塔所建仁天润庵。广开法眼，永祝尧年，上报四恩，下资三有，法界有情，同圆种智。玉峰敬书。

始从鹿林终至鹤林，于其二中际，全无一字谈佛语。所载之宗猷祖师，别传之妙旨，不是教意，亦非祖意之谓矣，譬如离油与盏之外而别传灯也。此录权舆南方，无人版行，东土天下禅林思慕久矣。粤有势州前太守若江氏琳玉峰，施于钱财，锓于梓木,灯之续焰光显。其传焉,举世金曰:吴僧道原复生本朝,得法普济大圣,令知师承有在。聊亦宗任侍者,化他而发千百善知识杓头酹来之机者欤?

贞和戊子八月二十五　南禅乾峰士昙谨识

(2)《景德传灯录》三十卷　久原文库藏

(卷十八) 重刊《景德传灯录》疏,东山沙门妙在撰

《景德传灯录》者,七佛心肝,诸祖骨髓,递代承承,各弘教外别传之道。贞和戊子之间,前势州玉峰大居士,痛念本朝无有此版,喜舍家财,命工刊行,永置于建仁禅寺普济大圣师塔所——天润禅庵。广大流通,以报佛祖不尽之恩,湖海禅流无不欣慕也。适罹文和乙未十二月丙丁之变,其版大半失之。山中大用任首座,重欲补缺,传诸无穷。其志垂千万世难磨灭。辄持小疏,遍叩大力宰官居士、同道大善知识。或一力成就,或随量乐施,所获福报岂易量哉?

景德遍(当为"编")成佛祖言,一千七百一人全。迦文自接然灯后,达磨亲传般若前。续焰联芳来的的,回珠转玉正绵绵。须知此话重行世,白璧黄金信手捐。

延文三年丙申十一月吉日谨疏　干缘比丘宗任

(卷二十) 延文戊戌重开　雪江崇永刊行

(3)《景德传灯录》十五册　久原文库藏

3. 丸屋源兵卫《宽文书籍目录》七禅宗

二十册《景德传灯录》

4. 永田调兵卫《元禄书籍目录》　僧传并编年

二十(册)《景德传灯录》

二十（册）《景德传灯录》，吴僧道原。

5.《京都大学人文科学研究所汉籍目录》第十三释家类

影印《碛砂藏》第五十二函

《景德传灯录》三十卷　宋释道原辑

丛书部　第二景仿类

《景德传灯录》三十卷　宋释道原撰　常熟瞿氏铁琴铜剑楼藏宋刊本

村本文库　第十三　释家类

《景德传灯录》三十卷　宋释道原撰　民国八年江苏省毘陵法云堂刊本

松本文库　第十三　释家类

《景德传灯录》（残）　三卷（存卷第一至第三）　宋释道原撰　康熙二十一年平安道宁过妙香山普贤刊本

6.《东京大学东洋文化研究所汉籍分类目录》子部　第十三释家类

（1）《景德传灯录》三十卷　宋释道原撰　景常熟瞿氏铁琴铜剑楼藏宋刻本　四部丛刊三编子部所收

（2）《景德传灯录》三十卷　宋释道原撰　1967年台北真善美出版社据三十三年普慧大藏经刊行会刊本排印